# Medienkulturen im digitalen Zeitalter

**Reihe herausgegeben von**
Kornelia Hahn, Salzburg, Österreich
Rainer Winter, Klagenfurt, Österreich

Fortgeschrittene Medienkulturen im 21. Jahrhundert zeichnen sich dadurch aus, dass alle Kommunikation durch Erfahrungen mit „neuer", digitaler Medientechnologie beeinflusst ist. Es kommt nicht nur zu vielfältigen Transformationen von Praktiken und Identitäten. Überdies entstehen neue Identifikationen und Gebrauchsweisen. Auch die Medien selbst werden verändert, weil Inhalte leichter verfügbar sind, sich Plattformen und Produzenten vervielfältigen und multiple Konvergenzen herausbilden. Die Verknüpfung von traditionellen und neuen Medien führt immer mehr zur Entfaltung komplexer und intensiver Medienkulturen, die unser Leben maßgeblich prägen. Dabei ist Medienkommunikation immer bereits in spezifische Kulturen eingebettet und wird eigensinnig implementiert. Die Reihe enthält empirische und theoretische Beiträge, die gegenwärtige Medienkulturen als spezifische Facette des sozialen Wandels fokussieren. Die damit verbundenen medialen Transformationen sind gleichzeitig Untersuchungskontext als auch Gegenstand der kritischen Reflexion. Da Medien in fast allen sozialen Situationen präsent sind, gehen wir nicht von einem Gegensatz zwischen Medienkultur und Nicht-Medienkultur aus, sondern eher von einem Kontinuum bzw. einem Spektrum an Veränderungen. Während bisher die Erforschung der medienbasierten Fernkommunikation überwiegt, gibt die Reihe auch der face-to-face oder kopräsenten Kommunikation und Interaktion in Medienkulturen ein Forum. Die Beiträge basieren damit auf Untersuchungskonzeptionen, in deren Zentrum die soziologische Analyse von Medienkulturen steht.

Weitere Bände in der Reihe http://www.springer.com/series/11768

Carsten Ochs · Michael Friedewald ·
Thomas Hess · Jörn Lamla
(Hrsg.)

# Die Zukunft der Datenökonomie

Zwischen Geschäftsmodell,
Kollektivgut und Verbraucherschutz

*Hrsg.*
Carsten Ochs
Universität Kassel
Kassel, Deutschland

Thomas Hess
Ludwig-Maximilians-
Universität München
München, Deutschland

Michael Friedewald
CC „Neue Technologien"
Fraunhofer Institut für System- &
Innovationsforschung ISI
Karlsruhe, Deutschland

Jörn Lamla
Universität Kassel
Kassel, Deutschland

GEFÖRDERT VOM

 Bundesministerium
für Bildung
und Forschung

ISSN 2570-4087          ISSN 2570-4095   (electronic)
Medienkulturen im digitalen Zeitalter
ISBN 978-3-658-27510-5        ISBN 978-3-658-27511-2   (eBook)
https://doi.org/10.1007/978-3-658-27511-2

Die Deutsche Nationalbibliothek verzeichnet diese Publikation in der Deutschen National-
bibliografie; detaillierte bibliografische Daten sind im Internet über http://dnb.d-nb.de abrufbar.

# Vorwort

Die zunehmend datenökonomisch gerahmte und motivierte Organisation unterschiedlichster gesellschaftlicher Teilbereiche der digitalen Welt konfrontiert zeitgenössische Gemeinwesen mit zahlreichen, nur im interdisziplinären Dialog zu beantwortenden Fragen: vom gewandelten Modus demokratischer Politik über Fragen einer nachhaltigen digitalen Ökonomie bis hin zu grundlegenden Konzepten der Moderne, etwa dem der individuellen Selbstbestimmung. Um sich diesen Fragen im Rahmen eines über die Wissenschaft hinausweisenden Diskurses zu stellen, veranstaltete das „Forum Privatheit und selbstbestimmtes Leben in der digitalen Welt" am 11. und 12. Oktober 2018 in München die interdisziplinäre Konferenz "Zukunft der Datenökonomie – Gestaltungsperspektiven zwischen Geschäftsmodell, Kollektivgut und Verbraucherschutz." Die Beiträge, die der vorliegende Band vereint, basieren auf den in diesem Kontext gehaltenen Vorträgen sowie den neuen Erkenntnissen, die die Autorinnen und Autoren im Zuge der Diskussionen und Kontroversen der Konferenz hinzugewinnen konnten.

Das „Forum Privatheit und selbstbestimmtes Leben in der digitalen Welt" (http://www.forum-privatheit.de/) ist ein vom Bundesministerium für Bildung und Forschung gefördertes Projekt, das ausgehend von technischen, juristischen, ökonomischen sowie geistes- und gesellschaftswissenschaftlichen Ansätzen an einem interdisziplinär fundierten, zeitgemäßen Verständnis von Privatheit und Selbstbestimmung arbeitet. Hieran anknüpfend werden Konzepte zur (Neu-)Bestimmung und Gewährleistung informationeller Selbstbestimmung und des Privaten in der digitalen Welt erstellt. Das „Forum Privatheit" versteht sich über seine Kerndisziplinen hinaus als eine Plattform für den fachlichen Austausch und erarbeitet Orientierungswissen für den öffentlichen Diskurs in Form wissenschaftlicher Publikationen, Tagungen, White-Papers und Policy-Papers. Mitglieder des „Forum Privatheit" sind das Fraunhofer-Institut für System- und Innovationsforschung (ISI), Karlsruhe, das Fraunhofer-Institut für Sichere Informationstechnologie (SIT), Darmstadt, das Fachgebiet Soziologische Theorie und die Projektgruppe verfassungsverträgliche Technikgestaltung (provet), beide Mitglieder des Wissenschaftlichen Zentrums für Informationstechnik-Gestaltung an der Universität Kassel, das Fachgebiet Sozialpsychologie der Universität Duisburg-Essen, das Internationale Zentrum für Ethik in den Wissenschaften (IZEW) der Universität Tübingen, das Institut für Wirtschaftsinformatik und neue Medien der Ludwig-Maximilians-Universität München und das Unabhängige Landeszentrum für Datenschutz (ULD) Schleswig-Holstein, Kiel.

Für die Organisation der Konferenz zeichnen die Fachgebiete Soziologische Theorie, Kassel, und Wirtschaftsinformatik, München, verantwortlich. Die Bayerische Akademie der Wissenschaften in München hatte uns freundlicherweise die Räume für die Konferenz zur Verfügung gestellt. Als Herausgeber freuen wir uns, stellvertretend für das „Forum Privatheit" insgesamt, nun den Konferenzband präsentieren zu können. Wir danken insbesondere den Autorinnen und Autoren für die Überarbeitung ihrer Vorträge und die Beisteuerung der resultierenden Texte. Ebenso zum Dank verpflichtet sind wir allen Beteiligten am „Forum Privatheit". Die Konferenz „Zukunft der Datenökonomie" wäre ohne die vielfältige Unterstützung durch das interdisziplinäre Kollegium nicht möglich gewesen, wobei wir insbesondere all jenen danken wollen, die organisatorisch oder inhaltlich an der Durchführung der Konferenz und ihrer verschiedenen Sektionen mitgewirkt haben: PD'in Dr. Jessica Heesen (Universität Tübingen), Prof. Dr. Nicole Krämer (Universität Duisburg-Essen), Prof. Dr. Christian Matt (LMU München/Universität Bern), außerdem Barbara Büttner (Universität Kassel), Susanne Ruhm (Fraunhofer ISI), Hervais Simo (Fraunhofer SIT), Charlotte Schöning und Severin Weiler (beide LMU München). Bei unserer Pressesprecherin Barbara Ferrarese bedanken wir uns für ihre hervorragende Öffentlichkeitsarbeit, bei Marit Hansen (ULD) für ihre Teilnahme an der Podiumsdiskussion. Dank für letzteres schulden wir außerdem Wolf Ingomar Faecks (Publicis Sapient GmbH), Prof. Dr. Wolf Dieter Lukas (BMBF) sowie Dr. Geert Lovink (Institute of Network Cultures). Dr. Moritz Gerlach danken wir für die gelungene Eröffnung, Tom Schildhauer für ein sehr unterhaltsames Abendprogramm. Besonderer Dank gilt schließlich auch Prof. Dr. Shoshana Zuboff (Harvard University) dafür, dass sie die Konferenz trotz widriger Umstände mit einer Keynote aus der Ferne bereichert hat (abgedruckt im Themenheft „Datenökonomie" der Zeitschrift *Aus Politik und Zeitgeschichte*, H. 24-26/2019).

Der aus der Konferenz hervorgegangene Band wäre nicht ohne tatkräftige Unterstützung bei der Manuskriptbearbeitung und -korrektur durch Keno Henrich und Sarah Frohnert (beide Fraunhofer ISI) sowie – einmal mehr – durch Enrico Hörster (Universität Kassel) zustande gekommen. Wir möchten uns sehr herzlich dafür bedanken.

Schließlich möchten wir uns auch bei Dr. Heike Prasse vom Bundesministerium für Bildung und Forschung (BMBF) bedanken, die für den Fördergeber den Projektverbund unterstützt, sowie bei Dr. Martin Waldburger, der für den Projektträger die Forschungsarbeiten des „Forum Privatheit", die Durchführung der Konferenz und das Erscheinen des Bandes begleitet hat.

Kassel, Karlsruhe und München, im Juni 2019                    Carsten Ochs
                                                              Michael Friedewald
                                                                 Thomas Hess
                                                                  Jörn Lamla

# Inhalt

Vorwort..................................................................................V
*Carsten Ochs, Michael Friedewald, Thomas Hess und Jörn Lamla*

Einführung: Die Zukunft der Datenökonomie. Zwischen
Geschäftsmodell, Kollektivgut und Verbraucherschutz............................1
*Thomas Hess und Jörn Lamla*


**I      Datenökonomische Geschäftsmodelle**

Personenbezogene Daten in der digitalen Ökonomie – Eine wirtschaftliche
und juristische Betrachtung.............................................................11
*Nora Wessels, Anne Laubach und Peter Buxmann*

Daten als „Einnahmen" von Nutzern urheberrechtlich geschützter Werke
und Leistungen............................................................................29
*Karl Riesenhuber*

Datenschutzregulierung als Eingriff in Wertschöpfungsmodelle...................45
*Alexander Golland*


**II     Kollektivgut und Gemeinwohl in der Datenökonomie**

Open Metadata: Nutzerzentrierte wettbewerbliche Datenverwertung mit
offenen Rahmendaten.....................................................................71
*Max Mühlhäuser*

Privatheitsschutz durch Open Data und Trusted Third Parties: Plädoyer
für die öffentliche Kontrolle sozialer Daten.......................................103
*Katharina Kinder-Kurlanda*

Globale Netzwerke, Plattform-Kapitale und Überlegungen zu multiplen
Demokratien..............................................................................117
*Manfred Faßler*

**III     Verfügungsmacht in der Datenökonomie**

Governance der Datenökonomie – Politökonomische Verfügungs-
Modelle zwischen Markt, Staat, Gemeinschaft und Treuhand.................143
*Ingrid Schneider*

Selbstbestimmte Selbst-Bestimmung? Wie digitale Subjektivierungspraktiken objektivierte Datensubjekte hervorbringen.......................181
*Carsten Ochs, Barbara Büttner*

Autonomie oder Heteronomie –
Welchen Weg geht das Datenschuldrecht?....................................215
*Andreas Sattler*

**IV     Handlungsspielräume in der Datenökonomie**

Das verdatete Selbst – Medientechnologie und Subjektivierung .............251
*Andreas Spengler*

Auf dem Weg in eine Diktatur der Wahrscheinlichkeit? Fragen nach der
Verantwortung beim Einsatz von Prognosesoftware............................269
*Marlis Prinzing*

Dynamische und personalisierte Preise zwischen
Vertragsfreiheit und Willkür.................................................285
*Peter Rott*

**V     Gestaltung der Datenökonomie**

Kritische Theorie des Lifeloggings als Prüfstein möglicher Gestaltungsperspektiven der Datenökonomie?.............................................309
*Peter Schulz und Sebastian Sevignani*

Jenseits der puren Datenökonomie – Social-Media-
Plattformen besser designen.................................................327
*Thilo Hagendorff*

Spannende Gestaltungsperspektiven durch offene Verwaltungsdaten..........343
*Jörn von Lucke*

# Einführung: Die Zukunft der Datenökonomie. Zwischen Geschäftsmodell, Kollektivgut und Verbraucherschutz

*Thomas Hess und Jörn Lamla*[1]

Die Digitalisierung erfasst immer mehr Lebensbereiche und führt zu einem tiefgreifenden Strukturwandel von Wirtschaft und Gesellschaft. Permanent erzeugen Verbraucher*innen in den hochgradig vernetzten Infrastrukturen des alltäglichen Lebens Daten, und ein Ende der datengetriebenen Dynamiken scheint kaum absehbar. Von der Selbst-Konstitution („Quantified Self") über die Gruppenbildung (Soziale Netzwerke) und Partnerwahl (Datingplattformen) bis zu Wissensgenerierung (Computational Social Science) und Arbeitswelt (Industrie 4.0) werden immer mehr, z. T. grundlegende soziale Vorgänge, unter Rückgriff auf Techniken der digitalen Datenverarbeitung gestaltet. Gleichzeitig werden diese Datenverarbeitungsprozesse von Unternehmen zur Verfügung gestellt und institutionalisiert, die vor allem an der gewinnorientierten Verwertung der zum Teil systematisch erzeugten, zum Teil „nebenbei" anfallenden sozialen Daten interessiert sind. Die digitalen Daten bilden dabei den Stoff, der die wirtschaftlichen und sozialen Vergesellschaftungsformen auf neuartige Weise miteinander verkoppelt. Die daraus resultierende Entwicklung zu einer Ökonomie der Daten bedeutet deshalb einen grundlegenden Wandel des Verhältnisses zwischen Verbraucher*innen und Unternehmen sowie der Gesellschaft insgesamt.

Die Datenökonomie erschafft neuartige Wertschöpfungsprozesse, Tauschlogiken und sozioökonomische Verhältnisse die es zu untersuchen gilt. Von besonderem Interesse ist dabei die Frage nach den Konsequenzen der Datenökonomie für Privatheit und Selbstbestimmung. Die Beschäftigung mit diesen Fragen ist von großer Dringlichkeit, handelt es sich doch um eine neuartige Verkopplung von Wirtschaft und Gesellschaft, wenn Aufbau und Aufrechterhaltung von Gesellschaft digital in ökonomische Verwertungszusammenhänge eingerückt werden. Nicht nur neue Geschäftsmodelle und Verbraucherschutzanforderungen entstehen um das Gut sozialer Daten – es entsteht auch die Frage, zu wessen Nutzen diese Daten verwertet werden sollen, etwa im Sinne eines Kollektiv- oder Individualguts. Die in der Entstehung befindliche Datenökonomie bringt deshalb zahlreiche Gestaltungsherausforderungen mit sich.

Zum einen gelten digitale Daten als wichtige Quelle für wirtschaftliches Wachstum und zur Schaffung von Arbeitsplätzen und ökonomischen Innovationen. Durch die Analyse großer Datensätze („Big Data") können Prozess- und Entscheidungsoptimierung, Innovation und Prognosen vereinfacht werden.

---

1     Thomas Hess | Ludwig-Maximilians-Universität München | thess@bwl.lmu.de
      Jörn Lamla | Universität Kassel | lamla@uni-kassel.de

© Springer Fachmedien Wiesbaden GmbH, ein Teil von Springer Nature 2019
C. Ochs et al. (Hrsg.), *Die Zukunft der Datenökonomie*, Medienkulturen im digitalen Zeitalter, https://doi.org/10.1007/978-3-658-27511-2_1

Dieser globale Trend birgt enorme Potenziale in den unterschiedlichsten Bereichen, wie z.B. Gesundheit, Umwelt, Klima, Energieeffizienz, intelligente Transport-Systeme und „Smart Cities". Gleichzeitig werden in diesem Zusammenhang jedoch auch Fragen danach laut, wer die Macht über die Daten haben, wer sie verwerten und davon profitieren soll. Es mehren sich zudem Anzeichen dafür, dass die ökonomischen Prozesse selbst einer tiefgreifenden Transformation unterliegen. So scheinen die Plattformlogiken der Datenökonomie die klassische Wettbewerbslogik und damit ein zentrales Charakteristikum der kapitalistischen Wertschöpfung teilweise außer Kraft zu setzen. Denn inwieweit auf Netzwerkeffekten beruhende Plattformlogiken langfristig Anbieter-Wettbewerb zulassen werden und Voraussage-orientierte Marketingtechniken selbstbestimmte Konsumentenentscheidungen noch ermöglichen, scheint keineswegs ausgemacht.

Zum anderen stellen Plattformen der Datenökonomie zunehmend zentrale Infrastrukturen zur Ausbildung und Aufrechterhaltung des sozialen Lebens bereit, indem Verbraucher-Interaktionen aller Art immer stärker über digitale Netzwerke vermittelt werden – ob Alltagskommunikation, Freundeskreispflege, Einkaufen oder Sport. Dadurch werden die Handlungsoptionen, Interaktionsmöglichkeiten und Vernetzungspotentiale der Verbraucher*innen einerseits fundamental ausgeweitet. Im selben Zuge werden diese sozialen Prozesse aber auch umfassend dokumentiert, analysiert, in datenökonomische Wertschöpfungsprozesse hineingezogen und so unter Gesichtspunkten ökonomischer Verwertbarkeit gestaltet. Im Resultat tendieren immer mehr soziale Prozesse dazu, von vornherein so organsiert zu werden, dass darüber soziale Daten gesammelt und diese analysiert werden können. Unternehmen prägen durch ihre Gestaltungsmacht zunehmend Praktiken, Kommunikationen und Wissensprozesse und übernehmen Aufgaben, die in der Moderne staatlichen und (zivil)gesellschaftlichen Institutionen zufielen. Welche sozialen und kulturellen Folgen sich daraus ergeben, dass Subjektivierungsprozesse, soziale Wissensgenerierung und Kollektivbildung in die neuartigen Plattformlogiken der Datenökonomien eingebaut werden, ist aktuell kaum absehbar.

Der datenökonomisch induzierte Strukturwandel resultiert somit nicht nur in neuen Geschäftsmodellen und Tauschverhältnissen, sondern auch in zahlreichen Herausforderungen für Privatheit, Datenschutz und informationelle Selbstbestimmung. Doch welche politischen, regulatorischen, rechtlichen und zivilgesellschaftlichen Folgen ergeben sich hieraus? Wie funktionieren die digitalen Wertschöpfungslogiken und Tauschprozesse eigentlich genau – in sozialer, ökonomischer, technischer und psychologischer Hinsicht? Welche unternehmerischen und volkswirtschaftlichen Chancen bestehen? Welche Wertvorstellungen, Konzepte und Praktiken der Aneignung und des Privateigentums spielen dabei eine Rolle? Könnte sich mit technischen oder politischen Mitteln Transparenz für die Entstehung und Verteilung des Wertes „Daten mit Personenbezug" herstellen lassen? Und was bedeutet all dies für den Datenschutz und dessen Neuerfindung für die Gegenwart?

Der vorliegende Band enthält Untersuchungen zu den genannten Themen und Fragestellungen. Er präsentiert die wichtigsten Vorträge der interdisziplinären Konferenz „Zukunft der Datenökonomie – Gestaltungsperspektiven zwischen Geschäftsmodell, Kollektivgut und Verbraucherschutz", die das „Forum Privatheit und selbstbestimmtes Leben in der Digitalen Welt" am 11. und 12. Oktober 2018 in München durchgeführt hat. Die Konferenz war zudem Impulsgeber für ein Themenheft zur Datenökonomie der renommierten Zeitschrift *Aus Politik und Zeitgeschichte*, in dem die Keynote von Shoshana Zuboff und weitere wichtige Konferenzinhalte abgedruckt sind.[2] Der vorliegende Band setzt sich interdisziplinär mit den fünf zentralen Gestaltungsherausforderungen auseinander, welche die Transformationsprozesse in der Datenökonomie mit sich bringen.

Der erste Themenkomplex *„Datenökonomische Geschäftsmodelle"* befasst sich mit der Tatsache, dass immer mehr individuelle, ökonomische und staatliche Akteure Zugang zu großen „sozialen" Datensätzen erhalten. Aus Unternehmenssicht bieten Daten eine Möglichkeit das Umsatzpotential eines Unternehmens maximal auszuschöpfen und Kundenbindung zu erhöhen. Da Wissen über das Soziale immer auch Gestaltung des Sozialen bedeutet, stellt sich die Frage nach der demokratischen Legitimation und rechtlichen Stellung solcher Wissensproduzenten. Wie lassen sich zukünftig Eigentums- und Verwertungsrechte an den gesammelten persönlichen Daten demokratisch verteilen und regulieren? Welche Eigentumsmodelle sind überhaupt vorstellbar? Lassen sich Verbraucher*innen überhaupt Eigentumsrechte an Daten zusprechen, und wenn ja: auf welche Weise? Was spricht, aus rechtlicher, politischer, ethischer oder ökonomischer Sicht, für oder gegen solche Eigentumsrechte? Welche Erlösmodelle sind beobacht-, welche Alternativen denkbar?

**Nora Wessels** (Technischer Universität Darmstadt), **Anne Laubach** (Universität Kassel) und **Peter Buxmann** (Technischer Universität Darmstadt) erläutern in ihrem Beitrag „Personenbezogene Daten in der digitalen Ökonomie – Eine wirtschaftliche und juristische Betrachtung" die rechtswissenschaftlichen Erkenntnisse zu dem Eigentumsrecht an personenbezogenen Daten und stellen diese einer wirtschaftswissenschaftlichen Betrachtung gegenüber. Sie zeigen auf, dass der Aspekt des Handelns mit Daten allgemein im Fokus steht und weniger das Ausarbeiten einer neuen Rechtsposition zum Schutz von Persönlichkeitsrechten.

---

2    Vgl. APuZ, Jg. 69 (2019), Heft 24-26 mit Beiträgen u. a. von Shoshana Zuboff, Ingrid Schneider und Jörn Lamla.

In seinem Beitrag „Daten als ‚Einnahmen' von Nutzern urheberrechtlich geschützter Werke und Leistungen" schreibt **Karl Riesenhuber** (Ruhr-Universität Bochum) über die Thematik des wirtschaftlichen Wertes von Daten. Er diskutiert das Konzept von Daten als Gegenleistung für Dienstleistungen und illustriert die damit zusammenhängenden Fragen am Beispiel des Vergütungsanspruchs von Verwertungsgesellschaften. Weiter erörtert er, wie die ökonomische Problematik, den Wert von Daten zu bestimmen, rechtlich durch Schätzungen und Pauschalierungen aufgefangen werden kann.

**Alexander Golland** (PricewaterhouseCoopers Legal AG Rechtsanwaltsgesellschaft) thematisiert in dem Beitrag „Datenschutzregulierung als Eingriff in Wertschöpfungsmodelle" den Einfluss des Kopplungsverbotes auf personalisierte Werbung und wie ein alternativer, einwilligungsfreier Zugang der Anbieter zu ihrem Dienst datenschutzkonform angeboten werden kann.

Der zweite Themenkomplex ist dem Thema *„Kollektivgut und Gemeinwohl in der Datenökonomie"* gewidmet und fußt auf der Tatsache, dass durch die öffentliche Bereitstellung von Daten diese durch jeden beliebigen Informationsnachfrager für jegliche Zwecke genutzt, verarbeitet und verbreitet werden können. Es kommt die Frage auf, wie das Potential dieser Daten auf der einen Seite gemeinverträglich ausgeschöpft werden kann und auf der anderen Seite gleichzeitig informationelle Privatheit und Datenschutz gewährleistet werden können. Wie kann beispielsweise abgesichert werden, dass die Art und Weise der Auswertung dieser Daten ihrem Kollektivgut-Charakter gerecht wird? Es gilt zu klären, wie sich gesellschaftlich legitime Verwertungszwecke vereinbaren lassen, und mit welchen Mechanismen das Mitspracherecht der Datenproduzent*innen garantiert werden kann.

Der Beitrag von **Max Mühlhäuser** (Technische Universität Darmstadt) bringt neben Datenurhebern und Datenverwertern eine dritte Partei in den Diskurs mit ein: die Öffentlichkeit. Da die gleichrangige Betrachtung aller drei genannten Kräfte relativ neu ist, widmet ihr sein Beitrag erheblichen Raum. Dazu werden die Vor- und Nachteile beleuchtet, die mit der Übertragung maßgeblicher Datenhoheit an jeweils eine der drei Kräfte verbunden sein können. Abschließend beleuchtet er das Spannungsfeld zwischen Privatheitsschutz und Big Data und skizziert mit seinem Ansatz „Open Metadata" einen Vorschlag eine neuartige Balance zwischen den drei genannten Kräften herzustellen.

**Katharina Kinder-Kurlanda** (GESIS – Leibniz Institut für Sozialwissenschaften, Köln) stellt in ihrem Beitrag „Privatheitsschutz durch Open Data und Trusted Third Parties: Plädoyer für die öffentliche Kontrolle sozialer Daten" Überlegungen zur Bedeutung datenökonomischer Dynamiken und Strukturen im akademischen Bereich auf Basis der Betrachtung der Potentiale und Probleme bei der Verwendung von Social-Media-Daten in der Forschung an. Sie betrachtet die Schwierigkeiten im Zugang zu und im Teilen von Daten ebenso wie die

Rolle von Plattformbetreibern und die Möglichkeiten zur Archivierung von in der Forschung genutzten Daten zum Zwecke der Ermöglichung von Sekundärnutzung und Nachvollziehbarkeit von Analyseergebnissen.

**Manfred Faßler** (Goethe-Universität Frankfurt am Main) beschreibt in seinem Beitrag „Globale Netzwerke, Plattform-Kapitale und Überlegungen zu multiplen Demokratien" die Thematik der Wahrnehmungs- und kommunikationsgebundenen Demokratie-Bedingungen, die aktuell unter Veränderungsdruck stehen. Er stellt dar, wie sich in den nutzungsintensiven Online-Offline-Clustern alle klassischen Funktionsbenennungen und deren normative Regelwerke verändern. In seinem Beitrag stellt er zu diesem Thema mehrere kurze Thesen auf, die er in einen größeren Kontext einordnet. Weiter thematisiert er die Rolle des Demokratiekonzepts in der Datenökonomie und kommt zu dem Schluss, dass es in einem sozio-technischen Kontext zu einer Anpassung dieser Rolle kommen muss.

Der dritte Themenkomplex befasst sich mit dem Thema *„Verfügungsmacht in der Datenökonomie"*. Plattformen sind einer der wichtigsten Akteure der Datenökonomie und Netzwerkeffekte haben in diesem Bereich monopolartige Strukturen erzeugt, in deren Rahmen Unternehmen über soziotechnische „Ökosysteme" verfügen. Ist unter solchen soziotechnischen Bedingungen das Fortbestehen von konkurrenz-orientierten Märkten überhaupt noch denkbar, und wenn ja: welche Formen weisen solche Märkte dann auf? Wie findet hier Wertschöpfung statt, welche Tauschlogiken bilden sich aus? Darüber hinaus betreiben diese Akteure der Datenökonomie dabei aber auch soziale Infrastrukturen, über die sich die Selbst-Konstitution von Personen mittlerweile verstärkt in verdateten, „metrisierten", oft vermarktlichten, digital-vernetzten Umgebungen abspielt. Aber wie wirken die auf den sozialen Plattformen allgegenwärtigen Aufrufe zur Äußerung von Personen auf die Selbst-Konstitution zurück? Welche Praktiken der Selbst-Darstellung und Fremdwahrnehmung entstehen? Welche Sozialisationseffekte zeitigt das dauerhafte Agieren in datenintensiven Zusammenhängen? Wie modellieren ökonomisch motivierte Betreiber datenökonomischer Infrastrukturen das personale Selbst? Wie verknüpfen sich ökonomische Interessen und soziokulturelle Mechanismen? Und: wie kann vor dem Hintergrund solch halböffentlicher Selbst-Konstitution das Konzept der Verfügungsmacht neu gedacht werden?

In dem Beitrag „Governance der Datenökonomie – Politökonomische Verfügungsmodelle zwischen Markt, Staat, Gemeinschaft und Treuhand" untersucht **Ingrid Schneider** (Universität Hamburg) vier verschiedene Formen der Governance von Datenökonomie, die beanspruchen, eine Alternative zu gegenwärtigen Geschäftsmodellen der Plattformindustrie zu leisten. Daten werden in diesen Modellen als privates Gut mit Mikrozahlungen, als öffentliches Gut, als Allmendegut und mittels Treuhandschaft verwaltet und bewirtschaftet.

Anschließend befassen sich **Carsten Ochs und Barbara Büttner** (Universität Kassel) in ihrem Beitrag „Selbstbestimmte Selbst-Bestimmung? Wie digitale Subjektivierungspraktiken objektivierte Datensubjekte hervorbringen" mit dem Status der Selbstbestimmung vor dem Hintergrund der voranschreitenden Datafizierung. Am exemplarischen Fall einer Health- und Fitness-Plattform wird mit ethnographischen Mitteln das Zusammenspiel der Diskurse und Nutzungspraktiken am Front-End der Plattform mit den Datenanalyse- und Wertabschöpfungspraktiken am Back-End untersucht.

**Andreas Sattler** (Ludwig-Maximilians Universität München) beschreibt in seinem Beitrag „Autonomie oder Heteronomie – Welchen Weg geht das Datenschuldrecht?" die Entwicklung der Kommerzialisierung von Verbraucherdaten. Er geht dabei auf das noch wenig untersuchte Verhältnis von Datenschuld- und Datenschutzrecht ein und unterbreitet auf diesem Wege einen Vorschlag, wie die benannte Entwicklung aus privatrechtlicher Perspektive mit der DSGVO in Einklang gebracht werden kann.

Der vierte thematische Komplex *„Handlungsspielräume in der Datenökonomie"* adressiert den Umstand der datenbasierten Bewertung von Individuen und dessen Auswirkungen aus ethischer, juristischer und soziologischer Perspektive. Bewertungen erfolgen z.B. anhand persönlicher Lebensläufe (Social Scoring) oder der Vorhersage individuellen Verhaltens (Predictive Analytics, Sentiment Detection). Diese technischen Möglichkeiten stellen zentrale Versprechen der Datenökonomie dar. Es stellt sich die Frage, wie (gut) die zugrundeliegenden Techniken überhaupt funktionieren und welche Auswirkungen sich aus der durch diese Techniken ermöglichten Verhaltensmodifikation auf die modernen Vorstellungen von individueller Konsumentscheidung, Selbstbestimmung, Autonomie und informationeller Privatheit ergeben. Welche taktischen Reaktionen bilden Verbraucher*innen aus? Was bedeutet dies für das Verhältnis zwischen Verbraucher*innen und Unternehmen? Und welche politischen und/oder regulatorischen Konsequenzen sind daraus zu ziehen?

**Marlis Prinzing** (Hochschule Macromedia Köln) stellt in ihrem Beitrag „Auf dem Weg in eine Diktatur der Wahrscheinlichkeit? Fragen nach der Verantwortung beim Einsatz von Prognosesoftware" automatisierte und menschliche Entscheidungsprozesse gegenüber. Sie erläutert am empirischen Beispiel von Vorhersagesoftware, die in der Polizeiarbeit eingesetzt wird, dass automatisiertes Entscheiden in menschliches Abwägen eingebettet, transparent und durch zugewiesene Verantwortung steuerbar und fassbar sein muss, um in einer demokratischen Gesellschaft legitime Geltung erlangen zu können.

Der Beitrag „Dynamische und personalisierte Preise zwischen Vertragsfreiheit und Willkür" von **Peter Rott** (Universität Kassel) betrachtet dynamische und personalisierte Preise aus der Perspektive des Verbrauchers, der sich mit derartigen Preissetzungsstrategien konfrontiert sieht. Er fragt nach den ökonomischen und psychologischen Wirkungen dynamischer und personalisierter Preise sowie nach möglichen Gegenstrategien einzelner Verbraucher und diskutiert – vor dem Hintergrund der gefundenen Ergebnisse – rechtliche Möglichkeiten, die Verwendung dynamischer und personalisierter Preise einzudämmen oder zumindest transparent zu machen.

In seinem Beitrag „Das verdatete Selbst – Medientechnologie und Subjektivierung" beschäftigt sich **Andreas Spengler** (Ludwig-Maximilians-Universität München) mit dem Zusammenhang von Subjektivierung und Medientechnologien sowie den damit einhergehenden Anforderungen aus der erziehungswissenschaftlichen Perspektive. In einem ersten Schritt werden dazu Problemstellungen und gegenwärtige Herausforderungen konturiert, bevor im zweiten Schritt ein Blick auf die Entwicklungsgeschichte verschiedener Medientechnologien geworfen wird. Im Zentrum steht dabei die Genealogie eines verdateten Selbst, als einer gegenwärtigen Subjektivierungsform, deren ambivalente Anforderungen im dritten und letzten Schritt dargestellt werden.

Abschließend beschäftigt sich der fünfte Themenkomplex *„Gestaltung der Datenökonomie"* mit Ansätzen zur Gestaltung der durch Datenökonomie geschaffenen Strukturen. Es werden die Fragen beantwortet, welche Vorgehen sich grundsätzlich für die Entwicklung von Gestaltungsansätzen anbieten und wie diese anhand von verschiedenen Beispielen ausgeprägt sein könnten. Neben Ansätzen aus dem Bereich der sozialen Netzwerke finden sich hier auch Gestaltungsperspektiven auf öffentliche Verwaltungsdaten wieder.

**Peter Schulz und Sebastian Sevignani** (Friedrich-Schiller-Universität Jena) gehen in ihrem Beitrag „Kritische Theorie des Lifeloggings als Prüfstein möglicher Gestaltungsperspektiven der Datenökonomie?" anhand des Beispiels Lifeloggings der Frage nach, in welche Richtung sich die Datenökonomie entwickelt. Sie skizzieren vor dem Hintergrund ihrer kritischen Analyse des Lifeloggings, in welche Richtung aus ihrer Sicht eine Gestaltung und Transformation der Datenökonomie in Angriff genommen werden sollte.

In seinem Beitrag „Jenseits der puren Datenökonomie – Social-Media-Plattformen besser designen" thematisiert **Thilo Hagendorff** (Universität Tübingen) die Entstehung von negativen Medienwirkungen, wie Fake-News und suchtartiger Mediennutzung. Er liefert außerdem Antworten darauf, wie diese durch gezieltes Design eingedämmt werden können.

**Jörn von Lucke** (Zeppelin Universität Friedrichshafen) beschreibt in seinem Beitrag „Spannende Gestaltungsperspektiven durch offene Verwaltungsdaten" die Potentiale, die durch offenere Daten (Open Data) und Verwaltungsdaten (Open Government Data) in Hinblick auf Geschäftsfeldentwicklung und Wertschöpfung entstehen. Er erläutert, wie urbane Datenräume von Staat und Gesellschaft zu einem offenen Regierungs- und Verwaltungshandeln (Open Government) und damit auch zu einer Verbesserung des Gemeinwohls führen können.

# Kapitel 1
## Datenökonomische Geschäftsmodelle

# Personenbezogene Daten in der digitalen Ökonomie – Eine wirtschaftliche und juristische Betrachtung

*Nora Wessels, Anne Laubach und Peter Buxmann[1]*

*Keywords: Personenbezogene Daten, Privatsphäre, Digitale Ökonomie, Dateneigentum, Verfügungsrechte an Daten*

*Abstract*

Es ist wohl unumstritten, dass personenbezogene Daten in der heutigen, digitalen Zeit einen immer größer werdenden Stellenwert einnehmen. Viele der neu entstehenden Geschäftsmodelle basieren auf den Daten ihrer Nutzer und wie lukrativ diese Modelle sein können, demonstrieren die finanziellen Erfolge von den großen Akteuren wie beispielsweise Google und Facebook. Und nicht nur datenbasierte Unternehmen vertrauen auf die „Macht der Daten", mittlerweile sammeln und analysieren fast alle Unternehmen die Daten ihrer Nutzer oder kaufen Datensätze auf sog. Datenmarktplätzen ein. Personenbezogene Daten werden in der Wirtschaft also in verschiedensten Praktiken verwendet, mit mehr oder weniger starker Akzeptanz ihrer Nutzer. Fraglich bleibt dabei, wem die Daten eigentlich „gehören", also ob es eine Art Eigentumsrecht an personenbezogenen Daten formal überhaupt geben kann, zu wessen Gunsten und wie dieses ausgestaltet sein könnte. Die Erkenntnisse zu dieser rechtswissenschaftlichen Fragestellung sowie der wirtschaftlichen Perspektive werden in diesem Beitrag gegenübergestellt und diskutiert.

*Inhalt*

1 Einführung .................................................................................................. 12

2 Wirtschaftliche Perspektive auf personenbezogene Daten in der digitalen Ökonomie .................................................................................. 13

3 Juristische Perspektive auf Dateneigentum ............................................... 17

4 Fazit ............................................................................................................ 23

Literatur.......................................................................................................... 24

---

1    Nora Wessels | Technische Universität Darmstadt | wessels@is.tu-darmstadt.de
Anne Laubach | Universität Kassel | a.laubach@uni-kassel.de
Peter Buxmann | Technische Universität Darmstadt | buxmann@is.tu-darmstadt.de

© Springer Fachmedien Wiesbaden GmbH, ein Teil von Springer Nature 2019
C. Ochs et al. (Hrsg.), *Die Zukunft der Datenökonomie*, Medienkulturen im digitalen Zeitalter, https://doi.org/10.1007/978-3-658-27511-2_2

# 1    Einführung

Nicht nur seit Angela Merkels' Ausführungen zur Daten-Bepreisung als zukünf-
tiges, zentrales Gerechtigkeitsproblem ist klar, dass Daten, insbesondere personenbezogene Daten in der heutigen, digitalen Zeit einen immer größer werdenden Stellenwert einnehmen.[2] Die stetig steigenden Rechenleistungskapazitäten
und die damit einhergehende Allgegenwärtigkeit des Internets mit seinen diversen Onlinediensten haben in den vergangenen Jahren den Grundstein dafür
gelegt, dass massive Datenmengen gesammelt, analysiert und weiter verteilt
werden können.[3] Die so eingeleitete Digitalisierung verändert die Wirtschaft
und die Gesellschaft als Ganzes, schließlich sind Daten die Grundlage für viele
Geschäftsmodelle geworden und stellen die Basis für sämtliche Anwendungen
des täglichen Lebens von Internetnutzern dar, deren kostenlose Nutzung durch
die Verarbeitung und Kommerzialisierung der preisgegebenen Daten ermöglicht
wird.[4] So bringt die Nutzung der Daten für beide Seiten der Anbieter und Anwender Vorteile aber auch Risiken mit sich. Dabei scheint jedoch ein Ungleichgewicht zwischen der Verteilung der Vor- und Nachteile zwischen den datenverarbeitenden Unternehmen und ihren Nutzern zu bestehen, die zu unterschiedlichen Zielvorstellungen führen können. Während Individuen vor allem den
Schutz ihrer personenbezogenen Daten anstreben, zielen viele Unternehmen
darauf ab, Daten ihrer Nutzer zu sammeln und zu monetarisieren, beispielsweise
indem sie daraus abgeleitete Informationen an Dritte verkaufen.[5]

Vor diesem Hintergrund untersucht dieser Beitrag den potenziellen Wert
personenbezogener Daten in der sich so ergebenden digitalen Ökonomie aus
wirtschaftlicher Perspektive und geht dabei differenziert auf die Unternehmens-
sowie Nutzersichtweise ein. Der Blick auf die aktuellen Datenpraktiken der
Wirtschaft lässt jedoch die Frage offen, wem die Daten dabei eigentlich gehören. Daher wird im zweiten Teil dieses Beitrages aus juristischer Perspektive
untersucht, ob es formal überhaupt eine Art Eigentumsrecht an personenbezogenen Daten gibt und wie dieses ausgestaltet werden könnte.

---

2    FAZ 2018.
3    Schwartz 2004.
4    Buxmann 2018.
5    Li et al. 2014.

# 2 Wirtschaftliche Perspektive auf personenbezogene Daten in der digitalen Ökonomie

Von der Unternehmensperspektive her, scheint die Sammlung und Verwendung personenbezogener Daten zunächst positiv zu sein. Viele Unternehmen wissen bereits, wie sie sich den potentiellen Wert von Daten zu Nutze machen können. Schließlich basieren viele der neu entstehenden Geschäftsmodelle auf den personenbezogenen Daten ihrer Nutzer und wie lukrativ diese Modelle sein können, demonstrieren die finanziellen Erfolge von den großen Akteuren wie Google, Facebook und Twitter.[6] So hat Google beispielsweise im dritten Quartal 2018 einen Umsatz von 33,7 Milliarden US-Dollar sowie einen Gewinn von über 8,3 Milliarden US-Dollar erreichen können, einem neuen Höchststand der dritten Quartalszahlen in der Geschichte des Unternehmens.[7] Ähnliches gilt für Facebook: Trotz des Cambridge Analytica-Datenskandals, bei dem 87 Millionen Facebook-Nutzerdaten weitergegeben und zur Wahlprofil-Erstellung genutzt wurden,[8] konnte Facebook seinen Gewinn in den ersten drei Quartalen des Jahres 2018 weiter steigern und beläuft sich im dritten Quartal auf über 5,1 Milliarden US-Dollar.[9]

Doch nicht nur datenbasierte Unternehmen vertrauen auf die „Macht der Daten", mittlerweile sammeln und analysieren fast alle Unternehmen die Daten ihrer Nutzer[10] beispielsweise zur Profilerstellung für personalisierte Werbung,[11] Risikoanalysen[12] oder zur Kundensegmentierung[13]. Schließlich konnten Forschungsstudien zeigen, dass Unternehmen, die ihre Entscheidungen auf Datengrundlage treffen, eine Produktivitätssteigerung von 5-6 Prozent realisieren können.[14] Weiterhin scheint ein enger Zusammenhang zwischen der Datenmanagement-Strategie eines Unternehmens und seiner finanziellen Performance zu bestehen.[15] Die Unternehmen sammeln die Daten dabei entweder selbst oder kaufen sie auf sog. „Datenmarktplätzen" ein.[16] Ein Beispiel für so einen Datenmarktplatz ist Oracle's *Bluekai*, der nach eigenen Angaben über 5 Milliarden Profildaten verwaltet.[17] Zusammengefasst ist also aus Unternehmensperspektive

---

6    Buxmann 2018.
7    Alphabet 2018; GoogleWatchBlog 2018.
8    NewYorkTimes 2018.
9    Facebook 2018.
10   Buxmann 2018.
11   Tucker 2014.
12   Spiekermann et al. 2015.
13   Hamka et al. 2014.
14   Brynjolfsson et al. 2011.
15   Tene und Polonetsky 2012.
16   Spiekermann et al. 2015.
17   Oracle 2018.

klar, dass Daten eine wertvolle Ressource für Organisationen sein können, wobei sich der konkrete Wert durch die Vorteile für die Geschäftserfolge der Unternehmen definiert. Im Folgenden wird nun auf die Nutzer-Perspektive eingegangen.

Um zu untersuchen, wie Internetnutzer die bestehenden Datenpraktiken der datenbasierten Geschäftsmodelle wie z. B. soziale Netzwerke einschätzen, führen wir am Lehrstuhl Wirtschaftsinformatik der Technischen Universität Darmstadt in Kooperation mit dem Radiosender hr-iNFO in regelmäßigen Abständen empirische Befragungen unter Teilnehmern durch, die hinsichtlich Alter, Geschlecht und Bildungsniveau repräsentativ für deutsche Internetnutzer sind. Im Rahmen der jüngsten „Der Preis des Kostenlosen"-Studie des Jahres 2018, wurden 1500 Studienteilnehmer befragt. Im Folgenden werden einige Ergebnisse dieser Studie vorgestellt, bei der 796 Männer und 704 Frauen im Alter von 18 bis 60 Jahren teilgenommen haben.

So wurden die Teilnehmer beispielsweise gefragt, wie wichtig ihnen persönlich das Thema Privatsphäre ist und die Ergebnisse zeigen, dass es nach wie vor ein hoch aktuelles Thema für die Befragten ist.[18] Die klare Mehrheit der Studienteilnehmer gaben „wichtig" oder „sehr wichtig" als Antworten an. Weiterhin finden 43 Prozent der Befragten, dass das Thema Privatsphäre und Datenschutz in der Berichterstattung zu wenig Aufmerksamkeit erhält. Zudem empfinden rund 56 Prozent der Studienteilnehmer die politischen Anstrengungen bezüglich des Datenschutzes im Internet als zu schwach.

Die 1500 Teilnehmer der Studie wurden außerdem gefragt, ob sie grundsätzlich Angst davor haben, dass Internetdienste zu viel Macht durch die Sammlung von Nutzerdaten bekommen. Mit über 70 Prozent hat die klare Mehrheit der Befragten angegeben, dass diese Ängste bestehen, allerdings auch, dass sie die Dienste dennoch weiternutzen, sich dabei aber vorsichtig verhalten. Alle anderen Angaben, sei es, dass keine Ängste bestehen oder dass die Dienste aus den Gründen nicht weiter genutzt werden, haben hierbei jeweils nur einen sehr kleinen Prozentanteil der Studienteilnehmer ausgemacht. Es zeigt sich also auch hier wieder der als Privatsphäre-Paradoxon bezeichnete Widerspruch, dass Internetnutzer zwar einerseits angeben, dass ihnen das Thema Privatsphäre wichtig sei, sie sich aber dennoch nicht entsprechend verhalten.[19]

Demnach ist es auch nicht verwunderlich, dass scheinbar nur wenige Internetnutzer ihr Verhalten nach dem Cambridge-Analytica-Datenskandal geändert haben, schließlich sind die Facebook-Nutzerzahlen in 2018 weiter stetig gewachsen.[20] So wurden die Teilnehmer der „Der Preis des Kostenlosen"-Studie gefragt, wie sie auf den Cambridge-Analytica-Skandal reagiert haben und es

---

18   Buxmann und Wagner 2018.
19   Pavlou 2011; Buxmann und Wagner 2018.
20   Facebook 2018.

zeigte sich, dass mit knapp 29 Prozent die Mehrheit der Befragten angegeben hat, nicht darauf reagiert zu haben, weil es ihnen mehr oder weniger egal ist, während weitere 25 Prozent ihre ausbleibende Reaktion damit begründeten, dass sie nicht wussten, wie sie hätten reagieren sollen.[21] Lediglich 20 Prozent der Teilnehmer gaben an, dass sie reagiert haben und Facebook nun nicht (mehr) nutzen.[22] Zusätzlich wurden die Studienteilnehmer gefragt, wie sie die Reaktionen der Mehrheit der deutschen Internetnutzer bezüglich des Cambridge-Analytica-Skandals einschätzen und dabei zeigte sich, dass die meisten Befragten sich selbst für deutlich geradliniger als die anderen Mitbürger hielten.[23] So gingen beispielsweise rund 45 Prozent davon aus, dass den anderen Nutzern der Vorfall egal sei, während nur knapp 6 Prozent der Befragten glauben, dass andere Nutzer Facebook nun ebenfalls verstärkt meiden.[24] Ein möglicher Erklärungsansatz für diese Differenz kann in der Theorie des sozialen Vergleichs liegen, nach der Individuen aus einem Antrieb zur Selbstbewertung dazu neigen, sich mit anderen zu vergleichen[25] und in Situationen, in denen sich die Probanden unwohl fühlen, insbesondere einen Vergleich mit „schlechter Abschneidenden" heranziehen.[26] Daher könnten die Teilnehmer der Studie für die Einschätzung der Reaktionen der anderen Internetnutzer, diesen intuitiv eine ähnliche, wenn auch noch inkonsequentere Einstellung zugeschrieben haben. Weiterhin könnte auch der sog. unrealistische Optimismus eingetroffen sein. Demnach unterscheiden Individuen bei der Risikoeinschätzung häufig zwischen ihrer eigenen und der sozialen Dimension und unterschätzen so die eigene Wahrscheinlichkeit, von einem negativen Ereignis getroffen zu werden, im Vergleich zu anderen.[27]

Schließlich wurden die Studienteilnehmer auch hinsichtlich ihrer Fairnesswahrnehmung bezüglich der gängigen Datenpraktiken befragt. Auf die Frage, ob sie es in Ordnung finden, dass „kostenlose" Internetdienste wie z. B. Facebook oder Google, Geld mit Nutzerdaten verdienen, gab der größte Anteil der Antwortenden, nämlich rund 49 Prozent, an, dass sie die Verwertung ihrer Daten durch Internetdienste zwar nicht in Ordnung finden, sie aber das Gefühl hätten, sich damit abfinden zu müssen.[28] Weitere 8 Prozent gaben ebenfalls an, dass sie es nicht in Ordnung finden und daher für sich die Konsequenz ziehen, die

---

21    Buxmann und Wagner 2018.
22    Buxmann und Wagner 2018.
23    Buxmann und Wagner 2018.
24    Buxmann und Wagner 2018.
25    Buxmann und Wagner 2018; Festinger 1954.
26    Wills 1981.
27    Cho et al. 2010.
28    Buxmann und Wagner 2018.

Dienste nicht mehr zu nutzen, während nur 26 Prozent es hingegen in Ordnung finden, weil der Service ansonsten kostenlos ist.[29]

Auf Grundlage dieses Gefühls der Ungerechtigkeit, haben einige Initiativen einen alternativen Ansatz zu den bisherigen Datenpraktiken entwickelt: in den letzten Jahren entstanden immer mehr Geschäftsmodelle, die den Handel mit personenbezogenen Daten offen betreiben und dabei mehr Kontrolle über die Weitergabe der Daten versprechen. So kommen immer mehr Plattformen auf den Markt, auf denen Nutzer selbst ihre personenbezogenen Informationen, die sie bereit sind zu teilen (beispielsweise Adressdaten, Interessen oder auch Netzwerkprofil-Zugänge) gezielt an ausgewählte Unternehmen verkaufen können.[30] Plattformenbetreiber sind beispielsweise das amerikanische Unternehmen *Datacoup*[31], das auf Blockchain-Technologie basierende Unternehmen *Datum*[32], oder auch der deutsche Anbieter *Data Fairplay*[33]. Die Ausgestaltung der einzelnen Geschäftsmodelle variiert dabei stark. Teilweise agiert der Plattformbetreiber lediglich als Intermediär zwischen den Datenpreisgebenden und interessierten Unternehmen, teilweise fungiert die Plattform selbst als Käufer, um die Daten dann wiederum aufzubereiten und weiter zu veräußern. Viele der Plattformen befinden sich allerdings in einem recht frühen Stadium und werden noch nicht richtig angenommen.

Dies konnte auch in unserer Studie bestätigt werden, in der die Teilnehmer ebenfalls gefragt wurden, ob sie solche Dienste nutzen würden. Dabei zeigte sich, dass 2018 etwa 50 Prozent der Befragten solche Geschäftsmodelle jedoch kategorisch ablehnen. Allerdings zeichnet sich im Zeitverlauf ein leicht positiver Trend ab, denn im Jahr 2016 lag der Anteil der Ablehner in der damaligen „Der Preis des Kostenlosen"-Studie noch bei fast 70 Prozent. Weiterhin lag der Anteil der Facebook-Nutzer, die ihre personenbezogenen Daten zu keinem Preis verkaufen würden 2016 noch bei 58 Prozent, während es 2018 nur noch 36 Prozent sind.[34] Dennoch ist dieser Anteil noch überraschend hoch, wenn man bedenkt, dass genau diese Nutzer tagtäglich ihre Daten „kostenlos" in sozialen Netzwerken preisgeben.

Aus wirtschaftlicher Perspektive zeigt sich also, dass Daten in verschiedensten Praktiken verwendet werden, die für die Unternehmen meist positiv sind, da diese den Wert der Daten abschöpfen können, während Nutzer die Praktiken mehr oder weniger akzeptieren. Viele der in der Studie befragten Internetnutzer sind mit den Geschäftsmodellen der Internetdienste nicht einver-

---

29    Buxmann und Wagner 2018.
30    Brustein 2012.
31    Datacoup 2018.
32    Datum 2018.
33    DataFairplay 2018.
34    Buxmann 2018.

standen, nutzen diese aber dennoch. Dabei wird davon ausgegangen, dass Individuen die Entscheidung für oder gegen die Adoption eines Internetdienstes und damit über die einhergehende Weitergabe von Daten treffen, indem sie eine Abwägung der möglichen Vorteile mit den potenziellen Risiken vornehmen.[35] Um diese Abwägung möglichst fundiert vornehmen zu können, müssten Individuen den Wert ihrer Daten möglichst korrekt einschätzen können.[36] Bisherige Forschungsstudien untersuchen daher den Wert, den Individuen ihren Daten und damit ihrer Privatsphäre zuweisen, indem die Bereitschaft der Studienteilnehmer für einen erhöhten Privatsphäre-Schutz zu zahlen (*willingness-to-pay*) oder die Bereitschaft zum Verkauf von Daten (*willingness-to-accept* beziehungsweise *willigness-to-sell*) analysiert werden.[37] Die Ergebnisse der Studien sind allerdings recht unterschiedlich und reichen von sehr hohen Wertvorstellungen[38] bis zu der Erkenntnis, dass Individuen ihre personenbezogenen Daten kaum wertschätzen.[39] Die Wertermittlung aus Nutzerperspektive gestaltet sich also nicht als trivial und ist stark kontextabhängig.[40] Vor diesem Hintergrund bleibt es spannend, ob alternative Ansätze zu Datenpraktiken, wie die die darauf abzielen die Datenpreisgebenden für ihre Daten zu kompensieren[41], erfolgsversprechend sein können, vor allem vor dem juristischen Hintergrund, der nun im Folgenden vorgestellt wird und dabei auf die Frage nach einem Eigentumsrecht an Daten eingeht.

# 3 Juristische Perspektive auf Dateneigentum

Häufig sprechen wir im Zusammenhang mit Datenverkaufsplattformen von dem Verkauf und Schutz der „eigenen" Daten. Auch *Data Fairplay* selbst wirbt auf ihrem Internetauftritt mit Aussagen wie „Hol dir die Kontrolle über *deine* Daten zurück.", „Stärke die Gemeinschaft der *Dateneigentümer*" oder „Lass dich für *deine* Daten bezahlen."[42] und suggeriert damit, dass es eine Art Eigentumsrecht an Daten gebe. Das liegt nicht zuletzt auch daran, dass wir fast selbstverständlich davon ausgehen, dass alles, was einen Wert hat, sich auch im Eigentum von

---

35 Smith et al. 2011; Dinev und Hart 2006.

36 Carrascal et al. 2013.

37 Grossklags und Acquisti 2007.

38 z. B. Huberman et al. 2005.

39 z. B. Bauer et al. 2012.

40 Wagner et al. 2018; Wessels et al. 2019.

41 z. B. Li et al. 2014.

42 Datafairplay 2018.

jemandem befindet. Dies hat, wenn es sich um Sachen im Sinne des Bürgerlichen Gesetzbuchs (BGB) handelt, für den Eigentümer den Vorteil, dass er mit seinem Eigentum nach Belieben verfahren – es nutzen, veräußern, zerstören, aus dessen kommerzieller Verwertung Einkommen erzielen – und alle anderen von jeder Einwirkung ausschließen kann. Das (Sach-)Eigentum ist mithin als umfassendes Herrschaftsrecht konzipiert, wesensmäßig begrenzt nur durch Rechte Dritter oder gesetzliche Schranken.

Ob es ein Eigentumsrecht an Daten im Allgemeinen und insbesondere an personenbezogenen Daten formal überhaupt geben kann und wie dieses ausgestaltet sein könnte, war in der Rechtswissenschaft zunächst umstritten. Mittlerweile besteht aber weitgehend Einigkeit darüber, dass es an Daten ein Eigentum im klassischen zivilrechtlichen Sinne nicht geben kann. Eigentumsrechte kann es nur an Sachen geben. Sachen im Sinne des Gesetzes sind nur körperliche Gegenstände, so definiert es der Sachbegriff des § 90 BGB. Daten und Informationen fehlt es bereits an der erforderlichen Körperlichkeit,[43] sie sind immaterieller Natur.[44] Das Eigentum an einem Datenträger erstreckt sich nicht auf die darauf gespeicherten Daten. Hierzu hat der Bundesgerichtshofs (BGH) im Zusammenhang mit zwangsvollstreckungsrechtlichen Fragen festgestellt, dass es sich bei nicht auf einem geeigneten Datenträger verkörperten Daten nicht um Sachen im Sinne von § 90 BGB handelt.[45] Daraus folgt auch, dass zwar das physische Trägermedium, auf dem sich die Daten befinden, wie Bücher, Fotos, Festplatten oder Computerchips, eigentumsfähig sind, nicht aber die einzelnen Daten als solche.[46] Das Eigentum am physischen Datenträger selbst begründet darüber hinaus kein Eigentum an den auf ihm gespeicherten Daten.[47]

Es entwickelt sich aber zunehmend eine Diskussion über den rechtlichen Schutz von Verfügungsrechten an Daten, welche häufig ebenfalls unter dem Begriff des „Dateneigentums" geführt wird.[48]

Hinter der Forderung nach einem „Dateneigentum" steht der Wunsch, die aufgezeigte Werthaltigkeit von Daten durch die Schaffung eines ordnungspolitischen Rahmens besser verwerten zu können. Der bereits benannte wirtschaftliche Nutzen von Daten steht dabei deutlich im Vordergrund.

Verschiedentlich wird daher versucht, über die Gleichsetzung von Daten mit Immaterialgütern Ausschließlichkeitsrechte an diesen herzuleiten. Das Ur-

---

43  So auch m.w.N: Roßnagel 2017, S. 11; Stresemann et al. 2018, § 90 Rn. 25; Hornung und Goeble 2015, S. 268.
44  Grunberg et al. 1999, S. 308ff.
45  BGH, Urt. v. 21.09.2017, Az.: I ZB 8/2017.
46  Specht 2016, S. 289; Zech 2015, S. 140; Dorner 2014, S. 626.
47  BGH, Urt. v. 10.7.2015, Az.V ZR 206/14, Rn. 20, die Berechtigung an den Inhalten folge anderen Regeln als das Eigentum an den Speichermedien. A.A. BGH, Urt. v. 15.11.2006, Az. XII ZR 120/04 im Zusammenhang mit Computerprogrammen.
48  Statt vieler Berberich und Golla 2016, S. 165.

heberrecht ist ebenfalls ein absolutes Recht, das dem Urheber die Befugnis einräumt, seine (materiellen und ideellen) Interessen an einem Werk gegenüber Dritten durchzusetzen.[49] Nicht ohne Grund wird das Urheberrecht auch als „geistiges Eigentum" bezeichnet.[50] Auch der Urheber hat nämlich in Bezug auf sein Werk Handlungsrechte, wie Vervielfältigungs-, Verbreitungs-, Senderechte, aber auch Abwehransprüche gegen jeden Dritten, der seine Interessen stört,[51] jeweils eingeschränkt durch Gesetze und die Rechte Dritter.[52]

Während die Exklusivität des Sacheigentums in der Natur der Sache liegt – körperliche Gegenstände können schließlich nur von einem oder wenigen gleichzeitig genutzt werden – ist dies bei Immaterialgüterrechten anders. Sie beinhalten typischerweise unbegrenzt reproduzierbare Informationen, verbrauchen sich nicht, können beliebig vervielfältigt und von zahlreichen Personen gleichzeitig verwendet werden und sind damit nicht schon von Natur aus exklusiv. Daraus folgt, dass der Anwendungsbereich von Immaterialgüterrechten erst durch das Gesetz selbst bestimmt werden muss. Das Recht des geistigen Eigentums ergibt sich daher aus der Summe aller Rechtsnormen, die Nutzungsbefugnisse an Immaterialgütern zum Gegenstand haben. Dahinter steht eine bewusste Abwägung des Gesetzgebers zwischen der Schutzwürdigkeit immaterieller Güter zugunsten des Einzelnen und dem Interesse der Allgemeinheit an deren Gemeinfreiheit.[53]

Den einschlägigen Gesetzen des Immaterialgüterrechts (insbesondere dem Patentrecht, Markenrecht und Urheberrecht) lässt sich keine grundsätzliche Eigentumsordnung an personenbezogenen Daten entnehmen. Weil Daten nicht in den Anwendungsbereich eines bestehenden Immaterialgüterrechts fallen, kann an ihnen auch kein „Geistiges Eigentum" begründet werden.

Weiterhin wird die Möglichkeit, ein „Dateneigentumsrecht" durch eine analoge Anwendung bestehender Vorschriften über das Sacheigentum und dessen Übereignung auf Daten zu konstruieren, diskutiert.[54] Eine Analogie setzt neben einer planwidrigen Regelungslücke im Gesetz auch eine vergleichbare Interessenlage voraus.[55]

Eine abstrakte rechtliche Zuweisung von Daten ist zwar im geltenden Zivilrecht nicht geregelt, jedoch ist im Strafgesetzbuch (StGB), in § 303a Abs. 1

---

49    Rehbinder und Peukert 2018, Rn. 126.
50    Beide Begriffe werden Synonym verwendet.
51    Rehbinder und Peukert 2018, Rn. 142.
52    Rehbinder und Peukert 2018, Rn 143ff., 148ff.
53    Ensthaler 2009, S. 6ff.
54    Hoeren 2013, S. 486ff.; Fezer 2017, S. 100ff.
55    Statt vieler Larenz 1991, S. 381 f.

StGB, die Datenveränderung[56] unter Strafe gestellt und damit die Zuordnung von Daten zu einer Person, die zum Ausschluss Dritter vom Umgang mit den Daten berechtigt ist, angelegt. Teilweise wird in der Literatur daher vertreten, eine derartige Stellung komme dem zivilrechtlichen Eigentum sehr nahe und rechtfertige den Schluss auf eine dingliche Rechtsposition. Anknüpfungspunkt für die Verfügungsbefugnis über die Daten im Sinne eines „Dateneigentums" soll dabei der Skripturakt sein, also der Akt des Erschaffens, mit dem das jeweilige Datum erzeugt wird.[57] Eine Analogie zum Sacheigentum wird folglich als „geboten und möglich" erachtet.[58]

Eine analoge Anwendung von § 903 BGB auf Daten überzeugt jedoch aus verschiedenen Gründen nicht. Zum einen kann wegen der Vielzahl von datenspezifischen Vorschriften an anderen Stellen der Rechtsordnung bereits nicht auf eine planwidrige Regelungslücke geschlossen werden. Weiterhin sind etliche sachenrechtliche Vorschriften auf körperliche Gegenstände zugeschnitten.[59] So setzt beispielsweise eine Übereignung gemäß § 929 Satz 1 BGB eine Übergabe voraus, durch die der Veräußerer und vormalige Eigentümer seine Besitzposition vollständig aufgibt.[60] Daten hingegen sind technisch frei verfügbar und können ohne Substanzverlust beliebig oft kopiert werden,[61] sie werden daher typischerweise ohne Publizitätsakt übertragen, indem Kopien erzeugt werden und der Veräußerer weiterhin das Datum behält. Daher fehlt es aufgrund der mangelnden Körperlichkeit und Exklusivität von Daten ebenfalls an einer vergleichbaren Interessenlage.[62] Gegen eine Analogie spricht weiterhin, dass § 903 BGB keine Zuordnungsentscheidung trifft, sondern eine solche vielmehr bereits voraussetzt.[63]

Letztlich sehen also weder das Material-, noch das Immaterialgüterrecht eine grundsätzliche Eigentumsordnung für personenbezogene Daten vor, weder unmittelbar noch analog.

Auch das Datenschutzrecht ist ungeeignet, um Ausschließlichkeitsrechte an Daten zu begründen. Das ist auch nicht weiter verwunderlich und letztlich seiner Herleitung geschuldet.

---

56  Der Wortlaut des § 303a Abs. 1 StGB lautet: „(1) Wer rechtswidrig Daten (§ 202a Abs. 2) löscht, unterdrückt, unbrauchbar macht oder verändert, wird mit Freiheitsstrafe bis zu zwei Jahren oder mit Geldstrafe bestraft."
57  Kilian und Heussen 2015, Kap. 20.5. Rn. 19–22.
58  So z. B. Hoeren 2013, S. 491.
59  Redeker 2011, S. 638.
60  BGH, Urt. v. 05.05.1971, Az.VIII ZR 217/69; Baur und Stürmer 2009, § 51, Rn. 13ff..; Weber 1998, S. 577.
61  Wobei das „Original" und die Kopie grundsätzlich keine qualitativen Unterschiede aufweisen werden.
62  Redeker 2011, S. 638; Kilian und Heussen 2015, Kap. 20.5, Rn. 19–22.
63  Bundesministerium für Verkehr und digitale Infrastruktur 2017, S. 87.

Bereits das Bundesverfassungsgericht hat im Volkszählungsurteil ausdrücklich betont, dass der Einzelne durch das Recht der informationellen Selbstbestimmung kein „Recht im Sinne einer absoluten, uneinschränkbaren Herrschaft über ‚seine' Daten" erhalte, sondern er „vielmehr eine, sich innerhalb der sozialen Gemeinschaft entfaltende, auf Kommunikation angewiesene Persönlichkeit" sei. Das Bundesverfassungsgericht hat mit seiner Rechtsprechung zum Volkszählungsurteil die informationelle Selbstbestimmung als Freiheitsrecht ausgestaltet. Sie schützt somit die freie Entfaltung der Persönlichkeit durch die Wahrung der Privatsphäre und der freien Kommunikation.[64] Weiterhin hat das Bundesverfassungsgericht formuliert, dass eine „Information, auch soweit sie personenbezogenen ist, ein Abbild der sozialen Realität, das nicht ausschließlich dem Betroffenen allein zugeordnet werden kann", sei.[65] Das Recht auf informationelle Selbstbestimmung kann Befugnisse über Daten und Informationen einschränken. Zur Begründung von Ausschließlichkeitsrechten eignet es sich dagegen nicht.[66] Dies liegt nicht zuletzt auch daran, dass die Grundrechte primär Abwehrrechte gegen staatliche Eingriffe darstellen und nicht dazu bestimmt sind, gegenüber jedermann uneingeschränkt geltende Rechtspositionen zuzuordnen. Eine Eigentumsposition aus diesem Grundrecht ableiten zu wollen, muss damit grundsätzlich scheitern.[67]

Personenbezogene Daten unterliegen somit keiner Eigentumsordnung, sondern sind vielmehr Inhalte einer Kommunikationsordnung.[68] Diese Kommunikationsordnung bestimmt, wer berechtigt ist, auf Daten zuzugreifen, mit ihnen umzugehen, sie weiterzugeben oder etwa ihre Nutzung zu beschränken. Eine Kommunikationsordnung gewährt somit Verfügungsberechtigungen, Umgangsrechte und Beschränkungen im Hinblick auf die Verwendung der Daten, nimmt aber keine Güterzuweisung vor.[69] Vermittelt wird die Kommunikationsordnung einfachgesetzlich durch die Regelungen zum Umgang mit Daten etwa durch die Datenschutzgesetze, das Telemediengesetz sowie das Telekommunikationsgesetz.

Keines dieser Gesetze kann vor dem verfassungsrechtlichen Hintergrund eine grundsätzliche Ausschließlichkeitszuordnung personenbezogener Daten – als Grundlage der digitalen Kommunikation – zu einer bestimmten Person vornehmen. Sie begründen damit keine ökonomischen Verwertungsrechte, können diese aber ermöglichen.

---

64 Etwa vermittelt durch Art. 2 Abs. 1 i.V.m. Art. 1 Abs. 1 GG (auch in Form der informationellen Selbstbestimmung), Art. 10 GG (Schutz des Brief-, Post- und Fernmeldegeheimnisses) und Art. 13 GG (Unverletzlichkeit der Wohnung als Garant der häuslichen Privatsphäre).

65 BVerfG, Urt. v. 15.12.1983 = BVerfGE 65, S. 43f.

66 Roßnagel 2007, S. 111; Hoeren 2013, S. 486ff.

67 Bundesministerium für Verkehr und digitale Infrastruktur 2017, S. 46.

68 Roßnagel 2017, S. 11; Roßnagel 2014, 283f.

69 Roßnagel 2017, S. 11; Roßnagel 2014, 283f.

Diese Situation wird teilweise als unbefriedigend empfunden. Zur Konstruktion und Zuordnung von Verfügungsrechten an personenbezogenen Daten werden in der Literatur daher bereits verschiedene Ansätze diskutiert.[70] Diskutiert wird etwa eine Zuordnung des Eigentums an Daten nach der Kategorie der Daten vorzunehmen (sog. datenspezifischer Ansatz).[71] Danach ließe sich eine Zuordnung von Daten unter Rückgriff auf die bestehenden datenschutzrechtlichen Vorschriften anhand ihres Personenbezugs[72] vornehmen.[73] Alternativ könnte eine Zuordnung zu Gunsten des Betriebsinhabers für unternehmensbezogene Daten oder die Schaffung eines Datenverwertungsrechts in Anlehnung an das Urheberrecht vorgenommen werden (sog. Ansatz der Zuordnung zum wirtschaftlich Berechtigten).[74] Weiterhin wird diskutiert, Dateneigentum aus den Eigentumsrechten an Sachen, beispielsweise an dem Speichermedium, auf dem die Daten gespeichert sind, folgen zu lassen (sog. gegenständlicher/sachenrechtlicher Ansatz)[75] oder ein Dateneigentum zu Gunsten des „Erzeugers" der Daten zu gewähren (sog. handlungsbezogener Ansatz).[76]

Nach überwiegender Meinung besteht jedoch kein Regelungsbedarf in diesem Zusammenhang.[77] Um Daten derzeit verwerten und kommerzialisieren zu können, bleibt den Parteien schließlich der Rückgriff auf eine privatautonome Vertragsgestaltung unbenommen und wird als ausreichend erachtet. Hierin können durch vertragliche Regelungen zwischen den Beteiligten bestimmte Nutzungs- und Verfügungsbefugnisse eingeräumt werden. Das beinhaltet neben den im Vertrag ausdrücklich geregelten Rechten und Pflichten auch Nebenrechte und Nebenpflichten.[78] Sofern die Daten einen Personenbezug aufweisen, ist zusätzlich das Datenschutzrecht zu beachten.

Verträge über Daten begründen diese Rechtspositionen im Verhältnis der Vertragsparteien zueinander. Bemängelt wird daher teilweise, dass aufgrund der Vielzahl von Akteuren, die Interesse an Daten geltend machen, vertragliche Absprachen zwischen zwei Parteien zunehmend ungeeignet seien, um eine gesicherte Rechtsposition zu schaffen. Verträge können zwar Sachenrecht nachahmen, verstärken oder abbedingen, allerdings nur zwischen den Vertragsparteien

---

70    Einen Überblick über den Meinungsstand gibt Grützmacher 2016, S. 486ff.
71    Bundesministerium für Verkehr und digitale Infrastruktur 2017, S. 91ff.
72    Was jedoch nur bei personenbezogenen Daten möglich wäre.
73    Vgl. das Recht auf Datenübertragbarkeit in Art. 20 DSGVO.
74    Schwartmann und Hentsch 2016, S. 120 ff.; Zech 2015, S. 144; Specht 2016, S. 292f.
75    Härting 2016, S. 647; Hoeren 2013, S. 487; Bundesministerium für Verkehr und digitale Infrastruktur 2017, S. 96.
76    Becker 2017, S. 354; Ensthaler 2016, S. 3476; Specht 2016, S. 296; Zech 2015, S. 144; Fezer 2017b, S. 4; Bundesministerium für Verkehr und digitale Infrastruktur 2017, S. 98f. Zum sog. Skripturakt vgl. Hoeren 2013, S. 487; Hoeren et al. 2014, S. 24f.; Zech 2012, S. 388ff.
77    Grützmacher 2016, S. 495; Konferenz der Justizministerinnen und Justizminister der Länder 2017, S. 89ff.
78    Vgl. 241 Abs. 2 BGB.

und gegebenenfalls mit Wirkung für ausdrücklich genannte Drittbegünstigte, aber nicht zulasten der Allgemeinheit, sog. Relativität des Schuldverhältnisses. Befürchtet wird das Risiko, dass Dritte Daten in unerwünschter und gegebenenfalls beeinträchtigender Weise nutzen und dies rechtlich nicht unterbunden werden kann.

## 4 Fazit

Bei näherer Betrachtung der Diskussion in der Öffentlichkeit und der juristischen Fachwelt über ein mögliches „Dateneigentum" zeigt sich, dass insbesondere der wirtschaftliche Handel von Daten und weniger die Schaffung einer neuen Rechtsposition zum Schutz von Persönlichkeitsrechten im Vordergrund steht.

Aus Sicht des Datenschutzes würde eine Begründung von „Eigentumsrechten" an Daten, auch aufgrund der entstehenden Marktdynamik, keine Garantie für mehr Privatsphäre darstellen, vielmehr könnte sogar das Gegenteil bewirkt werden.

Gerade die Möglichkeit zur Übertragung von „Eigentumsrechten" an den „eigenen" Daten könnte den Schutz des Einzelnen deutlich schwächen, weil sich Unternehmen die Rechte regelmäßig übertragen lassen würden, mit der Folge, dass sie die betroffenen Personen, gestützt auf die erworbenen Eigentumsrechte, von der Nutzung ihrer „eigenen" Daten ausschließen könnten. Ein „Eigentumsrecht" an personenbezogenen Daten könnte das Problem des Verlustes der Herrschaft über die „eigenen" Daten daher nicht nur nicht lösen, sogar möglicherweise sogar noch verschärfen.

Vordergründig mag es daher für den Einzelnen sinnvoll erscheinen, monetär an der Verwertung „seiner" Daten beteiligt zu sein. Dies umso mehr, als tagtäglich Millionen IT-Nutzer im Rahmen der Verwendung ihrer IT-Geräte, insbesondere in sozialen Netzwerken, ihre personenbezogenen Daten „kostenlos" preisgeben. Tatsächlich würde jedoch die faktische Kontrolle zur Erhaltung der Privatsphäre aus der Hand gegeben und bisher ungekannte Abhängigkeiten könnten entstehen.

Ein entsprechend zu schaffendes „Dateneigentum" bedürfte daher begleitender Schutzvorkehrungen, die die Individuumsqualität des Einzelnen garantiert und seine Privatsphäre, trotz der Veräußerung personenbezogener Daten, sichert.

Der Wunsch nach mehr Rechtssicherheit im Umgang mit personenbezogenen Daten im wirtschaftlichen Kontext ist verständlich, bedarf aber keines eigens ausgestalteten „Eigentumsrechts". Die vertragliche Umsetzung zur Einräumung entsprechender Nutzungsrechte an personenbezogenen Daten ist auch unter der aktuellen Rechtslage möglich und bietet eine flexible und damit vorzugswürdige Möglichkeit. Ob sich die betroffenen Personen zukünftig, auch ohne ein entsprechendes „Eigentumsrecht" an personenbezogenen Daten, durch entsprechende vertragliche Regelungen die Nutzung ihrer personenbezogenen Daten mit einer Art Gebühr vergüten lassen, bleibt vor diesem Hintergrund abzuwarten.

# Literatur

Alphabet. 2018. Alphabet Announces Third Quarter 2018 Results. https://abc.xyz/investor/static/pdf/2018Q3_alphabet_earnings_release.pdf. Zugegriffen: 06. Januar 2019.

Bauer, C., J. Korunovska, und S. Spiekermann. 2012. On the Value of Information – What Facebook Users Are Willing to Pay. European Conference on Information Systems Proceedings.

Baur, J., und R. Stürner. 2009. *Sachenrecht*. München: C.H. Beck.

Becker, M. 2017. Lauterkeitsrechtlicher Leistungsschutz für Daten. *Gewerblicher Rechtsschutz und Urheberrecht* 9 (15): S. 346–355.

Berberich, M., und S. Golla. 2016. Zur Konstruktion eines „Dateneigentums" – Herleitung, Schutzrichtung, Abgrenzung. *Privacy in Germany* 4 (5): S. 165–177.

Brustein, J. 2012. Start-Ups Seek to Help Users Put a Price on Their Personal Data. http://www.nytimes.com/2012/02/13/technology/start-ups-aim-to-help-users-put-a-price-on-their-personal-data.html?_r=1&ref=technology. Zugegriffen: 03. November 2017.

Brynjolfsson, E., L. M Hitt, und H. H. Kim. 2011. Strength in Numbers: How Does Data-Driven Decisionmaking Affect Firm Performance? *Social Science Research Network (SSRN)*.

Bundesministerium für Verkehr und digitale Infrastruktur, 2017. „Eigentumsordnung" für Mobilitätsdaten? – Eine Studie aus technischer, ökonomischer und rechtlicher Perspektive". http://www.bmvi.de/SharedDocs/DE/Publikationen/DG/eigentumsordnung-mobilitaetsdaten.pdf?blob=publicationFile. Zugegriffen: 10. Februar 2019.

Buxmann, P. 2018. Der Preis des Kostenlosen: das Spannungsfeld zwischen dem Wert von Daten und der Privatsphäre von Nutzern, *Ifo-Schnelldienst* 71 (10): S. 18–21.

Buxmann, P., und A. Wagner. 2018. Datenökonomie und Privatsphäre – Ergebnisse von drei empirischen Untersuchungen. *MedienWirtschaft* 15 (3): S. 20–28.

Carrascal, J. P., C. Riederer, V. Erramilli, M. Cherubini, und R. de Oliveira. 2013. Your Browsing Behavior for a Big Mac: Economics of Personal Information Online. Proceedings of the 22nd International Conference on World Wide Web.

Cho, H., J.-S. Lee, und S. Chung. 2010. Optimistic Bias About Online Privacy Risks: Testing the Moderating Effects of Perceived Controllability and Prior Experience. *Computers in Human Behavior* 26 (5): S. 987–995.

Data Fairplay. 2018. Data Fairplay. https://www.datafairplay.com/. Zugegriffen: 02. Dezember 2018.

Datacoup. 2018. Datacoup - Unlock the Value of Your Personal Data. https://datacoup.com/. Zugegriffen: 08. Dezember 2018.

Datum. 2018. Datum. https://datum.org/. Zugegriffen: 08. Dezember 2018.

Dinev, T., und P. Hart. 2006. An Extended Privacy Calculus Model for E-Commerce Transactions. *Information Systems Research* 17 (1): S. 61–80.

Dorner, M. 2014. Big Data und „Dateneigentum". *Computer und Recht* 30 (9): S. 617–621.

Ensthaler, J. 2016. Industrie 4.0 und die Berechtigung an Daten. *Neue Juristische Wochenschrift* 69 (48): S. 3473–3478.

Ensthaler, J. 2009. *Gewerblicher Rechtsschutz und Urheberrecht.* Wiesbaden: Springer VS.

Facebook. 2018. Facebook Q3 2018 Results. https://s21.q4cdn.com/ 399680738/files/doc_financials/2018/Q3/Q3-2018-Earnings-Presentation.pdf. Zugegriffen: 06. Januar 2019.

FAZ. 2018. Merkel will Daten besteuern. http://www.faz.net/aktuell/wirtschaft/diginomics/radikale-steuerreform-merkel-will-daten-besteuern-15612688.html. Zugegriffen: 11. Juni 2018.

Festinger, L. 1954. A Theory of Social Comparison Processes. *Human Relations* 7 (2): S. 117–140.

Fezer, K.-H. 2017. Dateneigentum der Bürger – Ein originäres Immaterialgüterrecht sui generis an verhaltensgenerierten Informationsdaten der Bürger. *Zeitschrift für Datenschutz* 3: S. 99–105.

Fezer, K.-H. 2017b. Dateneigentum – Theorie des immaterialgüterrechtlichen Eigentums an verhaltensgenerierten Personendaten der Nutzer als Datenproduzenten. *Multimedia und Recht*: S. 3–5.

Goeble, T., und G. Hornung. 2015. „Data Ownership" im vernetzten Automobil. *Computer und Recht* 31 (4): S. 265–273.

GoogleWatchBlog. 2018. Google/Alphabet Quartalszahlen in der Übersicht. https://www.google watchblog.de/2016/02/google-alphabet-quartalszahlen-uebersicht/. Zugegriffen: 06. Januar 2019.

Grossklags, J., und A. Acquisti. 2007. When 25 Cents is too much: An Experiment on Willingness-To-Sell and Willingness-To-Protect Personal Information. Workshop on the Economics of Information Security Series.

Grunberg, I., I. Kaul, und M. Stern, Hrsg. 1999. *Global public goods.* New York: Oxford University Press.

Grützmacher, M. 2016. Dateneigentum – ein Flickenteppich. Wem gehören die Daten bei Industrie 4.0, Internet der Dinge und Connected Cars? *Computer und Recht* 32 (8): S. 485–494.

Hamka, F., H. Bouwman, M. De Reuver, und M. Kroesen. 2014. Mobile Customer Segmentation Based on Smartphone Measurement. *Telematics and Informatics* 31 (2): S. 220–227.

Härting, N. 2016. „Dateneigentum" – Schutz durch Immaterialgüterrecht? *Computer und Recht* 32 (10): S. 646–651.

Hentsch, C.-H., und R. Schwartmann. 2016. Parallelen aus dem Urheberrecht für ein neues Datenverwertungsrecht. *Privacy in Germany* 4 (4): S. 117–127.

Heussen, B., und W. Kilian, Hrsg. 2015. *Computerrechts-Handbuch.* München: C.H. Beck.

Hoeren, T. 2013. Dateneigentum – Versuch einer Anwendung von § StGB § 303a StGB im Zivilrecht. *Multimedia und Recht*: S. 486–491.

Hoeren, T, Hrsg. 2014. *Big Data und Recht.* München: C.H. Beck.

Huberman, B. A, E. Adar, und L. R. Fine. 2005. Valuating Privacy. *IEEE Security & Privacy* 3 (5): S. 22–25.

Konferenz der Justizministerinnen und Justizminister der Länder. 2017. Arbeitsgruppe „Digitaler Neustart", https://www.justiz.nrw.de/JM/jumiko/beschluesse/2017/Fruehjahrskonferenz_2017 /index.php. Zugegriffen: 03. Januar 2019.

Larenz, K. 1991. *Methodenlehre der Rechtswissenschaft*. Wiesbaden: Springer VS.

Li, C., D. Y. Li, G. Miklau, und D. Suciu. 2014. A Theory of Pricing Private Data. *Association for Computer Machinery (ACM) Transactions on Database Systems (TODS)* 39 (4): S. 34.

Limperg, B., H. Oetker, R. Rixecker, und F. J. Säcker, Hrsg. 2018. *Münchener Kommentar zum BGB*. München: C.H. Beck.

NewYorkTimes. 2018. Cambridge Analytica and Facebook: The Scandal and the Fallout So Far. https://www.nytimes.com/2018/04/04/us/politics/cambridge-analytica-scandal-fallout.html. Zugegriffen: 20. April 2018.

Oracle. 2018. Products Menu – There's an audience for everything. https://www.oracle.com/applications/customer-experience/data-cloud/third-party-data.html. Zugegriffen: 06. Januar 2018.

Pavlou, P. A. 2011. State of the Information Privacy literature: Where are We Now and Where Should We Go? *Management Information Systems (MIS) Quarterly* 35 (4): S. 977–988.

Peukert, A. und M. Rehbinder, Hrsg. 2018. *Urheberrecht und verwandte Schutzrechte*. München: C.H. Beck.

Redeker, H. 2011. Information als eigenständiges Rechtsgut. *Computer und Recht* 27 (10), S. 634–639.

Roßnagel, A. 2007. *Datenschutz in einem informatisierten Alltag*. Berlin: Stabsabt. der Friedrich-Ebert-Stiftung.

Roßnagel, A. 2014. Fahrzeugdaten – wer darf über sie entscheiden? *Straßenverkehrsrecht:* S. 281–287.

Roßnagel, A. 2017. Rechtsfragen eines Smart Data-Austauschs. *Neue Juristische Wochenschrift* 70 (1–2): S. 10–15.

Schwartz, P. M. 2004. Property, Privacy, and Personal Data. *Harvard Law Review* 117 (7), S. 2056–2128.

Smith, H J., T. Dinev, und H. Xu. 2011. Information Privacy Research: An Interdisciplinary Review. *Management Information Systems (MIS) Quarterly* 35 (4): S. 989–1016.

Specht, L. 2016. Ausschließlichkeitsrechte an Daten – Notwendigkeit, Schutzumfang, Alternativen. *Computer und Recht* 32 (5): S. 288–295.

Spiekermann, S., A. Acquisti, R. Böhme, und K.-L. Hui. 2015. The Challenges of Personal Data Markets and Privacy. *Electronic Markets* 25 (2): S. 161–167.

Tene, O., und J. Polonetsky. 2012. Big Data for all: Privacy and User Control in the Age of Analytics. *Northwestern Journal of Technology and Intellectual Property*. 11 (5): S. 239–273.

Tucker, C. E. 2014. Social Networks, Personalized Advertising, and Privacy Controls. *Journal of Marketing Research* 51 (5): S. 546–562.

Wagner, A., N. Wessels, P. Buxmann, und H. Krasnova. 2018. Putting a Price Tag on Personal Information - A Literature Review. Hawaii International Conference on System Sciences, Waikoloa Village, Hawaii.

Weber, R. 1998. Der rechtsgeschäftliche Erwerb des Eigentums an beweglichen Sachen gem. §§ 929ff. BGB. *Juristische Schulung:* S. 577–583.

Wessels, N., A. Wagner, J. P. Sarswat, und P. Buxmann. 2019. What is Your Selfie Worth? A Field Study on Individuals' Valuation of Personal Data. In: *14th International Conference on Wirtschaftsinformatik*, Siegen. (im Erscheinen).

Wills, T. A. 1981. Downward Comparison Principles in Social Psychology. *Psychological Bulletin* 90 (2): S. 245–271.

Zech, Herbert. 2012. *Information als Schutzgegenstand.* Tübingen: Mohr Siebeck.

Zech, H. 2015. Daten als Wirtschaftsgut – Überlegungen zu einem „Recht des Datenerzeugers". *Computer und Recht* 31 (3): S. 137–144.

# Daten als „Einnahmen" von Nutzern urheberrechtlich geschützter Werke und Leistungen

*Karl Riesenhuber[1]*

*Keywords: Daten als wirtschaftlicher Gegenwert, Wert von Daten*

## Abstract

Daten – der „Rohstoff des 21. Jahrhunderts" – werden zunehmend als Gegenleistung erhoben. Eine anschließende Frage ist, welchen wirtschaftlichen Wert diese Daten haben. Das kann insbesondere für diejenigen von Bedeutung sein, die Ansprüche haben, deren Höhe vom Wert der Gegenleistung abhängt. Der Beitrag illustriert die damit zusammenhängenden Fragen am Beispiel des Vergütungsanspruchs von Verwertungsgesellschaften. Die ökonomische Problematik, den Wert von Daten zu bestimmen, könnte rechtlich im Wege von Schätzungen und Pauschalierungen aufgefangen werden.[2]

## Inhalt

1   Neue Geschäftsmodelle und Daten als Leistung .......................................... 30
2   Angemessene Lizenzbedingungen und Tarife .............................................. 30
3   Konkretisierung im deutschen Recht: „Geldwerte Vorteile" .................................. 32
4   Daten als geldwerter Vorteil .......................................................... 34
5   Die Berücksichtigung von Datenverarbeitung im Tarif ....................................... 39
6   Ergebnisse ........................................................................ 42
Literatur .......................................................................... 43

---

1   Dr. iur., M.C.J., Professor an der Ruhr-Universität Bochum, Inhaber des Lehrstuhls für Bürgerliches Recht, Deutsches und Europäisches Handels- und Wirtschaftsrecht, Richter am Oberlandesgericht Hamm.
2   Originally published in Silke v. Lewinski/Heinz Wittmann [Hrsg. (2018) : Urheberrecht! : Festschrift für Michel M . Walter zum 80. Geburtstag, Seiten 253-266 .]; Copyright © [] . All Rights Reserved

© Springer Fachmedien Wiesbaden GmbH, ein Teil von Springer Nature 2019
C. Ochs et al. (Hrsg.), *Die Zukunft der Datenökonomie*, Medienkulturen im digitalen Zeitalter, https://doi.org/10.1007/978-3-658-27511-2_3

# 1   Neue Geschäftsmodelle und Daten als Leistung

Im Zuge der Digitalisierung haben Unternehmen vielfältige neue Geschäftsmodelle entwickelt.[3] Gerade Internetdienstleistungen beruhen dabei oft auf „kostenlosen" Angeboten: Interessenten können Dienstleistungen wie Landkarten, E-Mail-Server, soziale Netzwerke u. v. a. m. in Anspruch nehmen, ohne dafür eine Gegenleistung in Geld zu erbringen. Dass die Leistung keineswegs kostenlos und ohne Gegenleistung erbracht wird, ist längst bekannt.[4] Vor allem zwei Gegenleistungen werden typischerweise erbracht. Die eine besteht, ähnlich wie beim privaten Rundfunk, in der Werbungsaufmerksamkeit. Werbung wird so mit der Dienstleistung verbunden, dass der Nutzer sie (jedenfalls typischerweise; überhaupt oder besser) zur Kenntnis nimmt. Die Werbeeinnahmen finanzieren das Dienstleistungsangebot (mit). Die andere Gegenleistung besteht darin, dass der Kunde dem Anbieter Daten zugänglich macht. Die „Verarbeitung" dieser Daten – Verarbeitung im weiten Sinne von Art. 4 Nr. 2 DSGVO – dient dem Anbieter als Grundlage, um Einnahmen zu erwirtschaften. Dafür kommen ganz unterschiedliche Geschäftsmodelle in Betracht. ZB kann die Datenverarbeitung dazu dienen, die angebotene Dienstleistung zu verbessern; oder dazu, Werbung gezielter (und damit: gegen höhere Vergütung des Werbenden) zu platzieren; oder die Daten werden zu einer Sammlung zusammengeführt, die ihrerseits marktgängig ist und veräußert wird.[5]

Auch die Nutzer urheberrechtlich geschützter Werke und Leistungen entwickeln solche Geschäftsmodelle. Damit stellt sich die Frage, inwieweit Verwertungsgesellschaften darauf reagieren können und müssen. Zum einen besteht die Möglichkeit, dass Nutzer *zusätzlich* zu einer Vergütung in Geld noch Daten erhalten, die sie wirtschaftlich verwerten (können). Zum anderen können Nutzer ihr Geschäftsmodell so umstellen, dass sie *anstelle* einer Gegenleistung in Geld andere Gegenleistungen wie z. B. Daten erhalten, die sie dann wirtschaftlich verwerten. Besonders der zweite Fall wirft die Frage auf, ob und auf welche Weise die Urheber an dieser Form der wirtschaftlichen Wertschöpfung partizipieren.

# 2   Angemessene Lizenzbedingungen und Tarife

Unionsrechtliche Grundlage ist Art. 16 Abs. 2 UAbs. 2 Verwertungsgesellschaftenrichtlinie 2014/26 (VGRL).

---

3    Übersicht bei Hess und Schreiner 2012, S. 105ff.
4    Buxmann 2016.
5    Bründl et al. 2015, S. 8ff.; Hess und Schreiner 2012, S. 105, 106ff.; Morlok et al. 2017, S. 3; Picot et al. 2018, S. 333ff.

Die Rechtsinhaber erhalten eine angemessene Vergütung für die Nutzung ihrer Rechte. Tarife für ausschließliche Rechte und Vergütungsansprüche stehen in einem angemessenen Verhältnis unter anderem zu dem wirtschaftlichen Wert der Nutzung der Rechte unter Berücksichtigung der Art und des Umfangs der Nutzung des Werks und sonstiger Schutzgegenstände sowie zu dem wirtschaftlichen Wert der von der Organisation für die kollektive Rechtewahrnehmung erbrachten Leistungen. Die Organisationen für die kollektive Rechtewahrnehmung informieren die betroffenen Nutzer über die der Tarifaufstellung zugrunde liegenden Kriterien.

In Deutschland dienen §§ 38 f. VGG der Umsetzung;[6] die Vorschriften übernehmen die wesentlichen Inhalte des früheren § 13 UrhWG. In Österreich ist Art. 16 VGRL insoweit in §§ 36 f. VerwGesG 2016 umgesetzt.[7]

Die Nutzungsbedingungen und Tarife der Verwertungsgesellschaften müssen danach angemessen sein, insbesondere eine angemessene Vergütung vorsehen. Die Vergütung muss in einem angemessenen Verhältnis zum wirtschaftlichen Wert der Nutzung der Rechte einerseits und zum wirtschaftlichen Wert der Leistungen der Verwertungsgesellschaft andererseits stehen. Beim wirtschaftlichen Wert der Nutzung ist dabei zu berücksichtigen, auf welche Weise und in welchem Umfang urheberrechtliche Werke und Leistungen genutzt werden.

Dieses Angemessenheitsgebot steht, wie sich auch aus der Systematik der Regelung ergibt, einerseits im Zusammenhang mit dem Interesse der Nutzer, eine Lizenz erhalten zu können. In der Richtlinie und im österreichischen Gesetz ist dieses Interesse durch eine Verhandlungspflicht geschützt,[8] im deutschen Recht durch einen Kontrahierungszwang, § 34 VGG. Besonders das österreichische Gesetz macht aber deutlich, dass Angemessenheit nicht nur eine Bindung gegenüber den Nutzern ist, sondern auch gegenüber den Rechteinhabern: „Verwertungsgesellschaften haben dafür zu sorgen, dass die von ihnen betreuten Rechteinhaber eine angemessene Vergütung für die Nutzung ihrer Rechte und Ansprüche erhalten", § 37 Abs. 3 S. 1 VerwGesG.[9] Dasselbe gilt indes – auch ohne besondere Hervorhebung im Wege der teleologischen Auslegung begründet – auch für das deutsche Recht.[10]

---

6   Ahlberg und Götting-Freudenberg 2018, § 39 VGG Rn 1.
7   Wittmann-Handig 2018, § 36 Kommentar 2, sowie Wittmann-Kraft und Mitterer, § 37 Kommentar 2.
8   Wittmann-Handig 2018, § 36 Kommentar 4 mit Hinweis auf den aus der Monopolstellung abgeleiteten Kontrahierungszwang.
9   Dazu Wittmann-Kraft und Mitterer 2018, § 37 Kommentar 12.
10  Dreier und Schulze-Schulze 2015, § 11 UrhWG Rn. 10; Schricker und Loewenheim-Reinbothe 2017, § 11 UrhWG Rn. 5.

# 3 Konkretisierung im deutschen Recht: „Geldwerte Vorteile"

§ 39 Abs. 1 VGG konkretisiert[11] die Berechnung der Vergütung näher:

> Berechnungsgrundlage für die Tarife sollen in der Regel die geldwerten Vorteile sein, die durch die Verwertung erzielt werden. Die Tarife können sich auch auf andere Berechnungsgrundlagen stützen, wenn diese ausreichende, mit einem wirtschaftlich vertretbaren Aufwand zu erfassende Anhaltspunkte für die durch die Verwertung erzielten Vorteile ergeben.

Die Vorschrift enthält damit zwei Anknüpfungspunkte für die Berechnung der Tarife. Primäre Berechnungsgrundlage sind die geldwerten Vorteile, die durch die Verwertung erzielt werden. Wenn geldwerte Vorteile erzielt werden, ist dieser Maßstab vorrangig heranzuziehen. Die Maßgabe anderer, ideeller[12] Vorteile nach § 39 Abs. 1 S. 2 VGG ist demgegenüber nachrangig; von der Grundregel von S. 1 der Vorschrift soll nur in begründeten Ausnahmefällen abgewichen werden.[13]

Nach dem Wortlaut von § 39 Abs. 1 S. 1 VGG kommt es nicht auf „Vergütung", „Umsatz", „Einnahmen" oder „Geld" an. Der Gesetzgeber hat mit „Vorteilen" einen denkbar weiten Begriff gewählt. Durch die Verwendung des Plurals drückt er aus, dass die Berechnungsgrundlage sich nicht in einem (vielleicht: Haupt-) Vorteil erschöpfen muss.

Wenn die maßgeblichen Vorteile als „geldwert" gekennzeichnet sind, heißt das zum einen, dass die Vorteile auch in anderen Leistungen als Geld bestehen können. Zum anderen kommt zum Ausdruck, dass es um Vorteile geht, die man auf einem Markt zu Geld machen kann. Und schließlich ergibt sich aus der Formulierung, dass es auf den Zufluss des Vorteils ankommt und nicht darauf, dass der Nutzer ihn am Markt zu Geld macht („liquidiert").

Wie die systematische Auslegung bestätigt, sind „geldwerte" Vorteile solche, die einen Markt- oder Vermögenswert haben. Ideelle Vorteile können, wie wir gesehen haben, nach § 39 Abs. 1 S. 2 VGG berücksichtigt werden.

Der Begriff des „geldwerten Vorteils" entstammt dem Steuerrecht. Es liegt nahe, dass der Gesetzgeber an diese steuerrechtliche Terminologie anknüpfen wollte, als er den Begriff in das Wahrnehmungsrecht einführte, da es dort wie hier um die Berücksichtigung von Einnahmen als Grundlage für die Partizipation geht. Daher kann auch die steuerrechtliche Begriffsbestimmung Anhalts-

---

11   BT-Drs 18/7223, 85; Ahlberg und Götting-Freudenberg 2018; § 39 VGG Rn. 5.
12   Schricker und Loewenheim-Reinbothe 2017, § 13 UrhWG Rn. 8; Dreier und Schulze-Schulze 2015, § 13 UrhWG Rn. 19.
13   Ahlberg und Götting-Freudenberg 2018, § 39 VGG Rn. 14; Schricker und Loewenheim-Reinbothe 2017, § 13 UrhWG Rn. 8; Dreier und Schulze-Schulze 2015, § 13 UrhWG Rn. 19.

punkte für die Auslegung des Begriffs liefern. Nach § 8 Abs. 1 EStG sind „Einnahmen (...) alle Güter, die in Geld oder Geldeswert bestehen und dem Steuerpflichtigen (...) zufließen." Die „Güter, die in Geldeswert bestehen", bezeichnet man auch als „geldwerte Vorteile".[14] Sie werden definiert als „Güter, deren Leistungsaustausch im allgemeinen wirtschaftlichen Verkehr i.d.R. einen Anspruch auf Zahlung von Geld zur Folge hat, denen also vom Markt ein in Geld ausdrückbarer Wert beigemessen wird."[15]

Diese aus Wortlaut und Systematik abgeleiteten Erwägungen werden durch die Entstehungsgeschichte bestätigt. Allerdings diente die – im Rahmen der Novelle von 1985 zuerst vom Rechtsausschuss eingefügte – Neufassung primär dem Zweck, „die Tarifgestaltung der Verwertungsgesellschaften für die Nutzer und auch für die Schiedsstelle (...) durchschaubarer" zu machen.[16] Zugleich hat der Gesetzgeber, wie der BGH hervorhebt, damit aber auch deutlich gemacht, dass „der Urheber tunlichst angemessen an dem wirtschaftlichen Nutzen seines Werkes zu beteiligen ist".[17] Teleologisch ist die Vorschrift auf den „urheberrechtlichen Grundgedanken" von § 11 S. 2 UrhG gestützt, „wonach der Urheber angemessen am wirtschaftlichen Nutzen seines Werkes zu beteiligen ist".[18] Auch dieser spricht dafür, wirtschaftliche Vorteile in jedweder Form als Berechnungsgrundlage für die „angemessene Vergütung" heranzuziehen.

Damit stellt die Vorschrift auf eine ökonomische Betrachtung ab, die zugleich für Entwicklungen von Technik und Markt offen ist. Sie erlaubt es, auch neu entstehende geldwerte Vorteile zu berücksichtigen. Die Maßgabe „geldwerter Vorteile" – nicht einer „Vergütung in Geld" – hat zudem den Vorzug, dass sämtliche Vergütungsformen erfasst werden. Auf diese Weise wird einem Fehlanreiz vorgebeugt, von einer Vergütung in Geld sachwidrig auf eine andere Vergütungsform umzustellen.

---

14  Kirchhof 2018, § 8 Rn. 15ff.; Blümich-Glenk 2018, § 8 EStG Rn. 12ff.; Schmidt-Krüger 2017, § 8 EStG Rn. 3.

15  Herrmann et al. 02.2018, § 8 EStG Rn. 23; ähnlich Kirchhof, § 8 Rn. 18; Schmidt-Krüger 2017, § 8 Rn. 3.

16  BT-Drs 10/3360, 21; Ahlberg und Götting-Freudenberg 2018, § 39 VGG Rn. 3.

17  BGH, 22.01.1986, I ZR 194/83 – „Filmmusik" GRUR 1986, 376, 378; BGH, 28.10.1987, I ZR 164/85 – „Schallplattenimport III" GRUR 1988, S. 373, 376.

18  Schricker und Loewenheim-Reinbothe 2017, § 13 UrhWG Rn. 7.

# 4    Daten als geldwerter Vorteil

*Rechtliche Anerkennung des ökonomischen Werts von Daten*

Ein Indiz für die Bewertung von Kundendaten als „geldwerter Vorteil" kann darin liegen, dass deren wirtschaftlicher Wert in der Rechtsordnung auch in anderen Bereichen zunehmend anerkannt wird.[19]
So kommt es für die „entgeltliche Leistung" i.S.v. § 312 Abs. 1 BGB, Art. 3 Verbraucherrechterichtlinie 2011/83 (VerbrRRL) nicht auf die Zahlung einer Vergütung an. „Vielmehr ist das Merkmal 'Entgelt' weit auszulegen. Es genügt irgendeine Leistung des Verbrauchers. (…) Daher können auch Verträge, bei denen der Verbraucher für die Erbringung einer Dienstleistung oder die Lieferung einer Ware dem Unternehmer im Gegenzug personenbezogene Daten mitteilt und in deren Speicherung, Nutzung oder Weitergabe einwilligt, erfasst sein."[20]

Art. 3 Abs. 1 des Vorschlags einer Digitale-Inhalte-Richtlinie[21] anerkennt ausdrücklich die Möglichkeit einer Gegenleistung nicht nur in Geld, sondern auch „in Form personenbezogener Daten".[22] Auch die jüngsten Änderungsvorschläge ändern daran nichts. Hier ist der Zahlung eines Preises der Fall gleichgestellt, dass der Verbraucher personenbezogene Daten zur Verfügung stellt oder diese vom Gewerbetreibenden oder von einem Dritten im Interesse des Gewerbetreibenden erhoben werden.[23]

Im Kartellrecht hat der Gesetzgeber der Entwicklung von Angeboten Rechnung getragen, die ohne eine Vergütung in Geld erbracht werden, und in § 18 GWB einen neuen Absatz 2a eingefügt, wonach der Annahme eines Marktes nicht entgegensteht, dass eine Leistung „unentgeltlich" erbracht wird.[24] Für die Bewertung der Marktstellung von Unternehmen wird nunmehr auch „sein Zugang zu wettbewerbsrelevanten Daten" berücksichtigt.[25] Auch im Rahmen der Schwellenwerte für die Fusionskontrolle wird der wirtschaftliche Wert von Daten in Rechnung gestellt (vgl. § 35 Abs. 1a GWB). Mit diesen Neuerungen durch die 9. GWB-Novelle hat der Gesetzgeber insbesondere auf die vom Fall „Facebook/WhatsApp" aufgeworfenen Fragen reagiert.[26] *WhatsApp* hatte zwar

---

19    Zur zivilrechtlichen Beurteilung Langhanke 2018.
20    BT-Drs 17/13951, 72; Dazu Gsell et al. 2017, § 312 BGB Rn. 11; Faust 2016, A 24ff.; Säcker et al. 2016, § 312 Rn. 19.
21    COM(2015) 634.
22    Dazu Dix 2017, S. 1ff.
23    Parlaments Dokument Nr. A8-0375/2017, abrufbar unter https://www.computerundrecht.de/A8-0375_2017.pdf.
24    Würdigung bei Podszun und Schwalbe 2017, S. 98ff.
25    Dazu Podszun 2017, 406ff.; auch Telle 2016, S. 835ff.
26    BT-Drs. 18/10207, 48; Vgl ferner Hoeren 2013, 463; Podszun 2017, S. 406ff.

nur geringe Umsätze in Geld, erhob aber in hohem Umfang Daten seiner Kunden, und darin lag der Marktwert des Unternehmens begründet.[27]

*Zur ökonomischen Bedeutung von Daten*

Für § 39 Abs. 1 S. 1 VGG kommt es indes nicht entscheidend darauf an, dass der Geldwert von Daten vom Gesetzgeber in anderen Bereichen anerkannt wird. Da der Gesetzgeber mit der Maßgabe „geldwerter Vorteile" bereits auf eine ökonomische Betrachtung abgestellt hat, ist entscheidend, ob Daten einen wirtschaftlichen Wert darstellen.

Die ökonomische Bedeutung von Daten ist heute unumstritten[28] und entspricht der Alltagserfahrung[29] (s. bereits oben, 1.). Daten können dabei in unterschiedlichen Funktionen einen wirtschaftlichen Wert haben, nämlich:[30]

- als Marktgegenstände („Verkauf" von Daten),

- als „Währung im Internet" und

- als Ressource, die zur Verbesserung des Angebots oder zur Entwicklung neuer Angebote verwendet werden kann – z. B. auch eine Nutzung zu dem Zweck, eigene Systeme Künstlicher Intelligenz zu trainieren.[31]

In der wirtschaftswissenschaftlichen Forschung wird die spezifische Wertschöpfungskette bei der Verarbeitung von Daten analysiert.[32] Maßgeblich für den Wert von Daten ist dabei nicht nur die Quantität, sondern auch ihre Qualität.[33]

*Beschränkung auf Daten, die über das zur Vertragsdurchführung Erforderliche hinausgehen?*

Es ist weiterhin zu fragen, ob die Erhebung jeglicher Daten einen geldwerten Vorteil darstellt oder nur die Erhebung von Daten, die über das für die Vertragsdurchführung Erforderliche hinausgehen. Kann man schon in der Erhebung der Grunddaten (Name, Adresse, Kontonummer, Alter) des Kunden einen wirtschaftlichen Vorteil sehen? Das ist jedenfalls dann zweifelhaft, wenn diese ausschließlich für die Zwecke der Vertragsbeziehung (und nicht etwa zum „Weiter-

---

27  BT-Drs. 18/10207, S. 39, 47 f., 51, 71. Vgl. ferner Hoeren 2013, 463; Podszun 2017, S. 406ff.
28  Bründl et al. 2015, S. 11 („zweifelsohne einen ökonomischen Wert"); Picot et al. 2018, S. 322ff.; Körber 2016, S. 303, 304 („herausragende Bedeutung"); Telle 2016, S. 835, 837 (auf die „potentielle Entgeltlichkeit" abstellend); zur Entwicklung Morozov 25.9.2017.
29  Jüngst Budras 8.4.2018, S. 21.
30  Aus ökonomischer Sicht Bründl u.a. 2015, S. 8ff.; Hess/Schreiner 2012, S. 105, 106ff; Morlok et al. 2017, S. 18ff.; aus juristischer Sicht Körber 2016, S. 303, 304f.
31  Mozorov 2017.
32  Bründl et al. 2015, S. 10.
33  Körber 2016, S. 303, 305f.; Telle 2016, S. 835, 839.

verkauf") genutzt werden. Für die vertragsrechtliche Frage, inwieweit Daten des Kunden ein Entgelt darstellen, wird in der Literatur danach unterschieden, ob „die Verarbeitung [einschließlich der Erhebung][34] (...) für die Erfüllung eines Vertrags, dessen Vertragspartei die betroffene Person ist, (...) erforderlich (ist)"[35] und damit bereits nach Art. 6 Abs. 1 lit. b) DSGVO erlaubt ist (dann kein Entgelt) oder ob sie auf der Grundlage einer Einwilligung des Kunden[36] darüber hinausgeht (dann Entgelt).[37]

Während das für die vertragsrechtliche Beurteilung überzeugend ist, sind für die Beurteilung von § 39 VGG andere Erwägungen zu berücksichtigen. Die vertragsrechtliche Beurteilung betrifft das Verhältnis von Nutzer und Kunden. Dabei geht es nicht nur darum, ob der Nutzer einen wirtschaftlichen Vorteil hat, sondern auch darum, ob er ihn vom Kunden erhält (und nicht etwa auf andere Weise erwirtschaftet). Für § 39 Abs. 1 S. 1 VGG ist hingegen zu prüfen, ob der Nutzer „durch die Verwertung" der urheberrechtlich geschützten Leistung geldwerte Vorteile erhält. Für § 39 Abs. 1 VGG ist nicht entscheidend, ob es sich um eine Leistung des Kunden handelt, sondern ob der Vorteil durch die Verwertung der urheberrechtlich geschützten Leistung erzielt wird. Anders als im Vertragsrecht kann daher auch die Erhebung von Daten, die für die Erfüllung einer vertraglichen Pflicht erforderlich sind, einen geldwerten Vorteil i.S.v. § 39 Abs. 1 VGG darstellen.

*Beschränkung auf personenbezogene Daten?*

Allerdings können nicht nur personenbezogene Daten „vermögenswerter Vorteil" sein. Nutzer können eine Vielzahl unterschiedlicher Daten verarbeiten, neben personenbezogenen Daten auch nicht-personenbezogene. Als „personenbezogene Daten" bezeichnet man „alle Informationen, die sich auf eine identifizierte oder identifizierbare natürliche Person (...) beziehen", Art. 4 Ziff. 1 DSGVO (vgl. auch § 3 Abs. 1 BDSG a.F.). Anonyme Daten sind daher nicht personenbezogen (vgl. BE 26 a.E. DSGVO). Aber auch andere Daten, z. B. über das Wetter, die Uhrzeit, eine Datenverbindung u. a. m., sind (für sich) nicht personenbezogen. So handelt es sich z. B. bei der Häufigkeit der Abrufe bestimmter Musikwerke oder Filme für sich oder in Abhängigkeit von Tageszeit oder Wetter um nicht-personenbezogene Daten. Soweit solche Daten – z. B. als (zeit- oder wetterspezifische) Hitliste – einen wirtschaftlichen Wert haben, kön-

---

34    S. Art. 4 Nr. 2 DSGVO, wonach „Verarbeitung" unter anderem auch die Erhebung umfasst.
35    Nur hinzuweisen ist an dieser Stelle auf die damit verbundene Gefahr, dass der Vertragszweck so formuliert wird, dass weitere Datenverarbeitung erforderlich wird („Versorgung mit personalisierter Werbung"); dazu Wendehorst und Graf v. Westphalen 2016, S. 3745ff.; dies 2016, S. 2179ff.
36    Darauf maßgeblich abstellend Langhanke und Schmidt-Kessel 2015, S. 218, 220.
37    S. insbesondere Faust 2016, A 16ff. für Daten als Entgelt.

nen sie „geldwerte Vorteile" i.S.v. § 39 Abs. 1 S. 1 VGG sein, die „durch die Verwertung erzielt werden".

*Daten als „Rohstoff"*

Daten – z. B. die Information über eine bestimmte Person – können schon für sich einen wirtschaftlichen Wert haben. Die Datenverarbeitung in der Digitalökonomie beruht indes regelmäßig darauf, dass eine Vielzahl von Daten über eine Vielzahl von Personen in einer Weise verarbeitet werden, dass daraus ein wirtschaftlich verwertbares Produkt entsteht.[38] So erstellt beispielsweise Google aus Kundendaten ein Profil, das die Versteigerung zielgruppenorientierter Werbeplätze ermöglicht. In vergleichbarer Weise nutzt Amazon Kundenprofile für sein Empfehlungssystem.[39]

Die wirtschaftliche Nutzung von Daten setzt daher regelmäßig voraus, dass der Verarbeiter selbst ein Geschäftsmodell dafür hat. Versteht man den Begriff des Geschäftsmodells weit, so kann dieses in der eigenen Verwertung (Bsp. Google, Amazon, Facebook) oder im Verkauf der Daten bestehen.[40] Soweit es sich um personenbezogene Daten handelt, ist weiterhin vorausgesetzt, dass die Veräußerung oder (weitere) Verarbeitung rechtlich zulässig ist (oder gestaltet werden kann). Soweit dafür keine gesetzliche Erlaubnis besteht, ist die Einwilligung der Betroffenen erforderlich (Art. 6 DSGVO).

Verwertet der urheberrechtliche Nutzer die Daten nicht selbst, so hängt der wirtschaftliche Wert davon ab, ob die erhobenen Daten schon als „Roh-Daten" (rechtlich und ökonomisch) marktgängig sind. Ökonomisch erscheint die Verwertung allerdings unschwer möglich, da es Unternehmen gibt, die sich auf den Vertrieb von Daten spezialisiert haben.[41]

*Beschränkung auf liquide oder liquidierte Vorteile?*

Nicht in allen Fällen realisieren Unternehmen den wirtschaftliche Wert von Daten, die sie verarbeiten (erheben) sogleich.[42] Gerade in einer – in vielen Bereichen noch andauernden – „Experimentierphase" ist in Rechnung zu stellen, dass Unternehmen öfter Daten erheben (oder sonst verarbeiten), ohne schon ein Geschäftsmodell für ihre wirtschaftliche Verwendung zu haben oder den Verkauf zu beabsichtigen.[43] Daher stellt sich die Frage, ob man in der Datenverarbeitung ungeachtet dessen einen „geldwerten Vorteil" sehen kann.

---

38  Zur ökonomischen Wertschöpfung Picot et al. 2018, S. 322ff.
39  Hess und Schreiner 2012, S. 105, 106.
40  Auch ein Verkauf ist regelmäßig nicht ohne weiteres möglich, sondern setzt voraus, dass marktgängige Daten in marktgängigen Formaten übermittelt werden.
41  Hess und Schreiner 2012, S. 105, 108.
42  Vgl. Djahangard 19.4.2018.
43  Djahangard 19.4.2018, Fn. 42.

Für § 39 Abs. 1 VGG kommt es indes nicht darauf an, ob ein wirtschaftlicher Wert realisiert wird, sondern allein, ob der Nutzer geldwerte Vorteile erzielt; s.o. 3. Daher spricht nichts dagegen, ihre Erhebung auch als geldwerten Vorteil zu berücksichtigen. Dabei ist freilich nur der – ggf. geringere – Wert von Roh-Daten zu berücksichtigen.

*Erhöhung oder Verminderung des Wertes erhobener Daten*

Daten können ihren Wert vermindern oder verlieren, wenn sie nicht (weiter) gepflegt, ergänzt, verarbeitet werden o.ä. Die Veränderung einzelner Adressdaten entwertet einzelne Einträge, aber auch den Gesamtwert des Telefonbuchs. Und soweit sich Nutzerpräferenzen ändern, können auch darüber erhobene Daten an Wert verlieren. Umgekehrt mag es sein, dass Unternehmen den Wert von Daten durch Verarbeitung auch weiter steigern können (s. bereits oben, 4.5 zum Geschäftsmodell).

Eine Wertminderung im Laufe der Zeit dürfte für die Tarifbildung ebenso ohne Bedeutung sein wie eine inflationsbedingte Geldentwertung. Maßgeblich ist der Zufluss des Vorteils und sein Geldwert zu diesem Zeitpunkt.

In einem gewissen Spannungsverhältnis dazu steht freilich, dass der Wert von Daten gerade in den „Weiterverarbeitungsmöglichkeiten" liegen dürfte. Den Wert für den Nutzer als Daten-Verarbeiter haben sie in Abhängigkeit von seinem Geschäftsmodell, einen Marktwert als Verkaufsgegenstand in Abhängigkeit von ihrer Verwendbarkeit für andere Geschäftsmodelle. Allerdings ist für die Tarife der Verwertungsgesellschaften nicht der durch die „Weiterverarbeitung" erzielte Mehrwert maßgeblich, sondern der Wert der Daten für sich. Dass dieser von den Weiterverarbeitungs*möglichkeiten* mitbestimmt wird, ist nicht anders als bei anderen Sachleistungen (also wenn der Verwerter etwa in Wasser oder Kohle bezahlt würde).

*Bloße Möglichkeit der Datenerhebung als geldwerter Vorteil?*

Nicht alle Unternehmen machen von der Möglichkeit der Verarbeitung (von Kundendaten) Gebrauch. Daher stellt sich die Frage, ob auch schon in der – ungenutzten – technischen *Möglichkeit* der Datenverarbeitung ein geldwerter Vorteil liegt. Das ist zu verneinen. Denn § 39 Abs. 1 S. 1 VGG möchte den Rechteinhaber (Urheber, Leistungsschutzberechtigten) am wirtschaftlichen Erfolg der Verwertung partizipieren lassen, diese Verwertung aber nicht ökonomisch optimieren. Es ist Sache des Nutzers, im Rahmen seiner unternehmerischen Freiheit ein Geschäftsmodell zu entwickeln und zu nutzen. Der Rechteinhaber muss den Verwerter so nehmen, wie er ist. Vor einer „Entwertung" seiner

Rechte schützt ihn aber die Möglichkeit der Verwertungsgesellschaft, eine Mindestvergütung zu verlangen.[44]

## 5 Die Berücksichtigung von Datenverarbeitung im Tarif

*Der Wert von Daten*

Während weithin unumstritten ist, *dass* die Verarbeitung – vor allem personenbezogener – Daten einen wirtschaftlichen Wert haben kann, ist die *Bemessung dieses Wertes,* soweit erkennbar, bislang umstritten.[45] Dabei kann man allerdings zwei Aspekte unterscheiden: die Bewertung der Einzeldaten,[46] die der Verwerter erhebt, und die Bewertung der gesammelten Daten als Ganzes. Umstritten und unsicher ist besonders der Wert der Daten des einzelnen Kunden, nicht so sehr, dass die Gesamtheit aller Kundendaten einen wirtschaftlichen Wert darstellt. Auch die Bezifferung dieses Wertes bereitet aber Schwierigkeiten, und das ist bei der Umsetzung zu berücksichtigen.

*Geldwerte Vorteile als „Berechnungsgrundlage"*

Nach § 39 Abs. 1 S. 1 VGG „sollen in der Regel" die geldwerten Vorteile „Berechnungsgrundlage" für die Tarife sein. Bei der – sonst üblichen – Tarifberechnung auf der Grundlage des Umsatzes verwendet man den Umsatz als Berechnungsgrundlage und berechnet die Vergütung als prozentualen Anteil davon (sog. Lizenzsatz).[47] Bei dieser Berechnungsweise hat jede der beiden Komponenten eine eigene Funktion. Die Berechnungsgrundlage drückt den wirtschaftlichen Erfolg des Nutzers aus, der Lizenzsatz den Anteil, der dem Rechteinhaber daran gebührt. Sind Daten als geldwerte Vorteile zu berücksichtigen, so wäre analog ihr Geldwert die Berechnungsgrundlage, von der ein prozentualer Anteil als Vergütung festzusetzen wäre.

Ist allerdings der Wert von Daten nicht sicher zu bestimmen, so erweist sich diese Berechnungsmethode als problematisch. Hat ein Unternehmen aus der Verwertung der Urheberrechte überhaupt keinen Umsatz in Geld, kommt nur eine Schätzung in Betracht (dazu sogleich anschließend.). Insbesondere ist in diesem Fall nicht etwa ein Rückgriff auf § 39 Abs. 1 S. 2 VGG möglich. Denn

---

44  BGH, 27.10.2011, I ZR 175/10 – „Bochumer Weihnachtsmarkt" GRUR 2012, 715 Rn. 26; Ahlberg und Götting-Freudenberg 2018, § 39 VGG Rn. 11.

45  Vgl. nur Langhanke und Schmidt-Kessel 2015, S. 218, 219; Stöhr 2016, S. 1468, 1469.

46  Vgl. dazu Morlok et al. 2017, S. 16ff.

47  Ahlberg und Götting-Freudenberg 2018, § 39 VGG Rn. 7f.; Dreier und Schulze-Schulze 2015, § 13 UrhWG Rn. 17.

wenn Daten, wie dargelegt (oben 0.), ein geldwerter Vorteil sind, ist die subsidi-
äre Vorschrift von Satz 2 nicht anwendbar (oben, 3. mit Fn. 13).

Erhält ein Unternehmen neben einer Vergütung in Geld Daten als geldwerten Vorteil, kann sich anbieten, den Umsatz als Berechnungsgrundlage zu verwenden und im Hinblick auf die Datenverarbeitung um einen pauschalen Faktor
zu erhöhen. Da es sich um ein mathematisches Produkt handelt, spielt dabei
rechnerisch keine Rolle, ob der Faktor auf die Berechnungsgrundlage (Umsatz)
oder auf den Lizenzsatz (Prozentsatz) angewandt wird (Kommutativgesetz).
Jeweils kann dasselbe (angemessene) Ergebnis dabei herauskommen.

*Zulässigkeit von Schätzungen und Pauschalierungen*

Unabhängig von der Berechnungsmethode kommt es für die Vereinbarkeit mit
§§ 34, 39 VGG darauf an, ob das Ergebnis „angemessen" ist. Daher ist zu prüfen, inwieweit die Verwendung von Schätzungen und Pauschalierungen zulässig
ist.

§ 39 VGG schließt die Verwendung von Schätzungen und Pauschalierungen nicht aus.[48] Im Gegenteil liegen Elemente der Schätzung und der Pauschalierung schon in der Natur des Tarifs, der gerade die generalisierende Tendenz
der Gerechtigkeit verwirklichen soll. Eine Pauschalierung erfolgt ganz regelmäßig auch dadurch, dass für den Lizenzsatz ein Prozentsatz herangezogen wird.
Mit der Maßgabe der „geldwerten Vorteile", mithin einer nicht stets genau zu
berechnenden Größe, hat der Gesetzgeber einen auf Schätzungen und Pauschalierungen angelegten Begriff gewählt. Auch bei § 39 Abs. 1 S. 2 VGG, für den
Fall ideeller Vorteile, sind Schätzungen und Pauschalierungen unvermeidlich.
Und schließlich erfordert die regelmäßig nötige Abwicklung massenhafter Nutzungen in gewissem Umfang Pauschalierungen.[49]

Einschränkungen können sich aber aus dem Angemessenheitsgebot ergeben. Sowohl Schätzungen als auch Pauschalierungen können zwar für Vergü-
tungsgläubiger und -schuldner nützlich und wirtschaftlich sinnvoll sein. Sie
bergen aber stets die Gefahr, dass die „angemessene" Vergütung über- oder
unterschritten wird. Daher ist als ein Angemessenheitsgebot anzusehen, dass
Schätzungen und Pauschalierungen nur in begründeten Fällen angewendet werden und nur soweit sie erforderlich sind. Man kann auch insoweit den Gedanken
der „wirtschaftlichen Verhältnismäßigkeit" heranziehen, den der BGH zu § 7

---

48   Ahlberg und Götting-Freudenberg 2018, § 39 VGG Rn. 4.
49   BGH, 27.10.2011, I ZR 175/10 – „Bochumer Weihnachtsmarkt" GRUR 2012, 715 Rn. 32ff;
     BGH, 27.10.2011, I ZR 125/10 – „Barmen Live" GRUR 2012, 711 Rn. 25ff.; BGH,
     28.10.1987, I ZR 164/85 – „Schallplattenimport III" GRUR 1988, S. 373, 376. Dreier und
     Schulze 2015, § 13 UrhWG Rn. 25; Wandtke und Bullinger-Gerlach 2014, § 13 UrhWG Rn. 7
     a.E.; Fromm et al. 2018, § 13 UrhWG Rn. 1.

UrhWG (§ 27 Abs. 1 VGG) entwickelt hat.[50] Eine Pauschalierung oder Schätzung ist daher nur dann als „angemessen" anzusehen, wenn die konkrete Ermittlung der wirtschaftlichen Vorteile unverhältnismäßig aufwendig ist. Diese Voraussetzungen dürften im Hinblick auf den geldwerten Vorteil der Datenerhebung erfüllt sein. Denn hier ist einerseits davon auszugehen, *dass* die Datenerhebung einen wirtschaftlichen Wert für die Nutzer hat, andererseits aber nicht mit vertretbarem Aufwand zu ermitteln, *in welcher Höhe* ein geldwerter Vorteil erzielt wird.

Aus dem Angemessenheitsgebot von § 34 VGG sind darüber hinaus aber auch materielle Anforderungen an die Ausgestaltung von Pauschalierungen und Schätzungen zu erfüllen. Diese müssen eine objektive, nachvollziehbare und überprüfbare Grundlage haben. Indirekt bestätigt wird dieses Erfordernis von §§ 39 Abs. 4 VGG, 37 Abs. 4 VerwGesG 2016, die, auf Art. 16 Abs. 2 UAbs. 2 S. 3 VGRL zurückgehend, die Verwertungsgesellschaft verpflichten, Nutzer über die der Tarifaufstellung zugrundeliegenden Kriterien zu informieren.

In allgemeiner Form lässt sich sagen: Schätzungen müssen regelmäßig auf einer ausreichenden Tatsachengrundlage beruhen, können also nicht rein gegriffene Größen sein. Pauschalierungen müssen regelmäßig von einem typischen Geschehensablauf ausgehen. Wenn es um den Wert von Daten geht, kommen als Schätzungsgrundlagen etwa die Verhältnisse vergleichbarer Unternehmen in Betracht, die keine (Kunden-) Daten verarbeiten. Denkbar ist weiterhin, andere Kennzahlen für den Unternehmenswert heranzuziehen. Erhöht daher die Verwertungsgesellschaft den Tarif mit Rücksicht auf die durch die Verwertung ermöglichte Verarbeitung von Daten um einen Faktor F (Umsatz x F x Lizenzsatz), bedarf dieser Faktor einer sachlichen Begründung, z. B. in Form empirischer oder statistischer Angaben. Da die Möglichkeiten der Erhebung und wirtschaftlichen Verwertung von Daten branchenspezifisch unterschiedlich sein dürften, kann sich insbesondere ein brancheninterner Vergleich als Grundlage anbieten.

Tarife dienen dazu, typische Fälle im Massengeschäft zu erfassen, und lassen daher Pauschalierungen zu. Für atypische Fälle, in denen die Tarifvergütung (zu Lasten der einen oder der anderen Seite) offensichtlich außer Verhältnis zum geldwerten Vorteil des Nutzers steht, ist anerkannt, dass der Tarif keine Anwendung findet.[51] Umgekehrt kann daher der Einwand, die Pauschalierung oder Schätzung passe für atypische Fälle nicht, den Tarif nicht in Frage stellen.

Erzielt ein Verwerter durch die Werknutzung eine Vergütung in Geld und zusätzlich geldwerte Vorteile in Form von (personenbezogenen) Daten, ist bei der tariflichen Bemessung sicherzustellen, dass nicht dieselben Vorteile (Daten)

---

50    BGH, 03.05.1988, KVR 4/87 – „GEMA-Wartungsverfahren" GRUR 1988, S. 782.
51    BGH, 28.10.1987, I ZR 164/85 – „Schallplattenimport III" GRUR 1988, S. 373, 376.

doppelt berücksichtigt werden. Das könnte der Fall sein, soweit der Nutzer das Potential der Daten vollständig zur Erhöhung seines Umsatzes realisiert. Eine vollständige Versilberung der Daten kommt allerdings nur in dem Fall der (vollständigen) Veräußerung bzw. der Einräumung einer umfassenden und ausschließlichen (auch den Nutzer selbst ausschließenden) Lizenz an einen Dritten in Betracht. Diese Fälle sind zwar denkbar, dürften indes praktisch nur höchst ausnahmsweise vorkommen. Ihnen kann daher nach den allgemeinen Regeln über atypische Fälle (soeben 5.3.4) Rechnung getragen werden. Praktisch häufiger dürfte die Verwertung von Daten zur Verbesserung eigener Produkte und Leistungen des Nutzers sein. Soweit das erfolgt, kann sich die Verbesserung auch in der Erhöhung des Umsatzes niederschlagen, an dem die Verwertungsgesellschaft nach ihrem Tarif ggf. auch partizipiert. Indessen dürfte der Wert der Daten durch diese Nutzung zumeist nicht erschöpft werden. Daten nutzen sich durch ihre Auswertung nicht ab, und meist schließt eine Auswertung (z. B. zur Produktverbesserung) andere (z. B. zur Plazierung von Werbung) nicht aus. Hinzu kommt, dass der Umsatz regelmäßig durch eine Fülle von Faktoren mitbestimmt wird, von denen die Datenverarbeitung nur einer ist. Der relative Anteil des Urheber- oder Leistungsschutzrechts ist schon in der pauschalen Bemessung des Tarifs berücksichtigt. Soweit eine Doppelberücksichtigung ungeachtet dessen nicht ausgeschlossen werden kann, ist dem durch angemessene Pauschalierungen und Schätzungen Rechnung zu tragen.

## 6 Ergebnisse

- Daten können geldwerte Vorteile i.S.v. § 39 Abs. 1 S. 1 VGG sein.

- Daten jeder Art können einen geldwerten Vorteil darstellen und für § 39 Abs. 1 S. 1 VGG zu berücksichtigen sein, nicht nur personenbezogene Daten. Für die Tarifberechnung sind sie freilich nur zu berücksichtigen, soweit sie gerade durch die Verwertung erzielt werden.

- Soweit die Verarbeitung von Daten durch die Verwertung ermöglicht wird, ist der dadurch erzielte geldwerte Vorteil – ggf. neben anderen erzielten Vorteilen (z. B. Umsatz) – als Berechnungsgrundlage für die Tarife zu berücksichtigen. Das ist nicht nur gegenüber den Nutzern gerechtfertigt, sondern schuldet die Verwertungsgesellschaft auch den Berechtigten.

- Die bloße Möglichkeit der Verarbeitung von Daten, die der Nutzer nicht wahrnimmt, stellt keinen geldwerten Vorteil i.S.v. § 39 Abs. 1 S. 1 VGG dar. Gegen eine „Entwertung" der urheberrechtlichen Rechte bietet ggf. eine Mindestvergütung einen Schutz.

- Für die Berücksichtigung von Daten (geldwerte Vorteile) als Berechnungsgrundlage kommt es nicht darauf an, ob der Nutzer diese zu Geld macht (liquidiert).

- Weil der Wert von Daten derzeit nicht sicher zu bestimmen ist, ist die Verwendung von Schätzungen und Pauschalierungen grundsätzlich zulässig. Das Angemessenheitsgebot von § 34 Abs. 1 VGG verlangt allerdings, dass diese eine objektive und nachprüfbare Grundlage haben.

- Der Wert von Daten kann bei der Tarifberechnung als erhöhender Faktor berücksichtigt werden.

- Erzielt der Nutzer durch die Verwertung sowohl Umsätze in Geld als auch Vorteile in Form von Daten, ist zu beachten, dass die Vorteile der Daten nicht doppelt berücksichtigt werden, sowohl für sich als auch dadurch, dass sie zur Steigerung des Umsatzes beitragen und dadurch die Berechnungsgrundlage erhöhen. Allerdings dürfte der Wert der Daten kaum je vollständig im Umsatz aufgehen. Im Übrigen ist der Problematik durch Pauschalierungen und Schätzungen Rechnung zu tragen.

## Literatur

Ahlberg/Götting (Hrsg), BeckOK UrhR (2018)

Blümich (Hrsg), EStG/KStG/GewStG (2018)

Bründl/Matt/Hess, Wertschöpfung in Datenmärkten (2015)

Budras (Hrsg), Vom Wert unserer Facebook-Daten, Frankfurter Allgemeine Sonntagszeitung (FAS) v. 8.4.2018

Buxmann (Hrsg), Der Preis des Kostenlosen – Was sind unsere Daten wert?, http://www.peterbuxmann.de/2016/08/15/preis-des-kostenlosen/

Dix, Daten als Bezahlung – Zum Verhältnis zwischen Zivilrecht und Datenschutz, ZEuP 2017, 1 ff

Djahangard, Sie dösen weiter – Viele deutsche Mittelständler sammeln Daten. Aber damit Geschäfte zu machen, fällt nur wenigen ein. ZEIT ONLINE v. 19.4.2018, https://www.zeit.de/2018/17/mittelstand-digitalisierung-digitale-daten-sammlung-nutzen.

Dreier/Schulze (Hrsg), Urheberrechtsgesetz Kommentar, 6. Aufl (2018)

Faust, Verhandlungen des 71. Deutschen Juristentages - Essen 2016 Band I: Gutachten / Teil A: Digitale Wirtschaft - Analoges Recht: Braucht das BGB ein Update? (2016), A 24 ff

Fromm/Nordemann (Hrsg), Urheberrecht, 12. Aufl (2018)

Gsell/Krüger/Lorenz/Reymann (Hrsg), BeckOGK Bürgerliches Gesetzbuch (München 2019)

Herrmann/Heuer/Raupach (Hrsg), EStG/KStG, 290. Lieferung (03.2019)

Hess/Schreiner, Ökonomie der Privatsphäre, DuD 2012, 105 ff.

Hoeren, Personenbezogene Daten als neue Währung der Internetwirtschaft, WuW 2013, 463 ff.

Kirchhof (Hrsg), Einkommensteuergesetz Kommentar (2018)

Körber, „Ist Wissen Marktmacht?" Überlegungen zum Verhältnis von Datenschutz, „Datenmacht" und Kartellrecht – Teil 1, NZKart 2016, 303 ff.

Langhanke (Hrsg), Daten als Leistung (2018)

Langhanke/Schmidt-Kessel, Consumer Data as Consideration, EuCML 2015, 218 ff.

Morlok/Matt/Hess (Hrsg), Privatheitsforschung in den Wirtschaftswissenschaften: Entwicklung, Stand und Perspektiven - Arbeitsbericht 1/2017

Morozov, Die Online-Giganten bohren sich in unseren Geist, Neue Züricher Zeitung (NZZ) v. 25.9.2017

Picot/Berchtold/Neuburger, in Kolany-Raiser/Heil/Orwat/Hoeren (Hrsg): Big Data und Gesellschaft - Eine multidisziplinäre Annäherung (2018) 333 ff.

Podszun/Schwalbe, Digitale Plattformen und GWB-Novelle: Überzeugende Regeln für die Internetökonomie?, NZKart 2017, 98 ff.

Podszun, Competition and Data, ZGE 2017, 406 ff.

Säcker/Oetker/Rixecker/Limperg (Hrsg.), Münchener Kommentar zum BGB, 8. Aufl. (2019)

Schmidt (Hrsg), EStG Kommentar, 38. Aufl (2019)

Schricker/Loewenheim (Hrsg), Urheberrecht Kommentar, 5. Aufl (2017)

Stöhr, Das BGB im digitalen Zeitalter – Eine Herausforderung für das Vertragsrecht, ZIP 2016, 1468 ff.

Telle, Big Data und Kartellrecht – Relevanz datenbasierter Geschäftsmodelle im europäischen und deutschen Kartellrecht, DSRITB 2016, 835 ff.

Wandtke/Bullinger (Hrsg), Praxiskommentar zum Urheberrecht, 5. Aufl. (2019)

Wendehorst/Graf v. Westphalen, Das Verhältnis zwischen Datenschutz-Grundverordnung und AGB-Recht, NJW 2016, 3745 ff

Wendehorst/Graf v. Westphalen, Hergabe personenbezogener Daten für digitale Inhalte – Gegenleistung, bereitzustellendes Material oder Zwangsbeitrag zum Datenbinnenmarkt?, BB 2016, 2179 ff.

Wittmann (Hrsg), Verwertungsgesellschaftengesetz 2016 Kommentar (2018).

# Datenschutzregulierung als Eingriff in Wertschöpfungsmodelle

*Alexander Golland[1]*

*Keywords: Datenschutz, Kopplungsverbot, Einwilligung, personalisierte Werbung, Profiling, Dynamic Pricing, Preisbildungsmechanismen*

*Abstract*

Das Kopplungsverbot verbietet, die Nutzung einer Dienstleistung von der Erteilung einer nicht für die Leistungserbringung erforderlichen Einwilligung abhängig zu machen. Personalisierte Werbung wird hierdurch erheblich erschwert. Anbieter können jedoch durch Bereitstellung eines alternativen, einwilligungsfreien Zugangs zu derselben Leistung ihren Dienst datenschutzkonform anbieten. Ein solcher Zugang muss nicht zwingend in Form eines fixen Entgelts gestaltet sein. Vielmehr ist es datenschutzrechtlich in gewissem Umfang zulässig, Preise unter Einbeziehung personenbezogener Daten dynamisch zu gestalten.

*Inhalt*

1 Einführung ........................................................................................... 46

2 Auswirkungen des Kopplungsverbots ................................................... 46

3 Konzept des gleichwertigen Alternativzugangs ................................... 54

4 Konventionelle Preise und Dynamic Pricing ....................................... 55

5 Fazit ..................................................................................................... 64

Literatur .................................................................................................... 65

1    Dr. Alexander Golland | PricewaterhouseCoopers Legal AG Rechtsanwaltsgesellschaft | alexander.golland@pwc.com
Der vorliegende Beitrag gibt ausschließlich die persönliche Ansicht des Autors wieder.

© Springer Fachmedien Wiesbaden GmbH, ein Teil von Springer Nature 2019
C. Ochs et al. (Hrsg.), *Die Zukunft der Datenökonomie*, Medienkulturen im digitalen Zeitalter, https://doi.org/10.1007/978-3-658-27511-2_4

# 1 Einführung

Im Internet hat sich eine gewisse „Kostenlos-Mentalität" manifestiert: Dort zahlen wir lieber – häufig, ohne dass es uns bewusst ist – mit unseren Daten. Die Weisheit „Wenn etwas umsonst ist, dann bist Du das Produkt." ist nicht neu, bricht aber das Problem des entgeltfreien Konsums gegen Zurverfügungstellung von Daten auf eine allgemeinverständliche Formel herunter.

Einige personenbezogene Daten – etwa die Postanschrift bei einer Warenbestellung – sind für die Diensteerbringung erforderlich. Häufig begehrt der Diensteanbieter zudem die Auswertung der erhaltenen Daten für individualisierte Absatzförderungsmaßnahmen. Das Datenschutzrecht schützt in diesem Fall in zweierlei Hinsicht: Zum einen dürfte es unzulässig sein, die Daten ohne das Wissen des Nutzers zum Zwecke der Erstellung eines individuellen Werbeprofils zu verwenden und maßgeschneiderte Werbung zu platzieren. Zum anderen ist nun ausdrücklich geregelt, dass er die erforderliche Einwilligung nicht „abpressen" darf, indem er sein Angebot an die Erteilung der Einwilligung in solche Verarbeitungsvorgänge knüpft, die für die Leistungserbringung gar nicht erforderlich sind.

Dieses Kopplungsverbot ist eine der großen Neuerungen der Datenschutz-Grundverordnung (DSGVO). Zugleich ist es aufgrund der potentiell erheblichen Auswirkungen auf eine Vielzahl von durch Platzierung individualisierter Werbung finanzierten Angeboten ein hochumstrittenes Novum. Bei der rechtsdogmatisch vorzugswürdigen Interpretation ist es geeignet, insbesondere die vermeintlich „kostenlosen" Dienste zu revolutionieren und nachhaltig für eine Änderung von Geschäftsmodellen zu sorgen oder gar ganze Branchen zu beeinflussen. Ist dies das Ende der Zeit von „Daten gegen Entgelt"? Was sind die Alternativen, und welche davon sind datenschutzrechtlich zulässig?

Der Beitrag geht der interdisziplinären Frage nach, ob aufgrund des mit der stärkeren Regulierung des Datenschutzes verknüpften Eingriffs in Wertschöpfungsmodelle von Internetplattformen eine ökonomische Räson zu Alternativen zwingt. Sofern ein Entgelt erhoben werden soll, stellen sich Folgefragen, in deren Rahmen einzelne Aspekte der datenschutzrechtlichen Anforderungen an dynamische Preisgestaltung unter Verwendung von personenbezogenen Daten erörtert werden.

# 2 Auswirkungen des Kopplungsverbots

Noch in der Nacht des Geltungsbeginns der DSGVO reichte Max Schrems' neu gegründete NGO „NOYB" Beschwerden gegen Facebook, Google, Instagram und WhatsApp ein, die auf Verstöße gegen das Kopplungsverbot gestützt wurden.[2] Das in Art. 7 Abs. 4 DSGVO geregelte Prinzip verbietet es, die Erbringung der Dienste von der Einwilligung des Nutzers in für die Vertragserfüllung nicht erforderliche Datenverarbeitungsvorgänge abhängig zu machen. Von einer kaum beachteten Nischenregelung des alten Bundesdatenschutzgesetzes ist das Kopplungsverbot durch die DSGVO zu einem echten game changer avanciert. Hiervon sind vor allem „kostenlose" Plattformen betroffen, die sich durch personalisierte Werbung finanzieren.

*Ausgangspunkt: Freiwilligkeit der Einwilligung*

Aus Sicht von Diensteanbietern stellen die Schaltung von personalisierter Werbung sowie Analysen zum Zwecke der Markt-, Meinungs- und Produktforschung einen zentralen Aspekt dar: Diese Verarbeitungsvorgänge tragen in den meisten Fällen zum (gewinnbringenden) Betrieb ihrer Plattform bei. Ein Paradebeispiel sind Social-Media-Analysen von Betreibern sozialer Netzwerke und die zielgerichtete, personalisierte Werbung unter Verwendung personenbezogener Daten der Nutzer. Als Rechtsgrundlage für diese Verarbeitungsvorgänge liegt die Einholung einer datenschutzrechtlichen Einwilligung nah. Dieser Gedanke mag aus dem Umstand resultieren, dass in der datenschutzrechtlichen Praxis ein Hang zur überintensiven Nutzung dieses Rechtsinstituts festzustellen ist, was auf einer scheinbaren Praktikabilität gründet, da sich der Verarbeiter nicht mit den Anforderungen der übrigen Erlaubnistatbestände befassen muss.[3]

*Anwendungsbereich des Kopplungsverbots*

Doch das Kopplungsverbot wirft zahlreiche Fragen auf. Während die Rechtsfolge eines Verstoßes – die Unwirksamkeit der Einwilligung – unumstritten ist, lehnen vor allem Vertreter der unternehmerischen Praxis die Anwendung des Kopplungsverbots in verschiedenen Konstellationen ab.

---

2    Siehe etwa die Beschwerde gegen Facebook: NOYB – European Center for Digital Rights (2018).

3    Dies folgt bereits aus Art. 17 Abs. 1 lit. b 2. Halbsatz DSGVO. Anderes gilt nur, wenn man annimmt, dass die Verweigerung oder der Widerruf der Einwilligung den Rückgriff auf andere Erlaubnistatbestände sperrt, siehe Art.-29-Datenschutzgruppe 2018, S. 27f.; Buchner und Kühling, in: Kühling und Buchner 2018, DSGVO, Art. 7 Rn. 18; die h.M. lehnt hingegen eine Sperrwirkung ab, siehe etwa Albers und Veit, in: Wolff und Brink 2018, Datenschutzrecht, Art. 6 Rn. 27; Kramer, in: Auernhammer 2017, DSGVO/BDSG, Art. 6 Rn. 11; Plath, in: Plath 2018, DSGVO/BDSG, Art. 6 Rn. 7; Schantz, in: Simitis et al. 2019, Datenschutzrecht, Art. 6 Abs. 1 Rn. 12; Schulz, in: Gola 2018, DSGVO, Art. 6 Rn. 10ff.; Taeger, in: Taeger und Gabel 2019, DSGVO/BDSG, Art. 6 Rn. 43.

*Keine Einschränkung im Rahmen der Leistungsbeschreibung*

Das in der Norm verankerte Kriterium der „Nicht-Erforderlichkeit" für die Vertragserfüllung korrespondiert mit dem in Art. 6 Abs. 1 Satz 1 lit. b DSGVO verwendeten Begriff des für die Vertragserfüllung „Erforderlichen". Nach dem allgemeinen Verständnis wird das Vertragserforderliche eng ausgelegt und umfasst nicht jene Verarbeitungsvorgänge, die bloß nützlich für den Verarbeiter sind,[4] etwa personalisierte Werbung, um den Dienst profitabel zu gestalten und dennoch kostenlos anbieten zu können.

Um das Kopplungsverbot in seiner Reichweite zu begrenzen, wird teilweise vertreten, dessen Anwendung hinge davon ab, wie die Leistungsbeschreibung des Vertrags gestaltet sei. So unterfiele zwar dem Kopplungsverbot eine Einwilligung, wenn die Leistungserbringung von der Einwilligung in die über zur Leistungserbringung hinausgehende Datenverarbeitung abhängig gemacht wird; das Kopplungsverbot sei aber nicht anwendbar, wenn die Einwilligung in die für die Leistung nicht erforderliche Datenverarbeitung hinreichend transparent als Leistung des Betroffenen dargestellt werde und die Betroffenen den Vertrag eingingen.[5] Wenn eine entgeltfreie Dienstleistung nur unter der Voraussetzung einer Einwilligung wirtschaftlich angeboten werden könne, sei dies unter dem Gesichtspunkt des Kopplungsverbots zulässig.[6] Soweit Vertreter den Versuch einer Bestimmung der Grenzen des zur Vertragserfüllung „Erforderlichen" unternehmen, wird unter dem Gesichtspunkt der Vertragsautonomie vertreten, für die Reichweite der Rechtfertigung nach Art. 6 Abs. 1 Satz 1 lit. b DSGVO könne herangezogen werden, ob die Vereinbarung einer AGB-Kontrolle nicht standhielte, gegen § 242 BGB verstoße oder sittenwidrig sei; erst dann sei eine Verarbeitung nicht mehr „erforderlich" und eine Einwilligung notwendig.[7] Zugleich sollen dieselben Kriterien auch herangezogen werden, um zu bewerten, ob ein Verstoß gegen Art. 7 Abs. 4 DSGVO vorliegt, da anderenfalls ein Widerspruch zwischen zivilrechtlicher Vertragsfreiheit und datenschutzrechtlicher Einwilligung entstünde.[8]

---

4    Siehe etwa Art.-29-Datenschutzgruppe 2018, S. 8; Buchner und Kühling, in: Kühling und Buchner 2018, DSGVO/BDSG, Art. 7 Rn. 46; Frenzel, in: Paal und Pauly 2018, DSGVO/BDSG, Art. 7 Rn. 20; Schantz, in: Simitis et al. 2019, Datenschutzrecht, Art. 6 Abs. 1 Rn. 32; Schulz, in: Gola 2018, DSGVO, Art. 7 Rn. 24; Stemmer, in: Wolff und Brink 2018, Datenschutzrecht, Art. 7 Rn. 41; wohl auch Dammann 2016, S. 311.

5    Buchner und Kühling, in: Kühling und Buchner 2018, DSGVO/BDSG, Art. 7 Rn. 48ff.; Frenzel, in: Paal und Pauly 2018, DSGVO/BDSG, Art. 7 Rn. 21; Ingold, in: Sydow 2018, EU-DSGVO, Art. 7 Rn. 31ff.; in diese Richtung auch Klement, in: Simitis et al. 2019, Datenschutzrecht, Art. 7 Rn. 63; Schulz, in: Gola 2018, DSGVO, Art. 7 Rn. 28ff.

6    Treffend Ingold, in: Sydow 2018, EU-DSGVO, Art. 7 Rn. 33 („Abkaufen der Einwilligung"); siehe im Übrigen die Nachweise in Fn. 5.

7    Engeler 2018, S. 57f.

8    Engeler 2018, S. 59.

Derartige Ansichten würden nicht nur die praktische Relevanz der Einwilligung stark reduzieren; auch rechtsdogmatisch wäre eine solche Interpretation kaum tragfähig: Die Rechtfertigung gem. Art. 6 Abs. 1 Satz 1 lit. b DSGVO und das Kopplungsverbot des Art. 7 Abs. 4 DSGVO knüpfen – einheitlich – daran an, ob die in Rede stehenden Datenverarbeitungsvorgänge für die Erbringung der Leistung „erforderlich" sind. Vom Kopplungsverbot können daher denknotwendig nur Einwilligungen erfasst sein, die nicht nach dem Vertragszweck erforderlich sind. Umgekehrt müssen sie aber auch wegen der einheitlichen Anknüpfung von diesem Verbot erfasst sein, soweit sie nicht „erforderlich" sind.[9] Für die Beurteilung dieser Erforderlichkeit kann es nicht darauf ankommen, ob das Dokument mit „Leistungsbeschreibung" oder mit „Einwilligung" überschrieben ist. Zudem hätte das Kopplungsverbot in der Praxis keinen Anwendungsbereich, wenn die die Vertragsbedingungen diktierende, marktmächtigere Partei durch geschickte Verortung und Umbenennung der „Einwilligung" einseitig über die Anwendbarkeit der Norm disponieren könnte. Eine derart extensive Interpretation der Erforderlichkeit würde dem Willen des Verordnungsgebers, den rechtsunkundigen Nutzer zu schützen, widersprechen.[10] Nach Sinn und Zweck der Norm soll gerade das Ungleichgewicht zwischen dem vertragsformulierenden Verantwortlichen und dem Betroffenen ausgeglichen werden.[11] Auch der Europäische Datenschutzausschuss – das Gremium der unabhängigen Aufsichtsbehörden der Mitgliedstaaten, welches die einheitliche Anwendung der DSGVO sicherstellt – spricht sich in den kürzlich veröffentlichten Guidelines 2/2019 dafür aus, die Bestimmung des „für die Vertragserfüllung Erforderlichen" nicht davon abhängig zu machen, ob die betreffende Datenverarbeitung im Vertragstext zwischen den Parteien vereinbart wurde.[12]

Dies mag zwar dazu führen, dass die Verarbeitung im Zusammenhang mit einem zivilrechtlich wirksamen Vertrag nicht zwingend vollumfänglich auf Art. 6 Abs. 1 Satz 1 lit. b DSGVO gestützt werden kann, sondern ggf. andere Zulässigkeitstatbestände ergänzend herangezogen werden müssen.[13] Allerdings würde eine datenschutzrechtliche Legalisierung sämtlicher Verarbeitungsvorgänge aufgrund Grundlage ihrer vertragsrechtlich zulässigen Vereinbarkeit das Problem lediglich in die Richtung von Wertungsfragen (insb. § 242 BGB) verschieben oder wäre zirkelschlüssig, weil die zu prüfenden Normen ihrerseits auch ins Datenschutzrecht verweisen (§§ 134, 307 Abs. 2 BGB). Zudem würde eine solche Herangehensweise die Prüfung in nationales Recht verlagern und

---

9   Art.-29-Datenschutzgruppe 2018, S. 9; Golland 2018, S. 131.
10   Von einer „Umgehung sämtlicher Schutzmechanismen" sprechend Schantz, in: Simitis et al. 2019, Datenschutzrecht, Art. 6 Abs. 1 Rn. 33.
11   Vgl. Erwägungsgrund 43 Satz 1 DSGVO.
12   Europäischer Datenschutzausschuss 2019, S. 8.
13   So auch Europäischer Datenschutzausschuss 2019, S. 9.

erhebliche Probleme aufwerfen: Die Aufsichtsbehörden und Gerichte müssten inhaltlich identische Dokumente anhand einer Vielzahl ihnen unvertrauter und womöglich widersprüchlicher nationaler Rechtsnormen prüfen. Mit der Wahl einer Verordnung sollte ein einheitlicher datenschutzrechtlicher Rechtsrahmen geschaffen und, wie auch Art. 6 Abs. 2 DSGVO zeigt, eine Anwendung von nicht-harmonisiertem nationalem Recht grundsätzlich vermieden werden. Eine Prüfung anhand des nationalen Vertragsrechts würde vielmehr zu unterschiedlichen Datenschutzstandards für Betroffene in den verschiedenen Mitgliedstaaten führen.

Der datenschutzrechtliche Begriff des „für die Vertragserfüllung Erforderlichen" ist daher autonom und ungeachtet des nationalen Vertragsbegriffes auszulegen. Insoweit bietet es sich an, bei der Grenzziehung zwischen Art. 6 Abs. 1 Satz 1 lit. a und b DSGVO rein faktische Kriterien zugrunde zu legen.[14] In synallagmatischen Verhältnissen mag insbesondere der Umstand, ob nur der Leistende ein Interesse an der Erbringung der eigenen „Leistung" hat, ein zur Differenzierung geeignetes Kriterium sein.[15] Verträge sind dadurch gekennzeichnet, dass das Interesse an der Leistung der jeweils anderen Partei der Grund ist, überhaupt mit dieser zu kontrahieren. Sofern es sich um eine echte Vertragsleistung handelt, muss sich die Zulässigkeit der Verarbeitung konsequent nach Art. 6 Abs. 1 Satz 1 lit. b DSGVO richten. Liegt die Erbringung der „Leistung" hingegen allein im Interesse des Verantwortlichen, bedarf es in diesen Fällen der Einwilligung.[16] Gerade bei „datenfinanzierten" Diensten, die Interessensprofile bilden und Verknüpfungen herstellen, um ihren Dienst interessant und profitabel zu gestalten, wird dezidiert zu untersuchen sein, ob es sich jeweils um eine im eigenen Interesse des Verantwortlichen liegende Leistung oder um eine echte Vertragsleistung handelt, die dem Nutzer dient.

## *Keine Beschränkung auf Monopolisten*

Teilweise wird einschränkend verlangt, dass von Art. 7 Abs. 4 DSGVO nur gegenüber Monopolisten erklärte Einwilligungen erfasst sein sollen.[17] Begrün-

---

14  Vgl. den Kriterienkatalog bei Europäischer Datenschutzausschuss 2019, S. 9.
15  Hierfür Golland 2018, S. 132.
16  Golland 2018, S. 132; ebenso Schantz, in: Simitis et al. 2019, Datenschutzrecht, Art. 6 Abs. 1 Rn. 33, wonach Fälle, in denen die „Gestattung der Datenverarbeitung selbst Vertragsgegenstand ist", nicht von Art. 6 Abs. 1 Satz 1 lit. b DSGVO erfasst werden, sondern der Einwilligung bedürfen.
17  Krohm und Müller-Peltzer 2017, S. 555; Plath, in: Plath 2018, DSGVO/BDSG, Art. 7 Rn. 19; Schulz, in: Gola 2018, DSGVO, Art. 7 Rn. 24, 27; die Monopolstellung als Indiz heranziehend Heckmann und Paschke, in: Ehmann und Selmayr 2018, DSGVO, Art. 7 Rn. 52; a.A. Dammann 2016, S. 311; Frenzel, in: Paal und Pauly 2018, DSGVO/BDSG, Art. 7 Rn. 21; Gierschmann 2016, S. 54; Golland 2018, S. 132f.

det wird dies damit, dass bei frei verfügbaren Leistungen dem Betroffenen freistehe, die Erklärung nicht abzugeben, da er ohne Nachteile zu erleiden einen anderen, gleichwertigen Anbieter wählen könne. Voraussetzung für eine Anwendbarkeit des Art. 7 Abs. 4 DSGVO wäre demnach die marktbeherrschende Stellung des Verantwortlichen. Um jedoch festzustellen, wie sich der relevante Markt konstituiert, bedarf es einer Untersuchung anhand des Bedarfsmarktkonzepts. Dabei stellt sich zuvorderst die Frage, welche konkrete Leistung Gegenstand des sachlich relevanten Markts ist. Ein einheitlicher sachlicher Markt liegt vor, wenn sämtliche Dienstleistungen von den Verbrauchern hinsichtlich ihrer Eigenschaften, Preise und ihres Verwendungszwecks als austauschbar angesehen werden.[18] Es bedarf daher einer Feststellung eines hinreichenden Grades der Substituierbarkeit der Leistungen, welche aus Sicht der Marktgegenseite vorzunehmen ist,[19] d. h. aus Sicht eines verständigen Nutzers des jeweiligen Dienstes.

In Bezug auf die Substituierbarkeit der Leistung ist einerseits denkbar, dass Gegenstand der Leistung allein die Zurverfügungstellung der typischen Funktionen einer Web-2.0-Plattform ist (z. B. der Aufbau eines Profils und eines Newsfeeds), andererseits, dass darüber hinaus auch die Vermittlung des Zugangs zu Personen oder Inhalten Teil der Leistung des Diensteanbieters ist. Besonders gut zeigt sich dieses Problem bei sozialen Netzwerken: Zwar vermag jeder Betreiber prinzipiell dieselben Funktionen anzubieten, die Mitgliedschaft in einem sozialen Netzwerk ist jedoch ohne Anreiz, wenn sich alle Freunde in einem anderen Netzwerk befinden und die Vernetzung mit diesen infolgedessen nicht möglich ist. Die Zurverfügungstellung derselben Funktionen erfüllt nicht die Hoffnungen des Nutzers.[20] Dies deckt sich auch mit der Beobachtung, dass sich Nutzer die Abkehr von ihrem genutzten sozialen Netzwerk kaum vorstellen können. Die Dienstleistungen „Nutzung des Netzwerks" der verschiedenen Betreiber weisen demnach untereinander keine unmittelbare Substituierbarkeit auf. Damit sind die verschiedenen Anbieter auf ihrem jeweiligen Markt als Monopolisten zu betrachten, da nur der Anbieter des jeweilig betrachteten sozialen Netzwerks die Vernetzung zwischen den in dem jeweiligen Netzwerk registrierten Nutzern ermöglichen kann. Dies führt dazu, dass jedes Netzwerk einen eigenen Markt bildet.[21] Diese Ausführungen lassen sich in hohem Maße auf weitere Plattformdienste wie Video- oder Bilderplattformen übertragen.

---

18 Bekanntmachung der Kommission über die Definition des relevanten Marktes im Sinne des Wettbewerbsrechts der Gemeinschaft, ABl. EG Nr. C 372 vom 09.12.1997, S. 5f.

19 Fuchs und Möschel, in: Immenga und Mestmäcker 2012, Wettbewerbsrecht, Art. 102 AEUV Rn. 49.

20 I.E. auch Buchner und Kühling, in: Kühling und Buchner 2018, DSGVO/BDSG, Art. 7 Rn. 53, die die Wahl eines anderen sozialen Netzwerks nicht als „zumutbare Alternative" betrachten.

21 Ausführlich Klotz 2016, S. 60ff.; ebenso Golland 2019a, S. 266; Golland 2018, S. 133; vgl. auch Spiecker gen. Döhmann, K&R 2012, S. 717, 718 („Tendenz zur Monopolbildung").

Auch in Bezug auf die Trennung von Datenschutzrecht und Kartellrecht ergäben sich weitere Probleme: So müsste die Datenschutzbehörde vor dem Rügen eines Verstoßes gegen Art. 7 Abs. 4 DSGVO den Marktanteil ermitteln, was in Konflikt mit anderen Feststellungen der Kartellbehörden stehen könnte, sowie wahrscheinlich dazu führen würde, datenschutzrechtliche Prüfungen unnötig in die Länge zu ziehen und dadurch den Betroffenenschutz zu unterminieren. Nicht zuletzt stellt sie auch aufstrebende Unternehmen vor Probleme, die zunächst dem Art. 7 Abs. 4 DSGVO nicht unterlägen, später jedoch sämtliche Einwilligungen unter Beachtung des Kopplungsverbots neu einholen müssten. Ein Abstellen auf eine etwaige Monopolstellung ist daher unter zahlreichen Gesichtspunkten nicht sinnvoll.

*Ökonomische Herausforderungen*

Typischerweise ist zur Nutzung von Web-2.0-Diensten erforderlich, bereits bei der Registrierung die Einwilligung in die Verarbeitung von Nutzungsdaten zu Analyse- und Werbezwecken zu erklären. Die Reichweite des Kopplungsverbots stellt Diensteanbieter vor erhebliche Probleme, da sie die Einwilligung in die wirtschaftliche Verwertung der Daten durch Tracking oder personalisierte Werbung nicht mehr an die Nutzung des Dienstes knüpfen dürfen. Eine solche Datenverarbeitung kann nicht auf einen Vertrag mit dem Betroffenen gestützt werden, da diese nicht für die Vertragserfüllung erforderlich ist.[22] Hier hat der Verarbeiter mehr Interesse daran, die eigene „Leistung" zu erbringen, als der Betroffene, diese zu erhalten, sodass es sich nicht um eine echte Vertragsleistung handelt. Dies gilt die Erhebung und Speicherung gleichermaßen wie für die Verknüpfung von Nutzer- und Interessenprofil zur Schaltung personalisierter Werbung. Der Diensteanbieter könnte seinen Dienst mit allen Funktionen auch ohne personalisierte Werbung oder gar komplett werbefrei betreiben.

Als weitere Rechtsgrundlage kommt Art. 6 Abs. 1 Satz 1 lit. f DSGVO in Betracht. Die Verarbeitung des Diensteanbieters dient der Monetarisierung des Diensts und somit seinen wirtschaftlichen Interessen. Grundsätzlich kann im Wege einer Interessenabwägung auch die Schaltung von Werbung gerechtfertigt sein;[23] ebenso die Auswertung von Profildaten und anderen Daten für derartige Zwecke, sofern der Betroffene diese Daten bewusst veröffentlicht hat.[24] Art. 9

---

22    Golland 2018, S. 133; speziell für soziale Netzwerke Golland 2019a, S. 290; i.E. auch Albrecht und Jotzo 2017, S. 71f.
23    Plath, in: Plath 2018, DSGVO/BDSG, Art. 6 Rn. 68ff.
24    Vgl. zur Verarbeitung von allgemein zugänglichen Daten i.S.d. § 28 Abs. 1 Satz 1 Nr. 3 BDSG a.f. durch den Betreiber eines sozialen Netzwerks Ohrtmann und Schwiering 2014, S. 2987; Splittgerber, in: Splittgerber 2014, Praxishandbuch Rechtsfragen Social Media, Kap. 3 Rn. 199.

Abs. 2 lit. e DSGVO erlaubt zwar nur die Verarbeitung besonderer Kategorien von personenbezogenen Daten, wenn der Benutzer diese bewusst veröffentlicht hat. Wenn jedoch die Verarbeitung von sensiblen Daten zulässig ist, dann muss die Verarbeitung „normaler" personenbezogener Daten, die der Nutzer bewusst veröffentlicht hat, erst recht zulässig sein. Stellt der Nutzer personenbezogene Daten über sich bereit und macht diese bewusst öffentlich zugänglich, tritt sein Interesse an der Nicht-Weiterverarbeitung hinter den Interessen des diese Daten verarbeitenden Verantwortlichen zurück, sodass die Verarbeitung stets gerechtfertigt ist. Der weit überwiegende Teil der Daten, die in Web-2.0-Diensten verarbeitet werden, erfüllt jedoch nicht das Kriterium der Öffentlichkeit. In diesen Fällen überwiegt das Interesse des Betroffenen daran, dass von ihm nicht öffentlich gemachte Daten nicht in eine Profilbildung einfließen.[25]

Die Einwilligung stellt demnach die einzige Möglichkeit dar, Interessensprofile unter Verarbeitung von Nutzungsdaten zu bilden und damit valide Aussagen über die individuellen Nutzerinteressen treffen zu können. In Fällen, in denen die Nutzung des Diensts von der Erteilung der Einwilligung abhängig gemacht wird, greift jedoch das Kopplungsverbot des Art. 7 Abs. 4 DSGVO. Die Einwilligung, die vor Nutzung des Diensts eingeholt wird, wäre unwirksam. So hat auch das Bundeskartellamt in Bezug auf Facebook erklärt, das Netzwerk dürfe wegen des Kopplungsverbots nicht-einwilligende Nutzer nicht ausschließen.[26] Würde der Diensteanbieter die Einwilligung dagegen einholen, ohne die Nutzung des Diensts von der Erteilung der Einwilligung abhängig zu machen, hätte der Nutzer weder Anlass noch Motivation, seine Einwilligung zu erteilen. Der Diensteanbieter hätte daher erhebliche Probleme, eine wirksame Einwilligung, die personalisierte Werbung oder gewinnbringende Analysen ermöglicht, einzuholen.

Die Einwilligung wäre also entweder unwirksam – und damit die Verarbeitung zu den hier untersuchten Zwecken unzulässig – oder würde de facto nicht erteilt werden. Dies mag bei Diensten, bei denen die Nutzer für die Nutzung ohnehin ein Entgelt leisten müssen, geringe Auswirkungen haben. Für Diensteanbieter, die sich nicht gegen Entgelt finanzieren, sondern ein allein werbefinanziertes Geschäftsmodell verfolgen, wird die Gewinnerzielung erheblich erschwert, da ihnen durch die Datenschutznorm des Art. 7 Abs. 4 DSGVO scheinbar die Möglichkeit genommen wird, den von ihnen angebotenen Dienst zu monetarisieren.[27] Die Schaltung unpersonalisierter oder nur aufgrund öffent-

---

25 Golland 2018, S. 134; Schwenke 2006, Individualisierung und Datenschutz, S. 164; speziell für soziale Netzwerke auch Golland 2019a, S. 291.

26 Entscheidung B6-22/16 des Bundeskartellamts vom 06.02.2019, vgl. hierzu die Pressemitteilung: Bundeskartellamt 2019, S. 2.

27 Wybitul 2016, S. 1081; von einem Ende „datenfinanzierter" Dienste sprechend Krohm und Müller-Peltzer 2017, S. 553; Schantz 2016, S. 1845.

licher Daten personalisierter Werbung bliebe zwar möglich, derartige Werbung generiert jedoch weit weniger Gewinn.

## 3    Konzept des gleichwertigen Alternativzugangs

Diese Form der Regulierung von Geschäftsmodellen bedeutet jedoch nicht, dass Diensteanbieter künftig auf Tracking und personalisierte Werbung gänzlich verzichten müssen. Erwägungsgrund 42 Satz 5 führt ergänzend zu Art. 7 Abs. 4 DSGVO aus, dass die echte und freie Wahl und die Möglichkeit, die Einwilligung zu verweigern, ohne Nachteile zu erleiden, gewährleistet werden muss. Dem Diensteanbieter ist anzuraten, wenigstens zwei im Leistungsumfang gleichwertige Zugänge zu den Leistungen des von ihm angebotenen Diensts bereitzustellen, von denen wenigstens einer unabhängig von der in die Verarbeitung von Nutzungsdaten zu kommerziellen Zwecken erteilenden Einwilligung ist.

Beispielsweise könnte der Betreiber einen Zugang anbieten, bei dem der Nutzer zwar kein Geld bezahlt, aber dafür in die Verarbeitung personenbezogener Daten zum Zweck personalisierter Werbung einwilligen muss, sowie einen alternativen Zugang, bei dem die Nutzung des Diensts von der Zahlung eines einmaligen oder regelmäßig zu entrichtenden Entgelts abhängig gemacht wird, aber keine Einwilligung für Werbezwecke erteilt werden muss.[28] Der erstgenannte, werbefinanzierte Zugang macht zwar die Leistung von der Einwilligung abhängig, verstößt aber nicht gegen Art. 7 Abs. 4 DSGVO, weil dem Nutzer gegen Entgelt ein gleichwertiger Zugang zu derselben Leistung eröffnet ist. Einen solchen Weg gehen zahlreiche App-Anbieter, indem sie eine werbefinanzierte und eine entgeltfinanzierte, häufig als „Premium" titulierte Version, anbieten. Ebenfalls realisierbar – und womöglich von höherer Nutzerakzeptanz getragen – wäre auch ein Alternativzugang, der lediglich durch nichtpersonenbezogene Werbung refinanziert wird.

Damit läutet das Koppelungsverbot des Art. 7 Abs. 4 DSGVO zwar nicht das Ende der Ära „Daten gegen Dienstleistung" ein, forciert aber – neben diesem Geschäftsmodell – andere Lösungen. Künftige Geschäftsmodelle werden sich daher am Konzept des gleichwertigen Alternativzugangs orientieren müssen. Nun hat das Individuum die transparente Wahl, ob es lieber mit seinen Daten „bezahlt", oder ob er lieber ein Entgelt entrichtet. Insofern wäre es verfehlt, von paternalistischen Ansätzen der DSGVO zu sprechen, wo doch das Kopplungsverbot nicht den Nutzer in seiner Entscheidungsfreiheit begrenzt,

---

28    Albrecht und Jotzo 2017, S. 70; Golland 2018, S. 134; Krohm und Müller-Peltzer 2017, S. 553.

sondern vielmehr eine zusätzliche Option bietet. Als Nebeneffekt wird zudem beim Nutzer das Bewusstsein geschaffen, dass die Einwilligung in die Verwertung seiner Daten einen gewissen monetären Gegenwert hat.

Beim Kopplungsverbot zeigt sich, dass Datenschutzregulierung nicht bloße Restriktion ist, sondern aktiv die Entwicklung innovativer Wertschöpfungsmodelle forciert.

# 4 Konventionelle Preise und Dynamic Pricing

Wie aufgezeigt werden konnte, führt eine autonome Auslegung des „für die Vertragserfüllung Erforderlichen" und der damit einhergehende weite Anwendungsbereich des Kopplungsverbots zu einer wirtschaftlichen Notwendigkeit der Einrichtung von nicht-einwilligungsabhängigen, gleichwertigen Alternativzugängen. Soweit – wie es sich derzeit abzeichnet – die Erhebung eines Entgelts die präferierte Substituierung der vormals aufoktroyierten Einwilligung in Tracking und personalisierte Werbung darstellt, stellt sich die Frage, welche Gestaltungsmöglichkeiten dem Diensteanbieter bei der Höhe des Entgelts verbleiben und welche hiervon wiederum ökonomisch sinnvoll sind.

*(Datenschutz-)Rechtliche Grenzen der Preisgestaltung*

Die Frage, welche Preisgestaltung datenschutzrechtlich zulässig ist, ist hochaktuell und von erheblicher Praxisrelevanz. Im April 2018 verkündete Mark Zuckerberg, dass Facebook über alternative Wertschöpfungsmodelle nachdenke.[29] Weitere namhafte Plattformen bieten für EU-Nutzer nun entgeltliche Alternativzugänge an.

Die Anforderungen an einen entgeltlichen Alternativzugang im Einzelnen sind allerdings weiterhin ungeklärt. So hat die britische Datenschutzaufsichtsbehörde ICO eine Verwarnung gegenüber der Washington Post ausgesprochen. Die Zeitung hat als Reaktion auf das in Art. 7 Abs. 4 DSGVO verankerte Kopplungsverbot ihren Nutzern einen entgeltlichen Alternativzugang zur Verfügung gestellt: Die Nutzer hatten infolgedessen die Wahl zwischen der Nutzung der Website unter Einwilligung in Werbezwecke oder – als Alternative – das Entrichten eines Entgelts ohne Einwilligung. Gänzlich anders wird die Frage von der österreichischen Datenschutzaufsichtsbehörde dsb behandelt. Auch die österreichische Zeitung DerStandard richtete einen solchen Zugang auf ihrer Website ein, um ihr Internetangebot trotz Kopplungsverbots gewinnbringend zu betreiben. Nach Beschwerde eines Nutzers, der sich vor die Wahl zwischen

---

29 Oreskovic 2018.

Einwilligung und kostenpflichtigem Zugang gestellt sah, äußerte die dsb, dass das Angebot der DSGVO entspreche. Nach Auskunft von DerStandard war für die Entscheidung der dsb auch maßgeblich, dass der entgeltliche Alternativzugang „nicht unverhältnismäßig teuer" sei. Die Uneinigkeit der Aufsichtsbehörden setzt sich in der nationalen Rechtsprechung fort,[30] ohne dass diese Frage – soweit ersichtlich – dem EuGH vorgelegt wurde.

Verlangt der Diensteanbieter anstelle der Einwilligung ein Entgelt, so stellt sich die Frage, wie hoch dieses sein darf. Grundsätzlich unterliegt die Preisgestaltung der Privatautonomie. Teilweise wird infolgedessen eine „Zwei-Klassen-Datengesellschaft" befürchtet: So würden viele Bürger ihre Daten ungebremst preisgeben, wogegen sich Bessergestellte einem solchen Datenaustausch verweigern würden, sodass der Datenschutz zu einem Instrument, das sich nur Wohlhabende leisten könnten, verkomme.[31]

Derartige Gefahren drohen jedoch bei näherer Betrachtung nicht: Eine bekannte Ausnahme vom Grundsatz autonom bestimmbarer Preise stellt etwa der Wuchertatbestand dar. Zwar könnte der Diensteanbieter die Nutzer durch die Erhebung von überhöhten Entgelten zur Erteilung der datenschutzrechtlichen Einwilligung drängen. Dies wäre jedoch nicht mit einer „echten und freien Wahl", wie sie Erwägungsgrund 42 Satz 5 fordert, vereinbar. Eine weitere Gestaltungsgrenze findet sich damit implizit in der DSGVO selbst: Das für den entgeltlichen Alternativzugang verlangte Entgelt darf nicht so hoch sein, dass die Nutzer zur Erteilung der datenschutzrechtlichen Einwilligung gedrängt sind, da dies nicht mit der geforderten Freiwilligkeit zu vereinbaren wäre. Der Diensteanbieter muss durch Preisgestaltung sicherstellen, dass der Alternativzugang aus Sicht der Marktgegenseite eine echte Alternative darstellt.

Eine weitere Grenze für marktbeherrschende Akteure, wie es auf den Großteil der Plattformdienste zutrifft, zieht das Kartellrecht durch das Verbot des Preis- und Konditionenmissbrauchs, wie es im Rahmen von Art. 102 AEUV angenommen wird,[32] an: Preise sind unangemessen, wenn sie in einem Missverhältnis zum wirtschaftlichen Wert der Ware oder Dienstleistung stehen.[33] Die Bestimmung des Marktwerts ist insoweit schwierig, da bei Web-2.0-Diensten häufig kein funktionierender Wettbewerb existiert, sondern die jeweilige Platt-

---

30  Golland 2019b, S. 16.
31  Härting 2016, S. 648; ebenso Krohm und Müller-Peltzer 2017, S. 553; in diese Richtung auch Schulz, in: Gola 2018, DSGVO, Art. 7 Rn. 27.
32  Vgl. Bahr und Paschke, in: Paschke et al. 2016, Hamburger Kommentar Gesamtes Medienrecht, 18. Abschnitt Rn. 18f.; Fuchs und Möchel, in: Immenga und Mestmäcker 2012, Wettbewerbsrecht, Art. 102 AEUV Rn. 174ff.
33  Ständige Rechtsprechung, siehe etwa EuGH, Slg. 1975, S. 1367, 1379 – „General Motors Continental"; EuGH, Slg. 1978, S. 207, 305 – „United Brands"; EuGH, Slg. 1986, S. 3263, 3304 – „British Leyland".

form i.d.R. der einzige Anbieter der Leistung ist.[34] Es bietet sich daher an, einen hypothetischen Markt anhand der üblicherweise erbrachten Gegenleistung zu bilden. Diese Gegenleistung ist die Einwilligung in die Verwertung der personenbezogenen Daten. Der Wert der Dienstleistung entspricht demnach dem Wert, den die Gegenleistung – also die Einwilligung – aufweist. Anknüpfungspunkt ist daher der konkret erzielbare Marktwert der Daten, die Element der kostenlosen Nutzungsmöglichkeit sind.

Welchen wirtschaftlichen Wert personenbezogene Daten haben, hängt vom Umfang der Daten, ihrer Aussagekraft und der Nutzungsdauer ab. Insbesondere wird ein Diensteanbieter nicht abschätzen können, wie viele Daten über welchen Zeitraum zu wirtschaftlichen Zwecken genutzt werden können. Hier kann der Wert mittels eines spieltheoretischen Ansatzes ermittelt werden: Der Diensteanbieter würde dann auf die Verwertung der Daten freiwillig verzichten, wenn er für den Verzicht einen Gegenwert erhält, der (mindestens) äquivalent zu den ökonomischen Vorteilen der Datenverwertung ist. Das Entgelt muss demnach der alternativ zu erbringenden Handlung – d. h. der Einwilligung in die Verarbeitung personenbezogener Daten zu Werbezwecken und Big-Data-Analysen – wirtschaftlich entsprechen.

Auch dies ist von verschiedenen Faktoren abhängig, insbesondere von dem Preis, den der jeweilige Diensteanbieter auf dem nachgelagerten Markt – vor allem dem der Werbung – erzielt. Facebook etwa erwirtschaftete durchschnittlich 6,09 US-Dollar pro Nutzer im dritten Quartal des Jahres 2018, wobei der Umsatz bei nordamerikanischen Nutzern um ein Vielfaches höher ist,[35] sodass der Durschnitt bei einem europäischen Nutzer etwas darunter, bei etwa 1,50 Euro pro Monat, liegen muss. Eine pauschale, von Dienst und Nutzerverhalten losgelöste Betrachtung ist allerdings nicht möglich. Denkbar ist eine jahrzehntelange, intensive Nutzung, aber auch, dass der Nutzer bei Missfallen des Dienstes diesen nicht mehr nutzt und die Website nie wieder aufruft. Ob sich allerdings ein Modell durchsetzt, das – ähnlich wie in der Versicherungsbranche – auf Eigenschaften der Person und das individuelle Nutzungsverhalten abstellt, bleibt fraglich. Auch die Nutzerakzeptanz dürfte bei einem Modell, welches unterschiedliche Preise für verschiedene Nutzer vorsieht, gefährdet sein. Einfacher scheint es, anhand des durchschnittlichen Nutzungsverhaltens einen Marktwert zu bestimmen, d. h. eine Mischkalkulation vorzunehmen.

In allen Fällen müsste von diesem Wert jener Gewinn abgezogen werden, der auch ohne die einwilligungsnotwendige Verarbeitung personenbezogener Daten – z. B. durch Schaltung unpersonalisierter Werbung trotz entgeltlichen Zugangs oder durch entgeltlichen Erwerb von zusätzlichen Features – erwirt-

---

34 Vgl. oben 2.2.2.
35 Flynn 2018.

schaftet wird. Im Ergebnis dürfte der Preis des Alternativzugangs relativ niedrig anzusiedeln sein. Dies deckt sich mit der Beobachtung, dass Nutzer ihrer Privatsphäre einen geringen monetären Gegenwert beimessen.[36] Die Befürchtung, Datenschutz könnte zu einem Instrument für Bessergestellte werden, ist daher unberechtigt.

Gleichwohl stellt sich die Frage, welche Entgelthöhe noch eine freie Wahl gewährleistet. Aufgrund der unterschiedlichen Verwertbarkeit der Daten wäre es zunächst möglich, wie am Beispiel von Facebook gezeigt, anhand des durchschnittlichen Nutzungsverhaltens einen Marktwert zu bestimmen, d. h. eine Mischkalkulation vorzunehmen. Bei Online-Plattformen korreliert der Wert jedoch extrem mit der Nutzungsintensität – von einem kurzen Test bis zur mehrfach täglichen Benutzung über Jahre hinweg ist alles denkbar. Den Plattformanbieter bringt dies in einen Balanceakt zwischen Rechts- und Kalkulationssicherheit, Preisoptimierung und dem Problem der Nutzerakzeptanz. Ist es möglich, diesem Thema durch Dynamic Pricing zu begegnen?

*Vorteile personalisierter Preise*

Dynamic Pricing wird vor allem unter dem Gesichtspunkt des Spannungsverhältnisses zu wettbewerbs- und kartellrechtlichen Regelungen beleuchtet.[37] Während die Preisbildung anhand von nicht-personenbezogenen Faktoren – insbesondere die Verfügbarkeit der Ware oder ihr Einkaufspreis – datenschutzrechtlich irrelevant ist, wird die Preisbildung bei Zugrundelegung personenbezogener Daten auch durch die DSGVO reguliert. Letzteres wird dabei einerseits als Teilbereich des „Dynamic Pricing" eingeordnet, andererseits konstatiert, personalisierte Preise seien gerade kein „Dynamic Pricing". Vorliegend wird Dynamic Pricing unter dem Gesichtspunkt des Datenschutzes beleuchtet und dementsprechend als Preisbildung unter Verwendung (auch) personenbezogener Daten verstanden.

Der Vorteil personalisierter Preise liegt für den Diensteanbieter auf der Hand: Eine gute Datengrundlage und einen guten Preisalgorithmus vorausgesetzt, besteht die Möglichkeit, die Preise am maximal erzielbaren Betrag, den der einzelne Nutzer gerade noch bereit ist, für die Leistung zu zahlen, auszurichten. Es lässt sich also bei vermögenden Nutzern potentiell ein höheres Entgelt erzielen, ohne dass die potentiellen Kunden sich nach einem anderen Dienstleister umschauen oder gar gänzlich von Dienstleistungen dieser Art Abstand neh-

36    Vgl. Acquisti et al. 2013, S. 260ff.; European Union Agency for Network and Information Security 2012, S. 28ff.; Hess und Schreiner 2012, S. 109.
37    Siehe etwa Ebers 2016, S. 554; Schwintowski 2018, S. 841; Tietjen und Flöter 2017, S. 546; Ylinen 2018, S. 19; Zander-Hayat et al. 2016, S. 403.

men. Im Bereich des vermögenden Adressatenkreises führen personalisierte Preise tendenziell zu einer Erhöhung des Umsatzes, ohne dass die sogenannte „conversion rate" – d. h. die Quote jener Besucher, die das Ziel, nämlich die kostenpflichtige Inanspruchnahme des Angebots, erreichen – signifikant sinkt. Bei einem normalen http-Zugriff werden vom Browser, neben der IP-Adresse (und damit mittelbar der ungefähre Standort, soweit kein Proxy-Server genutzt wird) verschiedene Daten in http-Header-Feldern übertragen, darunter genutzter Browser und Betriebssystem. So lässt sich annehmen, dass ein Nutzer eines hochpreisigen Apple-Geräts in der Finanzmetropole Frankfurt am Main über ein höheres Einkommen und daher über eine höhere Ausgabebereitschaft verfügt als ein Android-Nutzer aus einer strukturschwachen Region wie dem Mansfelder Land. Auch lässt sich IT-Infrastruktur besser einsetzen, wenn wirtschaftliche Anreize zur Vermeidung von Peaks eingesetzt werden. Durch variable Preise kann die Zahl der Zugriffe gesteuert sowie gezielt verlagert werden. Auf diese Weise kann, sofern gewünscht, z. B. eine Überlastung der Systeme zu bestimmten Zeiten und zugleich ein Leerlauf zu anderen Zeiten vermieden werden. So ist denkbar, dass Nutzer, die den Dienst nur in zugriffsarmen Nachtzeiten nutzen wollen, weniger Entgelt entrichten als andere Nutzer, die zu den klassischen Konsumzeiten aktiv sind.

Dynamisch unter Verwendung von personenbezogenen Daten kalkulierte Preise können sich umgekehrt auch für einkommens- und vermögensschwache Personen vorteilhaft auswirken. Durch individuelle Preissenkung kann ein entsprechender Algorithmus technisch die rechtlich geforderte Freiwilligkeit der Einwilligung sicherstellen; die Wahrscheinlichkeit einer wirtschaftlichen Überforderung des Adressaten – und damit die Unfreiwilligkeit der Einwilligung – lässt sich so reduzieren. Ein niedriger Preis gegenüber einkommensschwachen Kunden ist auch aus Sicht des diensteanbietenden Unternehmens in zweierlei Hinsicht vorteilhaft: Zum einen wird ein Unternehmen stets kontrahieren wollen, solange bilanziell betrachtet ein Gewinn verbleibt. Insoweit ist jede Marktteilhabe aus Unternehmenssicht vorteilhaft. Zum anderen läuft das Unternehmen, das bei Anbieten eines entgeltlichen Alternativzugangs dem Kunden einen preisgünstigen Zugang zur Verfügung stellt, nicht Gefahr, eine unfreiwillige Einwilligung zu erhalten und infolgedessen ohne wirksame Rechtsgrundlage Daten zu verarbeiten.

Dynamic Pricing stellt in den aufgezeigten Grenzen, insbesondere soweit eine wirtschaftliche Überforderung des Nutzers und damit eine datenschutzrechtliche Unfreiwilligkeit ausgeschlossen werden kann, die Preisgabe der Gleichheit zugunsten der Gerechtigkeit dar.

*Datenschutzrechtliche Zulässigkeit dynamischer Preise*

Die Frage der Preisgestaltung im engeren Sinne bleibt zunächst eine unternehmerische Entscheidung. Die bisherige Diskussion, auch soweit sie explizit Fragen des Daten- und Privatsphäreschutzes aufgreift, verläuft regelmäßig oberflächlich und fokussiert sich vor allem auf gesellschaftliche und spieltheoretische Aspekte der Privatheitsökonomisierung,[38] ohne jedoch die jeweiligen rechtlichen Rahmenbedingungen und die daraus folgenden konkreten Anforderungen zu skizzieren.

In Bezug auf die datenschutzrechtliche Zulässigkeit des Dynamic Pricing stellt sich vor dem Hintergrund des Verbots mit Erlaubnisvorbehalt zunächst die Frage nach einer Rechtsgrundlage. Der Preis zählt zwar zu den essentialia negotii, gleichwohl stellt sich die Frage, ob Art. 6 Abs. 1 Satz 1 lit. b DSGVO die Rechtsgrundlage bei der Verwendung personalisierter Daten für Dynamic Pricing bilden kann. Bei Zugrundelegung eines strengen Erforderlichkeitsbegriffes[39] kann dies wohl abgelehnt werden,[40] da die Erbringung derselben Leistung auch datensparsam – etwa durch einen Einheitspreis für alle Nutzer – möglich ist. Bislang wird aus diesem Umstand gefolgert, die Verarbeitung zum Zwecke der Erzeugung personalisierter Preise sei nur auf Grundlage der Einwilligung möglich.[41] Ungeachtet dessen hat der Verantwortliche jedoch ein berechtigtes (wirtschaftliches) Interesse, Daten zu verarbeiten, soweit diese für die Abwicklung der Abrechnung und zur Gewinnmaximierung benötigt werden. Auch der betroffene Kunde hat typischerweise ein Interesse daran, dass diese Daten verarbeitet werden, da er „sein" Entgelt – oder jedenfalls nicht mehr als dieses – entrichten möchte. Soweit dem entgegengehalten wird, dass auch der vermögende Kunde ein (entgegenstehendes) Interesse daran habe, nicht mehr als den „Normalpreis" zu entrichten, ist zu beachten, dass ebenso der mittellose Kunde ein (Dritt-)Interesse hat, bei einer anbieterseitigen Mischkalkulation weniger als jenen Preis zu entrichten. Die Datenverarbeitung lässt sich daher grundsätzlich auf Art. 6 Abs. 1 Satz 1 lit. f DSGVO stützen. Vor diesem Hintergrund stehen der Erhebung und Speicherung der eingangs genannten Daten für den Zweck der dynamischen Preiskalkulation keine Hindernisse entgegen.[42]

Die Verarbeitung setzt jedoch die Bildung eines Profils voraus, um einen auf den Nutzer zugeschnittenen Preis zu kalkulieren. Da dieser Preis bei Internetdiensten regelmäßig auf automatisierten Verfahren basiert, stellt sich die

---

38    Vgl. Kerber 2016, S. 640ff.; Reisch et al. 2016, S. 18ff.; Zander-Hayat et al. 2016, S. 408f.
39    Siehe oben 2.2.1.
40    Implizit Tillmann und Vogt 2018, S. 450.
41    Tillmann und Vogt 2018, S. 450; Hofmann 2016, S. 1075; ohne nähere Begründung auch
      Verbraucherzentrale Bundesverband e. V. 2016, S. 6.
42    Anderes mag für besondere Arten personenbezogener Daten, die dem zusätzlichen Schutz
      durch Art. 9 DSGVO unterliegen, gelten; dazu sogleich.

Frage, ob und inwieweit Art. 22 DSGVO – welcher geschaffen wurde, um Profiling zu begegnen – als Verbot der dynamischen Preiskalkulation wirkt. Profiling wird in Art. 4 Nr. 4 DSGVO als jede Art der automatisierten Verarbeitung personenbezogener Daten, die darin besteht, dass diese personenbezogenen Daten verwendet werden, um bestimmte persönliche Aspekte zu analysieren oder vorherzusagen, definiert. Allerdings reguliert Art. 22 Abs. 1 DSGVO nicht das Profiling als solches, sondern verbietet lediglich die automatisierte Entscheidung, sofern diese rechtliche Wirkung entfaltet oder zu einer erheblichen Beeinträchtigung führt. Eine Entscheidung, d. h. ein ausschließlich maschineller gestaltender Akt ohne die Möglichkeit eines Eingriffs durch einen mit Entscheidungskompetenz ausgestatten Menschen,[43] liegt bei der automatisierten Kalkulation der Vertragsbedingungen, insbesondere des Preises, vor. Der privatrechtliche Vertragsschluss stellt jedoch keine „rechtliche Wirkung" im Sinne dieser Norm dar;[44] vielmehr muss insoweit die Vertragsautonomie gewährleistet bleiben. Erst recht liegt in der bloßen automatischen Ermittlung von Vertragskonditionen bei gleichzeitiger Bereitschaft zum Vertragsschluss keine „rechtliche Wirkung".

Weitgehend unstreitig ist hingegen, dass die Verweigerung des Vertragsschlusses eine „erhebliche Beeinträchtigung in ähnlicher Weise" darstellen kann.[45] Im Einzelnen ist jedoch ungeklärt, wann eine solche im Kontext privatrechtlicher Verträge vorliegt. Zum Teil wird vertreten, dass dies der Fall sei, wenn es keine alternative Bezugsmöglichkeit gibt.[46] Dies liegt nah, ist doch die Inanspruchnahme auch von privaten Dienstleistungen regelmäßig notwendiger Teil der gesellschaftlichen Partizipation. Es konnte bereits gezeigt werden, dass bei den Plattformen des Web 2.0 immer nur der Betreiber der Plattform den Zugang verschaffen kann.[47] In diesen Fällen besteht keine Ausweichmöglichkeit, sodass die soziale Teilhabe des Individuums gefährdet sein könnte. Einige Stimmen in der Literatur nehmen eine erhebliche Beeinträchtigung auch bei

---

43 Ausführlich v. Lewinski, in: Wolff und Brink 2018, Datenschutzrecht, Art. 22 Rn. 14ff.; Scholz, in: Simitis et al. 2019, Datenschutzrecht, Art. 22 Rn. 25ff.

44 So die h.M., siehe v. Lewinski, in: Wolff und Brink 2018, Datenschutzrecht, Art. 22 Rn. 35; Scholz, in: Simitis et al. 2019, Datenschutzrecht, Art. 22 Rn. 34; Schulz, in: Gola 2018, DSGVO, Art. 22 Rn. 23; Taeger, in: Taeger und Gabel 2019, DSGVO/BDSG, Art. 22 Rn. 42; a.A. Buchner, in: Kühling und Buchner 2018, DSGVO/BDSG, Art. 22 Rn. 24; Helfrich, in: Sydow 2018, EU-DSGVO, Art. 22 Rn. 48.

45 Siehe etwa Buchner, in: Kühling und Buchner 2018, DSGVO/BDSG, Art. 22 Rn. 24; v. Lewinski, in: Wolff und Brink 2018, Datenschutzrecht, Art. 22 Rn. 35ff.; Scholz, in: Simitis et al. 2019, Datenschutzrecht, Art. 22 Rn. 36f.; Schulz, in: Gola 2018, DSGVO, Art. 22 Rn. 25ff.; Taeger, in: Taeger und Gabel 2019, DSGVO/BDSG, Art. 22 Rn. 44.

46 v. Lewinski, in: Wolff und Brink 2018, Datenschutzrecht, Art. 22 Rn. 39; Schulz, in: Gola 2018, DSGVO, Art. 22 Rn. 25.

47 Siehe oben 2.2.2.

enormen Abweichungen vom Marktpreis an.[48] Für die Annahme einer „erheblichen Beeinträchtigung" spricht auch die damit verbundene Erhöhung der Markt-
transparenz, da eine automatisierte Entscheidung i. S. d. Art. 22 Abs.
1 DSGVO erweiterte Informationspflichten für den Verantwortlichen auslöst.[49] Andererseits ist jedoch zu beachten, dass vorliegend nicht das Zustandekommen des
Vertrags betroffen ist, sondern es lediglich um die Ausgestaltung bzw. Höhe der
Gegenleistung geht. Der Vertragsschluss an sich ist durch dynamische Preise,
soweit diese innerhalb der gesetzlichen Grenzen liegen,[50] nicht gefährdet. Vor
diesem Hintergrund wird die Anwendung von Art. 22 Abs. 1 DSGVO auf personalisierte Preise zum Teil abgelehnt.[51] Inwieweit demnach eine „erhebliche
Beeinträchtigung" vorliegen kann, wird im Einzelfall untersucht werden müssen.

Sofern unterstellt wird, dass eine solche Preiskalkulation die Voraussetzungen des Art. 22 Abs. 1 DSGVO erfüllt, existieren Ausnahmen, die eine solche
automatisierte Entscheidung erlauben. So normiert Art. 22 Abs. 2 lit. a DSGVO,
dass das Verbot nicht greift, sofern die Entscheidung für den Abschluss oder die
Erfüllung eines Vertrags zwischen der betroffenen Person und dem Verantwort-
lichen erforderlich ist. In diesem Kontext bezeichnet „erforderlich" nicht das
Erfordernis der Daten für die Entscheidung im Lichte des in Art. 5 Abs. 1 lit. c
DSGVO kodifizierten Grundsatzes der Datenminimierung. Vielmehr ist das
Erfordernis der Automatisierung des Vorgangs, auch vor dem Hintergrund der
Kostenvermeidung, gemeint.[52] Insbesondere sind hiervon Massengeschäfte im
Onlineverkehr betroffen.[53] Bei den hier betrachteten Plattformdiensten handelt
es sich um solche Geschäfte; eine manuelle Prüfung jeder Anfrage wäre unwirt-
schaftlich. Soweit demnach unterstellt werden kann, dass durch die Preiskalku-
lation unter Verwendung personenbezogener Daten womöglich eine erhebliche

---

48    Schantz, in: Schantz und Wolff 2017, Das neue Datenschutzrecht, Rn. 737; Tillmann und Vogt
      2018, S. 450; weitergehend Scholz, in: Simitis et al. 2019, Datenschutzrecht, Art. 22 Rn. 36,
      wonach offenbar jede Preisdifferenzierung bei Internetangeboten erfasst sein soll.
49    Siehe Art. 13 Abs. 2 lit. f DSGVO.
50    Vgl. oben 4.1.
51    Dammann 2016, S. 313; Schulz, in: Gola 2018, DSGVO, Art. 22 Rn. 25; wohl auch Hladjk,
      in: Ehmann und Selmayr 2018, DSGVO, Art. 22 Rn. 9.
52    Taeger, in: Taeger und Gabel 2019, DSGVO/BDSG, Art. 22 Rn. 50; i.E. auch Buchner, in:
      Kühling/Buchner 2018, DSGVO/BDSG, Art. 22 Rn. 30; enger Helfrich, in: Sydow (2018),
      EU-DSGVO, Art. 22 Rn. 48 und Scholz, in: Simitis et al. 2019, Datenschutzrecht, Art. 22
      Rn. 42, die fordern, dass alternative Wege zum Vertragsschluss ausgeschlossen sind.
53    v. Lewinski, in: Wolff und Brink 2018, Datenschutzrecht, Art. 22 Rn. 43; Taeger, in: Taeger
      und Gabel 2019, DSGVO/BDSG, Art. 22 Rn. 50f.

Beeinträchtigung vorliegt, ist dynamische Preisbildung gleichwohl grundsätzlich zulässig.[54]

Eine Ausnahme normiert Art. 22 Abs. 4 DSGVO: Nach dieser Norm ist die Verwendung besonderer Arten personenbezogener Daten für die automatisierte Entscheidungsfindung verboten, soweit nicht eine ausdrückliche Einwilligung des Betroffenen (Art. 9 Abs. 2 lit. a DSGVO) vorliegt oder die Verarbeitung jener Daten auf Grundlage des Unionsrechts oder des nationalen Rechts aus Gründen eines erheblichen öffentlichen Interesses erforderlich ist (Art. 9 Abs. 2 lit. g DSGVO). Das Erfordernis des Treffens angemessener Maßnahmen, um die Rechte und Freiheiten sowie die berechtigten Interessen der betroffenen Person zu schützen, ist vor dem Hintergrund der ohnehin bei der Verarbeitung sensibler Daten zu treffenden Vorkehrungen als deklaratorisch zu verstehen.[55] Eine Berücksichtigung von ethnischer Zugehörigkeit, religiöser Überzeugung, Gesundheitsinformationen – z. B. im Bereich der Kranken- und Lebensversicherer – und weiterer von Art. 9 Abs. 1 DSGVO erfassten Datenkategorien darf daher grundsätzlich nicht zur Berechnung des personalisierten Preises erfolgen. Die Vorschrift etabliert somit einen Gleichlauf zwischen den Anforderungen an eine automatisierte Entscheidungsfindung und dem besonderen, durch Art. 9 DSGVO gewährleisteten Diskriminierungsschutz.

Wird hingegen eine „erhebliche Beeinträchtigung" und damit die Anwendbarkeit von Art. 22 Abs. 1 DSGVO abgelehnt, führt dies in der Praxis zu demselben Ergebnis, da weder der Vertrag noch die berechtigten Interessen eine Rechtsgrundlage für die Verarbeitung sensibler Daten liefern. Es bedarf demnach – neben der Rechtsgrundlage für die „normalen" Daten aus Art. 6 DSGVO – einer gesonderten Rechtfertigung, soweit es besondere Arten personenbezogener Daten betrifft. Hierfür kommt insbesondere die ausdrückliche Einwilligung gemäß Art. 9 Abs. 2 lit. a DSGVO in Betracht.

Personalisierte Preise sind daher vor dem Hintergrund von Art. 6 und 22 DSGVO auch ohne eine datenschutzrechtliche Einwilligung zulässig, soweit keine besonderen Arten personenbezogener Daten verarbeitet werden. Soweit solche aber in die Preiskalkulation einfließen, bedarf es wegen Art. 9 Abs. 1 DSGVO und, soweit eine „erhebliche Beeinträchtigung" i.S.d. Art. 22 Abs. 1 DSGVO angenommen wird, auch wegen Art. 22 Abs. 4 DSGVO einer gesonderten Rechtsgrundlage, insbesondere einer ausdrücklichen Einwilligung gemäß Art. 9 Abs. 2 lit. a DSGVO. Die Beurteilung, ob die Preiskalkulation eine erhebliche Beeinträchtigung darstellt, ist weniger für die Zulässigkeit der Verarbei-

---

54 Sofern „erhebliche Beeinträchtigung" (Art. 22 Abs. 1 DSGVO) weit und zugleich „erforderlich" (Art. 22 Abs. 2 lit. a DSGVO) eng auslegt wird (vgl. Fn. 52), wäre eine ausdrückliche Einwilligung einzuholen.

55 In diese Richtung auch Scholz, in: Simitis et al. 2019, Datenschutzrecht, Art. 22 Rn. 64; Taeger, in: Taeger und Gabel 2019, DSGVO/BDSG, Art. 22 Rn. 72f.

tung, sondern vor allem für die Information des Betroffenen gemäß Art. 13 Abs. 2 lit. f DSGVO und für die Pflicht zur Durchführung einer Datenschutz-Folgenabschätzung gemäß Art. 35 Abs. 3 lit. a DSGVO relevant.

## 5 Fazit

Es zeichnet sich ab, dass das Kopplungsverbot spürbare Auswirkungen auf Internetplattformen hat. Es gilt unabhängig von der Marktstellung des Verantwortlichen; ein „Umetikettieren" der Einwilligung als Bestandteil der Leistungsbeschreibung entbindet nicht von den Anforderungen an die Einwilligung. Allerdings korreliert die Erforderlichkeit in hohem Maße mit dem objektiv zu bestimmenden Leistungsgegenstand: Während personalisierte Werbung nicht zur Diensteerbringung erforderlich ist, auf der anderen Seite die Verarbeitung von Grunddaten wie Name oder Abrechnungsdaten regelmäßig als vertragsnotwendig zu qualifizieren sein wird, stellen sich – je nach Dienst – zahlreiche Fragen im Graubereich zwischen diesen Extrembeispielen. Nach der hier vorgeschlagenen Lösung ist nach der das synallagmatische Verhältnis prägenden Interessenlage abzugrenzen, ob es sich jeweils um eine Vertragsleistung handelt oder ob eine Einwilligung, deren Wirksamkeit sich u. a. am Kopplungsverbot zu messen hat, einzuholen ist.

Die Wirksamkeit der Einwilligung wird durch Art. 7 Abs. 4 DSGVO stark begrenzt. Der Diensteanbieter muss a prima vista auf die Schaltung personalisierter Werbung verzichten oder darauf vertrauen, dass ihm eine Einwilligung erteilt wird, obwohl er dem Nutzer bereits die volle Funktionalität zur Verfügung gestellt hat. Beides stellt keine gangbare Option dar, sodass das Erlösmodell der „datenfinanzierten" Dienste bedroht scheint. Tatsächlich gibt es aber einen rechtlich zulässigen Ausweg, nämlich das Anbieten eines gleichwertigen Alternativzugangs gegen Entgelt. Dieses Entgelt hat sich an dem Wert der alternativ abzugebenden Einwilligung, d. h. dem erzielbaren Erlös durch die beabsichtigte Verwertbarkeit der Daten, zu orientieren.

Ob der Diensteanbieter seinen Dienst, soweit dieser auch gegen Entgelt erbracht werden soll, für alle Nutzer zu denselben Konditionen anbietet oder auf Dynamic Pricing setzt, ist eine dem Anbieter freistehende Wahl. Aus datenschutzrechtlicher Sicht ist, unabhängig vom Erlösmodell, bedeutsam, dass die freie Wahl des Nutzers gewährleistet bleibt. Ein zu hohes Entgelt, welches den Nutzer zur Einwilligung in für die Diensteerbringung nicht erforderliche Datenverarbeitungsvorgänge drängt und somit eine bestimmte Wahl forciert, ist nicht „freiwillig". Eine unter diesen Vorzeichen eingeholte Einwilligung des Nutzers wäre unwirksam. Nur im Falle eines angemessenen Entgelts ist die gesetzlich geforderte freie Wahl zwischen Einwilligung in die Datenverwertung und entgeltlicher Inanspruchnahme des Dienstes gewährleistet.

Soweit das Entgelt unter Verwendung von personenbezogenen Daten, die über den Betroffenen – etwa durch dessen http-Anfragen – erhoben werden, kalkuliert wird, ist dies grundsätzlich zulässig. Dies gilt unabhängig davon, wie weit das von Art. 22 Abs. 1 DSGVO vorausgesetzte Kriterium der „erheblichen Beeinträchtigung" im Kontext eines privatrechtlichen Vertragsschlusses über das Internet verstanden wird. An dieser Stelle besteht noch erheblicher Forschungsbedarf, denn die datenschutzrechtlichen Grenzen dynamischer Preisbildung unter Verwendung von Nutzerdaten sind bislang weder durch Fachliteratur, noch durch Rechtsprechung hinreichend konturiert. Wird das Verbot von automatisierten Entscheidungen im Einzelfall für anwendbar gehalten, führen jedoch die Ausnahmetatbestände zu einer weitreichenden Zulässigkeit in den vorliegend untersuchten Konstellationen; einer datenschutzrechtlichen Einwilligung bedarf es grundsätzlich nicht. Vielmehr kann bei der Verarbeitung von Daten, die etwa das genutzte Gerät des Betroffenen oder dessen ungefähren Standort betreffen, auch auf andere in Art. 6 DSGVO geregelte Erlaubnistatbestände zurückgegriffen werden. Soweit Preise hingegen auf Grundlage besonderer Arten personenbezogener Daten kalkuliert werden, ist eine ausdrückliche Einwilligung erforderlich.

Datenschutzregulierung, dies zeigt das Kopplungsverbot, beeinflusst Wertschöpfungsmodelle nicht unerheblich. Zugleich lassen die Vorschriften aber genug Spielraum, neue Modelle zu entwickeln, die sich – wie mit dem vorliegenden Beitrag skizziert wurde – auch datenschutzkonform realisieren lassen. Diensteanbieter müssen die gesetzlichen Möglichkeiten als Chancen begreifen und zugleich die Privatsphäre der Nutzer bestmöglich schützen. In Zeiten von Alltagsdigitalisierung und Datenschutzskandalen avanciert das Vertrauen der Bürger in die genutzten Dienste zur wichtigsten Währung – es zu gewinnen und zu erhalten, ist die größte Herausforderung für Unternehmen.

## Literatur

Acquisti, Alessandro, John, Leslie K. und Loewenstein, George. 2013. What Is Privacy Worth? J. Legal Stud. 42: 249-274.

Albrecht, Jan Philipp und Jotzo, Florian. 2017. Das neue Datenschutzrecht der EU. Baden-Baden: Nomos.

Art.-29-Datenschutzgruppe. 2018. Working Paper 259 rev.01. Guidelines on consent under Regulation 2016/679. https://ec.europa.eu/newsroom/article29/document.cfm?action=display&doc_id=51030. Zugegriffen: 2. Mai 2019.

Auernhammer, Herbert (Begr.). 2017. Datenschutz-Grundverordnung/Bundesdatenschutzgesetz und Nebengesetze. Köln: Carl Heymanns.

Bundeskartellamt. 2019. Bundeskartellamt untersagt Facebook die Zusammenführung von Nutzerdaten aus verschiedenen Quellen. https://www.bundeskartellamt.de/Shared Docs/Publikation/DE/Pressemitteilungen/2019/07_02_2019_Facebook.html?nn=3591568. Zugegriffen: 2. Mai 2019.

Dammann, Ulrich. 2016. Erfolge und Defizite der EU-Datenschutzgrundverordnung. Erwarteter Fortschrift, Schwächen und überraschende Innovationen. In: Zeitschrift für Datenschutz (ZD): 307-314.

Ebers, Martin. 2016. Dynamic Algorithmic Pricing: Abgestimmte Verhaltensweisen oder rechtmäßiges Parallelverhalten? In: Neue Zeitschrift für Kartellrecht (NZ Kart), 554-555.

Ehmann, Eugen und Selmayr, Martin (Hrsg.). 2018. Datenschutz-Grundverordnung. Kommentar. München: C.H. Beck.

Engeler, Malte. 2018. Das überschätzte Kopplungsverbot. Die Bedeutung des Art. 7 Abs. 4 DSGVO in Vertragsverhältnissen. In: Zeitschrift für Datenschutz (ZD): 55-61.

Europäischer Datenschutzausschuss. 2019. Guidelines 2/2019 on the processing of personal data under Article 6(1)(b) GDPR in the context of the provision of online services to data subjects. https://edpb.europa.eu/sites/edpb/files/consultation/edpb_draft_guidelines-art_6-1-b-final_public_consultation_version_en.pdf. Zugegriffen: 2. Mai 2019.

European Union Agency for Network and Information Security. 2012. Study on monetising privacy. An economic model for pricing personal information. https://www.enisa.europa.eu/publications/monetising-privacy/at_download/fullReport. Zugegriffen: 2. Mai 2019.

Flynn, Kerry. 2018. Facebook's making more money per user in North America than ever before. https://digiday.com/marketing/facebooks-making-money-per-user-north-america-ever/. Zugegriffen: 2. Mai 2019.

Gierschmann, Sibylle. 2016. Was „bringt" deutschen Unternehmen die DS-GVO? Mehr Pflichten, aber die Rechtsunsicherheit bleibt. In: Zeitschrift für Datenschutz (ZD): 51-55.

Gola, Peter (Hrsg.). 2018. Datenschutz-Grundverordnung. VO (EU) 2016/679. Kommentar. München: C.H. Beck.

Golland, Alexander. 2018. Das Kopplungsverbot in der Datenschutz-Grundverordnung. Anwendungsbereich, ökonomische Auswirkungen auf Web-2.0-Dienste und Lösungsvorschlag. MultiMedia und Recht (MMR): 130-135.

Golland, Alexander. 2019a. Datenverarbeitung in sozialen Netzwerken. Frankfurt a.M.: Deutscher Fachverlag.

Golland, Alexander. 2019b. Diensteerbringung darf nicht von der Erteilung einer Einwilligung abhängig gemacht werden. Datenschutz-Berater (DSB): 15-16.

Härting, Niko. 2016. „Dateneigentum" – Schutz durch Immaterialgüterrecht? Was sich aus dem Verständnis von Software für den zivilrechtlichen Umgang mit Daten gewinnen lässt. Computer und Recht (CR): 646-649.

Hess, Thomas und Schreiner, Michel. 2012. Ökonomie der Privatsphäre. Eine Annäherung aus drei Perspektiven. In: Datenschutz und Datensicherheit (DuD): 105-109.

Hofmann, Franz. 2016. Der maßgeschneiderte Preis. Wettbewerb in Recht und Praxis (WRP): 1074-1081.

Immenga, Ulrich und Mestmäcker, Ernst-Joachim (Hrsg.). 2012. Wettbewerbsrecht. Kommentar zum Europäischen Kartellrecht, Bd. 1: EU/Teil 1. München: C.H. Beck.

Kerber, Wolfgang. 2016. Digital Markets, Data and Privacy: Competition Law, Consumer Law and Data Protection. Gewerblicher Rechtsschutz und Urheberrecht Internationaler Teil (GRUR Int.): 639-647.

Klotz, Marius. 2016. Google und Facebook im Kontext von Art. 102 AEUV. Wirtschaft und Wettbewerb (WuW): 58-65.

Krohm, Niclas und Müller-Peltzer, Philipp. 2017. Auswirkungen des Kopplungsverbots auf die Praxistauglichkeit der Einwilligung. Das Aus für das Modell „Service gegen Daten"? Zeitschrift für Datenschutz (ZD): 551-556.

Kühling, Jürgen und Buchner, Benedikt (Hrsg.). 2018. Datenschutz-Grundverordnung/BDSG. Kommentar, München: C.H. Beck.

NOYB – European Center for Digital Rights. 2018. Beschwerde nach Artikel 77(1) DSGVO. https://noyb.eu/wp-content/uploads/2018/05/complaint-facebook.pdf. Zugegriffen: 2. Mai 2019.

Ohrtmann, Jan-Peter und Schwiering, Sebastian. 2014. Big Data und Datenschutz – Rechtliche Herausforderungen und Lösungsansätze. Neue Juristische Wochenschrift (NJW): 2984-2990.

Oreskovic, Alexei. 2018. Mark Zuckerberg just hinted that Facebook could offer a paid version one day. https://www.businessinsider.de/mark-zuckerberg-always-a-version-of-facebook-free-2018-4?r=UK. Zugegriffen: 2. Mai 2019.

Paal, Boris P. und Pauly, Daniel A. (Hrsg.). 2018. Datenschutz-Grundverordnung/Bundesdatenschutzgesetz. München: C.H. Beck.

Paschke, Marian, Berlit, Wolfgang und Meyer, Claus (Hrsg.). 2016. Hamburger Kommentar Gesamtes Medienrecht. Baden-Baden: Nomos.

Plath, Kai-Uwe (Hrsg.). 2018. Kommentar zu DSGVO, BDSG und den Datenschutzbestimmungen des TMG und TKG. Köln: Dr. Otto Schmidt.

Reisch, Lucia, Büchel, Daniela, Joost, Gesche und Zander-Haya, Helga. 2016. Digitale Welt und Handel. Verbraucher im personalisierten Online-Handel. http://www.svr-verbraucherfragen.de/wp-content/uploads/Digitale-Welt-und-Handel.pdf. Zugegriffen: 2. Mai 2019.

Schantz, Peter. 2016. Die Datenschutz-Grundverordnung – Beginn einer neuen Zeitrechnung im Datenschutzrecht. Neue Juristische Wochenschrift (NJW): 1841-1847.

Schantz, Peter und Wolff, Heinrich Amadeus. 2017. Das neue Datenschutzrecht. Datenschutz-Grundverordnung und Bundesdatenschutzgesetz in der Praxis. München: C.H. Beck.

Schwenke, Matthias Christoph. 2006. Individualisierung und Datenschutz. Rechtskonformer Umgang mit personenbezogenen Daten im Kontext der Individualisierung. Wiesbaden: Deutscher Universitätsverlag.

Schwintowski, Hans-Peter. 2018. Preistransparenz als Voraussetzung funktionsfähigen (digitalen) Marktwettbewerbs. Neue Juristische Online-Zeitschrift (NJOZ): 841-850.

Simitis, Spiros, Hornung, Gerrit und Spiecker gen. Döhmann, Indra (Hrsg.). 2019. Datenschutzrecht. DSGVO mit BDSG. Großkommentar. Baden-Baden: Nomos.

Spiecker gen. Döhmann, Indra. 2012. Die Durchsetzung datenschutzrechtlicher Mindestanforderungen bei Facebook und anderen sozialen Netzwerken. Überlegungen zu Vollzugsdefiziten im Datenschutzrecht. Kommunikation & Recht (K&R): 717-725.

Splittgerber, Andreas (Hrsg.). 2014. Praxishandbuch Rechtsfragen Social Media. Berlin: De Gruyter.

Sydow, Gernot (Hrsg.). 2018. Europäische Datenschutzgrundverordnung. Handkommentar. Baden-Baden: Nomos.

Taeger, Jürgen und Gabel, Detlev (Hrsg.). 2019. DSGVO – BDSG. Frankfurt a.M.: Deutscher Fachverlag.

Tietjen, Daniel und Flöter, Benedikt F. 2017. Dynamische und personalisierte Preise: Welche lauterkeitsrechtlichen Schranken gelten für Unternehmen? Gewerblicher Rechtsschutz und Urheberrecht. Praxis im Immaterialgüter- und Wettbewerbsrecht (GRUR-Prax): 546-548.

Tillmann, Tristan Julian und Vogt, Verena. 2018. Personalisierte Preise im Big-Data-Zeitalter. Verbraucher und Recht (VuR): 447-455.

Verbraucherzentrale Bundesverband e. V. 2016. Personalisierte Preise. https://www.vzbv.de/sites/default/files/vzbv_position_preisdifferenzierung_16-09-21_pdf.pdf. Zugegriffen: 2. Mai 2019.

Wolff, Heinrich Amadeus und Brink, Stefan (Hrsg.). 2018. Beck'scher Online-Kommentar Datenschutzrecht. München: C.H. Beck.

Wybitul, Tim. 2016. EU-Datenschutz-Grundverordnung in der Praxis – Was ändert sich durch das neue Datenschutzrecht? Betriebsberater (BB): 1077-1081.

Ylinen, Johannes. 2018. Digital Pricing und Kartellrecht. Neue Zeitschrift für Kartellrecht (NZ Kart): 19-22.

Zander-Hayat, Helga, Reisch, Lucia und Steffen, Christine. 2016. Personalisierte Preise – Eine verbraucherpolitische Einordnung. Verbraucher und Recht (VuR): 403-410.

Kapitel 2
Kollektivgut und Gemeinwohl in der Datenökonomie

# Open Metadata: Nutzerzentrierte wettbewerbliche Datenverwertung mit offenen Rahmendaten

*Max Mühlhäuser*[1]

*Keywords: Open Data, Datenökonomie*

*Abstract*

Im Fokus von Forschung und Diskurs zur Datenökonomie stand lange Zeit das Verhältnis zwischen zwei Kräften, *Datenurhebern* und *Datenverwertern,* die oft die Rollen von Dienstnutzern und Dienstanbietern einnehmen. Auf der Tagung *Zukunft der Datenökonomie,* welche der vorliegende Band protokolliert, rückte als dritte Kraft *die Öffentlichkeit* in den Blickpunkt, indem Daten auch als potenzielles Kollektivgut thematisiert wurden. Da die gleichrangige Betrachtung aller drei genannten Kräfte relativ neu ist, widmet ihr dieser Beitrag erheblichen Raum. Dazu werden die Vor- und Nachteile beleuchtet, die mit der Übertragung maßgeblicher Datenhoheit an jeweils eine der drei Kräfte verbunden sein können. Zum tieferen Verständnis muss anschließend das Spannungsfeld zwischen Privatheitsschutz und Big Data beleuchtet werden, bevor ein neuer Vorschlag namens *Open Metadata* skizziert werden kann. Dieser Vorschlag versucht eine neuartige Balance zwischen den drei genannten Kräften herzustellen; abschließend werden die damit verbundenen Herausforderungen diskutiert.

*Inhalt*

1 Einführung ....................................................................................... 72

2 Status Quo – Datenhoheit bei Dienstanbietern: Vorzüge ................... 75

3 Ist-Situation – Probleme und denkbare Gegenmaßnahmen ............... 79

4 Alternative: Datenhoheit bei Urhebern oder Öffentlichkeit .............. 84

5 Einschub: Privatheitsschutz im BigData-Zeitalter ........................... 92

6 Potenzial und Herausforderungen von Open Metadata .................... 95

Literatur ............................................................................................ 100

---

1    Technische Universität Darmstadt| max@tk.tu-darmstadt.de
     Sprecher des DFG-Graduiertenkollegs 2050 *Privatheit und Vertrauen für mobile Nutzende*

© Springer Fachmedien Wiesbaden GmbH, ein Teil von Springer Nature 2019
C. Ochs et al. (Hrsg.), *Die Zukunft der Datenökonomie,* Medienkulturen im digitalen Zeitalter, https://doi.org/10.1007/978-3-658-27511-2_5

# 1   Einführung

## 1.1   Motivation

Ein erheblicher Teil der Daten, die heute auf Datenmärkten gehandelt werden, entstammt dem „Tauschgeschäft" zwischen Internet-Dienstanbietern und ihren Nutzern. Grundlage dieser Datenbeschaffung ist das Geschäftsmodell großer Dienstanbieter, die im Wesentlichen kostenfreie Dienste und Software im Tausch gegen Nutzungsdaten bereitstellen – häufig genug im Tausch gegen umfangreichere Daten als denen, die im Rahmen der eigentlichen Dienstnutzung anfallen.

Dieses Geschäftsmodell und seine Einbettung in die Gesetze und Gesetzmäßigkeiten der Internet-Ökonomie steht seit Jahren in vielfältiger Kritik. Diese bezieht sich teilweise darauf, dass die Datenschutzgrundsätze der Datensparsamkeit und zweckgebundenen Verwendung (und Speicherfrist) offensichtlich dem Geschäftsinteresse entgegenstehen, was zur Missachtung oder zumindest Aushöhlung dieser Grundsätze verleitet. Die Weiterveräußerung auf Datenmärkten potenziert dieses Problem, wenn der Dienstanbieter, der Daten weitervermarktet, deren Anonymität nicht sicherstellen kann.[2] Auf die tiefgreifenden Schwierigkeiten der Anonymisierung wird später noch eingegangen.

Eine zweite Quelle umfangreicher Kritik ist die Abhängigkeit der Nutzer von großen Anbietern.[3] Der Boykott der marktführenden Sozialen Netze, Kommunikationsplattformen, Suchmaschinen usw. käme für viele Nutzer m. o. w. der sozialen Isolation gleich oder würde zumindest als erhebliche Benachteiligung empfunden. Diese Abhängigkeit konterkariert bspw. das Grundrecht auf informationelle Selbstbestimmung nach Art. 8 der EU-Grundrechtecharta, weil ein empfundenes Grundbedürfnis (Teilhabe am Dienst) nur befriedigt wird im Tausch gegen Datenüberlassung. Des Weiteren können Dienstanbieter aufgrund dieser Abhängigkeit monopolartig darüber bestimmen, welchen Umfang d. h. Wert die Gegenleistung umfasst, welche Nutzenden für die Daten-Überlassung geboten wird. Dass diese Gegenleistung nicht den Gesetzen eines freien Marktes entspricht, lässt sich beispielsweise recht einfach – wenn auch sehr grob – durch einen Blick auf den Marktwert relativ zu den Aktiva großer Internet-Unternehmen untermauern oder bei Betrachtung der Gewinne: wenn bei Umsätzen in zweistelliger Milliardenhöhe 25% und mehr Gewinn verbleiben, besteht offensichtlich noch erheblich „Luft" für höhere Vergütung der Datenurheber (ich werde darauf weiter unten noch zurückkommen).

Die bisher hier aufgeführte Kritik steht seit vielen Jahren im Raum, ohne dass sich allzu viel geändert hätte. Auch die Einführung der EU-Datenschutz-

---

2    Spiekermann et al. 2015.
3    Kuchinke 2016.

Grundverordnung (DSGVO) steht bereits unter erheblicher Kritik, obwohl sie die Rechte der Nutzer im Grundsatz erheblich steigerte.[4] Das lässt sich einerseits darauf zurückführen, dass die DSGVO einige grundlegende Probleme wie die Monopolstellung der Anbieter nicht „per Erlass" beseitigen konnte; ein zweiter wichtiger Grund ist die Schwierigkeit für Nutzer, ihre neu gewonnene Macht durchzusetzen, denn hierfür sind sowohl viel (Zeit-)Aufwand als auch erhebliche Sachkenntnis erforderlich, wie man sich leicht durch einen Blick auf die viele Seiten und Einstellungsmöglichkeiten umfassenden *Privacy Settings* von Google vergegenwärtigen kann.

Der vorliegende Artikel will einerseits das Problemfeld auf eine neue Art aufarbeiten, indem zunächst der Status Quo beschrieben wird, nämlich die Marktmacht und Quasi-*Datenhoheit* der Dienstanbieter. In Kapitel 2 werden wichtige *positive* Effekte dieses Status Quo beschrieben, in Kapitel 3 dann die Probleme sowie mögliche Gegenmaßnahmen. In Kapitel 4 werden diesem Ist-Zustand zwei bislang eher hypothetische Alternativen gegenübergestellt: eine potenzielle Datenhoheit der *Dienstnutzer d. h. Datenurheber* sowie eine potenzielle Datenhoheit der Öffentlichkeit im Sinne von *Open Data.* Letztere wird relativ selten thematisiert, stand aber auf der im hier vorliegenden Band beleuchteten Tagung *Zukunft der Datenökonomie* mehrfach im Fokus. Nach der Betrachtung der beiden Alternativen zum Status Quo ist zum Gesamtverständnis ein kurzer Blick auf das Phänomen *Big Data* erforderlich, einschließlich damit verbundener Probleme des Privatheitsschutzes. Nach diesem Einschub in Kapitel 5 wird im abschließenden Kapitel 6 eine Option zur Diskussion gestellt, die *Open Metadata* genannt wird; eine erste Diskussion der Vorteile, aber auch der verbleibenden Herausforderungen auf dem Weg zu deren Umsetzung wird mit der Hoffnung verbunden, dass das Konzept in der Fachöffentlichkeit aufgegriffen und weiter diskutiert sowie weiterentwickelt werden wird. Bevor mit der genannten Gegenüberstellung der drei Alternativen zur Datenhoheit begonnen werden kann, sollen als nötiges Vorwissen einige kurze Erläuterungen zu *Open Data* gegeben werden.

## 1.2   Die Open-Data-Bewegung

Die Open-Data-Bewegung verfolgt das Ziel, Digitale Daten als Kollektivgut frei zugänglich zu machen, ähnlich wie dies für digitale Formen von Information und Wissen seit langem thematisiert wurde.[5] Für diese will bekanntlich bspw. *Wikipedia* den freien Zugang als Kollektivgut sicherstellen. Auch digitale Daten können mit geringem Aufwand im Internet global zugänglich gemacht werden; anders als bei Allmenden erfolgt die Nutzung ohne Rivalität d. h. Knappheit

---

4    Koops 2014; Veil 2018.
5    Hess und Ostrom 2007; Kuhlen 2012.

oder Wertverlust; die bekannte Kontroverse um die *Tragik der Allmende*[6] ist daher hier unwesentlich. Komplexer gestaltet sich dagegen die Frage gebührenpflichtigen Zugriffs, z. B. als Kompensation für die Rechte bzw. Aufwände der Datenurheber oder –Anbieter (v. a. nach aufwändiger „Veredelung" der Rohdaten zu „gebrauchsfertigen Informationen"). Eine strenge Interpretation von Open-Data widerspricht solchen Gebühren, da diese sozial Schwache ggf. benachteiligen.

Die Open-Data-Bewegung wurde befeuert durch den Versuch von Tim Berners-Lee, „Vater" des WWW, das Web vom Medien-Netzwerk (Text, Grafik, Video, ...) zu einer Quelle offener vernetzter *Daten* auszubauen.[7] Das Thema kam v. a. nach US-Präsident Obamas Open-Government-Initiative[8] in den Fokus öffentlicher Diskussion. Viele Daten der öffentlichen Hand eignen sich tatsächlich für freien, ungehinderten Zugang. Der Anspruch auf freien Zugang lässt sich im nächsten Schritt breiter formulieren für Daten aus *öffentlich geförderten* d. h. mit Steuergeldern finanzierten Maßnahmen. Als noch weitergehende Forderung kann das notorisch schwammige *öffentliche Interesse* bemüht werden, um umfangreiche Open-Data-Ansprüche zu postulieren. Im Kontext des vorliegenden Artikels (und der hier dokumentierten Tagung insgesamt) kann das Open-Data-Konzept noch viel umfassender interpretiert werden, nämlich als mögliche Alternative zu wettbewerblichen Datenmärkten.

Dabei kann das Open-Data-Konzept zunächst als Waffe gegen das ökonomische Ungleichgewicht in diesem Tauschgeschäft diskutiert werden, welches von der Marktmacht der „Datenkraken" wie Google und Facebook herrührt (s.o.). Pointiert könnte man fragen: „Wer will noch mit seinen Daten für Google Maps bezahlen, wenn es Open StreetMap gibt?" – wobei schon die Realität bei dieser eng gefassten Frage zeigt, dass die Problematik offensichtlich komplex ist (trotz Open StreetMap werden kommerzielle Karten weiterhin viel verwendet). Optimistisch kann man aber sogar noch weitergehende Effekte von Open Data erhoffen, insbesondere dort, wo die Marktmacht von Quasi-Monopolisten Innovationen nicht mehr zu fördern, sondern zu hemmen droht. Ein Beispiel ist die Vormachtstellung weniger Firmen beim computerbasierten Sprachverstehen (s. Abschnitt 3.1); diese Firmen sind im Besitz großer Trainings-Datensätze und dominieren damit nicht nur den aktuellen Markt, sondern bestimmen sogar das Tempo des Forschungsfortschritts, weil freie akademische Forschung in diesem Bereich mangels verfügbarer Datensätze nachhaltig behindert ist. OpenStreetMap ist trotz des bislang erst teilweisen Erfolgs ein gutes Beispiel für die Chancen der Open-Data-Bewegung, die selbstverständlich durch – insbesondere

---

6    Feeny et al. 1990.
7    Bizer et al. 2009.
8    Obama 2009.

nicht-technische – Maßnahmen wie politische Meinungs- und öffentliche Bewusstseinsbildung noch wesentlich gestärkt werden könnte.

Ob allerdings eine Bewegung, welche die Daten als Kollektivgut behandelt wissen will, auch für die notorisch personenbezogenen Daten der Internet-Dienstnutzer wünschenswert ist, kann kontrovers diskutiert werden. Im vorliegenden Buchkapitel wird deshalb ein konzeptioneller Vorschlag gemacht, der die Vorzüge der Open-Data-Idee weitest möglich aufrechterhält, aber die gravierenden Nachteile dieser Idee erheblich mindert. Vorher aber soll das Problemfeld systematisch aufgearbeitet werden, indem nacheinander drei Extrempositionen eingenommen werden und jeweils die wesentlichen Vor- und Nachteile (bzw. Chancen und Risiken) sowie Hindernisse bei deren Durch- und Umsetzung beleuchtet werden. Wie eingangs erwähnt, beziehen sich diese drei Extrempositionen auf die so genannte „Datenhoheit" im weitesten Sinne einer „Herrschaft über die Daten". Sie wird in Kapitel 2 und 3 auf Seiten der Internet-Dienstanbieter angenommen, wobei zunächst die Vorteile, dann in Kapitel 3 Nachteile und mögliche Gegenmaßnahmen skizziert werden. Dieser Blickwinkel beschreibt offensichtlich weitgehend die heutige Realität. Kapitel 4 beleuchtet dann die beiden Optionen, Datenhoheit stärker bei den Datenurhebern (d. h. insbesondere bei den Internet-Dienstnutzern) anzusiedeln oder näher bei der Öffentlichkeit im Sinne von Open Data.

## 2    Status Quo – Datenhoheit bei Dienstanbietern: Vorzüge

### 2.1    Funktionierendes Modell

Ein frappierender Vorteil der Datenhoheit bei Dienstanbietern besteht darin, dass dieses Konzept in vielerlei Hinsicht *hervorragend funktioniert*. Seit der Vorstellung der ersten Smartphones 2007 ist erst wenig mehr als eine Dekade vergangen, doch die Zahl mobiler Internetzugänge übersteigt bereits die traditioneller Festnetz-Anschlüsse; dies trug wesentlich dazu bei, dass im März 2019 schon über die Hälfte der gesamten Weltbevölkerung „online" war, nämlich laut Statistik 56%[9]. Für diesen Siegeszug ist das Dienstangebot – im Sinne verfügbarer Apps – offensichtlich ein entscheidender Treiber, denn Telefonie und im „Handy" eingebaute Funktionalität waren schon bei den Vorgängern der Smartphones verfügbar, während deren Mehrwert primär durch *leistungsfähige App-Software* (sowie sekundär durch bessere Nutzbarkeit aufgrund „großer" Touch-Oberfläche, höhere Leistung und bessere Sensorik für GPS, Beschleunigung usw.) entstand.

---

9    Internet World Stats 2019.

Der überwiegende Teil erfolgreicher Apps ist m.o.w. eng mit Servern des Dienstanbieters verbunden. Selbst wenn primär nur lokale Verarbeitung für die Funktionalität erforderlich ist (bspw. bei einfachen Spielen, Notizen- oder Einkaufslisten-Apps usw.), sorgen die Anbieter dafür, dass Server-Unterstützung notwendig oder hilfreich erscheint, nicht zuletzt, weil die Dienstanbieter dadurch in den Besitz wertvoller Daten zu kommen hoffen – sei es, um das eigene Angebot zu verbessern, sei es, um an Datenmärkten als Anbieter teilnehmen zu können.

Um die Bedeutung der Datenhoheit für die Internetdienste-Industrie zu verstehen, muss man sich einerseits deren explosives Wachstum bewusstmachen, andererseits die Effekte der Datenhoheit selbst. Das explosive Wachstum wird wohl am besten daran deutlich, dass Facebook und Alphabet (die „Google-Holding") zu den fünf Firmen gehören, die weltweit den höchsten Marktwert besitzen – zusammen über eine Billion US-Dollar. Dass sie – nach teilweise sehr langen Durststrecken – erhebliche Gewinne erzielen, ist unmittelbare Folge der Tatsache, dass sie die Datenhoheit über die von ihren Anwendungen erhobenen Daten innehaben. Mit ihren Anwendungen für Endnutzer erwirtschaften sie die Gewinne nicht, denn diese sind „kostenlos" in dem Sinne, dass Nutzer „nur" mit ihren Daten bezahlen. Kein anderes Marketinginstrument als die von Google bzw. Facebook gesteuerte Werbung erreicht nahezu die gesamte Weltbevölkerung *und* kann den (per Datenanalyse vermuteten) individuellen Wünschen bzw. Bedürfnissen angepasst werden. Das Versprechen lautet also, dass die Werbenden einerseits nahezu alle potenziellen Kunden erreichen, andererseits nur für Werbung bezahlen müssen, die die Zielgruppe erreicht (gemessen bspw. daran, dass Nutzende auf eine Werbeeinblendung klicken). An Datenmärkten können Analysen über Kundenverhalten und -attribute, sowohl verallgemeinert als auch mit zugehörigen personenbezogenen Daten wie Email-Adressen, für viele weitere Zwecke gewinnbringend weitervermittelt werden. Nicht zuletzt können die Daten und ihre Analysen zur Verbesserung der eigenen Apps bzw. zur Entwicklung neuer Angebote verwendet werden. Dieser Vorteil komplementiert die erwähnten Netzwerkeffekte (vereinfacht formuliert: man „muss" bei den großen sozialen Netzen registriert sein, um soziale Isolation zu vermeiden) und trägt mit zum „Winner-takes-it-all"-Effekt bei, wonach der erste marktbeherrschende Dienstanbieter mit hoher Wahrscheinlichkeit mittel- und langfristig immer noch marktbeherrschender wird.[10]

Ein weiterer Aspekt ist hier wichtig. Er ist im Internet-Wirtschaftsgeschehen verankert und resultiert direkt aus den vorstehend beschriebenen Effekten. Leider wird er in vielen der Diskussionen unterschätzt, welche Alternativen zur Datenhoheit der Dienstanbieter propagieren. Gemeint

---

10    Vgl. Kuchinke et al. 2016; Spiekermann et al. 2017.

ist die immense Investitionsbereitschaft im Kontext der Internetdienstangebote. Insbesondere das Silicon Valley gilt als Rollenmodell eines hoch innovativen Ökosystems.[11] Dort entstehen jährlich viele Tausende Ideen für neue Dienstangebote, wovon nur ein einstelliger Prozentsatz einen wirklich nennenswerten Markterfolg erzielt (der nicht selten darin besteht, dass Entrepreneure ihre Firma schließlich für mehrstellige Millionenbeträge verkaufen). Die Diskussion über alternative Datenhoheits-Konzepte im vorliegenden Beitrag muss berücksichtigen, dass das immense Risikokapital zusammen mit dem Lockruf des potenziellen Erfolges (der viele Entwickler zu teils grenzwertigen Anstrengungen gegen teils minimale Entlohnung anreizt) eben jene Innovations-Maschinerie antreibt, die den unbeschreiblichen Fortschritt bei Internetdienstangeboten ermöglicht hat, insbesondere seit der erwähnten Einführung des iPhone 2017.

### 2.2 Alltäglicher Nutzen

Der zweite positive Aspekt der heute dominierenden Datenhoheit auf Seiten von Internetdienst-Anbietern ist darin zu sehen, dass die Nutzer einen real erlebbaren Nutzen ziehen. Sie erhalten die Dienste kostenlos und profitieren von der oft hohen Qualität und schnellen Weiterentwicklung der Dienste. Obwohl sie also – wie in diesem Kapitel mehrfach argumentiert wird – nach gängigen Kriterien nicht *angemessen und fair* für die Datenüberlassung entlohnt[12] werden, profitieren sie doch ganz erheblich von der o.g. Innovations-Maschinerie.

### 2.3 Globale Partizipation

Smartphone-basierte Internetdienste haben das Potenzial, gerade in Schwellen- und Drittländern zu Fortschritt und Wohlstand beizutragen. Zum Verständnis muss man sich bewusst machen, dass solche Länder sehr häufig an unzureichenden Infrastrukturen kranken – verstanden im weitesten Sinne d. h. unter Einbeziehung von Finanz- und Kommunikationsinfrastrukturen und anderen vernetzten Mechanismen, die für eine prosperierende Wirtschaft Voraussetzung sind. Als simples Beispiel sei die Notwendigkeit für Wirtschaftreibende genannt, ihr Angebot bekannt zu machen, sei es über Werbe-Kanäle, Verzeichnisdienste (vgl. „Gelbe Seiten") oder anderswie. In den hochentwickelten Ländern hat sich das Internet hierfür als *Meta-Infrastruktur* etabliert, worüber Kommunikation (zunehmend inkl. Telefonie, Rundfunk/Fernsehen usw.), Finanztransaktionen, Werbung, Angebotsportale u.v.m. betrieben werden.

In Schwellen- und Drittländern kann zunächst einmal durch Aufbau von Drahtlos-Netzwerken, die auf der „letzten Meile" (und nötigenfalls sogar im Kernnetzwerk) ohne aufwändige Verkabelung auskommen, schnell und deutlich

---

11    Engel 2015.
12    Wenninger et al. 2012.

kostenärmer als früher die o.g. Meta-Infrastruktur bereitgestellt werden. Diese Entwicklung setzte schon mit der Verbreitung der Mobiltelefonie ein[13], erfuhr aber den größten Schub in Verbindung mit Smartphones d. h. Internetdiensten. Wenn über solche Dienste die Wirtschaft angekurbelt wird, entstehen Mehrwerte und damit Zahlungsbereitschaft sowie Kaufkraft. Ein vielzitiertes Beispiel ist der Bezahldienst *mPesa*, der in Ländern Zentralafrikas den Zahlungsverkehr revolutioniert und viele Erfolgsgeschichten hervorgebracht hat.[14] *mPesa* fungiert dazu als digitale Geldbörse im Smartphone, was sicheren und zuverlässigen Geldtransfer bspw. zwischen Kleinstgewerbetreibenden und ihren Kunden sicherstellt. (Nicht zu unterschätzen ist der Vorteil, dass so Geldbeträge ohne Gefahr des Straßenraubs mitgeführt werden können – *mPesa* bewirkte hier eine drastische Reduktion entsprechender Straftaten.) Bezahldienste wie *mPesa* in Kombination mit den Möglichkeiten für Gewerbetreibende, über mobile Dienste schneller, besser und in weiterem Einzugsbereich Waren und Dienstleistungen anzubieten, verändern und verbessern heute die ökonomische Landschaft vieler Länder. Hinzu kommen weitere auf die Bedarfe dieser Länder zugeschnittene Dienste wie bspw. die Möglichkeit, Mikrokredite entweder über die herkömmlichen Kreditgeber (Banken) oder via *Crowdsourcing* zu organisieren.

Erwartungsgemäß sind weltweit Dienstanbieter seit Jahren dabei, geeignete Dienste in Schwellen- und Drittländern anzubieten. Nicht in allen Fällen gehen die „Internet-Platzhirsche" wie Google als Sieger vom Platz. Die Besonderheiten und Hemmnisse der jeweiligen Länder sind ebenso wie die Eigendynamik der Märkte schwer beherrschbar, zumal in nicht demokratisch regierten Ländern. Obwohl das die Hoffnung auf mehr Vielfalt statt weiterer Machtkonzentration nähren könnte, ist doch zu befürchten, dass sich mittelfristig die „Global Player" auch in den Schwellen- und Drittländern durchsetzen werden, seien es die Internet-Giganten aus dem Silicon Valley oder die Großanbieter aus China, die am heimischen Markt mehr Erfahrung im Umgang mit unterentwickelten Regionen sammeln als erstere. Im Sinne des hier behandelten Abschnitts „Vorteile" jedenfalls ist feszuhalten, dass das Modell „Datenhoheit bei den Dienstanbietern" Anreize zu schaffen verspricht, die in Dritt- und Schwellenländern für Fortschritt und zunehmenden Wohlstand sorgen können. Dabei können diese Anreize neue, zugeschnittene Angebote hervorbringen, worüber diese Länder ihre Wirtschaft in nie dagewesener Art beflügeln können. Dies kann grundsätzlich mit der Hoffnung verbunden werden, dass solche Länder nicht nur einen Abglanz des Fortschrittes der Industrienationen erleben, sondern schnell große Sprünge nach vorne machen können. Als Vorwegnahme zum folgenden Abschnitt müssen hier auch negative Aspekte betont werden, insb. häufig unzu-

13    Aker et al. 2010.
14    Pessa 2018.

reichender Zuschnitt der Anwendungen auf lokale Gegebenheiten und soziale Anforderungen[15], sowie die ggf. weiter zunehmende Machtkonzentration in den Händen wenigen Internetgiganten, wie bspw. bei Pessa (2018) thematisiert.

# 3    Ist-Situation – Probleme und denkbare Gegenmaßnahmen

Bei der vorstehenden Diskussion der Vorzüge der heute überwiegend geltenden Datenhoheit schienen wesentliche Nachteile bereits durch, sie sollen hier noch weitergehend behandelt werden. Zu beachten ist, dass sie relativ eng miteinander verwoben sind, weshalb eine kategorische Unterscheidung nicht möglich ist.

## 3.1    Nachteile und Gefahren der Quasi-Datenhoheit auf Anbieter-Seite

### 3.1.1 Wettbewerbsverzerrung durch Verstärkereffekte

Die oben geschilderten *Winner-takes-it-all-* und Netzwerk-Effekte machen den Markteintritt für Konkurrenten sehr schwer. Wenn nicht besondere (oft subjektive) Strömungen für virale Effekte sorgen, sind insbesondere vorherrschende soziale Netze und Plattformen kaum zu verdrängen, Marktsegmentierung wird deutlich gehemmt. Diese Vektoren wirken der oben beschriebenen Innovations-Maschinerie entgegen.

### 3.1.2 Innovationshemmnisse

Die Abhängigkeit vieler Internetdienste von großen Datenmengen verstärkte sich mit den Erfolgen von maschinellen und zunehmend unüberwachten Lernverfahren[16] auf Basis großer Datenmengen (Big Data) ganz massiv. Das eingangs genannte Beispiel maschinellen *Sprach*verstehens verdeutlicht die möglichen Effekte sehr gut. Nachdem hier die Firma Nuance bis 2010 durch geschickte Politik und Akquisitionen ca. 80% Marktanteil erreicht hatte[17], führte der genannte Durchbruch zu einer neuen Machtverteilung, die auf entsprechendem Knowhow und v. a. auf dem Besitz großer Mengen geeigneter *Daten* basierte. Dies führte zur Marktdominanz großer Internetkonzerne mit dem Aufkommen kommerzieller Sprachassistenten wie Siri, Cortana, Alexa und Google-Assistant. Dabei wurde das Marktgeschehen erneut auf wenige Firmen konzentriert. Die öffentliche Forschung im Bereich Sprachverstehen und -assistenz wurde massiv in den Hintergrund gedrängt, weil öffentliche bzw. nicht-

---

15    Vgl. Wyche et al. 2016.
16    Griol 2016.
17    Pieraccini 2012.

industrielle Forschungsinstitutionen bei weitem nicht über ausreichenden Zugang zu den nötigen Daten verfügen.

### 3.1.3 Markt- und Machtkonzentration

Mit Stand Mai 2018 waren die fünf weltweit „größten" Unternehmen, d. h. diejenigen mit dem höchsten Marktwert, der IT-Branche zuzuordnen (wenn man Amazon so klassifiziert).[18] Als *Global Player* mit riesigem Investitionspotenzial, unvergleichlicher Wissenskonzentration (insb. auf Basis ihrer Daten) und Marktmacht sowie beängstigendem Beeinflussungs-Instrumentarium auf Basis Künstlicher Intelligenz (vgl. nächster Abschnitt) repräsentieren diese Firmen gemeinsam auch eine sehr ernst zu nehmende *politische* Macht. Im letzten Abschnitt von Kapitel 2 wurde schon deutlich, dass diese Macht nicht zuletzt in den Dritt- und Schwellenländern überproportional anzusteigen droht. Die mit dieser politischen Macht verbundenen Probleme und Gefahren sind leicht nachzuvollziehen und werden – wenn auch wohl nicht ausreichend – öffentlich diskutiert. Sie sind offensichtlich ein wichtiges Argument für Kritiker der vorherrschenden Datenhoheit auf Seiten der Dienstanbieter. Aufgrund dieser Macht wird die Beseitigung der Datenhoheit aber (neben technischen und rechtlich-sozialen Problemen) noch unwahrscheinlicher, weil beim verständlichen Widerstand der Unternehmen deren politische Macht zum Einsatz kommt. Nichtsdestotrotz verlangen die Brisanz und die Dynamik der Datenökonomie-Entwicklung alle Anstrengungen, um der Problematik geeigneter Datenhoheit so weit wie nur möglich Herr zu werden.

### 3.1.4 Gestiegene Missbrauchsgefahr

Die Öffentlichkeit erlebt in jüngerer Zeit zahlreiche Zeugnisse für das gestiegene Missbrauchspotenzial personenbezogener Daten. Dieses Potenzial stieg insbesondere aufgrund der großen Fortschritte in der Künstlichen Intelligenz (i.w.S.) und allgemein in der Massendaten-Analyse. Konkret seien hier die gestiegenen Gefahren von *Manipulationen* und *Diskriminierung* hervorgehoben. Was erstere angeht, machte der Cambridge-Analytica-Skandal ja deutlich, dass unter Ausnutzung umfangreicher personenbezogener Daten tendenziöse, selektive oder gezielt gefälschte Information Beeinflussungen in einem Maß möglich sind, das zuvor undenkbar schien.[19] Die zweitgenannte Gefahr der Diskriminierung schlägt sich heute bereits bspw. in Produktangeboten nieder, die für jedermann frei zugänglich, aber dennoch personenbezogen unterschiedlich bepreist werden – abhängig von der datenanalytisch ermittelten Kauf- bzw. Zahlungsbe-

---

18    Statista.com 2019a.
19    Persily 2017.

reitschaft.[20] Beim Leser regt sich wohl innerer Widerstand beim Gedanken, aufgrund eines Algorithmus ein Sonderangebot nicht zu erhalten, das andere Nutzer sehr wohl eingeblendet bekommen. Dieses Beispiel ist noch harmlos gegenüber Dystopien, die aus weitergehenden Entwicklungen erwachsen können wie dem für China 2020 landesweit verbindlich vorgesehenen „Social Credit System" SCS.[21] Dabei erscheint dem Autor die mehrheitlich positive Haltung der Chinesischen Bevölkerung[22] bedenklich, aber wenig erstaunlich. Als erstaunlich bewertet er Stimmen in der westlichen Welt, welche die Bedenken als Projektion vorherrschender eigener Ängste und Propaganda relativieren[23] – dies erscheint ihm angesichts zunehmender Radikalisierungstendenzen und sinkender Rechtsstaatlichkeit in der westlichen Welt unverantwortlich.

### 3.2 Blickwinkel und Optionen für Gegenmaßnahmen im gegebenen Rahmen

### 3.2.1 Blickwinkel unfaire Entlohnung

Zunächst ist festzuhalten, dass zur Hypothese vorherrschender Unfairness im „Tauschhandel Daten gegen Internetdienste" sowohl stützende als auch kritische Befunde vorliegen. Beispiel eines stützenden Belegs ist die Tatsache, dass führende Internetdienstanbieter wie bspw. Google seit Jahren fast durchgehend 25-30% und mehr Umsatzrendite erzielen. Bspw. erzielte Alphabet 2018 ca. 40,5 Mrd. US-$ Gewinn vor Steuern (EBDTA) bei ca. 137 Mrd. Umsatz, davon übrigens ca. 116 Mrd. Werbeeinnahmen[24]. Beispiel einer kritischen Haltung zur Unfairness-Hypothese ist das Argument, dass die oben erwähnte Investitionsbereitschaft der Risikokapitalgeber ganz wesentlich von eben diesen hohen Gewinnen der wenigen ganz erfolgreichen Internetunternehmen genährt wird. Der immense Jackpot hält also sozusagen die Lotterie am Laufen, d. h. hohe Gewinne der erfolgreichen Datenkraken erhalten die Risikobereitschaft der Investoren, welche eine große Menge defizitärer Startups und Jungunternehmen am Leben hält.

### 3.2.2 Blickwinkel Produktionsfaktor

Bei der bisherigen Erörterung wurde die Frage der Datenhoheit v. a. durch die Brille eines „Tauschhandels Daten gegen Internetdienste" betrachtet und das Phänomen (angenommener) mangelnder Fairness mit dem Quasimonopol erklärt, welches in den von Facebook, Google etc. beherrschten Winner-takes-it-all-Märkten besteht. Einerseits ist aber die Unfairness-Hypothese wie oben

---

20    Mikians 2012.
21    Liang et al. 2018.
22    Kostka 2018.
23    heise.de 2019.
24    MarketWatch.com 2019; Statista.com 2019b.

angeführt strittig. Zweitens erweist sich ein Zusammenhang mit der marktdominierenden Stellung der führenden Internetunternehmen als unzureichende Erklärungsgrundlage, denn auch in Industriezweigen ohne Quasimonopole sehen sich die Daten-Urheber zunehmend zur Datenüberlassung genötigt. Ein Beispiel ist die Automobilindustrie, die schon vor Jahren den Wert kontinuierlicher Datenerfassung bei Ihren Kunden (Autofahrern) erkannt hat. Auch hier lockt das Versprechen kostenloser Mehrwerte (bspw. von Zertifikaten für werterhaltendes Fahrverhalten, das beim Gebrauchtwagenverkauf höhere Erlöse erwarten lässt), statt einer Preisverhandlung bezüglich Wert und Gegenwert bleibt dem Nutzer (Autofahrer) nur die binäre Wahl zwischen Annahme und Ablehnung. Deshalb bietet es sich an, ein tiefergehendes Erklärungsmodell zu suchen. Da Daten zunehmend Innovationsmotor und auf diesem Weg Grundlage von Unternehmenserfolgen und -erlösen sind, ist es erhellend, Daten als vierten Produktionsfaktor[25] im volkswirtschaftlichen Sinn zu interpretieren.[26] Da sie im hier betrachteten Kontext von breiten Bevölkerungsschichten bereitgestellt werden, liegt ein Vergleich mit dem Produktionsmittel Arbeit nahe. Dieser Blickwinkel wiederum lässt die Erklärung zu, dass unfaire Vergütung eine Folge ungleicher Machtverhältnisse ist, was an die Verhältnisse zwischen Unternehmern d. h. Kapitaleignern und Arbeitern zu Beginn des Industriezeitalters erinnern mag. So wie damals die (eigentlich reaktionär motivierten) Sozialgesetze und die Ausprägungen der Arbeiterbewegung wie Gewerkschaften ein stärkeres Gegengewicht schufen, kann man heute für eine legislative und organisatorische Stärkung der Datenurheber plädieren. Ob „das Netz" eine wirklich starke solche Bewegung nachhaltig hervorzubringen vermag, bleibt offen. Das führt zurück zur Frage, ob nicht doch sozial- bzw. wohlfahrtsstaatliche Kräfte in der Verantwortung stehen, das Ungleichgewicht zwischen Datenurhebern und Datenkraken zu balancieren und ob hierfür eher Steuern oder Tantiemen für Urheber (i.w.S.) in Frage kommen.

### 3.2.3 Blickwinkel sozialer Fortschritt

Der vorstehende Diskurs kann sogar vor dem noch größeren Hintergrund des sozialen Fortschrittes geführt werden. Bedrohungen für den Sozialstaat und die Gefahr zunehmender sozialer Konflikte lassen sich an einer ganzen Reihe von Anzeichen festmachen, wovon hier nur zwei kurz erwähnt werden sollen. Erstens sei die Hypothese einer wachsenden Schere zwischen Arm und Reich ge-

---

25   Bründl et al. 2015.
26   Neben Arbeit, Kapital und Ressourcen – wobei in den letzten Jahrzehnten zuerst Wissen (insb. von Mitarbeitern i.S.v. Humanressourcen) und dann (auch: computerbasierte) Information als vierter Produktionsfaktor galt, während Daten nun quasi als deren Rohstoff diese Stelle einnehmen.

nannt, die seit Erscheinen von Pikettys *Das Kapital im 21. Jahrhundert*[27] intensiv geführt und auch als Kapital- und Machtkonzentration in den Händen weniger beschrieben wird.[28] Als Besorgnis erregend kann zweitens die anhaltende Niedrigzinspolitik eingestuft werden, u. a. mit fatalem Effekt für die in breiten Bevölkerungsschichten – aus diversen Gründen – bevorzugten Formen der Vermögensbildung.

Angesichts der eher vernachlässigbaren Erlöse, die Einzelpersonen (bislang: rein rechnerisch) an Datenmärkten für ihre Daten erzielen könnten, mag es unsinnig erscheinen, die Beteiligung der Daten-Urheber an der Daten-Wertschöpfung als Mittel gegen wachsende soziale Ungleichheit zu sehen. Die weiter oben diskutierte Liste der fünf „teuersten" Unternehmen (Stand Mai 2018) und das durchgeführte Rechenexempel auf Basis der Gewinne von Google sowie die diskutierten Anzeichen für fortgesetzte Zunahme des globalen Einflusses von Dienstanbietern, der Datenmengen und -werte scheint dieser Blickwinkel auf die Problematik aber nicht mehr absurd.

### 3.2.4 Option Urheber-Entlohnung

Dem Rest dieses Abschnitts liegt die Annahme zugrunde, dass die Wertschöpfung aus Daten in zu starkem Maß den Internetdienstanbietern zu Gute kommt und zugunsten der Daten-Urheber verändert werden sollte – aus welchem der drei oben diskutierten Blickwinkel man zu dieser Überzeugung gelangt, sei dahingestellt. Dann liegt es nahe zu fordern, dass die Daten-Urheber besser für die Datenbereitstellung entlohnt werden sollten, als es dem heutigen „Tauschhandel" (also dem Wert der bereitgestellten Internetdienste) entspricht. Dies könnte unmittelbar durch eine vom Datenumfang oder Datenwert abhängige Abgabe der Unternehmen an die Daten-Urheber erfolgen, wobei letzteres massive Probleme der Wert-*Ermittlung* mit sich brächte, weshalb ersteres näherliegt, also eine volumenabhängige Abgabe. Diese wäre mit Abgaben für Schutzrechte (Patente, Urheberrechte, Leistungsschutzrechte) vergleichbar, also mit Lizenzgebühren, Tantiemen oder vergleichbaren Vergütungen. Eine Krux dieser Schutzrecht-Analogie besteht darin, dass der Daten-Überlassung keine kreative Leistung des Gewährenden zu Grunde liegt, ja dass sogar der Begriff der Leistung schwer festzumachen ist. Über Probleme und Nachteile der Urheber-Entlohnung wird in Kapitel 4.1 zu diskutieren sein, hier sei vorweggenommen, dass sowohl die Urheber-Entlohnung als auch das nachfolgend diskutierte Konstrukt einer „Datensteuer" erhebliche technische Probleme, Verwaltungsaufwand und ggf. unerwünschte globale Wettbewerbseffekte mit sich bringen.

---

27    Piketty 2014.
28    OECD 2015.

## 3.2.5 Option einer indirekten Steuer

Pläne der EU zur Einführung einer *Digitalsteuer*[29], die auch von der Deutschen Bundeskanzlerin stark unterstützt wurden, sind vorerst gescheitert. Im Gefolge der EU-Anstrengungen löste dieses Konzept aber zumindest breite und kontroverse Diskussionen aus. Die bislang vorherrschende *direkte* Besteuerung der Unternehmen(sgewinne) kommt den Sitzländern der Internetunternehmen zugute, also heute hauptsächlich den USA. Dagegen könnte eine indirekte Digitalsteuer von denjenigen Ländern erhoben werden, in denen Daten gesammelt werden, so dass die Bevölkerung jener Länder profitieren würden, zu denen die Daten-Urheber gehören – ob z. B. gemäß Staatsbürgerschaft, Aufenthaltsort oder Wohnsitz, müsste geklärt werden. Gegenüber einer direkten Urheber-Entlohnung sozialisiert eine solche Datensteuer offensichtlich einerseits die „Leistung" der Urheber – deren Umfang marginal sein kann –, andererseits die mit der Urheberschaft potenziell verbundenen Urheberrechte – deren bloßes Vorhandensein man aber wie bereits diskutiert (mangels künstlerischer oder intellektueller Leistung) bestreiten kann.

## 4    Alternative: Datenhoheit bei Urhebern oder Öffentlichkeit

### 4.1    Datenhoheit bei den Urheber-Nutzern

#### 4.1.1 Vision

Aus der Erörterung der Ist-Situation sollte klargeworden sein: weder das Grundrecht auf informationelle Selbstbestimmung noch die DSGVO konnten bislang wirksam die Quasi-Datenhoheit der Dienstanbieter substanziell verändern, weil die (empfundene oder objektive) Abhängigkeit der Nutzer sie weiterhin zur Datenpreisgabe nötigt. Stattdessen müssten wohl drei weitgehende Entwicklungen zusammenkommen, um aus der *de-jure*-Selbstbestimmung auch *de facto* eine Datenhoheit der Daten-Urheber entstehen zu lassen:

- Kollektivierung der Datenurheber, zumindest durch (ggf. gesetzlich vorgeschriebene) Delegation der Interessenvertretung an eine vertrauenswürdige Instanz (bspw. eine Verwertungsgesellschaft), besser durch politische Agitation (Parteien, Interessensverbände usw.)

- Soziotechnische Lösungen, bspw. um Daten unmittelbar bei der Entstehung zu verschlüsseln und nur mit Urheber-Zustimmung verarbeiten zu können, und/oder um Daten verschlüsselt verarbeiten zu können, so dass

---

29    European Commission 2017.

nur Werte wie statistische Kenngrößen (Mittelwerte etc.) preisgegeben werden, die keine Rückschlüsse auf Individuen zulassen.

▪ Noch weitergehender Rechtsrahmen, der bspw. Vergütungen für Datenüberlassung verpflichtend regelt und Diskriminierungen verhindert für Nutzende, welche Privatheit gefährdenden Datenpreisgaben nicht zustimmen (der heute verbreitete Ausschluss vom Internetdienst bei unzureichender Zustimmung zur Datenpreisgabe wäre, bei Erfüllung von Punkt 2, in der Tat als Diskriminierung einzustufen).

Diese Entwicklungen zusammengenommen machten eine echte Datenhoheit auf Seiten der Daten-Urheber sehr viel wahrscheinlicher. Auf wichtige Vorteile und Probleme soll nachfolgend eingegangen werden

## 4.1.2 Vorteile

Viele Vorteile lassen sich durch Umkehrung der Nachteile aus Kapitel 3 ableiten. Insbesondere wäre das Problem (angenommen) unfairer Urheber-Entlohnung aus Kapitel 3 im Kern gelöst:

▪ Die Nutzer könnten maximalen Einfluss nehmen auf die gewünschte Privatheit d. h. den Umfang der Preisgabe personenbezogener Daten

▪ Die Nutzerschaft würde ebenbürtiger Verhandlungspartner der Dienstanbieter – über Kollektive (Verwertungsgesellschaften) und Regulierung (der öffentlichen Hand); da hier eine Vision beschrieben wird, kann man so weit gehen, Kollektivierung und Regulierung auf globaler Ebene anzudenken; bei dieser Stufe der Entwicklung würde den „Global Players" ein global ebenbürtiger Verhandlungspartner gegenübergestellt, was bislang unter Globalisierungskritikern als Utopie gilt.

▪ Mit der Lösung des Kernproblems unfairer Entlohnung könnten – je nach tatsächlichem Wert der Daten – auch Beiträge zur Verringerung sozialer Probleme geleistet werden, die in Kapitel 3 genannt wurden; aktuell ist der Marktwert der Daten einzelner Nutzer kaum nennenswert, in der Zukunft ist aber ein deutlicher Wertzuwachs zu erwarten, so dass die Möglichkeit, aus Daten nennenswerte Einkünfte zu generieren, künftig sehr wohl relevant werden kann – die eingangs dargelegte Rechnung zum Mehrwert der global gesammelten Daten für Google sei erneut als Indiz herangezogen.

## 4.1.3 Probleme

Analog zu den zuvor beschriebenen Vorteilen lassen sich auch einige Probleme aus dem bisherigen Inhalt dieses Artikels ableiten – durch Umkehrung der in

Kapitel 2 beschriebenen Vorteile. So fiele der Vorteil aus Kapitel 2, mit der Spekulation auf exorbitante Gewinnaussichten eine potente Innovations-Maschinerie in Gang zu halten, bei verlagerter Datenhoheit zumindest deutlich geringer aus. Die schwerwiegendsten Probleme kommen jedoch neu hinzu. Hier sind zunächst die ganz erheblichen *technischen* Hürden zu nennen:

Das Rechnen auf verschlüsselten Daten auf Basis homomorpher Verschlüsselung[30] bzw. Sicherer Mehrparteien-Berechnung[31] kommt zwar seit einigen Jahren deutlich voran, ist aber bei weitem noch nicht durchgängig für die wesentlichen Analyse- bzw. Maschinelle Lern-Verfahren auf großen Datenbeständen praxistauglich; hier müssten womöglich die Forschungsanstrengungen weiter intensiviert werden.

Datenhoheit setzt Datenzugriffs-Hoheit voraus, was zusätzliche Fragen der geeigneten Speicherorte (lokal bei Nutzern? Bei einer geeigneten Zwischeninstanz? Gemischt?) und der jeweils geeigneten Verfahren mit sich bringt.

Je nach Vergütungsmodell wäre die Erfassung der Zugriffe auf Nutzerdaten und der Verwendung der Ergebnisse technisch zu unterstützen, wobei eine betrugssichere Erfassung aus heutiger Sicht kaum vorstellbar wäre.

Schließlich sind nutzerfreundliche Mensch-Computer-Schnittstellen miterfolgsentscheidend und keineswegs offensichtlich: es sei an das eingangs erwähnte Problem für Alltagsnutzer erinnert, die ihnen aus der DSGVO zukommenden Rechte tatsächlich auszuüben.

Offensichtlich stehen der Realisierung der hier diskutierten Vision neben den hohen technischen Hürden noch höhere politische und gesellschaftliche Hürden entgegen, weshalb diese Vision mit erheblicher Wahrscheinlichkeit nicht zum Tragen kommen wird. In der Gesellschaft müsste eine ganz erhebliche und breite Mobilisierung erfolgen. Dieser steht erstens entgegen, dass die negativen Folgen des Ist-Zustandes (also der Datenhoheit de facto bei den Dienstanbietern) im Alltag kaum spürbar und direkt mit der Datenhoheit in Verbindung gebracht werden, so dass der „Leidenszusammenhang" nur mittelbar und eher nur von versierten Nutzern wahrgenommen wird. Dadurch fehlt es am politischen Änderungsdruck, weshalb die politische und wirtschaftliche Machtposition der Datenkraken den Status Quo zementiert. Die erforderliche Weiterentwicklung des Rechtsrahmens stellt ein weiteres Problem dar, das überstaatlich geregelt werden müsste um „nebenwirkungsarm" und global zu greifen.

Die oben erwähnten (noch!) geringen zu erwartenden Erlöse aus Datenüberlassungen stellen eine weitere Hürde dar: wie klargeworden sein sollte, ist ein Paradigmenwechsel hin zur Datenhoheit der Datenurheber mit riesigen An-

---

30    Acar et al. 2018.
31    Shan et al. 2018.

strengungen verbunden; solcher Aufwand wird kaum Befürworter finden, wenn der resultierende Mehrwert für Nutzer marginal zu bleiben droht.

Als letztes Problem sei die Verlockung für Nutzer erwähnt, durch unvorsichtigere Datenüberlassung größere Erlöse zu erzielen. Würde es nicht gelingen, einen regulatorischen Riegel vorzuschieben, ergäbe sich politisch-sozialer Zündstoff, weil gerade die einkommensschwächsten Nutzer der Verlockung unvorsichtiger Datenpreisgabe tendenziell am ehesten erliegen.

Zur in 3.2 angerissenen Idee einer *Digital-* bzw. *Datensteuer* sollte nun klar geworden sein, dass deren Erhebung ähnliche Schwierigkeiten mit sich bringt wie die Erfassung von (angenommenen) Datenerhebungen und –Nutzungen. Die vorstehend genannten (monetären) Anreize für Urheber, sensible Daten preiszugeben, bestünden allerdings nicht.

### 4.2 Datenhoheit bei der Öffentlichkeit

#### 4.2.1 Vision

Als zweite Alternative zum Status Quo soll die im vorliegenden Tagungsband mehrfach thematisierte Vision betrachtet werden, Daten generell offenzulegen im Sinne von *Open Data* und als Güter von öffentlichem Interesse zu interpretieren. Diese Option erscheint in vielerlei Hinsicht innovativ und interessant, birgt aber wie die zuvor diskutierte Vision (und auch der Ist-Zustand) erhebliche Probleme. Beides sei nachfolgend kurz erörtert.

Offen ist dabei die Frage der *Grenze* zwischen offenen und nicht-offenen Daten. Beispielsweise kann keine sinnvolle wirtschaftliche Wertschöpfung mehr erwartet werden, wenn auch die „Daten aus Daten" d. h. die bei der Datenanalyse in Unternehmen anfallenden Erkenntnisse offengelegt werden müssen. Daher können sinnvollerweise i.W. nur diejenigen Daten offengelegt werden, die bei den Datenurhebern entstehen, d. h. bei den Kunden eines Geräte- (Smartphone etc.) oder Dienstanbieters. Entsprechend seien nachfolgend solche (hier: offenen) *Basisdaten* von den in Unternehmen abgeleiteten (sinnvollerweise weiterhin nicht-offenen) *Mehrwertdaten* unterschieden. Während eine relativ klare Grenzziehung zwischen Basis- und Mehrwertdaten durchaus realisierbar erscheint, ist eine Grenzziehung zwischen personenbezogenen und nicht-personenbezogenen Daten in vielen Fällen nicht möglich. Letzteres stellt offensichtlich ein großes Problem der hier diskutierten Vision dar, deshalb wird dies weiter unten näher beleuchtet.

#### 4.2.2 Vorteile

Die Open-Data-Lösung etabliert das egalitäre Prinzip für Daten: freier Zugang zu Daten steht dann bspw. neben demjenigen zu Wissen und Bildung. Die wesentlichen Vorteile sind recht offensichtlich:

- Das Potenzial für die zweckdienliche Nutzung der Daten wird maximal in dem Sinne, dass kostenloser Zugang unbeschränkt ermöglicht wird; der Markteintritt für kapitalschwache Entrepreneure und generell für „Newcomer" in etablierten Märkten wird erheblich vereinfacht.

- Die Gefahr einer marktbeherrschenden Stellung einzelner Anbieter wird reduziert, die Winner-takes-it-all-Spirale potenziell durchbrochen; aufgrund der Grenze zwischen Basis- und Mehrwertdaten ist diese Gefahr allerdings nicht völlig auszuschließen.

- Neben dem Markt erhält insbesondere die *freie Forschung* ungehinderten Zugriff, was ein weiteres potenzielles und reales Innovationshemmnis des Status Quo bekämpft; daraus versprechen sich die Protagonisten einen Innovationsschub für Regionen außerhalb des Silicon Valley.[32]

- Anders als bei der Vision „Datenhoheit bei den Daten-Urhebern" haben die Daten-Urheber keinen wesentlichen Anreiz, sensible personenbezogene Daten preiszugeben

Die genannten Punkte schälen eine der Kernfragen des Vergleichs zwischen Status Quo (Datenhoheit de facto bei Dienstanbietern) und der in diesem Abschnitt diskutierten Vision heraus: die Abwägung zwischen der Innovationskraft, welche von offenem Datenzugang ausgehen kann, und derjenigen spekulativer Gewinnaussichten, die heute den Innovationsmotor im Silicon Valley und anderen IT-Gründerszenen befeuert.

Das Potenzial von Ansätzen mit offenem Zugang lässt sich bis zu einem gewissen Grad an der Rolle der Open-Source-Bewegung im Softwaremarkt ablesen. Offene Software spielt eine erhebliche Rolle in diesem Markt. Sie moduliert die Marktkräfte und wirkt Monopol-Tendenzen entgegen. Aus diesem und anderen Gründen investieren auch etablierte Softwarehersteller in diese Bewegung (bspw. trägt Microsoft sehr aktiv Sponsoring und Software zur Apache Foundation bei).

Die wohl prominentesten Beispiele für die Vorzüge von *Open Data* beziehen sich nicht isoliert auf offene Daten, sondern schließen OpenSource-Softwareentwicklung bzw. gut moderierte Prozesse zur Qualitätssicherung ein. Gemeint ist einerseits OpenStreetMap als „Datenspeicher" für offene georeferenzierte Daten, also solche, die sich auf einen Ort („Lokation") beziehen und auch in einer offenen Karte verortet werden – eben der OpenStreetMap. Als zweites der prominentesten Beispiele dient Wikipedia; dieses Beispiel zeigt auf, dass auch enzyklopädisches Wissen im Sinne manuell erzeugter Daten interpretiert und hier subsummiert werden kann. Als Open-Data im engeren Sinn sind

---

32    Markl 2018.

insbesondere die Daten zu verstehen, die weltweit von unzähligen Stellen der öffentlichen Hand und nichtkommerziellen Organisationen bereitgestellt werden; häufig werden sie als *Linked Open Data* aufbereitet (siehe Abschnitt 1.2).

Als wichtiges Beispiel für das Potenzial offener Daten mit Personenbezug sei der Trend zu personalisierter und datengetriebener Medizin genannt (engl. *precision medicine)*. So wurden alleine in einem der Größten Krebsforschungszentren der USA ca. 90 Mio. Krankenakten, 200 Mio. Versicherungsakten und 30 Mrd. Röntgenaufnahmen für medizinische Forschungszwecke zugänglich gemacht[33], was bereits zu erheblichen Fortschritten führte.[34] Offensichtlich sind gesellschaftliche und soziale Fortschritte von der breiten Nutzung originär oder potenziell personenbezogener Daten im Sinne von Big Data zu erwarten.

Da die Verfügbarkeit offener Daten bisher beschränkt ist (die wichtigsten Quellen wurden im letzten Abschnitt genannt), lässt sich das Wertschöpfungspotenzial noch schwer abschätzen. Als kleiner Indikator kann die inzwischen erhebliche Zahl an Apps dienen, welche auf Open Data aufbauen. Genaue Zahlen liegen allerdings nicht vor und sehr häufig werden auch kostenpflichtigen Datenquellen einbezogen. Hier seien nur zwei Beispiele erwähnt[35]: *Blindsquare* aus dem Nischenmarkt der Navigationsunterstützung für Blinde und Sehbehiderte und *Checkmyplace*, womit Immobilieninteressenten äußerst vielfältige Informationen über einen Immobilienstandort und weitere relevante Aspekte abrufen können. Das erstgenannte Beispiel ist insofern interessant, als mangelnde Bedienung von Nischenmärkten im Sinne einer Randnotiz als weiteres Problem des Status Quo zu erwähnen ist, das mit Open-Data verringert werden kann.

### 4.2.3 Probleme

Die fundamentale Hürde, die für die Vision *Datenhoheit bei Daten-Urhebern* diskutiert wurde, ist i.W. auch für die hier diskutierte Open-Data-Vision zu überwinden. Dazu sei nochmals hervorgehoben, dass Open-Data, in der hier interessierenden Form, insbesondere Basisdaten umfassen würde, die im kommerziellen Kontext erhoben werden (d. h. von Smartphones bzw. darauf ablaufenden Diensten). Die fundamentale Hürde bestünde wie in 4.1 erläutert darin, dass sowohl die politisch-gesellschaftliche Willensbildung als auch die politisch-rechtliche Durchsetzung ganz erheblich und mit breitem Druck der Bevölkerung einher gehen müssten, um den massiven wirtschaftlichen Interessen und globalen Machtstrukturen entgegenzutreten, die sich im Status Quo herausgebildet haben.

---

33    Memorial Sloan Kettering Cancer Center 2014.
34    Vgl. bspw. Parodi et al. 2016.
35    Blindsquare.com 2019; checkmyplace.com 2019.

Wesentliche Vorteile der Vision *Datenhoheit bei Daten-Urhebern* wären bei dieser Vision zunichte, insbesondere würde der Tausch „Daten gegen Dienste", für den bislang unfaire Entlohnung postuliert werden kann, potenziell zu einer absoluten Einbahnstraße, weil kein Tausch mehr stattfände, wenn Daten entgeltfrei zur Verfügung gestellt werden müssen. Eine Datensteuer käme potenziell noch in Frage, könnte aber sinnvollerweise erst da ansetzen, wo aus den entgeltfreien Basisdaten in wirtschaftlichem Interesse Mehrwertdaten abgeleitet wurden. Das sehr schwer lösbare Problem des hierfür nötigen technischen Nachvollzugs von Datenspuren wurde bereits diskutiert.

Das größte Problem der Open-Data-Vision liegt allerdings im Bereich des Privatheitsschutzes. Die technischen Hintergründe hierfür sind relativ komplex, so dass sie separat im Abschnitt 5 erörtert werden. Das dort beschriebene technische Dilemma verdeutlicht, dass Open-Data (in der hier diskutierten weitgehenden Form, die kommerziell erhobene Basisdaten einbezieht) quasi den Todesstoß für Privatheitsschutz bedeuten würde. Als unmittelbare Folge würden die Datenurheber – mithin weite Teile der Bevölkerung – zu „gläsernen Bürgern", potenziell in jedem denkbaren Ausmaß. Die bereits diskutierten Gefahren von Manipulation und Diskriminierung stünden nicht mehr nur den Dienstanbieter offen, welche die Datenhoheit haben, sondern allen potenziell interessierten Einflussnehmern.

Zur Illustration sei hier eine der drohenden Dystopien kurz skizziert, nämlich die zunehmende Ent-Solidarisierung der Gesellschaft im Bereich von Bedarfs- und Risikogemeinschaften. Die seit Jahren zunehmende Individualisierung in der KfZ-Versicherung sei als erster Beispielsektor herausgegriffen. Was dort mit Schadensfreiheitsrabatten – anders formuliert mit Rückstufungen nach verschuldeten Schäden – sowie mit Typ- und Regionalklassen begann, soll zunehmend auf Basis erhobener Fahrerdaten um Prämienunterschiede je nach Fahrverhalten erweitert werden, bezeichnet als *pay-as-you-drive*[36]; dies erfolgt zunächst freiwillig, weil KfZ-Versicherer nicht die Datenhoheit innehaben, die ihnen die Messdaten zum Fahrverhalten aus dem Fahrzeug ohne Besitzer-Zustimmung zugänglich machen würden. (Offensichtlich könnte sich bei einem radikalen Open-Data-Ansatz verpflichtende Teilnahme an der „Vermessung" des Fahrverhaltens durchsetzen). Immer wieder wird diskutiert, ob in der Gesundheitsvorsorge nicht ähnliche Abstufungen eingeführt werden sollten – was zur Sorge führt, dass Open-Data im hier diskutierten Ausmaß Krankenversicherungsbeiträge hervorbringen könnte mit Einbeziehung von pay-as-you-smoke, -drink, -exercise usw. Man kann sich leicht weitere Varianten der Ent-Solidarisierung vorstellen. Wie bei den heutigen Varianten in der KfZ-Versicherung lässt sich in der Bevölkerung womöglich mit populistischen Ar-

---

36    Carfora 2019.

gumenten breite Zustimmung herstellen, konsequent zu Ende gedacht ergibt sich auf alle Fälle eine Dystopie.

Das Vorgenannte lässt die Open-Data-Vision im krassen Gegensatz zu den beschriebenen Vorteilen, bspw. für die Medizin, wenig wünschenswert erscheinen, insbesondere für alle, die sich zur Europäischen Grundrechte-Charta und insbesondere zur informationellen Selbstbestimmung bekennen. In den entsprechenden Weltregionen wird diese Vision für die nahe Zukunft auch unwahrscheinlich, denn es sind wohl gerade die Nationen, die mehrheitlich den EU-Grundrechten nahestehen, welche am ehesten eine politische Willensbildung hervorbringen könnten wie oben beschrieben, welche Open-Data wirksam dem Status Quo entgegensetzen könnte. Mit anderen Worten: Nationen bzw. Weltregionen, die diese Vision betreiben könnten, sind genau diejenigen, für die Privatheitsschutz ein hohes Gut darstellt. Für die USA ist eine Prognose kaum möglich, nachdem Präsident Obama, der Protagonist sowohl der Open-Government-Data als auch der Precision-Medicine-Initiative, abgelöst wurde. Auf alle Fälle beinhaltet diese Vision ganz enormen Zündstoff bezüglich Privatheitsschutz, weshalb in Abschnitt 6 eine deutlich modifizierte Vision mit deutlich besseren bzw. breiteren Privatheitsschutz-Optionen vorgestellt wird.

### 4.3   Zusammenfassende Betrachtung

Abbildung 1 fasst die drei bislang besprochenen Varianten der Datenhoheit über Nutzerdaten zusammen und nennt sehr stark vereinfachend die wesentlichen Vorteile und Probleme.

Der Ist-Zustand kann als Quasi-Datenhoheit der Dienstanbieter bezeichnet werden. Diese Variante funktioniert und bringt Nutzern in kurzen Innovationszyklen neue und bessere Dienste im Tausch gegen Daten. Das Tauschgeschäft kann mit einem gewissen Recht als unfair bezeichnet werden und Winner-takes-it-all-Effekte des Marktes führen zu politisch-ökonomischer Machtkonzentration.

Datenhoheit, die nicht nur potenziell (vgl. DSGVO), sondern de facto bei den Daten-Urhebern läge, hätte erhebliche Vorteile. Der unfaire Tausch Daten-gegen-Dienste könnte durch adäquate Vergütung ersetzt werden, ähnlich wie adäquate (steigende) Löhne könnten adäquate Daten-Vergütungen letztlich sowohl Datenurheber-Wohlstand als auch – via Kaufkraft – Dienstanbieter-Umsätze steigern. Das Recht auf informationelle Selbstbestimmung könnte potenziell besser ausgeübt werden. Sowohl der Widerstand etablierter Unternehmen bei mangelnder politisch-gesellschaftlicher Willensbildung als auch technische Hürden machen diese Alternative sehr schwer erreichbar. Nüchtern betrachtet wäre zudem unklar, ob die aktuelle Innovationskraft der Daten-

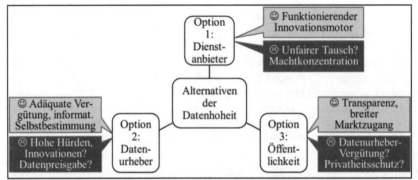

Abb. 1: Hauptvorteile und -nachteile der drei Optionen der Datenhoheit.

bezogenen digitalen Wertschöpfung auch nur annähernd erhalten bleiben würde. Die Aussicht auf Vergütung würde zur Preisgabe sensibler Daten anreizen, wobei sozial Schwache besonders gefährdet wären.

Die Vision der Datenhoheit bei *der Öffentlichkeit* entspringt einer egalitären Haltung und könnte durch freien Datenzugang Transparenz sowie breiten Marktzugang sicherstellen. Ohne (technisch noch nicht reife) Verfahren zum „Rechnen mit verschlüsselten Daten" käme dies aber einer weitgehenden Aufgabe des Datenschutzes gleich. Auch die wünschenswerte Teilhabe der Datenurheber an der Daten-Wertschöpfung würde deutlich erschwert.

## 5   Einschub: Privatheitsschutz im BigData-Zeitalter

### 5.1   Anonymisierungsproblem

Gegen die Datenschutz- und Missbrauchsproblematik bei der (Nutzerdaten einbeziehenden) Open-Data-Vision könnte man einwenden, dass die Daten „selbstverständlich anonymisiert sein müssen". Jahrelange intensive Forschung führte auf den ersten Blick zu einer Fülle von Anonymisierungsmaßnahmen für Datenbestände. Pseudo- und Anonymisierungsvorschriften bestimmen auch die Gesetzeslage im Datenschutzrecht. Bei all dem wird belastbaren wissenschaftlichen Belegen zu wenig Bedeutung zugemessen, wonach eine zuverlässige Anonymisierung von Daten in weiten Bereich unmöglich ist, ohne den Nutzen – und damit auch den Wert – der Daten weitgehend zunichte zu machen als Folge der notwendigen Verschleierung und Verallgemeinerung derselben. Reine Pseudonymisierung wird in der technischen Fachwelt ohnehin einheitlich als unzureichend bewertet. Einen guten Einblick in die Problematik geben Naranajan und Shamtikov.[37] Ein wesentliches, in der Anonymisierungs-Forschung meist nicht hinreichend einbezogenes Problem sind die unkontrollierbaren Möglichkeiten der Verknüpfung mit Vor- bzw. Hintergrundwissen.

Anonymität und unverschleierte d. h. wertvolle Daten können nach Stand der Erkenntnis nur kombiniert werden, wenn die Daten nicht zur Verarbeitung an die Dienstanbieter preisgegeben werden, sondern unter Kontrolle der Datenurheber bleiben. Das bedeutet, dass auch die Daten-Auswertung unter Kontrolle der Datenurheber erfolgen muss. Dabei ist eine dauerhafte Kontrolle und fallweise Zurückweisung der Auswertefunktionen erforderlich. Nur so kann verhindert werden, dass durch eine Sequenz von jeweils „unverdächtigen" Datenauswertungen in Summe doch personenbezogene Informationen gewonnen werden können, ähnlich einer Rasterfahndung. Das Problem der Daten und Auswertefunktionen „unter Kontrolle der Datenurheber" ist offensichtlich mit erheblichen technischen Problemen behaftet. Nicht vollständig lösbar bleibt bei alldem das Problem, dass ein Dienstanbieter d. h. Daten-Auswerter womöglich über mehr Hintergrund- oder Vorwissen verfügt als dem Daten-Urheber bekannt ist.

Sollen selbst unrechtmäßige Zugriffe auf Daten verhindert werden (bspw. wenn Hersteller oder Betreiber der vom Daten-Urheber verwendeten Endgeräte, Speichersysteme bzw. Cloud-Speicherdienste nicht vertrauenswürdig sind), dann stoßen technische Lösungen an Grenzen; zumindest ein kleiner vertrauenswürdiger Systemteil ist bislang unabdingbar.

Wie bereits erwähnt, sind Verfahren zum „Rechnen mit verschlüsselten Daten" potenziell ein zentraler Schlüssel zur erheblichen Reduktion der vorgenannten Probleme. Auf einer sehr grundsätzlichen Ebene betrachtet, ermöglichen sie Datenauswertung, ohne dass die ausgewerteten Daten selbst bekannt werden. Wie bereits diskutiert, erlauben die entsprechenden Verfahren aktuell erst einen Bruchteil der relevanten Datenauswerte-Funktionen ohne allzu große Performance-Hindernisse. Hinzu kommt, dass die im vorliegenden Abschnitt diskutierten Probleme, Re-Identifikation von Personen über Sequenzen von Auswertefunktionen zu verhindern, dadurch nicht automatisch gelöst sind: hierfür müssten erstens effiziente Verfahren bereitgestellt werden, die nur „unbedenkliche" Sequenzen von Auswertefunktionen zulassen, zweitens müsste das mehrfach erwähnte Problem unbekannten Hintergrund- und Vorwissens gelöst werden.

---

37    Naranajan und Shamtikov 2010.

## 5.2  Fiktion nicht personenbezogener Daten

Die DSGVO bedarf trotz ihrer weltweiten Vorreiterrolle dringend der Weiterentwicklung.[38] Anfangs dieses Artikels wurde diesbezüglich auf die Lücke hingewiesen zwischen deutlich gestärkten Datenschutzrechten laut Gesetz und
großen Problemen bei deren Durchsetzung (bspw. mangelnde Kompetenz und
Zeit bei den Betroffenen). In diesem Abschnitt soll v. a. auf die Lücke Bezug
genommen werden, die durch die Unterscheidung zwischen personenbezogenen
und nicht personenbezogenen Daten entsteht: sie zwingt Subjekte der Datenverarbeitung zur Zuordnung der Daten zu einer dieser beiden Klassen. Bei Vorliegen personenbezogener Daten sind die Gesetzesvorschriften anzuwenden. Sowohl unbekanntes bzw. künftiges Hintergrundwissen als auch unbekannte oder
zukünftige Daten-Auswerteverfahren sind aber potenziell in der Lage, scheinbar
nicht personenbezogene Daten (mit einer gewissen Wahrscheinlichkeit oder gar
definitiv) Personen zuzuordnen. Nicht zuletzt die enormen Fortschritte der
Künstlichen Intelligenz, in Sonderheit der Maschinellen Lernverfahren, zeigen
deutlich auf, dass eine Prognose zukünftiger Fähigkeiten dieser Verfahren nahezu unmöglich ist. Somit ist auch nicht vorhersehbar, welche scheinbar unverdächtigen Daten künftig auf Personen bezogen werden können. Dies führt zu
großen Herausforderungen bezüglich der Weiterentwicklung sowohl des Pri-
vatheitsschutz-Rechtsrahmens (in Richtung einer Vorsorgepflicht, welche Da-
tenverarbeitungs-Subjekte auch für „unverdächtige" Daten in die Pflicht nehmen müsste) als auch der technischen Verfahren (siehe 5.1).

## 5.3  Spannungsfeld Big Data - Privatheitsschutz

Für das Verständnis der hier besprochenen Probleme ist es noch wichtig, Grundprinzipien des Datenschutzes (der hier als wichtiger, aber nicht einziger Aspekt
des Privatheitsschutzes verstanden wird) und Grundprinzipien der Massendaten-
Analyse (hier vereinfachend als synonym zu „Big Data" verstanden) einander
gegenüberzustellen. Datenschutz baut i. A. auf den Prinzipien Anonymisierung
und Datensparsamkeit auf; letztere soll hier und nachfolgend Datenvermeidung
einschließen bzw. im Sinne der DSGVO Datenminimierung und die Bestimmungen von Art. 25[39] einschließlich Anonymisierung. Letztere wiederum wird,
wie diskutiert, als technisches Heilmittel gesehen, das seine Heilsversprechen
kaum einhalten kann. Datensparsamkeit schlägt sich in Rechtsnormen wieder,
die Datenspeicherung nur für die gegenüber Datenurhebern postulierten Zwecke
und für die dafür nötige Dauer erlauben. Im Gegensatz hierzu werden im Kontext von *Big Data* ex- oder implizit zwei Grundregeln postuliert, die auf Eng-

---

38   Roßnagel 2018.
39   dsgvo-gesetz.de 2019./

lisch mit *collect more data* und *don't throw any data away* wiedergegeben werden. Ersteres bezieht sich darauf, dass Datenauswertung, auch Maschinelle Lernverfahren, mit (geeigneter Auswahl unter) umfangreicheren Daten bessere Ergebnisse erzielen; letzteres spielt darauf an, dass künftige Datenauswerte-Interessen ebenso wie die für künftige Auswerteverfahren geeignetsten Daten nicht vorhergesehen werden können – platt gesagt, weiß man nie, welche Daten man noch benötigen könnte.

Dass sich also Grundsätze von Big Data mit Grundsätzen des Privatheitsschutzes spießen, ist offensichtlich. Das führt zu einer ständigen – und weltweit sehr unterschiedlich verlaufenden – Abwägung zwischen Schutz der Datenurheber und Förderung der Dienstanbieter-Interessen. Diese einander widerstrebenden Kräfte wirken zusätzlich auf das Spannungsfeld zwischen De-facto-Datenhoheit der Dienstanbieter und den Visionen einer Datenhoheit seitens der Datenurheber (sie wird durch die DSGVO zwar gestützt, ist aber de facto kaum vorhanden) oder seitens der der Öffentlichkeit (diese ist nur in wenigen Sektoren gegeben, insb. bei bestimmten Klassen von Daten der Öffentlichen Hand).

## 6 Potenzial und Herausforderungen von Open Metadata

Für den nachfolgenden Vorschlag werden zunächst zwei Argumente zum Problem technischen Datenschutzes nochmals aufgegriffen. Erstens müssten, wie erläutert, (bis zur hinreichenden Verfügbarkeit von Konzepten für verschlüsseltes Rechnen) Daten eigentlich bei den Urhebern d. h. Nutzern, bei geeigneten Kollektiven oder bei vertrauenswürdigen Instanzen gehalten werden, um hinreichenden Datenschutz zu gewährleisten. Zweitens wäre auch bei hinreichender Verfügbarkeit verschlüsselten Rechnens der Speicherort nicht beliebig, weil weiterhin die Zugriffsfunktionen kontrolliert werden müssten, außerdem wären für Dritte a priori nicht nur die Daten opak, sondern auch deren Sinn d. h. Bedeutung – das Ziel potenziellen „Zugriffs für Alle" als Gegenbewegung gegen Marktbeherrschung der Datenkraken würde nicht erreicht. In beiden Fällen, also heute sowie nach künftigen Erfolgen des verschlüsselten Rechnens, könnte eine hier vorgeschlagene Variante des Open-Data-Konzepts eine ganz herausgehobene Rolle spielen. Dabei müssten nicht mehr die einzelnen personenbezogenen Daten selbst auf Open-Data-Plattformen bereitgestellt werden, sondern „Daten über diese Daten" – daher der Name Open *Meta*data. Im Falle hochverteilter Speicherung der Daten, die bspw. erforderlich sein kann, wenn Daten in der Hoheit der Datenurheber verbleiben, gewinnt die Frage des Auffindens geeigneter Daten zentrale Bedeutung. Eine Open-Metadata-Plattform kann in einem solchen Szenario im Vergleich zu herkömmlichen Open-Data-Konzepten nahezu dieselben positiven Effekte erzielen, insbesondere freien Zugang für Dienstanbieter und damit Wettbewerb, Abbau von Innovationshemmnissen im Vergleich zu proprietären Daten (bspw. der Dienstanbeiter) usw. Im skizzierten Szenario kann eine solche Open-Metadata-Plattform erfolgsentscheidende Funktionen wahrnehmen; hervorzuheben ist hier die Funktion der Qualitäts- und Missbrauchskontrolle auf beiden Seiten, also gegenüber Datenbereitstellern ebenso wie gegenüber Daten-Verarbeitern. Dadurch kommt der Plattform auch eine entscheidende Rolle bei der Vertrauensbildung zu.

### 6.1    Art des Vorschlags und Vorzüge

Die Vision *Open Metadata* wird hier als Denkanstoß und Herausforderung postuliert. Etliche wichtige Konzepte für die detaillierte Umsetzung unter Berücksichtigung wichtiger Herausforderungen bleiben dabei noch offen, der Autor baut hierzu auf Resonanz der Leserschaft und die Eigendynamik sowie den Problemlösedrang der Forschungsgemeinschaft. Andererseits wurde der Vorschlag in anderem Kontext schon m.o.w. intensiv diskutiert[40] und in vorhandenen Systemen implementiert, bspw. nach dem in 1.2 erwähnten *Linked Open Data* Prinzip. Diese Ansätze entstanden aber im Geist von Open Data und verfolgen nicht (vordringlich) die hier diskutierten Ziele wie eine bestmögliche Symbiose der Alternativen bezüglich Datenhoheit.

Kern des Vorschlags ist eine (im Detail noch unklare) Trennung zwischen den eigentlichen Daten (nachfolgend Rohdaten genannt), deren Analyse im Interesse von Datenverarbeitungssubjekten stehen kann, und Angaben über Art und Wesen dieser Daten – eben den Metadaten. Metadaten sind in der Datenverarbeitung seit Jahrzehnten bekannt und breit eingeführt, Beispiele sind die Tabellenspalten und relationalen Datenbanken (ansatzweise auch von Excel-Dateiblättern) oder Beschreibungsdaten von Digitalfotos (Auflösung, Kameramodell, Aufnahmedatum und –ort usw.).

Erforderlich wäre ein Rechtsrahmen, der die öffentliche Verfügbarkeit von Metadaten vorschreiben sowie entsprechende Plattformen sicherstellen würde. Für die „eigentlichen Daten" würden verschiedene Varianten der Datenhoheit im zuvor erörterten Sinn möglich, wie in den nächsten drei Absätzen diskutiert.

*Im Sinne des Status Quo* würden Dienstanbieter verpflichtet, Informationen über die von ihnen gespeicherten Daten nicht nur auf Nachfrage an Datenurheber zu geben, sondern unaufgefordert bereitzustellen. Dies schüfe eine Reihe neuer Möglichkeiten. Beispielsweise könnten Datenurheber so durch „Crawling" in Metadaten mittels automatisierter Analyse ein vollständiges Bild der von ihnen – über alle Dienstanbieter hinweg – gespeicherten Daten erhalten; sie wären für ein solches Ansinnen nicht mehr genötigt, jeden einzelnen Dienstanbieter explizit zur Herausgabe der ihn betreffenden Metadaten aufzufordern –

---

40    Zuiderwijk 2012.

was in der Praxis häufig eine sehr hohe Hürde bedeutet und sogar impraktikabel ist, wenn (wie es wohl häufig der Fall ist) ein Datenurheber die Menge relevanter Dienstanbieter gar nicht (mehr) vollständig kennt. Durch regelmäßige Wiederholung des beschriebenen Crawling-Vorgangs könnte auch die Entwicklung der Datenbestände nachvollzogen werden; so könnten u. a. Verletzungen der per Einwilligung festgelegten Schranken bzgl. Speicherdauer, Datenweitergabe u.s.w. überprüft werden.

*Im Sinne der Vision „Datenhoheit beim Datenurheber"* sei vorausgesetzt, dass die Datenurheber die Zugriffshoheit auf die eigentlichen Daten besitzen. Fragen der Vergütung könnten dann nach vielfältigen Gesichtspunkt einerseits regulatorisch, andererseits technisch fixiert werden. Der öffentliche Zugang zu den Metadaten würde dann als Marktplatz fungieren, an dem die Datenurheber als Anbieter und die Dienstanbieter ebenso wie sonstige Interessenten an der Datenauswertung als (Daten-)Kunden teilnähmen. Die Datenurheber könnten so einen möglichst großen Interessentenkreis erreichen.

*Die Vision „Datenhoheit bei der Öffentlichkeit"* würde a priori nicht vollständig erreicht, weil nur Metadaten frei zugänglich sind. Dies ermöglichte aber einerseits Maßnahmen gegen unerwünschte Effekte wie die Ent-Solidarisierung der Gesellschaft und den „gläsernen Menschen" allgemein, andererseits würde für an Daten-Analysen Interessierte (Forscher, Innovations-Treiber etc.) freier Zugang zu Informationen *über* potenziell interessante Daten sichergestellt. Die Freigabe der Daten unter verschiedenen Gesichtspunkten und für verschiedene grundsätzliche Zwecke, bspw. für Forschungsprojekte, könnte dann sowohl verfahrenstechnisch (bspw. mit hohem Datenschutzgrad) als auch bezüglich wechselseitiger Rechte und Pflichten in einen Rechtsrahmen gesetzt werden.

Für alle drei Datenhoheits-Varianten ist mit dem Fortschreiten der technischen Möglichkeiten des „Rechnens mit verschlüsselten Daten" damit zu rechnen, dass für eine zunehmende Zahl von gesellschaftlichen und wirtschaftlichen Zwecken der Zugriff auf die eigentlichen Daten gewährt werden könnte.

## 6.2    Herausforderung und offene Fragen

Bevor der Vorschlag *Open Metadata* umfassend umsetzbar wird, sind noch einige Aspekte auszuarbeiten und zu klären, die teilweise noch Forschungsbedarf nach sich ziehen.

Ein offensichtliches Problem besteht darin, dass auch Metadaten i. A. personenbezogen sind, teilweise von sensiblem Charakter. Beim o.g. Beispiel üblicher Metadaten von Digitalfotos ist offensichtlich, dass bspw. aus GPS-Daten des Aufnahmeortes einerseits (zumindest mit relativ geringem Hintergrundwissen) auf Personen zurückgeschlossen werden kann und dass die über GPS-Datensequenzen ermittelten Reiserouten schützenswerte Information darstellen.

Auf den ersten Blick könnte man das Problem lösen wollen, indem nicht alle klassischen Metadaten als Open Metadata eingestuft würden (dies ist grundsätzlich absolut sinnvoll); dann könnte versucht werden, nur nicht-sensitive Daten als Open Metadata zur Verfügung zu stellen oder die bekannten Verfahren zur Anonymisierung anzuwenden. Ersteres würde aber ganz offensichtlich den Wert der Metadaten deutlich verringern und ggf. das Auffinden gesuchter Daten unmöglich machen, letzteres wäre wie unter 5.1 diskutiert ggf. nicht zielführend. Man würde im Gegenteil sogar im Hinblick auf den Zweck der Metadaten, interessierende Daten auffindbar, aber nicht direkt zugreifbar zu machen, einen möglichst großen Umfang der Metadaten wünschen: bspw. könnten – ggf. mittels intelligenter Daten-Vorverarbeitung gewonnene - Inhaltsangaben über Fotos wünschenswerte Metadaten darstellen. Deren Sensitivität bzgl. Privatheit wäre nicht weit entfernt von derjenigen der eigentlichen Inhalte, was das Dilemma verdeutlicht. Trotz dieser Problematik hält der Autor den Ansatz für verfolgenswert. Beispielsweise könnten die Metadaten teilweise verschlüsselt werden und geeignete Verschlüsselungsverfahren könnten dafür sorgen, dass eine Suche im Metadaten-Speicher unter bestimmten Gesichtspunkten (bspw. die Suche nach Fotos von einem bestimmten Ort oder zu bestimmten Themen) zunächst auf aggregierte, unkritische Ergebnisse beschränkt bliebe. Dazu würde ggf. das Design der (hier: Foto-) Metadaten sowie die Festlegung der erlaubten Anfragen durch Experten festgelegt unter Beachtung relevanter Gesichtspunkte des Privatheitsschutzes. Schließlich könnten Fortschritte beim „Rechnen mit verschlüsselten Daten" ggf. früher auf die i. A. kleinere Metadaten-Menge angewendet werden als auf die Rohdaten.

Offensichtlich ist im Rahmen der Konkretisierung des hier gemachten Vorschlags auch die Frage zu klären, wo und wie die Metadaten-Speicher bereitgestellt werden sollen, ebenso wie Speicher für die eigentlichen Rohdaten. Hinzu kommen technische Fragen der Zugriffskontrolle und der Nachvollziehbarkeit von (Analyse-, Weitergabe- oder Lösch-) Funktionen, diese sind wesentlich mit Fragen der Verschlüsselung und der Schlüsselverwaltung verknüpft.

Weitere Problembereiche, die bereits an anderer Stelle erwähnt wurden, seien hier nur kurz aufgezählt, um den Rahmen des Beitrags nicht zu sprengen. Problematisch ist u. a. der (heutige) Marktwert von Daten, die im Rahmen von Dienstnutzungen von den einzelnen Datenurhebern bereitgestellt werden; er liegt typischerweise weit unterhalb des Cent-Bereichs: angesichts der dadurch (zumindest anfänglich) zu erwartenden minimalen Erlöse sind die erforderlichen Aufwände für Datenurheber kritisch zu reflektieren. Außerdem steht die überwältigende politische und Marktmacht der dominierenden Dienstanbieter dem Open-Metadata-Vorschlag genauso entgegen wie den in Abschnitt 4 besprochenen Visionen; daher müsste die politische Willens- und öffentliche Bewusstseinsbildung erheblich vorangebracht werden und zu regulatorischen Maßnahmen führen.

### 6.3 Schlussbetrachtung

Abb. 2 fasst die wichtigsten potenziellen Vorzüge des Vorschlages *Open Metadata* für die drei Alternativen zur Datenhoheit zusammen. Zunächst zur Sicht des Status Quo, also der Quasi-Datenhoheit der Dienstanbieter: die Datenurheber könnten hier – bei Realisierung des Open-Metadata-Vorschlags – ihr Recht auf informationelle Selbstbestimmung weit besser durchsetzen, ihre Daten potenziell breiter anbieten und – wenn dies im Rechtsrahmen verankert würde – auch an der Wertschöpfung aus Daten beteiligt werden. Die Dienstanbieter könnten Kenntnis über verfügbare Daten anderer Dienstanbieter sowie öffentlicher und privater Datenbereitstellungen erlangen und mit Datenurhebern sowie anderen Datenbereitstellern über Zugriffe verhandeln. Marktbeherrschende Stellungen einzelner Unternehmen könnten – mit Kenntnissen über Art und Umfang von deren Daten – besser reguliert werden, ebenso wie der Marktzugang für neue Marktteilnehmer.

Für die Datenurheber wären grundsätzliche Voraussetzungen für faire Vergütung bereitgestellter Daten gegeben. Dies könnte ein wesentlicher Anstoß für die notwendige gesellschaftlich-politische Willensbildung sein, die einer regulatorischen Maßnahme zur (besseren) Beteiligung der Datenurheber an der Daten-Wertschöpfung vorausgehen muss. Auch Möglichkeiten zur Datenauswertung auf Seiten der Datenurheber bzw. deren Interessenvertreter würden verbessert, was eine wesentliche Voraussetzung für besseren Privatheitsschutz darstellt.

Was das öffentliche Interesse an möglichst freiem Datenzugang angeht, wären ebenfalls wichtige Voraussetzungen geschaffen, ohne – wie im Falle von Open Data – Privatheitsschutz weitgehend preisgeben zu müssen.

Die Summe der vorstehend genannten, kurz zusammengefassten Vorteile nähren die Hoffnung des Autors, mit dem Vorschlag *Open Metadata* Denkanstöße für weitergehende Diskussionen und Forschung gegeben zu haben.

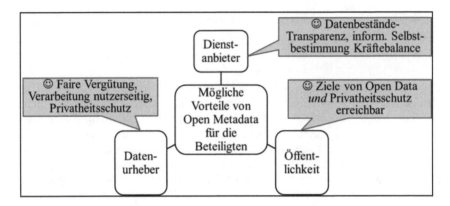

Abb. 2: Potenzial des Vorschlags zu Open-Metadata

# Literatur

Acar, A., Aksu, H. Uluagac, A. Selcuk, und M. Conti. 2018. A survey on homomorphic encryption schemes: Theory and implementation. *ACM Computing Surveys (CSUR)* 51 (4): S. 79.

Aker, J., I. Mbiti. 2010. Mobile Phones and Economic Development in Africa. *Journal of Economic Perspectives* 24 (3): S. 207–232.

Bizer, C., T. Heath, und T. Berners-Lee. 2009. Linked Data – The Story So Far. *International Journal on Semantic Web and Information Systems* 5 (3): S. 1–22.

Blindsquare.com. 2019. https://www.blindsquare.com/. Zugegriffen: 10. Juni 2019.

Bründl, S., C. Matt, und T. Hess. 2015. Wertschöpfung in Datenmärkten. Forschungsbericht des Forums Privatheit. https://www.forum-privatheit.de/wp-content/uploads/Forschungsbericht-LMU-Wertschoepfung-in-Datenmaerkten_FP_3Sept15-1.pdf. Zugegriffen: 1. Juni 2019.

Carfora, M., F. Martinelli, F. Mercaldo, V. Nardone, A. Orlando, A. Santone, und G. Vaglini .2019. A „pay-how-you-drive" car insurance approach through cluster analysis. *Soft Computing* 23 (9): S. 2863–2875.

checkmyplace.com. 2019. https://www.checkmyplace.com/. Zugegriffen: 10. Juni 2019.

dsgvo-gesetz.de. 2019. Art. 29 DSG-VO. https://dsgvo-gesetz.de/art-25-dsgvo/. Zugegriffen: 01. Juni 2019.

Engel, J. 2015. Global clusters of innovation: Lessons from Silicon Valley. *California Management Review* 57 (2): S. 36–65.

European Commission. 2017. A Fair and Efficient Tax System in the European Union for the Digital Single Market. https://ec.europa.eu/taxation_customs/sites/taxation/files/communication_taxation_digital_single_market_en.pdf. Zugegriffen: 10. Juni 2019.

Feeny, David; Berkes, Fikret; McCay, Bonnie; Acheson, James. 1990. The tragedy of the commons. Twenty-Two Years Later. In Human Ecology 18/1/1990, S. 1–19.

Griol, D., J. Molina, und Z. Callejas. 2017. Big Data for Conversational Interfaces: Current Opportunities and Prospects. In *Big Data Management*, Hrsg. F. García Márquez und B. Lev, S. 103–121. Cham: Springer.

heise.de. 2019. re:publica: US-Forscher hält Chinas Social-Credit-System für Propaganda. https://www.heise.de/newsticker/meldung/re-publica-US-Forscher-haelt-Chinas-Social-Credit-System-fuer-Propaganda-4415221.html. Zugegriffen: 10. Juni 2019.

Hess, C., und E. Ostrom. 2007. Introduction: An Overview of the Knowledge Commons. In *Understanding Knowledge as a Commons. From Theory to Practice*, Hrsg. C. Hess und E. Ostrom, S. 3–26. MIT Press: Cambridge/London.

Internet World Stats. 2019. Internet Users in the World by Regions. https://www.internetworld stats.com/stats.htm. Zugegriffen: 10. Juni 2019.

Kostka, G. 2018. China's social credit systems and public opinion: Explaining high levels of approval. *New Media & Society* (Online First): S. 1–29.

Koops, B.-J. 2014. The Trouble with European Data Protection Law. *International Data Privacy Law* 4 (4): S. 250–261.

Kuchinke, B., und M. Vidal. 2016. Exclusionary strategies and the rise of winner-takes-it-all markets on the Internet. *Telecommunications Policy* 40 (6): S. 582–592.

Kuhlen, Rainer. 2012. Wissensökonomie und Wissensökologie zusammen denken. In *Commons– Für eine Politik jenseits von Markt und Staat*, Hrsg. S. Helfrich und Heinrich-Böll-Stiftung, S. 405–413. Bielefeld: transcript.

Liang, F., V. Das, N. Kostyuk, und M. Hussain. 2018. Constructing a Data-Driven Society: China's Social Credit System as a State Surveillance Infrastructure. *Policy & Internet* 10: S. 415–453.

MarketWatch.com. 2019. Alphabet Inc. https://www.marketwatch.com/investing/stock/goog /financials. Zugegriffen. 8. Mai 2019.

Markl, V. 2018. Eine nationale Daten- und Analyseinfrastruktur als Grundlage digitaler Souveränität. *Informatik Spektrum* 41 (6): S. 433–439.

Memorial Sloan Kettering Cancer Center. 2014. Memorial Sloan Kettering Trains IBM Watson to Help Doctors Make Better Cancer Treatment Choices. www.mskcc.org/blog/msk-trains-ibm-watson-help-doctors-make-better-treatment-choices. Zugegriffen: 10. Mai 2019.

Mikians, J., L. Gyarmati, V. Erramilli, und N. Laoutaris. 2012. Detecting price and search discrimination on the internet. In *Proceedings of the 11th ACM Workshop on Hot Topics in Networks*, S. 79–84. New York: ACM.

Naranajan, A., V. Shmatikov. 2010. Privacy and Security: Myths and Fallacies of „Personally Identifiable Information". *Communications of the ACM* 53 (6): S. 23–25.

Obama, Barack. 2009. Transparency and Open Government. Regierungs-Memorandum des Weisen Hauses vom 21. Januar 2009. https://obamawhitehouse.archives.gov/the-press-office/transparency-and-open-government. Zugegriffen 2. Mai 2019.

OECD. 2015. *In It Together: Why Less Inequality Benefits All*. Paris: OECD Publishing.

Parodi, S., G. Riccardi, N. Castagnino, L. Tortolina, M. Maffei, G. Zoppoli, A. Nencioni, A. Ballestrero, und A. Patrone. 2016. Systems medicine in oncology: Signaling network modeling and new-generation decision-support systems. In *Systems Medicine*, Hrsg. U. Schmitz und O. Wolkenhauer, S. 181–219. New York, NY: Humana Press.

Persily, N. 2017. The 2016 U.S. Election: Can Democracy Survive the Internet? *Journal of Democracy* 28 (2): S. 63–76.

Pessa, Joseph. 2018. Turning Scars into Stars in the Knowledge-Based Economy: A Case of M-PESA Women Empowerment Initiative in Rural Tanzania. *Library Philosophy and Practice*: S. 1–19.

Pieraccini, Roberto 2012. *The voice in the machine: building computers that understand speech.* Cambridge: MIT Press.

Piketty, Thomas. 2014. *Das Kapital im 21. Jahrhundert*. München: CH Beck.

Roßnagel Alexander. 2018. Notwendige Schritte zu einem modernen Datenschutzrecht. In *Die Fortentwicklung des Datenschutzes*, Hrsg. A. Roßnagel, M. Friedewald M., und M. Hansen, S. 361–384. Wiesbaden: Springer Vieweg.

Shan, Z., K. Ren, M. Blanton, und C. Wang. 2018. Practical secure computation outsourcing: a survey. *ACM Computing Surveys (CSUR)* 51 (2): S. 31.

Spiekermann, S., R. Böhme, A. Acquisti, und K.-L. Hui. 2015. Personal data markets. *Electronic Markets* 25 (2): S. 91–93.

Spiekermann, S., und J. Korunovska. 2017. Towards a value theory for personal data. *Journal of Information Technology* 32 (1): S. 62–84.

Statista.com. 2019a. The 100 largest companies in the world by market value in 2018. https://www.statista.com/statistics/263264/top-companies-in-the-world-by-market-value/. Zugegriffen: 10. Juni 2019.

Statista.com. 2019b. Google's revenue worldwide from 2002 to 2018. https://www.statista.com/statistics/266206/googles-annual-global-revenue/. Zugegriffen: 8. Mai 2019.

Veil, Winfried. 2018. The GDPR: The Emperor's New Clothes - On the Structural Shortcomings of Both the Old and the New Data Protection Law. *Neue Zeitschrift für Verwaltungsrecht* 37 (10): S. 686–696.

Wenninger, H., T. Widjaja, P. Buxmann, und J. Gerlach. 2012. Der „Preis des Kostenlosen". *Wirtschaftsinformatik & Management* 4 (6): S. 12–19.

Wyche, S., N. Simiyu, und M. Othieno. 2016. Mobile phones as amplifiers of social inequality among rural Kenyan women. *ACM Transactions on Computer-Human Interaction (TOCHI)* 23 (3): S. 14.

Zuiderwijk, A., K. Jeffery, und M. Janssen. 2012. The potential of metadata for linked open data and its value for users and publishers. *Journal of E-Democracy and Open Government (JeDEM)* 4 (2): S. 222–244.

# Privatheitsschutz durch Open Data und Trusted Third Parties: Plädoyer für die öffentliche Kontrolle sozialer Daten

*Katharina Kinder-Kurlanda[1]*

*Keywords: Datenökonomie, soziale Daten, Social Media, Archivierung, Infrastruktur, Forschungsethik*

*Abstract*

In diesem Beitrag werden auf Basis der Betrachtung der Potentiale und Probleme bei der Verwendung von Social-Media-Daten in der Forschung Überlegungen zur Bedeutung datenökonomischer Dynamiken und Strukturen im akademischen Bereich angestellt. Die Schwierigkeiten beim Zugang und Teilen der Daten werden ebenso betrachtet wie die Rolle von Plattformbetreibern und die Möglichkeiten zur Archivierung von in der Forschung genutzten Daten zum Zwecke der Ermöglichung von Sekundärnutzung und Nachvollziehbarkeit von Analyseergebnissen.

*Inhalt*

1 Einführung ................................................................................ 104

2 Archivierung von Social-Media-Daten ................................................. 104

3 Neuformation datenökonomischer Konstellationen ................................ 112

Literatur .................................................................................... 114

---

1    Katharina Kinder-Kurlanda | GESIS - Leibniz Institut für Sozialwissenschaften, Köln | katharina.kinder-kurlanda@gesis.org

© Springer Fachmedien Wiesbaden GmbH, ein Teil von Springer Nature 2019
C. Ochs et al. (Hrsg.), *Die Zukunft der Datenökonomie*, Medienkulturen im digitalen Zeitalter, https://doi.org/10.1007/978-3-658-27511-2_6

# 1   Einführung

In diesen Beitrag fließen neben Ergebnissen einer mehrjährigen Interviewstudie der Datenpraktiken von Social-Media-Forschenden[2] Erfahrungen aus der Archivierungspraxis bei Social-Media-Daten im Datenarchiv des GESIS – Leibniz-Instituts für Sozialwissenschaften ein. Im Besonderen wird das Beispiel der Archivierung eines großen Twitter-Datensatzes im Interesse von Nachvollziehbarkeit und Nachnutzung erläutert.[3] Dieses Beispiel dient dazu, das Spannungsfeld aufzuzeigen, welches sich bei der akademischen Nutzung von Social-Media-Daten aus den forschungsethischen und methodischen Ansprüchen einerseits und den kommerziellen Interessen der Betreiber von Social-Media-Plattformen andererseits ergibt.

# 2   Archivierung von Social-Media-Daten

Unter Social-Media-Daten werden hier Tweets, Facebook-Nachrichten oder andere nutzergenerierte Inhalte und Interaktionen im Format etwa von Texten, Fotos, Web-Links oder Klicks verstanden, die meist durch weitere Informationen zu Ort und Zeitpunkt der Interaktion oder andere „Metadaten" angereichert sind. Es geht also um die Analyse zum Beispiel von Nachrichten und „likes" auf Facebook oder von mit Hashtags gekennzeichneten Twitter-Nachrichten und der Informationen dazu, wie häufig und mit wem diese geteilt wurden.

Social-Media-Daten ermöglichen die Betrachtung vormals nur schwer beobachtbaren Geschehens in situ – etwa der Diskussion aktueller politischer Ereignisse – ohne die mühsamen Instrumente Umfrage oder Interview: „The detailed knowledge and insights that before could only be reached about a few people can now be reached about many more people."[4] Forschung auf der Basis eines bislang in den Sozialwissenschaften nicht vorgesehenen Umfangs an Informationen[5] und die Untersuchung komplexer Phänomene, wie etwa globaler sozialer Vernetzungen wird möglich, und zwar „in ways never before imagined or possible"[6].

Das Interesse an Social-Media-Daten ist bei Forschenden aus den verschiedensten Disziplinen aufgrund des Versprechens neuer Erkenntnisse groß;

---

2   Kinder-Kurlanda und Weller 2014; Weller und Kinder-Kurlanda 2015; Weller und Kinder-Kurlanda 2017.
3   Kinder-Kurlanda et al. 2017.
4   Manovich 2011, S. 463.
5   Savage und Burrows 2007.
6   Ruppert 2013, S. 269.

so gibt es Studien aus so unterschiedlichen Fächern wie Finanzwissenschaften[7] und Astronomie.[8] Bereits seit Längerem ist bekannt, dass Social-Media-Plattformen wie Facebook ebenfalls Nutzungsdaten analysieren, auch wenn Methoden und Ergebnisse meist nicht öffentlich gemacht werden. Ihr Ziel besteht darin, menschliches Verhalten besser zu verstehen, zu beeinflussen und sich dadurch Marktvorteile zu verschaffen.[9] Social-Media-Daten stellen zudem eine zeitgenössische und historische Quelle z. B. für das Verständnis politischer Aushandlungsprozesse oder die Rolle von verschiedenen Versuchen zur Wahlbeeinflussung dar. Die Frage, die sich aus dieser Konstellation für die Forschung ergibt, ist, wem eigentlich welche Forschungsergebnisse innerhalb des komplexen Systems aus Gewinnerzielungsinteressen großer Internetfirmen und (datafizierten) Nutzendeninteraktionen zugutekommen. Die Komplexität der hier beschriebenen „Datenökonomie" und die verschiedenen Interessen, die zum Tragen kommen, wurden bereits vielfach in der Literatur adressiert. Forschende wie Nutzende agieren in einem Umfeld, in dem Internetfirmen versuchen, Nutzendenverhalten im großen Stil zu Geld zu machen und zum Teil auch zu manipulieren[10] und in dem Daten zu einer Währung geworden sind, mit der für Online-Dienste bezahlt wird.[11] Nutzende wie Plattformbetreiber haben ein Interesse daran, zu kontrollieren, wie (und von wem) mit den Daten umgegangen wird und erheben Besitz- oder zumindest Nutzungsansprüche auf die Daten.

Im Folgenden soll der Fokus auf die Begegnung zwischen den Interessen von forschungsunterstützender Infrastruktur, insbesondere Archivierung zum Zwecke von Nachvollziehbarkeit und Sekundär-Nutzung, und Social-Media-Plattformen gerichtet werden.

### 2.1 Herausforderungen bei der Nutzung von Social-Media-Forschungsdaten

An diversen Stellen wurde bereits auf verschiedene methodologische, ethische und epistemologische Probleme hingewiesen, die die Ergebnisse von Social-Media-Daten-basierter Forschung unzuverlässig und Ergebnisse fragwürdig erscheinen lassen, insbesondere wenn Methoden aus dem Bereich Big Data zur Anwendung kommen.[12] So wird etwa auf verschiedene Probleme von Repräsentativität und Bias in den Daten hingewiesen. Üblicherweise ist zum Beispiel unklar, wie sich die Nutzenden einer bestimmten Plattform zusammensetzen und zu anderen Bevölkerungsschnitten verhalten (Ruths und Pfeffer 2014) oder

---

7    Karppi und Crawford 2016.
8    Sparks et al. 2015.
9    Simonite 2012.
10   Willson und Leaver 2015.
11   van Dijck 2014.
12   Z. B. Lazer et al. 2014; Frické 2014; Kitchin 2014; Ekbia 2015.

ob verfügbare Datensätze repräsentativ für die menschlichen Nutzenden der Plattform sind, da Inhalte automatisiert oder durch Bots generiert sein können. Diese Unklarheiten betreffen sowohl die Forschung in den Internetfirmen selbst als auch die an akademischen Institutionen. Bei Forschung, die von den Plattformen selbst durchgeführt wird, kann davon ausgegangen werden, dass umfangreichere Informationen über Daten und Nutzende vorliegen als anderswo, Forschungsergebnisse sind jedoch meist noch weniger nachvollziehbar, da die Datengrundlage nicht öffentlich gemacht wird. Die akademische Forschung ist geprägt von relativ prekären und von den jeweiligen Entscheidungen der Plattformen abhängigen Zugängen zu den Daten. Beziehen Forschende die Daten beispielsweise, wie häufig der Fall, über eine für die Forschung zur Verfügung gestellte Programmierschnittstelle (*application programming interface*, API), hat die Plattform meist bereits eine nur schwer oder gar nicht nachvollziehbare Vorauswahl (*sampling*) durchgeführt (Driscoll und Walker 2014).

Aus forschungsethischer und auch datenschutzrechtlicher Perspektive besonders problematisch ist das Fehlen einer informierten Einwilligung der Plattformnutzenden zu Forschung im Allgemeinen und einem spezifischen Projekt im Besonderen. Nutzende haben zwar üblicherweise mit ihrer Zustimmung zu den Allgemeinen Geschäftsbedingungen der Plattform formal auch der Nutzung der Daten für verschiedene Auswertungszwecke zugestimmt; das Klicken auf den ‚Weiter'-Knopf erfüllt jedoch weder die Kriterien für eine informierte Einwilligung im klassischen Sinne, noch sind sich Nutzende deshalb der Nutzung ihrer Daten für die Forschung bewusst (Hutton und Henderson 2015). Es ist daher umso wichtiger, in allen Stufen eines Forschungsprojektes Maßnahmen zum Schutz der Privatsphäre der Nutzenden zu ergreifen. Aus der Archivierungspraxis ist bekannt, dass die Aussagekraft eines Datensatzes durch Anonymisierungsmaßnahmen wie etwa die Vergröberung geographischer oder demografischer Angaben leidet, und bestimmte Forschungsfragen nicht mehr beantwortet werden können. Im Fall von Social-Media-Daten ist eine Anonymisierung besonders schwierig (z. B. sind Tweet-Texte üblicherweise über Internetsuchmaschinen auffindbar) und würde meist dazu führen, dass die Aussagekraft der Daten sehr stark reduziert würde. Es besteht daher in der Social-Media-Forschung ein hohes Risiko, dass Einzelpersonen aus den Informationen in Publikationen, veröffentlichten Datensätzen oder zusätzlichem Material identifiziert werden können, selbst wenn Maßnahmen zur Anonymisierung zur Anwendung gebracht wurden (Zimmer 2010). Forschende, die mit Social-Media-Daten arbeiten, müssen daher darüber entscheiden, wie sie Nutzende in einer dem spezifischen Kontext, Forschungsthema und Nutzergruppe angemessenen Weise schützen können (Weller und Kinder-Kurlanda 2015). So werden Daten über schutzbedürftige Personen, wie etwa Kinder oder Suizidgefährdete, üblicherweise eine andere Behandlung erfordern als etwa Tweets von Politikern.

Wie alle Forschungsdaten bieten auch Social-Media-Daten zudem keine unmittelbaren Einblicke in die Motivationen und Gedankenwelten der Nutzenden, die in verschiedensten Situationen aus ganz unterschiedlichen Motivationen heraus zum Beispiel auf ‚like' klicken. Im Unterschied zu anderen Datentypen, wie etwa Interview oder Umfrage, existieren allerdings bisher nur wenige Standards oder Best Practices, die – als Teil der Methodenschulung vermittelt – den Umgang mit methodologischen und epistemologischen Grenzen von Daten und Methoden erleichtern. Dies hängt auch damit zusammen, dass der Entstehungskontext der Daten komplex ist und für sein Verständnis oft erhebliche technische Kenntnisse erforderlich sind. Nicht nur die Bedienung von Sammel-, Mess-, und Analyseinstrumenten erfordert bestimmte technische Fähigkeiten, sondern auch das Verständnis dafür, wie infrastrukturelle Gegebenheiten, Messinstrumente und Entscheidungen in Datenbereinigung und Analyse die Daten prägen.[13] Prozesse der Datengenerierung werden üblicherweise wenig dokumentiert und sind daher im Nachhinein schwer nachvollziehbar. Gleichzeitig ist es Teil des Versprechens von Big Data, übergreifende, allgemeine Erklärungsmuster anbieten zu können und einen ‚paradigmatic change'[14] im Verständnis des Sozialen einzuläuten. Diese Situation macht es umso wichtiger, dass Aussagen der Social-Media-Forschung überprüft werden können und dass Methoden und Datengrundlagen im Rahmen von Peer-Review-Prozessen und kumulativer Forschung zugänglich sind. Derzeit wird zwar diskutiert, welche (ethischen) Verpflichtungen sich für die Wissenschaft in Bezug auf Aussagekraft und Nachvollziehbarkeit von Social-Media-Forschung ergeben, Vorgaben und Best Practices bleiben jedoch bisher meist auf einzelne Konferenzen oder andere Veröffentlichungsorgane beschränkt – und eine Archivierung von Daten zum Zwecke der Nachvollziehbarkeit findet nur punktuell statt.

## 2.2 *(Open) Data Sharing als Lösung?*

Vielfach wird nun das Teilen von Forschungsdaten (*data sharing*) in etablierten Archiven oder Repositorien als Lösung vorgeschlagen (z. B. Mannheimer et al. 2018). Eine Archivierung der Daten, verstanden als ‚Öffnung' der Daten für die Wissenschaft, ermöglicht Qualitätskontrolle, Peer Review, eine Relativierung existierender Zugangsungleichheiten und das Aufbauen auf und das Weiterentwickeln von veröffentlichten Forschungsergebnissen. Wie im Folgenden anhand des Beispiels eines Social-Media-Archivierungsprojektes gezeigt werden soll, sind die Möglichkeiten zu einer Archivierung von Social-Media-Daten für etablierte Institutionen – wie etwa staatlich geförderte Archive – in der derzeitigen

---

13   Gitelman 2013.
14   Ruppert 2013.

Situation jedoch beschränkt. Forschungsethisch steht einer Archivierung die Problematik entgegen, dass üblicherweise keine informierte Einwilligung existiert und die Anonymisierung der Daten gleichzeitig schwierig bis unmöglich ist. Rechtlich ergibt sich die Problematik, dass die Daten aufgrund der AGBs der Plattformbetreiber oft gar nicht oder nur eingeschränkt geteilt oder zu Reproduktionszwecken archiviert werden dürfen. Und archivierungspraktisch bedürfen Werkzeuge, Kataloge und andere Forschungsinfrastrukturen der Anpassung und Integration.

Es ist daher bei Forschenden, mehr noch als für andere Daten, ein „fog of confusion" (Thomas und Walport 2008) bezüglich Möglichkeiten der Archivierung und deren ethischer, datenschutzrechtlicher und praktischer Grenzen feststellbar. Ein grauer Markt (Weller und Kinder-Kurlanda 2015) ist entstanden, auf dem Social-Media-Daten meist eher mit befreundeten oder bekannten Forschenden geteilt werden, als zum Gegenstand etablierter Archivierungspraxis in der Wissenschaft zu werden.

## 2.3 Beispiel: Archivierung von Twitter-Daten

Die Möglichkeiten zum Teilen der für einzelne Forschungsprojekte verwendeten Social-Media-Daten hängen von der jeweils gewählten Art des Zugriffs auf die Daten ab. Das eigene Sammeln (scrapen) öffentlich zugänglicher Inhalte unterliegt anderen Bedingungen als die Nutzung von für die Forschung bereitgestellten Plattform-APIs, dem Kauf der Daten von sogenanntem Data Resellers oder einem individuell ausgehandelten Kooperationsvertrag mit einem Unternehmen. Im Folgenden werden die Möglichkeiten zum Teilen bzw. Archivieren von Twitter-Daten, die über die API zusammengestellt wurden, behandelt.

Twitter-Daten werden derzeit an verschiedenen Orten und auf verschiedene Weise von Forschenden geteilt und archiviert, die den Nutzungsbedingungen von Twitter entsprechen, z. B. auf institutionellen Webseiten. In der Regel beruhen solche Maßnahmen jedoch weder auf praktischer Archivierungserfahrung noch sind sie Teil umfassender Archivierungsstrukturen oder -institutionen und können daher keine langfristige Verfügbarkeit oder (durchsuchbare, verlinkte) Dokumentation bieten.

Im hier verwendeten Beispiel[15] wurde im Datenarchiv für die Sozialwissenschaften bei GESIS, das 1960 als eines der ersten Archive für sozialwissenschaftliche Daten gegründet wurde, ein umfangreicher, georeferenzierter Datensatz aus Twitter (mehrere Monate fortgesetzter geo-referenzierter Tweets aus

---

15  Eine ausführliche Darstellung der Archivierungsvorgänge und eine Beschreibung der archivierten Datensätze, Skripte, Werkzeuge und Informationen findet sich hier: Kinder-Kurlanda et al. 2017.

den USA von 2014 und 2015 – insgesamt rund eine halbe Milliarde Tweets) archiviert. GESIS ist auf Umfragedaten spezialisiert und verfügt über Fachwissen, Instrumente und Netzwerke in diesem Bereich. Das GESIS-Datenarchiv hat aber vor einigen Jahren auch mit der Archivierung von Social-Media-Daten begonnen, um die Möglichkeiten auszuloten, ihre etablierte Infrastruktur neu zu nutzen und an die besonderen Bedürfnisse von Social-Media-Daten anzupassen. Die Lösung für die Archivierung der hier exemplarisch verwendeten georeferenzierten Tweets entsprach drei Anforderungen: Übereinstimmung mit rechtlichen und forschungsethischen Überlegungen und Vorgaben (z. B. mit vertraglichen Maßnahmen kontrollierter Datenzugang), Gewährleistung der Reproduzierbarkeit (z. B. präzise Dokumentation) und Ermöglichung der Sekundärnutzung bzw. neuer Forschungsprojekte auf Basis derselben Daten (z. B. nutzungsfreundliche Datenaufbereitung).

Da der Zugang über die API erfolgte, durften nur sogenannte Tweet IDs archiviert und für die Nutzung angeboten werden. Tweet IDs werden für jeden Tweet vergeben und können dann dazu verwendet werden – wiederum über die von Twitter für die Forschung bereitgestellte API – den Tweet herunterzuladen oder zu ‚rehydrieren'. Das für dieses Beispiel zutreffende Twitter Developer Agreement[16] setzt fest: "if you provide Content to third parties, including downloadable datasets of Content or an API that returns Content, you will only distribute or allow download of Tweet IDs and/or User IDs"[17]. Dies stellt sicher, dass Inhalte nicht mehr abgerufen werden können, die Twitter als gelöscht oder abgelaufen meldet, so dass beispielsweise die Entscheidung eines Nutzenden, einen Tweet oder ein komplettes Twitter-Nutzungsprofil zu löschen, auch dazu führt, dass diese Tweets in zukünftigen Datensammlungen nicht mehr vorhanden sind. Dieses Vorgehen kommt dem Wunsch entgegen, Nutzendeninteressen zu beachten, führt aber dazu, dass mit jeder Rehydration ein anderer Datensatz entsteht.

Zusammen mit einer umfangreichen Dokumentation und zusätzlichen Informationen, Dokumenten und Werkzeugen wurde der Twitter-Datensatz im „datorium" bei GESIS archiviert. Das datorium ermöglicht es Forschenden, sozialwissenschaftliche Forschungsdaten verfügbar zu machen, zu dokumentieren und zu veröffentlichen.[18] Die Daten werden sicher und dauerhaft gespei-

---

16    Die verschiedenen Nutzungsbedingungen von Twitter ändern sich fortlaufend. Der 2016 archivierte Datensatz hätte zum Zeitpunkt der Veröffentlichung des Aufsatzes, in dem seine Archivierung beschrieben wird (Kinder-Kurlanda u.a. 2017), bereits nicht mehr in der Art und Weise archiviert werden dürfen. In der Zwischenzeit haben sich wiederum verschiedene Änderungen ergeben. Es ist derzeit unklar, wie bestimmte Einschränkungen, etwa des Verfügbarmachens von soziodemografischen Informationen über die Nutzenden, für den akademischen Gebrauch zu interpretieren sind (Littman 2019).

17    Twitter 2014.

18    Wira-Alam et al. 2015.

chert. Für jeden Datensatz garantiert das datorium eine Verfügbarkeit von mindestens 10 Jahren und vergibt eine persistente DOI, um den Datensatz eindeutig identifizierbar und zitierbar zu machen. Verschiedene Zugangsstufen ermöglichen es, die Nutzung zu kontrollieren, also bestimmte Daten beispielsweise nur für die Forschung oder nur an vertraglich verpflichtete Nutzende weiterzugeben. Der Twitter-Datensatz wurde nach einer Embargophase auf Anfrage für Forschende zugänglich gemacht. Um die Daten abzurufen, müssen Forschende unter anderem ihre institutionelle Zugehörigkeit und das Thema des geplanten Forschungsprojektes angeben. Das datorium-Repository ermöglicht zudem die Auswahl einer Lizenz für den Datensatz, vorzugsweise eine der Creative-Commons-Lizenzen. Archivmitarbeitende beraten bei der Wahl von Lizenzen und Zugangsstufen, um sicherzustellen, dass die Freigabe datenschutzrechtlichen und forschungsethischen Anforderungen entspricht.

Das Archivierungsprojekt konnte zeigen, dass georeferenzierte Twitter-Daten in Form einer Sammlung von Tweet IDs, die nach Region und Zeitpunkt sortiert und deren Erhebung sorgfältig dokumentiert ist, nutzungsfreundlich für weitere Forschungsprojekte zur Verfügung gestellt werden können. Eine Sekundärnutzung der Daten wird somit möglich, nicht jedoch eine vollständige Reproduktion des ursprünglich verwendeten Datensatzes. Das Speichern von Tweet IDs trägt dazu bei, die Einhaltung der Nutzungsbedingungen von Twitter und den Schutz der Privatsphäre der Benutzer zu gewährleisten, verhindert jedoch, wie im Folgenden beschrieben, dass der Originaldatensatz wiederhergestellt werden kann.

## 2.4 *Ungelöste Probleme*

Die Bereitstellung einer Liste von Tweet-IDs, wie von Twitter vorgeschlagen (anstelle von Tweet-Texten und Metadaten wie etwa Autor und Zeitstempel) bedeutet, dass zur Wiederherstellung des Datensatzes jeder einzelne Tweet über seine ID aus der API erneut angefordert werden muss. Dieser Prozess erfordert zusätzliche Zeit, Skripte und Werkzeuge (die bei dem hier vorgestellten Beispiel auch bereitgestellt wurden). Bei jeder Rehydration werden jedoch immer weniger Tweets verfügbar sein, so dass der ursprüngliche Twitter-Datensatz gar nicht wiederhergestellt werden kann. Eine Archivierung von Tweet-IDs ist daher keine Garantie für die Reproduzierbarkeit der Forschung. Tatsächlich führt jede Rehydration zu einem anderen Datensatz, da immer mehr Tweets im Laufe der Zeit gelöscht werden oder sich ihre Attribute wie die Anzahl der Retweets ändern. Darüber hinaus können Inhalte dann nicht mehr verfügbar sein, wenn sich die Funktionen der Plattform ändern, z. B. wenn Twitter die Funktionsweise der Georeferenzierung verändert, wie es im hier angeführten Beispiel der Fall war.[19]

Obwohl das Archivierungsprojekt das Ziel hatte, die Privatsphäre von Social-Media-Nutzenden zu schützen, konnte dies nur bis zu einem gewissen Grad erreicht und das Problem des Fehlens der informierten Einwilligung nicht gelöst werden. Einerseits die Privatsphäre der Nutzenden zu schützen und andererseits Forschung reproduzierbar und vergleichbar zu machen, zwang zu Kompromissen in beiden Bereichen.

Viele der in der Archivierung von Umfragedaten zur Anwendung kommenden Vorgehensweisen konnten auf den Social-Media-Datensatz angewendet werden (z. B. die Definition signifikanter, langfristig zu erhaltender Eigenschaften), andere mussten, so gut wie innerhalb der bestehenden Infrastrukturen und Konventionen möglich, angepasst werden (z. B. die Dokumentation von Datenerhebungsverfahren). Um sicherzustellen, dass andere den Prozess der Erstellung des Datensatzes nachvollziehen können, müssen verschiedene zusätzliche Informationen und Materialien bereitgestellt werden; besonders da die Daten selbst, wie beschrieben, nur in sehr eingeschränkter Form verfügbar gemacht werden können. Dies betrifft Skripte, die für die Sammlung und Bereinigung verwendet wurden, Informationen über APIs und verwendete Hardware, Zeitpunkt und Ort der Erhebung oder Angaben über Änderungen der Funktionalität der Social-Media-Plattform. Bereitgestellte Skripte können neben der Nachvollziehbarkeit die Nutzungsfreundlichkeit und Zugänglichkeit des Datensatzes erhöhen. Im hier beschrieben Beispiel wurden daher zum Beispiel Werkzeuge und Informationen bereitgestellt, die auch weniger technik-affinen Nachnutzenden die Rehydration der archivierten Tweet-IDs ermöglichen sollen.

Insgesamt zeigte sich, dass verschiedenste Informationen und zusätzliche Materialien für eine Dokumentation des Datensatzes im Interesse der Nachvollziehbarkeit und Nutzungsfreundlichkeit benötigt wurden, die in der Eingabemaske von datorium nicht vorgesehen waren. Zum Beispiel war es schwierig, Eingabefelder im datorium zu finden, um Informationen über das durch die API bereits vorgenommene Sampling der Daten (soweit es denn nachvollzogen werden konnte) zu dokumentieren.

Neben der Suche nach forschungsfreundlicheren Zugangsmöglichkeiten zu Plattformdaten[20] wird hier die Ausweitung und auch Standardisierung des Ver-

---

19  Kinder-Kurlanda et al. 2017.
20  Dass eine Archivierung von Plattformdaten für die Forschung selbst im Fall einer offiziellen Kooperation einer Plattform mit einem Repositorium schwierige praktische, rechtliche und kulturelle Hürden zu überwinden hat, zeigt das Beispiel der Archivierung von Twitter-Daten bei der Library of Congress. Obwohl bereits 2010 ein Abkommen geschlossen wurde, ist nach wie vor unklar, wer, wann welche Daten zur Verfügung gestellt werden können (vgl. Weller 2019).

fügbarmachens zusätzlicher Informationen und Materialien und des Entwickelns von Dokumentationsstandards für Social-Media-Daten als der vielverspre- chendste Weg angesehen, um die Nachvollziehbarkeit von Social-Media- Forschung zu erhöhen.

## 3 Neuformation datenökonomischer Konstellationen

Es ergibt sich also eine Situation, in der Social-Media-Plattformbetreiber, die proprietäre Daten als Ware betrachten (Leonelli 2014), eine große Rolle im Forschungsprozess spielen und die Forschung in Unternehmen weitreichende technische Entwicklungen großenteils in den Händen der Privatwirtschaft lässt.[21] Wissenschaftliche Institutionen als klassische Produzenten des „Wissens über Gesellschaft" und die sie unterstützenden Forschungsdaten-Infrastrukturen, die ethisch und institutionell auf die Sicherstellung guter wissenschaftlicher Praxis verpflichtet sind, müssen sich mit diesen neuen Akteuren arrangieren.

Abschließend soll ein Blick darauf geworfen werden, wie sich diese Kons- tellation aus Sicht einzelner Forschender darstellt, deren alltägliche Praktiken sich in dieser datenökonomischen Konstellation entfalten. Hier konnte eine Interviewstudie mit Social-Media-Forschenden[22] zeigen, dass erhebliche Un- gleichheiten in Bezug auf die Menge und Qualität an Social-Media-Daten be- stehen, zu denen Forschende Zugang haben. Auf der einen Seite sind erhebliche technische Kenntnisse und Fähigkeiten notwendig, etwa zu Programmierspra- chen, zum Aufbau von Webseiten oder der Funktionsweise von Datenbanken und zu Algorithmen und Werkzeugen zum Sammeln und Analysieren. Darüber hinaus ermöglichen jedoch auf der anderen Seite erst finanzielle Mittel und institutionelle Kollaborationen mit der Industrie einen einfacheren und umfang- reicheren Datenzugang, als er mit APIs und dem Scrapen öffentlich zugängli- cher Inhalte erreicht werden kann und führen so zu Chancenungleichheiten. Persönliche Netzwerke oder Datenschutzgesetzgebungen vor Ort wirken sich ebenfalls auf individuelle Möglichkeiten zum Datenzugang aus. Die Datenöko- nomie erweist sich somit hier als Rahmung individuell stark unterschiedlicher Möglichkeiten und Praktiken, die jedoch herkömmlichen Ökonomien sowohl in Bezug auf Geldmittel als auch in Bezug auf Aufmerksamkeit, wie sie im Uni- versitätsbetrieb gegeben sind, folgen.

Lösungsansätze, wie sie in den *Critical Data Studies* gefordert werden, und die die verschiedenen methodologischen, ethischen und epistemologischen Probleme von Social Media (Big) Data adressieren sollen, also zum Beispiel

---

21    Ekbia et al. 2015.
22    Vgl. Weller und Kinder-Kurlanda 2015.

interdisziplinäre Zusammenarbeit[23], methodische Innovation und Offenheit[24] und die Aussage, dass „Another Analytics is possible" (so Geert Lovink in seiner Keynote auf der in diesem Band dokumentierten Tagung) zeigen sich zudem als im Rahmen individueller Arbeitssituationen oft nur schwer umsetzbar. Ein gleichzeitiges Ausschöpfen des Potentials rechenintensiver Methoden-, und fundierter Theorie-Kenntnisse erfordert in der Praxis Interdisziplinarität und nicht unerhebliche Investitionen an Zeit, Geld und Aufwand. Es bedarf damit größerer förderpolitischer Verankerung. Forschende, die in der Interviewstudie befragt wurden, sahen also das Verfolgen neuer Forschungsdesigns oft als mit beruflichen Risiken verknüpft, besonders wenn innovative Methoden zur Anwendung gebracht wurden, die sich außerhalb des disziplinären Mainstreams befanden – und operierten auch häufig aus Positionen der Prekarität heraus.[25]

Lamla und Ochs (2019) beschreiben, wie VerbraucherInnen in der Datenökonomie mit widersprüchlichen Anforderungen konfrontiert sind, da sie einerseits Datenschutz und Datensparsamkeit üben und sich andererseits als digitalvernetzte Subjekte konstituieren sollen. Die Erfahrungen von ForscherInnen spiegeln diesen Widerspruch – sie sollen Big-Data-Forschung betreiben, dabei aber Datenschutz und Datensparsamkeit umsetzen – der auf der Handlungsebene „immer nur unvollständig oder defizitär"[26] zu bewältigen ist (369). Kollektiv betrifft dieser Widerspruch jedoch auch die die Wissenschaft unterstützenden Infrastruktureinrichtungen wie etwa Datenarchive, die einerseits neue Forschungsmethoden unterstützen und andererseits Best Practice einfordern sollen – jedoch nur wenig Möglichkeit dazu haben, die Datenpraktiken großer Internetfirmen zu beeinflussen und daher darauf angewiesen sind, Kompromisse zu finden, die weder dem Schutz der Privatsphäre der Internetnutzenden noch der Forderung nach Nachvollziehbarkeit von Social-Media-Forschung gerecht werden. Dennoch bietet sich hier die Möglichkeit, kreativ nach neuen Möglichkeiten für Forschung und deren Nachvollziehbarkeit zu suchen. Zum einen wird derzeit viel mit neuen Partizipationsmodellen (z. B. Datenspende, Citizen Science) experimentiert und zum anderen gibt es verschiedene Möglichkeiten, die Nachvollziehbarkeit von Forschung jenseits des Teiles eines verwendeten Original-Datensatzes zu verbessern. Modelle, die auf das Verfügbarmachen von Werkzeugen, Skripten und ausführliche Dokumentation setzen, sind den Eigenschaften von Social-Media-Daten, die als sich ständig verändernder Strom vorliegen, m. E. auch besser angepasst.

Die Archivierung von Social-Media-Daten kann so dazu beitragen, ethische Bedenken im Zusammenhang mit deren Reproduzierbarkeit zu adressieren, und

---

23 Z. B. Savage und Burrows 2007; Ruppert 2013.
24 Z. B. Tufekci 2014; Karpf 2012.
25 Kinder-Kurlanda und Weller 2014.
26 Lamla und Ochs 2019, S. 369.

ist auch zum Teil mit den forschungsethischen Herausforderungen in Einklang zu bringen, die sich aus der Herkunft der Daten als nutzungsgenerierte Inhalte ergeben (etwa durch die Möglichkeiten zur Kontrolle des Datenzugangs). Die Überprüfung der Validität der Aussagen in Social-Media-Daten-basierter Forschung ist durch den eingeschränkten Datenzugang und die beschränkten Möglichkeiten, Daten zu teilen, begrenzt. Zugleich sind kritisch-reflexive Datenpraktiken (inklusive der Implementierung von Maßnahmen, die die Nachvollziehbarkeit von Forschung bei Plattformen selbst und außerhalb von diesen erhöhen) wie sie etwa von den Critical Data Studies eingefordert werden, nicht auf der Ebene individueller Forschungsvorhaben umsetzbar, sondern erfordern vielmehr eine förderpolitische Verankerung, die es zum Ziel hat, auch die Rolle der Social-Media-Plattformen zu verändern. Bei dieser Veränderung könnten wiederum existierende forschungsunterstützende Infrastrukturen eine Rolle spielen, wie es zum Beispiel von der *Association of Internet Researchers* eingefordert wird:

> ...what is necessary is an acknowledgment by the platforms that researchers have a legitimate need to share their data with each other, in a controlled and ethical way, and that the best way to do so is openly and transparently through the carefully controlled data repositories that already serve other academic fields.[27]

Öffentliche Datenarchive als ‚Trusted Third Parties' verfügen bereits über die entsprechenden Erfahrungen und Strukturen, um eine Rolle als Vertreter der Wissenschaft gegenüber Plattformbetreibern einzunehmen: Sie sind öffentlich finanziert, besitzen entsprechende Datenmanagement-Kompetenzen und haben vielfältige Lösungen für kontrollierte und gesicherte Zugangswege entwickelt. Würden Plattform-Anbieter die durch Nutzung ihrer Angebote generierten Daten der Gesellschaft in den Infrastrukturen solcher Trusted Third Parties „einlagern", die diese Daten treuhänderisch verwalten, so könnten daraufhin im Rahmen öffentlicher Aushandlungsprozesse Spielregeln sowohl für Zugänge als auch für Nutzungsweisen formuliert werden.

# Literatur

AoIR – Association of Internet Researchers. 2018. Facebook Shuts the Gate after the Horse Has Bolted, and Hurts Real Research in the Process. https://aoir.org/facebook-shuts-the-gate-after-the-horse-has-bolted/. Zugegriffen: 23. April 2019.

Driscoll, K., und S.Walker. 2014. Working Within a Black Box: Transparency in the Collection and Production of Big Twitter Data. *International Journal of Communication* 8: S. 1745–1764.

---

27    AoIR 2018.

Ekbia, H., M. Mattioli, I. Kouper, G. Arave, A. Ghazinejad, T. Bowman, V. R. Suri, A. Tsou, S. Weingart, und C. R. Sugimoto. 2015. Big data, bigger dilemmas: A critical review. *Journal of the Association for Information Science and Technology* 66 (8): S. 1523–1545.

Frické, M. 2014. Big Data and Its Epistemology. *Journal of the Association for Information Science and Technology* 66 (4): S. 651–661.

Gitelman, L, Hrsg. 2013. *„Raw Data Is an Oxymoron".* Cambridge, Mass., London: MIT Press.

Hutton, L., und T. Henderson. 2015. „I didn't sign up for this!" Informed consent in social network research. Proceedings Ninth International AAAI Conference on Web and Social Media, Oxford University, May 26, 2015–May 29, 2015: S. 178–187.

Karpf, D. 2012. Social Science Research Methods in Internet Time. *Information, Communication & Society* 15 (5): S. 639–661.

Karppi, T., und K. Crawford. 2016. Social media, financial algorithms and the hack crash. *Theory, Culture & Society* 33 (1): S. 73–92.

Kinder-Kurlanda, K. E., K. Weller, W. Zenk-Möltgen, J. Pfeffer, und F. Morstatter. 2017. Archiving Information from Geotagged Tweets to Promote Reproducibility and Comparability in Social Media Research. *Big Data & Society* 4 (2): S. 1–14.

Kinder-Kurlanda, K. E., und K. Weller. 2014. „I always feel it must be great to be a hacker!": The role of interdisciplinary work in social media research. Proceedings of the 2014 ACM conference on Web Science: S. 91–98.

Kitchin, R. 2014. Big Data, new epistemologies and paradigm shifts. *Big Data & Society* 1 (1): S. 1–12.

Lamla, J., und C. Ochs. 2019. Selbstbestimmungspraktiken in der Datenökonomie: Gesellschaftlicher Widerspruch oder ‚privates' Paradox?, In *Paradoxien des Verbraucherverhaltens*, Hrsg. B. Blättel-Mink und P. Kenning, S. 25–39. Wiesbaden: Springer Gabler.

Lazer, D., R. Kennedy, G. King, A. Vespignani. 2014. The Parable of Google Flu: Traps in Big Data Analysis. *Science* 343 (6176): S. 1203–1205.

Leonelli, S. 2014. What difference does quantity make? On the epistemology of Big Data in biology. *Big Data & Society* 1 (1), S. 1–11.

Littman, J. 2019. Twitter's Developer Policies for Researchers, Archivists, and Librarians. On Archivy (Blog). https://medium.com/on-archivy/twitters-developer-policies-for-researchers-archivists-and-librarians-63e9ba0433b2. Zugegriffen: 23. April 2019.

Manovich, L. 2011. Trending: The promises and the challenges of big social data. *Debates in the digital humanities* 2: S. 460–475.

Mannheimer, S., A. Pienta, D. Kirilova, C. Elman, und A. Wutich. 2018. Qualitative data sharing: Data repositories and academic libraries as key partners in addressing challenges. *American Behavioral Scientist* 63 (5): S. 643–664.

Ruppert, E. 2013. Rethinking empirical social sciences. *Dialogues in Human Geography* 3 (3): S. 268–273.

Ruths, D., J. Pfeffer. 2014. Social media for large studies of behavior. *Science* 346 (6213): S. 1063–1064.

Savage, M., und R. Burrows. 2007. The Coming Crisis of Empirical Sociology. *Sociology* 41 (5), S. 885–899.

Simonite, T. 2012. What Facebook knows. MIT Technology Review. https://www.technology review.com/s/428150/what-facebook-knows/. Zugegriffen: 23. April 2019.

Sparks, R. T., C. E. Walker, und S. M. Pompea. 2015. Social Media Programs at the National Optical Astronomy Observatory. IAU General Assembly 29, No. 2257571.

Thomas, R., und M. Walport, 2008. Data Sharing Review Report. http://amberhawk.typepad.com/files/thomas-walport-datasharingreview2008.pdf. Zugegriffen: 23. April 2019.

Tufekci, Z. 2014. Big Questions for Social Media Big Data: Representativeness, Validity and Other Methodological Pitfalls. Proceedings Eighths International AAAI Conference on Weblogs and Social Media, Ann Arbor, Michigan, USA, June 1–4, 2014: S. 505–514.

Twitter. 2014. Developer agreement & policy: Twitter developer agreement. https://dev.twitter.com/overview/terms/agreement-and-policy. Zugegriffen: 23. April 2019.

Van Dijck, J. 2014. Datafication, dataism and dataveillance: Big Data between scientific paradigm and ideology. *Surveillance & Society* 12 (2): S. 197–208.

Weller, K. 2019. Big Data & New Data: Ein Ausblick auf die Herausforderungen im Umgang mit Social-Media-Inhalten als neue Art von Forschungsdaten. In *Forschungsdatenmanagement sozialwissenschaftlicher Forschungsdaten: Grundlagen und praktische Lösungen für den Umgang mit quantitativen Forschungsdaten*, Hrsg. U. Jensen, und S. Netscher, S. 193–210. Opladen, Berlin, Toronto: Barbara Budrich.

Weller, K., und K. Kinder-Kurlanda. 2015. Uncovering the Challenges in Collection, Sharing and Documentation: The Hidden Data of Social Media Research? Standards and Practices in Large-Scale Social Media Research: Papers from the 2015 ICWSM Workshop. Proceedings Ninth International AAAI Conference on Web and Social Media, Oxford University, May 26, 2015 – May 29, 2015: S. 28–37.

Weller, K., und K. E. Kinder-Kurlanda. 2017. To Share or Not to Share? Ethical Challenges in Sharing Social Media-based Research Data. In *Internet Research Ethics for the Social Age*, Hrsg. M. Zimmer und K. E. Kinder-Kurlanda, S. 115–129. New York u.a.: Peter Lang.

Willson, M., und T. Leaver. 2015. Zynga's FarmVille, social games, and the ethics of big data mining. *Communication Research and Practice* 1 (2): S. 147–158.

Wira-Alam A., S. Müller, und N. Schumann. 2015. Datorium: Sharing platform for social science data. Proceedings of the 14th International Symposium on Information Science: S. 244–249.

Zimmer, M. 2010. But the data is already public: on the ethics of research in Facebook. *Ethics and Information Technology* 12 (4): S. 313–325.

# Globale Netzwerke, Plattform-Kapitale und Überlegungen zu multiplen Demokratien

*Manfred Faßler[1]*

*Keywords: Democracy, Big Data, standortunabhängige Soziale Systeme, Soziales als globales Geschäftsfeld, (infra-)strukturelle Gewalt*

*Abstract*

Wahrnehmungs- und kommunikationsgebundene Demokratie-Bedingungen stehen derzeit massiv unter Änderungsdruck. In den nutzungsintensiven Online-Offline-Clustern verändern sich alle klassischen Funktionsbenennungen und deren normative Regelwerke. Teilnahme (participation), Datenkommunikation (in Nano-/Femto-Sek.), Beratung, Beeinflussung (cookies, Cambridge Analytica, Sprinkler et.al.), Meinungsformung und -kontrolle (Scoring und das Super Scoring der VR China), (errechnete, automatisierte) Entscheidungen, Verabredungen, Milliarden von Interfaces (Benutzeroberflächen), digitale Sensoren und Operatoren erzeugen permanent *virtuelle Nahräume*. Abo-Demokratie, Cookies-Democracy, errechnete Demokratie. Diese werden als direkte Beteiligung erlebt und genutzt.

Der klassisch-moderne institutionelle Körper der kontinuierlichen Repräsentation, darstellbar z. B. durch die Speicher-, Zugriffs-, Sitz-, Zeit- und Gesprächsordnung eines Büros, wird durch die transklassischen Datenkörper der immer neuen Zustandsrechnungen verdrängt, ersetzt. Mensch kann jetzt überall, zu jeder Zeit, Bürobesuche absolvieren, online, kann zeitaufwendige Interessen-Demokratie durch rasche Click-/Meinungs-Demokratie beschleunigen. Zugleich lösen sich modern-ethische Konzepte von Gemeinwohl oder Allgemeinheit auf.

*Inhalt*

1 Anfängliche Bemerkungen................................................................ 118

2 Thesen............................................................................................. 123

3 Abschlussbemerkungen: Humanisierungskonflikte ......................... 137

Literatur.............................................................................................. 139

---

1    Manfred Faßler | Goethe-Universität Frankfurt am Main | fasslermanfred@aol.com

© Springer Fachmedien Wiesbaden GmbH, ein Teil von Springer Nature 2019
C. Ochs et al. (Hrsg.), *Die Zukunft der Datenökonomie*, Medienkulturen im digitalen Zeitalter, https://doi.org/10.1007/978-3-658-27511-2_7

*Das Wichtigste ist vielleicht, in der Nutzung der neuen Medien nicht
ein Gegenmodell zur repräsentativen Demokratie zu sehen. (...) Das
dichte Geflecht gesellschaftlicher Kommunikationen in der analogen
wie in der digitalen Welt (macht) einen integralen Bestandteil der
verfassungsstaatlichen demokratischen Ordnung aus (...).*[2]

# 1   Anfängliche Bemerkungen

Für meinen Beitrag habe ich eine Mischform aus längeren Textpassagen und
Thesen gewählt. Der Grund ist einfach: die Thesen erlauben mir, mit kurzen
Argumenten aufzuwarten. Die längeren Passagen ermöglichen Einbettungen.
Gleichwohl ist es derzeit nicht einfach, die Entwicklungen von Web 2.0, Industrie 4.0, Künstlicher Intelligenz oder datentechnisch betriebener Sozialer Netzwerke zusammenzufassen. Dies sei kurz am Verhältnis von Digitalisierung und
Demokratie angesprochen. Das Buzzword der Zeit ist: Digitalisierung. Merk-
würdig ist, dass immer noch so getan wird, als gehe es um programmierte Objekte, um Tools, als Werkzeuge, mit denen die Welt umgebaut wird. Aber bereits mit „Social Networks" geht es nicht um Werkzeuge, sondern um Sozialverfassungen, sei es in Betrieben voller Roboter, in Büros voller Computer,
WLAN-Anschlüssen, in Kinderzimmern voll Video-Displays und Interfaces, in
Häusern mit Smartness-Ausstattungen oder sozialen Systemen mit datentechnologischer Infrastruktur. Bei allem geht es nicht nur um Internet der Dinge, sondern um *Internet der (verstreuten) Sozialverfassungen*. Diese sind nicht mehr
territorial, nicht mehr auf ein Volk, einen *demos*, bezogen. Bei den weltweit
entstehenden technokratischen Volksrepubliken unter der Führung von Google,
Amazon, Facebook etc. ist eine repräsentative Demokratievariante nicht vorgesehen. Und dennoch ist „Emergenz virtueller Öffentlichkeit" zu beobachten[3],
hervorgebracht aus sozialen Praktiken. Zwei Varianten der Digitalisierung stehen sich gegenüber: die Infrastrukturstrategien der Datenplattformen, mit Big
Data, IoT verbunden; und dem gegenüber die sekündlich milliardenfache Nutzung digitaler Ding- und Raumprogrammierungen, in der die Transformation
sozialer Systeme erfolgt. Nicht *User driven*, sondern *Use driven*-emergente
Praktiken. Diese wird man in den Fokus stellen müssen, gerade für die Frage:
Welche Demokratieoptionen werden in den immer dichteren Beziehungen aus
Materialität-Medien-Menschen hervorgebracht.

---

2   Dreier 2018, S. 40f.
3   Münker 2009.

Die Bedrängungen von repräsentativer, parlamentarischer, liberaler Demokratie werden nicht allein durch Geopolitiken und algorithmische Sozialverfassungen der Plattform-Kapitale hervorgerufen. Sie kommen einesteils aus den Parlamenten und Wählerschaften selbst, betrachtet man England in der Brexit-Irre, die Republikaner in den USA, Herrn Orbán in Ungarn, die Regierung Italiens oder die akute polnische Regierung. Und sie entstehen in den zahlreichen Mikro-Öffentlichkeiten, den Mikro-Räumen der Nutzung datenökonomischer Angebote. In ihnen werden jene Verbunddaten (Metadaten als strukturierte Kontaktdaten) erzeugt, die den erweiterten Zugriff der Datenunternehmen auf „Kundschaft" ermöglichen. „Nutzung" der aufbereiteten Informationen ist nicht nur Konsum, sondern auch Produktion von Daten. Die damit verbundene radikale Personalisierung bringt eine Loyalitäts-Blase hervor, die die Regentschaft der Unternehmen immer mehr festigt, solange Staaten nicht bestimmte Datenräume als Gemeingut erklären.

Auf all dies werde ich nicht eingehen können. Dennoch liefern diese Beispiele Hinweise darauf, dass die zivilisatorischen Effekte repräsentativer Demokratie keineswegs zur Erbschaft der Menschheit gehören, sondern zu deren Streitgut gezählt werden müssen. Dies ist umso gravierender, bedenkt man, dass die institutionelle Moderne eine spezifische industrielle, warenwirtschaftliche und bürokratische Grundlage hatte, die mit den Datenkapitalen völlig verändert wird. Demokratie verliert derzeit ihre überlieferte materielle Verfassung, und damit ihre bisherigen Stabilisierungsbedingungen. Die datentechnischen und datenökonomischen Entwicklungen setzen nicht nur neue infrastrukturelle Netzwerke, neue Wertschöpfungsnetze, Operations- und Abhängigkeitsgefüge ein und durch. Sie bringen neue, instabile, prekäre, änderungsintensive Sozialverfassungen hervor, die ihre eigenen, struktur- und netztypischen Governanceformen entwickeln müssen.

Vieles ändert sich in hohen koevolutionären Geschwindigkeiten: Datenbasis, Wissensgrundlagen, Wahrnehmung und Gruppenzugehörigkeit, Bedeutungszusammenhänge, Präsenz- und Repräsentationsformate. Immer mehr Menschen sind, hochqualifiziert, an Detail- und Systementwicklungen beteiligt. Für die sozialen Transformationsdynamiken und Empirien fehlen noch die verabredeten Fachblicke, fehlt der epistemische Konsens. Die Befürchtungen reichen von Refeudalisierung des Sozialen, finale Vernetzung[4] bis zu Zufalls-Parlamenten oder Projekt-Demokratien. Es sind ja nicht nur die Institutionen, die unter dem Druck von datentechnologischen Infrastrukturen ächzen. Soziales (Beispiel: Soziale Netzwerke) hat die territoriale Gesellschaft verlassen. Bezogen auf Gesellschaftsideale ist es kein Coup d'Etat. Eher sind es vielfältige Coups de Data, User driven, wie man so sagt. Also gefährdet die datenökonomi-

---

4    Howard 2018.

sche Sozialverfassung bisherige Demokratieansprüche und -praktiken? Nimmt man die „Gefahr" aus der Aussage heraus, ist die Antwort: Ja. Es bleibt richtig: Datenökonomische Plattform-Kapitale üben ebenso enormen Druck auf bisherige Institutionsformate von Demokratie aus, wie dies die Milliarden User*innen auch tun. Und dieser Druck entsteht durch die Entthematisierung von Demokratie. Sie ist weder als Modell noch als Methode Dimension der warenwirtschaftlichen Programmierungen noch ein Dauerthema innerhalb der Social Networks. In der Verbindung von Plattform-Medien, High Frequency Tradings und Finanzmärkte bedroht Datenökonomie das Wissen. Nicht aktiv, sondern dadurch, dass die Auseinandersetzungen über regulatorische Kontexte (Demokratie) umgangen, verschwiegen, entthematisiert werden, weltweit.

Ob diese Umsetzung von Datenökonomie als (fraktal verstreute) Sozialverfassungen sinnversprechend mit Weltgesellschaft benannt ist, vielleicht unterlegt mit Weltordnung, Weltdemokratie, Weltvolk (?), sei dahingestellt. In jedem Fall haben sich die Infrastrukturen des Daten-Sozialen nicht „ordentlich", d. h. nicht explizit, rational, philosophisch oder soziologisch begründend, verabschiedet, eher klammheimlich, aber mit großem Anhang, *Techno-, Data und User driven*. Beunruhigend scheint für viele nicht dieser „klammheimliche Umbau" des Sozialen zu sein. Belastend wirkt, dass die neuen kybernetischen Sozialverhältnisse nicht in Lebenswelt auflösbar, ihre kognitiven, physikalischen, schaltungstechnischen Bedingungen nicht mehr erlebbar sind. Sie liegen jenseits der symbolischen Referenz bekannter Sozialzusammenhänge, jenseits der sicher geglaubten Repräsentationen und in den „tiefen Schaltungshintergründen" der Interfaces.[5]

Die soziologischen, politologischen, kulturwissenschaftlichen Nacharbeiten, die in etwa erklären könnten warum, wie, wohin die Transformationen erfolgten, sind gerade erst begonnen worden. Und von einer entwicklungswissenschaftlichen Neuorientierung besagter Fachkontexte liest man auch nicht überschwänglich viel.

Für's Thema heißt dies: Privatheit, Demokratie, Subjekt und Normen betrachte ich in koevolutionären, epigenetischen Zusammenhängen. Demokratie, als eine normative Teilheimat von Privatheit, Partizipation, freier Anonymität, offener Bedeutungsvielfalt von Kommunikation, ist für mich Folge und Träger von Entwicklungsdynamiken. Diese Kopplung von Demokratie und Entwicklung ist keineswegs aufgelöst. Die mitgedachten Sozialverfassungen sind heute nicht mehr gesellschaftlich „eingehegt". Es sind offene, globale, topologische Netzwerke aus Online-Offline-Beziehungen. Sie bilden eine eigene soziotechnologische Machtarchitektur.

---

5    Woletz 2016.

Dass Menschen, die nicht per Arbeitsvertrag an der Programmierung von Plattformen, Clouds, Smartness, Künstlicher Intelligenz, 3D-Druckern, Cross Realities, High Frequency Tradings „beteiligt" sind, also zu einem erdweiten Offline-/User*innen-Proletariat zu gehören scheinen, dennoch beteiligt sein wollen, scheint weder M. Zuckerberg, noch E. Schmidt, J. Cohen zugänglich zu sein. Versteht man Demokratie nicht nur als Verwaltungsstelle des Allgemeinwohls, sondern als soziales Entwicklungszentrum zukünftiger Lebensbedingungen, wird man von permanenter Online-Offline-Demokratie ausgehen müssen, von Projekte-Demokratie.

Dies impliziert die dankbare Verneigung vor und die Absage an das Europäische Bürgertum. Dem war die Idee gekommen, Warenwirtschaft, Wissensentwicklung, Marktbedingungen, allgemeine Alphabetisierung, Interessenparteien, Repräsentation, Konfliktregulierung etc. unter einem antiklerikalen und antifeudalen Format zu vereinigen: Demokratie. Verträge überall, Ära des Contract Social, inklusive Verkauf und Kauf lebendiger Arbeitskraft. Mit diesem Kontraktualismus verbinden sich zivile, herrische, autoritäre Formationen sozialer Selbstregierung.

In ihrer industriellen, bürokratischen, klassen- und schichtenökonomischen Realität war Demokratie nie einheitlich. Warum auch? Sie ist keine Form, allerhöchstens ein Formationsversprechen, um dessen Realitätsnähe gekämpft, gestritten, gerungen werden muss. In diesem Sinne verstehe ich H. Dreiers Hinweis im Eröffnungszitat, „neue Medien" (neue Öffentlichkeiten) nicht als „ein Gegenmodell zur repräsentativen Demokratie zu sehen" (s.o.). Wir werden um die neuen Repräsentationsformen, um ad hoc Demokratie, um Projekte-Demokratie, um die Repräsentation fraktaler Öffentlichkeiten, standortunabhängiger (also territorial ungebundener) Populationen wissenschaftlich und politisch streiten müssen. Viel Zeit haben wir dafür nicht.

Die Lebensbedingungen des Menschen stehen an der Schwelle zu neuen bio- und geopolitischen Herrschaftsformen. Derzeit sind knapp 5 Milliarden Menschen als Direkt-Nutzer*innen in die digitalen Universal- und Querschnittstechnologien eingewoben. Tendenz steigend. Ca. 11 Milliarden Geräte erzeugen, verwalten, berechnen deren Datenmassen, sind über Sensoren und Operatoren zwischengeschaltete anonyme Aktivisten. Mit dem Internet Protocol version 6 (IPv6) (ab 2020 fertiggestellt) sehen wir nicht nur 9 Nullen, die uns die Menge adressierter Datengeräte oder Datenkörper dokumentieren. Wir haben es dann mit $2^{138}$ zu tun, einer 2 mit 138 Nullen, Silionen. Diese möglichen Billiarden Türchen zur Smartness werden den Menschen in vielfacher Hinsicht verändern. Vielleicht wirkt dieser Satz zu einfach. Aber die Dramatik spare ich mir noch auf.

Die „reelle Subsumtion" (K. Marx) ganzer Sozialsysteme unter die Daten-/Informations-Kapitale hat gerade erst begonnen.

Keine Gesellschaftsformation ist davon unberührt, kein Territorium, kein menschliches Selbstverständnis. Einesteils erfordert dies, die soziologische und philosophische Rede von Subjekt und Identität in Richtung anthropologischer Rede vom Menschen auszuweiten. Darüber hinaus ist die Anforderung entstanden, die massiven datentechnologischen und datenökonomischen Veränderungen unserer Gegenwart mit langfristigen Entwicklungen in Beziehung zu setzen. Was aber meint „langfristig"? Und was hat dies mit Demokratie zu tun?

„Langfristig" meint zunächst relative Kontinuität der Lebensbedingungen. Nun wissen wir, dass wir es mit der datenreichsten und zugleich änderungsintensivsten Technologie zu tun haben. Seine Dynamiken werden derzeit mit dem Buzzword „disruptiv" benannt: Abrisse, plötzliche Richtungsänderungen, radikale Innovationen, Dauerstress der Kreativität. Von Kontinuität keine Spur, es sei denn, man bezieht diese leicht ironisch auf die Kontinuität des permanenten Wandels, der permanenten soziotechnologischen Revolution. Und wo lokalisiert man Demokratie? Wir wissen, dass die Software-Entwicklung um das vier- bis sechsfache schneller verläuft, als die regulierende Gesetzgebung in Parlamenten. Disruption versus Democracy? Man kann zu dieser Meinung neigen.

Verführerisch ist der Gedanke, sich bei der näheren Bestimmung von Kontinuität auf Kohäsion zu berufen. Sie wird entweder über standardisierte Identitätstypen oder Institutionen innerhalb nationalstaatlich organisierter Gesellschaften begründet. Kritisch weist der Politikwissenschaftler Francis Fukuyama in „Identity" (2018) darauf hin:

> The type of identity politics increasingly practiced on both the left and the right is deeply problematic because it returns to understandings of identity based on fixed characteristics such as race, ethnicity and religion, which had earlier been defeated at great cost.[6]

Nicht nur dies betrachte ich als problematisch. Mir mangelt es an sozialen und politischen Konzepten, die Veränderungen der soziotechnischen Lebensverhältnisse, also soziale Verfassungen als zentralen Bezugspunkt nehmen, Demokratie zu denken. D. h. Demokratie als entwicklungsorientierten Handlungskonsens einander fremder Gruppen zu denken. Warum stellt man nicht die Frage an Politiker*innen: Wie soll Demokratie in fünf Jahren aussehen?

Deutlich ist, dass in nationalstaatlichen Institutionen (Ministerien, Bildungskonzepten, juristischen Normgefügen) nicht mehr die Entwicklungsbedingungen beherbergt sind, von denen schwerindustrielle Gesellschaften ausgingen. Deutlich ist auch, dass die Legitimation von politischer Entscheidungsmacht nicht mehr allein über eine national begrenzte Gesellschaft erfolgen kann. Glo-

---

6    Fukuyama 2018, S.158f.

bale Vernetzungen legen Geschwindigkeiten und Handlungsräume vor, die, weil in sich souverän und machtvoll, von modernen Gesellschaften, Staaten und Politiken nicht mehr erfasst werden können. Eine Rehabilitierung nationaler Ordnungspolitik wird in Teilen der Welt angestrebt. Entwicklungsbezogen schließt sie sich aus. Auch ist völlig unklar, wie Wissens- und Bildungspolitik, Forschungs- und infrastrukturelle Kommunikationspolitik, wie Medien- und Datenpolitik legitimiert werden können.

Wenige Fragen zeigen das krisenhafte Dilemma aktueller Demokratien an:

- Wer trägt die Lasten der Legitimation globaler Entwicklungen?

- Wie können diese national angesprochen werden? Ist das mit Identitätsbezug überhaupt möglich?

- Wie könnten Konzepte polytechnischer Demokratie aussehen?

- Wie sind Legitimationsverfahren innerhalb datentechnischer Netzwerke gegen die Mauern aus Patenten, Copyright, Loyalitätsverpflichtungen der User*innen zu organisieren?

- Wen meint Demokratie und was ist mit diesem Wort beschrieben?

Aber ich versprach ja eine eher thesengebundene Problematisierung. Mit ein paar Schritten möchte ich diesem Versprechen nachkommen.

## 2   Thesen[7]

**2.1.**   Die „ursprüngliche" Akkumulation von Daten, die einen Zugriff auf komplexe soziale Zusammenhänge ermöglicht, ist mit Auftreten der G.A.F.A.-Strukturen (Google Apple Facebook Amazon) beendet. *Die 2000er sind das Jahrzehnt, in dem die sozialen Transformationen auf Systemebene beginnen. Den Strategien der Wissensökonomie (cognitive capitalism) folgt ein globaler sozioökonomischer und kulturökonomischer Umbau. Binnen zwei Jahrzehnten haben sich die Bedingungen der* Vierten Industriellen Revolution *gefestigt. Dabei stellt sich eine überaus interessante Spannung her. Sie wird getragen von dem Bedarf, den weiteren digitalen, algorithmischen Wandel nicht mehr allein den Computerindustrien zu überlassen. Immer intensiver wird nach den regulatorischen Bedingungen, nach Gemeinwohlbezug, nach sozialer Systematik gefragt. Ob dies belastbar so bleiben wird, wird sich zeigen. Denn die wissens-, sozial- und ordnungspolitischen Grundlagen für die Entstehung von Web 1.0 und Web 2.0 sind noch im Spiel. Es ist dies die ökonomische Forderung nach Schwächung des Staates (Neo-Liberalismus), mit der die massiven Deregulie-*

---

7    Die Thesen sind normal, die Erläuterungen kursiv gesetzt.

rungen der 1980er und 1990er verbunden sind. Damit verbunden ist die multiple Schwächung des Gesellschaftsmodells durch die Etablierung neuer Kapitalformen, die ihre Macht in den globalen Daten- und Informationsmärkten entwickeln, also in den Speicher- und Vernetzungskapazitäten der 2000er. Small Data wird in Richtung Big Data weiterentwickelt. Es erfolgt eine Souveränitätsverlagerung von den Menschen, die Daten erzeugen und Informationen nutzen, zu jenen Unternehmen, die perspektivisch alle Daten der Welt als ihr privatwirtschaftliches Eigentum speichern. Unternehmen eignen sich Volks- oder Herrschaftssouveränität an. Dies geht soweit, dass seitens Google ein von ihnen formulierter allgemeiner Gesellschaftsvertrag in Aussicht gestellt wird (a kind of social contract).[8] An Stelle der Volkssouveränität einer nationalen Gesellschaft, tritt die Souveränität der Plattform-Bevölkerungen, einer Art Wander-Souverän. Strukturen dafür haben wir noch nicht. Franklin Foer kommentiert dies in „World Without Mind" (2018): Früher ging es um „Power to the People, right now"; jetzt gehe es um „Power-Tool to the People", stets unter Kontrolle der Eigentümer des Algorithmus.[9]

**2.2.** Daten sind an keine Herkunft, an keinen Bedeutungszusammenhang gebunden. Sie sind, in ihrem mathematisch-physikalischen Zustand, nulldimensional (worauf V. Flusser beharrlich hinwies). D. h. Daten sind verwendungsneutral. Erst in ihrer programmierten Bedeutungskarriere, als Information, verlieren sie für einen Moment ihre Neutralität. Sie ermöglichen eine Art Kombinationsgewinn, der Zusammenhänge bestätigt und hervorbringt. Der Zugang zu Informationen ist demnach nicht allein dann garantiert, wenn Netzwerke offen und zugänglich sind. Zugang zu Informationen meint immer auch, wissenskulturelle Fähigkeiten, mit Daten informationsrelevant umgehen zu können. Daten müssen übersetzt werden, um für Menschen als bedeutungsfähige Zeichenordnungen verwendbar zu sein.

Es wird das wichtige Thema der nächsten Jahre sein, ob Künstliche Intelligenz menschliches Denken über Bedeutungsmodelle für sich aktivieren kann. Für Unternehmen heißt dies, sich bei der Entwicklung künstlich-intelligenter Produkte und Dienstleistungen zusammen zu tun. Microsoft, Amazon, Google, Facebook und IBM haben 2016 eine KI-Partnerschaft gegründet, die sich um diese Annäherung von komplexen Informationstechnologien an komplexe Denkweisen bemüht.

*

*Insofern beziehen sich die Datenmassen nicht mehr nur auf Konsum und intersubjektive Kommunikation. Sie sind, als momentan geordnete Informationen, Quelle eines neuen Subsumtionstypus (ein neuer Typus der Erziehung, Anpas-*

---

8    Schmidt und Cohen 2013.
9    Dormehl 2014.

*sung, der beruflichen und alltäglichen Qualifikation, der Konformität, der Herrschaft, der strukturellen Gewalt [J. Galtung]):*
*Daten- und Informationstechnologie sind zur Universal- und Querschnittstechnologie geworden.*
*Unter diesen Bedingungen wird das Soziale zu einem offenen Sampling von Datenblasen, ein Netzwerksampling.*
*Daten werden auf diesem Weg zu Produktionsmitteln, angewandte Informationen zu einer systematisch durch Nutzung verbreiteten Produktivkraft.*

**2.3.**    Die Nutzungsweisen von Daten und Informationen bilden die Verfassung globaler Sozialbeziehungen. Dies ist materiell, organisatorisch, logistisch auf Wahrnehmung und Denken, auf Industrie 4.0, Smart Houses, Web 2.0, auf „Arbeiten 4.0" etc. bezogen. Universal und Querschnitt heißt auch: Allgegenwart datentechnisch bedingter Wahrnehmung, taktilen, kommunikativen, entwerfenden, gestaltenden Handelns.

**2.4.**    Die technischen und ökonomischen Bedingungen für soziales, ökonomisches, kulturelles und politisches Zusammenleben werden demnach grundlegend verändert – weltweit, zeiteinheitlich. Es entsteht eine globale Medieninfrastruktur, verkabelt oder kabellos, ortsfest oder mobil, überwachend oder kontrollierend, diagnostisch oder therapeutisch, verbunden mit Quantified Self und aktiv in High Frequency Trading.

In diesen Gefügen werden multiple soziale Medienverfassungen hervorgebracht. Sie bestehen aus datentechnologisch strukturierter Arbeitswelt und virtuellen Nachbarschaften, pseudonymen Freundschaften und Geheimbünden, aus adhoc-Gruppen und part-time participation. Jedes erreichte Entwicklungsniveau bisheriger Gesellschaften, ob agrarisch, vorindustriell oder hochindustriell, ob ländlich, urban oder großstädtisch, wird durch die digitalen Nutzungsgefüge neu verfasst.

In jedem Transformationsverlauf bilden sich Konflikte von Kapitalfraktionen heraus. Und es bilden sich neue, vorläuferlose Kapitale aus, die keineswegs dieselben Markt-, Rechts-, Sozial-, Ausbildungsinteressen haben, wie z. B. Industriekapitale des frühen 20. Jahrhunderts.

**2.5.**    Computertechnologie ist von Beginn an konzeptionell und empirisch Querschnitts- und Universaltechnologie. Anders lässt sich das kybernetische Basiskonzept nicht bestimmen. Datentechnologie bringt neue Sozialverfassungen hervor, die weder an territoriale Nationalität noch Gesellschaft gebunden sind. Wir bewegen uns in einem Zeitalter digitalisierter Projekte-Wanderschaft. Mit jedem Telefonat, jeder App-Nutzung, jeder Doodle-Zeitplanung, jeder virtuellen Nachbarschaft erzeugen und stärken wir dies.

Der „sozialen Eroberung der Welt" (E. Wilson) folgt nun (koevolutionär) die datentechnologische Eroberung des Sozialen und des Politischen.

\*

*Da kaum mehr kommunikationstechnische soziale und ökonomische Alternativen („Bremsen") innerhalb der informationstechnologischen Netzwerke existieren, ist der selbst erzeugte Anpassungs- und Änderungsdruck auf die lebende Menschheit enorm.*

*Die Regeln der funktionalen Differenzierung, die gerne als Beschreibung für industrielle, bürokratische und logistische Moderne herangezogen wird, verlieren sich in den Dynamiken funktionaler Entdifferenzierung, in der Welt der soziokulturellen Samplings, der Mixed Realities aus Künstlicher Intelligenz, Virtueller Realität und Augmented Realities., Mixed und Cross Realities.*

**2.6.** Als Universal- und Querschnittstechnologie sind digitale Netzwerke, vom Motherboard bis zu den G.A.F.A.-Infrastrukturen, zu machtvollen intentionslosen, depersonalen Akteuren geworden. Sie hat sich, durch milliardenfache Nutzung pro Sekunde, zu einer materialen, kommunikativen, ökonomischen Verfassung entwickelt: zu einem globalen nach-gesellschaftlichen Sozialsystem. Dessen Verfassung steht gegen nationale Rechtsverfassungen.

*

*Ingo Schulz-Schaeffer hatte in seinem Text „Technik als Akteur und als soziale Institution" von 2007 darauf hingewiesen, dass es in Soziologie noch theorieüblich ist, gegenständliche und ungegenständliche Technik als „außersoziale Phänomene"[10] abzuhaken. Gebunden ist dies u. a. an M. Webers Formulierung zur Technik als „sinnfremde Vorgänge und Gegenstände". Auch N. Luhmann urteilt, Technik sei, wenn man von der Systemreferenz Gesellschaftssystem ausgeht, nur als Umwelt des Systems in Betracht zu ziehen. Dass dies zu wenig ist, stellten schon H. Linde, B. Latour, Helmut Schelsky, James Coleman heraus.*

*Von H. Schelsky stammt der Satz, „in der technischen Zivilisation tritt der Mensch sich selbst als wissenschaftliche Erfindung und technische Arbeit gegenüber".[11] Diese anthropologische These erweitere ich in Richtung koevolutionärer Prozesse, deren Konnektivität bei weitem noch nicht erforscht ist. Innerhalb der Soziologie benötigen wir ein Konzept der beabsichtigten Nicht-Intentionalität.*

*Sinn ist ein Attribut, eine Zuweisung oder Selbstanweisung, etwas als sinnvoll zu erachten. In den Schaltungen in Nano- oder Femtosekunden ist keine menschliche Entscheidung möglich. Sie muss als Summe gedacht werden, als verzögerte Reaktion oder als Vorläufer, als, im Wortsinne: Voraus-Setzung.*

**2.7** Der Umbau des Sozialen zum Geschäftsfeld globaler Datenakteure ist weit fortgeschritten. In der Koalition von Milliarden User*innen und einigen wenigen Plattform-Kapitalen entsteht ein strikt disziplinierter Pluralismus, der sich weitgehend von Staatsbezug freihält. Dieser disziplinierte (also disziplinie-

---

10   Schulz-Schaeffer 2007; Halfmann 1995.
11   Schelsky 1979, S. 457.

rende) Pluralismus beruht auf drei Entwicklungen, die bereits tief in der neuen Sozialformation verankert sind und sie weitertreiben:
- Personalisierte Plattform - und Markenloyalität, die die Legitimations- und Legalisierungsformen demokratischer Gesellschaftsverfassungen umgehen.
- Privatrechtliche Organisation der netz- und datentechnologischen Nutzung, sei es als Privacy, Public, als Design, Research, in Form von Big Data, oder im Marketing von Persona.
- Verfestigung der globalen Internetstrukturen als Exekutivnetzwerke, d. h.: sie werden mehrheitlich als Durchführungs-, Ausführungsnetzwerke genutzt und strukturiert, als Netzwerke des Problem Solving, in denen, wie F. Foer über M. Zuckerberg sagt, ein „war on free will" geführt wird.[12]
- Das Soziale wird zum Geschäftsfeld, indem die modernen Bezüge zu Sinn, zu Legitimation (durch Verfahren) und die Bindungen an Legalisierung (als Verfahren) (zeitlich und verfahrensbezogen) ignoriert werden. Vom Bürger bleibt (vielleicht) der Verbraucherstatus übrig; von rechtlicher Verfassung bleiben die Allgemeinen Geschäftsbedingungen. Soweit etwas skeptisch gesagt.
**2.8** Es beeindruckt nicht nur die Komplexität der digital möglich gewordenen sozialen Systeme. Es irritiert, dass diese entwicklungseigene Komplexität zugleich überraschende Varianten des Schließens dieser entwickelt, und zwar durch Monopolisierung. Diese umgeht die Hierarchien, über die in den letzten Jahrhunderten Vielfalt und Macht organisiert waren.

Die Tendenz, dass aus der Formel-Welt der Programmierung und der Anwendung von Programmen die Welt-Formel entsteht [Luc Dormehl spricht von Formula, wenn er Algorithmen darstellt[13]], ist dann stark, wenn keine Anwendungsalternativen (z. B. Blockchain Governance – davon später) entwickelt werden.
**2.9** Institution und Individuum, das zweipolige, hierarchische Organisationsversprechen der Moderne, wird aufgetrennt. Von Institutionen bleiben vernetzte Zustände, vom Individuum bleibt der Verbraucherstatus, von Privatheit deren Veröffentlichung: seht her, wie ich privat bin!

Plattform-Kapitale setzen eine neue bipolare Organisation durch: bestimmt durch Lizenzen und Loyalität. Bürgerschaftliche Verständigung gerät auf diese Weise in den Sog starker Netzwerke, die alle Daten generieren und speichern und ständig neu gruppieren. Privatheit wird zu Cookie-Samplings. Ihnen entspricht ein sich selbst schwächender, institutionsfixierter Staat. Dies sollte zu keiner falschen Vorfreude führen: Ein schwacher Staat bedeutet keine „starke Demokratie".

---

12    Foer 2018.
13    Dormehl 2014.

**2.10**    Die Frage steht im Raum: Welche Zukunft haben in diesen globalen Arrangements datentechnischer Weltportionen die Arrangements demokratischer Beteiligungsformate?

Befinden sich diese in einer ausweglosen Konkurrenz zu jenen digital-technologischen Standards?

Überlagern, verdrängen globale User-Bevölkerungen den Demos, das Volk?

Wie weit lassen sich noch gruppenautonome Herrschaftsformen (kratos) in den Zufalls-Bevölkerungen von digitalen Netzwerken begründen?

Wie sollten wir heute die Skala von Ethnos, Demos, Population und User*innen bewerten?

Ist Bevölkerung „demos", Volk?

Inwieweit ist *demos* nur noch in Ansammlungen von User*innen, Verbraucher*innen, Prod-User zu erkennen?

*

*Oft wird Demokratie als Volks-Ordnung, als bis in die operative Politik hinein-reichender Volkswille verstanden. Eine populistische Eingangstür. Um dies erreichen zu können, muss die politische Ordnung so stark verkleinert werden (in ihrer räumlichen Ausdehnung des Gemeinwesens und in der Größe der Bevölkerung),*

*„dass die Reichweite politischer Entscheidungen mit der kognitiven Reichweite der Entscheidenden übereinstimmt".*[14]

*Dies wird jeden Tag in Zeitungen wie der „Bild-Zeitung" vorgemacht.*

*Empirisch ist dies für komplexe Lebensweisen nicht darstellbar, praktisch nicht machbar.*

*Also müssen wir in wesentlichen Bereichen von Demokratie nach dem Volks-willen ausgehen. Dieses „nach" heißt nicht ohne Bezug, sondern in Bezug auf lebensdienliche Verhältnisse, auf den reproduktiven Selbsterhalt des sozialen Systems.*

*Man wird sich auf die Erklärung von Repräsentation konzentrieren müssen. Einfach wird dies nicht. Denn Politik organisiert in viel größerem Maße die indirekten technisch-organisatorischen Lebensbedingungen, als sie die einzelnen Leben direkt beeinflusst.*

*Aber was und wen repräsentiert eine Maschine, ein Computer, ein smartes Haus?*

**2.11**    In den letzten 15 Jahren lässt sich die Umwandlung der politischen Sprache durch technologische, ökonomische, wissenschaftliche Sprache beobachten.

---

14    Münkler 2018, S. 109.

Ministerien erweitern oder präzisieren ihre Aufgabenstellungen unter den Bedingungen, dass sie (in ihrem Allgemeinheitsbezug) zunehmend abhängig werden von globalen Plattform-Kapitalen, die mehr Geld zur Verfügung haben, als mancher Staatshaushalt. Die sprachlich-inhaltliche Veränderung ist unter den gegebenen Bedingungen unvermeidbar, da sich die Institutionen über ihre Infrastrukturpolitik begründen und legitimieren müssen, und nicht über eine konventionelle Normenpflege.

*

*Zu beobachten ist die unbegrenzte Ausweitung datentechnologischer, vernetzter Erfassungsbereiche. Sie begrenzt immer mehr die Geltungsbereiche politischer Ordnung und die Bedeutungszusammenhänge herkömmlicher Sozialbeziehungen. Der Bürger (politisch) und das Subjekt (sozial) verlieren nicht nur an Einfluss. Ihre kulturelle Verfassung ist immer weniger wichtig. Ihr „Kapital" (P. Bourdieu) ist zur „falschen" Währung geworden.*

*Es geht nicht mehr um „die Demokratie" als imperialen oder humanisierenden Exportschlager Europas. Demokratie, als Methode der Selbstorganisation komplexer Sozialverhältnisse, sieht sich anderen, enorm leistungsfähigen Modellen der Sozialorganisation gegenüber. Und diese sind durch ihre User*innen, durch Konnektivität, durch datentechnisch effiziente Kooperation, durch Sharing, durch permanente Kommunikation entstanden.*

*„Die Zeiten, in denen die Demokratie als das sich global durchsetzende politische Ordnungsmodell angesehen wurde, sind vorbei: Eher ist der demokratische Rechtsstaat im globalen Maßstab auf dem Rückzug. Dieser Rückzug wird sich nur dann begrenzen oder gar stoppen lassen, wenn es gelingt, kluge Arrangements von Verkleinern und Vergrößern, Beschleunigen und Entschleunigen zu finden, die mit den unverzichtbaren Vorgaben von Demokratie vereinbar sind und gleichzeitig dafür sorgen, dass das Ordnungsmodell des demokratischen Rechtsstaats im Vergleich mit anderen politischen Ordnungen konkurrenzfähig bleibt."*[15]

**2.12**    Jenseits der industriellen und bürokratischen Bedingungen der Moderne entstehen globale Daten- und Informationsräume, die das Erbe von Gesellschaft, Demokratie und Humanität beanspruchen, um es im weiteren Verlauf umzugestalten – oder zu ignorieren.

*

*H. Rheingold wies bereits vor geraumer Zeit darauf hin, dass bestimmte netztechnische Entwicklungen zu „killer applications" für das Soziale werden. Diese Dramaturgie entspricht der Tatsache, dass sich Gesellschaften immer weniger „autonom" um die Bedingungen ihrer Verfassung kümmern können. Sie*

---

15    Münkler 2018, S. 116f.

*werden mehr oder minder große Regionen globaler, fremdbestimmter Dynamiken.*
**2.13**   Die technologischen Gestaltungsmöglichkeiten und das organisatorische Durchdringungsvermögen (deep technologies) sind so groß wie noch nie. Ihre sozialen Reichweiten sind enorm. Die tiefreichenden Netzwerke werden durch Algorithmen und durch allgegenwärtige Geräte-Mensch-Nutzung gesteuert. Netzwerkentwicklungen bringen künstliche Grundlagen sozialer Beziehungen hervor.

*

*Gerade in den letzten 25 Jahren, in der Zeitspanne von Web 1.0 (WWW - Softwarekompatibilität) zu Web 2.0 (Plattformen), werden soziale Zusammenhänge zunehmend durch Wertschöpfungs-Netzwerke, durch virtuelle, künstliche, verstärkte und vermischte Techno-Welten unumkehrbar verändert. In diesen Prozessen verlieren die tragenden Pfeiler politisch-philosophischer Moderne an Ordnungs- und Kontrollbedeutung: das sind Institutionen, Kontinuität, Wiederholbarkeit, Nachprüfbarkeit, Zuordnung von Verantwortung, Zuweisung von Strafe, Kontrolle, modellhafte Abstraktionen.*
*Weder das angekündigte Ende von Kontrolle (Kelly), noch das Ende von Theorie (Anderson) oder von Geschichte (Fukuyama) erzeugen Leere. Mängel entstehen dadurch, dass wir nicht wissen, was diese techno-sozialen Standards in uns, an uns und um uns herum anrichten. H. Rheingold sprach (s.o.) schon 2003 von softwareerzeugten und gesteuerten Infrastrukturen, die er als verstörende soziale Praktiken markierte, als killer applications. Alex Ross (2017) verschärfte die Kritik mit einem Kapitel in „Industries of the future", das er „The Weaponization of Code" titelte, ironisch-bissig verwies Franklin Foer (2018) auf die „Theory of History" bei Google, und scharf kanzelt er „Mark Zuckerbergs War on Free Will" ab.*
*Der big industry folgt big tech: aber wo ist big social? Wo ist big policy?*

**2.14**   Soziales, das in der digitalen Vernetzung global geworden ist, ist nach wie vor gleichzeitig offline-online, Physiologie und Technologie.
Diese Kopplungen von Mensch & Gerät, Subjekt & Netzwerke, Kommunikation & Cloud erfordern von der Mehrzahl der Nutzer*innen keine mathematische Algorithmenkompetenz.
Sie erfordern veränderte Demokratiekompetenz und Sensibilität.
Denn es ist nicht nur ungewiss, ob „unsere demokratische Rechtsordnung noch ihre Monopolstellung"[16] halten kann. Ebenso ungewiss ist, ob „der Gesellschaft" (imaginiert und/oder empirisch gerahmt) noch eine mittelfristige

---

16   Hofstetter und Westphalen 2017.

Ordnungsfunktion und ein entsprechender Organisationsstatus zukommen werden.

Das Zeitalter der Diskontinuität der Gesellschaftswelt ist zugleich das der virtuellen Kontinuität durch verbindungsintensive (konnektive und instantane) Kopplungen. Folgen sind Serien von Sozialen Bevölkerungs-Samplings / oder Projekt-Kollektive, weltweit.

**2.15** Die Grundlagen der Verfassungen, die über digitale Daten- und Informationsökonomien gebildet werden, sind heute schon allgegenwärtig. Mit der Vollinstallation des Internet Protocol version 6 (IPv6) wird dies in ein autodynamisches System von vielleicht 6 Milliarden Usern, 50-80 Milliarden vernetzten Geräten (2025), Millionen von Online-Projekten, Big Data, Smart Technological Systems etc. führen.

Mit ihm werden die Organisationsweisen von Unternehmen, Kinderzimmern, Seminaren, familiärem Alltag, Kommunen, Großstädten, Schulen, öffentlichen Verwaltungen, industrieller Produktion, Robotik, Dienstleistungen, des Wissens, der Kommunikation, der künstlichen Intelligenz und Cross Realities verändert.

*

*In dieser Welt der sozio-ökonomischen Verfassungen wird ein Paradox zum schwierigen Zustand. Es ist das Paradox der Entstaatlichung (im Sinne der Deregulierung und des oben angesprochenen „schwachen Staates"), bei gleichzeitiger (Re-)Politisierung der digital gesteuerten Lebens-, Produktions-, Kommunikations- und Konsumweisen.*

**2.16** Die Repolitisierung erfolgt ohne Staatsbezug. Sie wird evtl. begleitet von der Patentierung des Gemeinwohl-Bezuges (oder anderen Allgemeinheits-Verträgen dieser Art). Zu dieser neuen Organisationsweise von Politik gehört es, freie, offene, d. h. „individualisierte" Datenmärkte gegen die „große Bürokratie" zu positionieren, die als „unfrei" gilt und gelten wird: Big Tech, Big Data und Big Industries versus Big Bureaucracies. „Big" täuscht darin Allgemeinheitsbezug vor, ebenso wie dies im Terminus des „Kollektiven" erfolgt.

Oft liest man, dass diese Entwicklungen mit Individualisierung und Pluralismus verbunden sind. Betrachtet man die zeitlichen, aktionalen, interaktiven, vernetzten Bedingungen, so bleibt der Eindruck eines strikt disziplinierenden Pluralismus. Disziplin entsteht durch die sekündliche Aufmerksamkeit, die seriell eingehalten werden muss, um dabei zu bleiben.

Partizipation wird zum Muss, nicht zum Kann. Sie ist, nicht demokratiestärkend über Absicht, Wunsch und Interesse bestimmt.

*

*Zunehmend fragwürdig werden dabei Konzepte wie Subjekt, Individualität, wissensgebundene Persönlichkeit und Öffentlichkeit. Je mehr soziale Funktionen von Menschen an komplexe, lernfähige, digitale Systeme abgegeben wer-*

*den, umso schwächer wird die Orientierung an Entstehungs- und Wirkungszu-*
*sammenhängen.*

**2.17**    In der überraschend starken Fixierung auf Künstliche Intelligenz deutet
sich an, dass (viele) Menschen das Streben aufzugeben scheinen, ihre eigene,
individuelle, an Lebensweisen und Lebensformen gebundene Intelligenz, auszuweiten. Viel zu oft wird der Ausweg im Kollektiven, im Kollektiv gesucht.
Kollektive Intelligenz (P. Levy) und kollektive Demokratie, Demokratie als
Kollektiv? Aber was ist das? Die kulturelle Schwächung des menschenbezoge-
nen Intelligenzprojektes zugunsten algorithmisch gesteuerter evolutionär-
lernfähiger Maschinen-Netze sollte nicht unterschätzt werden, allerdings auch
nicht überschätzt.

*

*Künstliche Intelligenz und künstliche Welten ziehen das künstliche Soziale und*
*die Neuverfassung des Politischen mit Beteiligungsformalismen, die dem Uni-*
*versum des technisch-künstlichen entsprechen, nach sich: Partizipation nach*
*den Regeln mathematisch-physikalischer Anschlussfähigkeit und Anschlussge-*
*schwindigkeiten. Der „war on free will" (F. Foer über M. Zuckerberg) ist eine*
*logische Bedingung und dauerhafte Folge.*[17]

**2.18**    Globale Vernetzungen und darin aktive Projekte bedeuten die radikale
Schwächung des Territorialprinzips für Staaten und Demokratie. Demokratie
lässt sich nicht mehr an Stadtstaaten (Antike), nicht mehr an Territorialstaaten
(Moderne) binden. Partizipation ist nicht mehr gebunden an Zugehörigkeit „zum
Volk", sondern an Koaktionalität innerhalb der datentechnischen Netzwelt. Es
steht keineswegs fest, dass Demokratie (Methode der Selbstorganisation komplexer, heterogener Zusammenhänge) aus dem Vergleich von Belastbarkeit,
Ressourcenaktivierung, Interessen- und Bedürfnisnähe zur Mehrheit der Bevölkerung „immer als Klassenbester hervorgehen"[18] wird.

*

*Die daten- und medientechnologische Verfasstheit sozialer Systeme ist territori-*
*al äußerst instabil. Sie ist auf komplexere (kontingente) Entscheidungsverfahren*
*angewiesen, als es das Mehrheitsprinzip und das Prinzip der Volontée*
*/Voluntation (Volkswille) einfordert. Das Prinzip der direkten Demokratie*
*scheitert bereits bei den Fragen,*

- *wie eine langlebige politische Ordnung möglich ist,*

- *wie hohe Integrationsfähigkeit sehr verschiedener Lebenslagen garan-*
  *tiert werden kann,*

---

17    Foer 2018, S. 56ff.
18    Münkler 2018, S. 95.

- *wie man sich als politische Ordnung / Unternehmen / Projekt gegen Konkurrenz durchsetzen kann,*

- *wie Expansion und Durchsetzungskraft vorbereitet und dauerhaft begleitet werden sollen etc.*

**2.19**   Mit wachsender daten- und informationstechnischer Komplexität schwindet die Macht des (Einzel- und Volks-) Willens, die die Grundlage bisheriger demokratischer Mehrheitsentscheidungen ist (oder die Imagination einer Grundlage).
Entscheidungen über die Struktur von programmtechnischen Pflichtenheften, Programmierung, Einsatz von Software, Vernetzung von konkurrierender Software, über die Tiefenwirkung von Big Data, die Ökonomisierung von Personendaten, über die Verfügbarkeit von Maschinendaten, die User*innen indirekt/nicht-intentional erzeugen etc. sind weder direkt noch repräsentativ zu treffen.

*

*Weder die Zeit, dies alles „entscheidungsreif" zu diskutieren, noch die komplexen Modelle, die Lokalisierung des Eingriffs zu bestimmen, gibt es dafür. Geschweige denn die entsprechenden (nationalen, transnationalen, globalen) rechtlichen Regelungen, die es irgendeiner Teilöffentlichkeit erlauben, in die ökonomische Entscheidung über Einsatz und Reichweiten von Algorithmen einzugreifen. Diesbezüglich sind demokratisch verfasste Entscheidungs-, Eingriffs- und Durchgriffsrechte gleich Null.*

**2.20**    Die Infrastruktur einer Fünften Gewalt entsteht, die weder emanzipatorisch noch integrativ ist. Derzeit noch vage zusammengesetzt aus Plattform-Medien(Kapitalen), lösen sie weltweit überlieferte politisch-institutionelle und sozio-ökonomische Zusammenhänge auf.

*

*Bislang war die soziale Organisation des Menschen eine Sache sesshafter Populationen. Ihre Ordnung fand sie in territorial begrenzten, gesicherten Gesellschaften und Nationen. In liberaler, bürgerlicher politischer Tradition wurde diese Organisation verbunden mit vier Gewalten: gesetzgebender (legislativer), durchführender (exekutiver), rechtlicher (judikativer), und öffentlicher, vor- oder nicht parlamentarischer Gewalt (Medien-Öffentlichkeit). Verbunden war dies mit dem legalisierten Gewaltmonopol des Staates. Medien und Öffentlichkeit bildeten dessen zivilgesellschaftlichen Zusatzraum.*
*Google, Apple, Facebook und Amazon [und Alibaba etc.] nutzten in den zurückliegen anderthalb Jahrzehnten die Freiräume der Vierten Gewalt. Daraus entstand eine globale Technosphäre, die dazu tendiert, alle Produktions-, Wohn-, Kommunikations- und Persönlichkeits-Bereiche nach digitalen Standards zu organisieren. Dies umgeht sowohl das politische Ordnungsmonopol des Staates,*

*als auch bisherige Legalisierungs- und Legitimationsanforderungen. Die so entstehende Fünfte Gewalt ist die des globalen Datenmarktes, instantaner Informationserzeugung, Big Data (volume, velocity, variety of data), Analytics, Internet of Things, intelligenter/smarter Umgebungen, part-time participation, ad hoc-Demokratie.*

**2.21** Innerhalb dieser Machtverhältnisse entwickeln sich dennoch Ansätze, die eine Neubestimmung von Demokratie ermöglichen, einer selbstbestimmten Herrschaft auf der Basis weitgehend überwachungsfreier Kommunikation. Es ist nicht Colin Crouchs „Post-Democracy" (2004), die uns überwältigen wird.[19] Eine neue Grundlagen-Technologie könnte im Entstehen sein, eine neue „Verfassungs-Technologie": Blockchain Technology. All dies zeigt an, dass manche Technologieentwickler*innen dabei sind, die Paradoxien der weltweiten Demokratie (im Singular) und der Liquid Democracy zu knacken: mit Distributed Database, Peer-to-Peer Transmission, Transparency with Pseudonymity, Irreversibility of Records, Computational Logic.[20]

**2.22** Die datentechnologischen Dynamiken sind inzwischen durch sich selbst so stabil geworden, dass sie keiner Gesellschaft mehr bedürfen. Sie sind im klassischen Sinne autark, selbstversorgende Netzwerke, global und datenautark. Hinzu kommt noch: Der verarbeitete Rohstoff, Daten und funktional verdichtete Informationen, vermehrt sich in seinem Gebrauch. Soziale Ordnung bestimmt sich nicht über Knappheit, sondern über Zugangsrechte.

*

*Alle Ansätze – von Industrie 4.0 bis zu Smart Cities, von Sharing, Participation bis zu Liquid Democracy – berufen sich auf dieses Autarkie-Imago, ohne es deutlich zu benennen oder zu kritisieren. Alle mir bekannten Modelle sog. Sozialen Netzwerke umgehen die Fragen nach einer sozialen Imagination, nach verbindenden Gemeingütern. Ja, sie weisen die Möglichkeit von sich, Soziales als eine uneinheitliche, änderungssensible, eigenständige Organisationsweise anzuerkennen. Sie berufen sich auf Personalisierung, Individualisierung, auf User-Figuren, die in sich alle sozial isoliert sind, betrachtet man sie von der technologischen, d. h. algorithmischen Seite.*

*Diese soziale Isolation wäre erst dann zu umgehen, wenn man grundlegend von Projekten ausgehen würde, über die und in denen Menschen miteinander geistig, intellektuell, ästhetisch verbunden sind. Dass es solche Ansätze gibt, weiß ich. Sie entlasten aber keineswegs von den notwendigen Auseinandersetzungen um die offene Verfassung sozialer Freiheiten gegen die Hegemonie der Plattform-Struktur.*

---

19   Crouch 2015.
20   Wong 2018, S. 2–3.

*Anders gesagt: aus meiner Sicht benötigen wir eine breit aufgestellte Auseinandersetzung um das Verhältnis von Individuum – Institution – Infrastruktur – Information. Dies auf ein Niveau des „New Digital Age" zu reduzieren, wie dies Cohen & Schmidt[21] (Google) tun, ist ein breiter Angriff auf die sozio-kulturelle, wissenschaftlich-technische, sozial-kommunikative Moderne, auf die Inhomogenität komplexer menschlicher Sozialverhältnisse. Es wäre ein Rückschritt hin zu einer Refeudalisierung von Wissenszugängen, Entscheidungsweisen, Zielsetzungen und Interessenlagen.*

**2.23**     Eine markante Folge der digitalen Umstellungen von Produktion, Entwurf, Vertrieb, Konsum, Kommunikation ist der endgültige Abschied von monokultureller Bestimmung des Sozialen und Politischen. „Das Volk" und „die Kultur" verlieren ebenso ihre Deutungs- und Bedeutungsmonopole, wie die alten Industriekapitale ihre Ordnungsmonopole.

Es entstehen kurzfristige, hoch leistungsfähige, sich ständig transformierende Organisationsfelder. Zu diesen gehören multiple soziale Gefüge (mit Global Middle Class, Dienstleistungsökonomie, globale Individualisierung, Creative Classes nur anskizziert), und nach-nationale, globale Bevölkerungs- und Projektnetzwerke. Wie diese multiplen Ordnungen zum politischen Pluralismus gehören, ist zu erforschen.

*

*Wir erleben den Übergang von harten, unilateralen Monopolen zu weichen, multilateralen, anpassungssensiblen Monopolen in Form von Plattform-Kapitalen, die horizontale und vertikale Ordnungskontexte anbieten. Die Produktions- und Vertriebsmonopole im 20. Jahrhundert waren auf vereinheitlichende, kollektivierende, herrische Ordnungen bezogen. Diese harten Ordnungs- und Organisationsmonopole, die von industrieller Produktion bis zu Zeitungsmonopolen reichten, werden von einer neuen Monopolgattung verdrängt, die ich Möglichkeitsmonopol nenne. Es sind weiche Monopole, die, auf der Basis der Individualisierung, multiple Kooperations-, Kommunikations-, Zuordnungs-, Kollaborations- oder Vernetzungsvarianten anbieten. Zu einer oder mehreren muss man sich entscheiden, um „dazu zu gehören".*

*Die neuen Formate bieten eine Vielfalt von Versammlungs-, Meinungs-, Agitations-, Kollaborationsforen an – allerdings alle im Rahmen der spezifischen monopolen Datengenerierung und -prozessierung. Sie sollten in der Summe nicht als Bedrohung des Sozialen und Politischen betrachtet werden. Sie sind Transformation, evtl. auch Bereicherung demokratischer Methoden und Möglichkeiten.*

*Zögerlich bin ich dennoch, weil Netze / Netzwerke / Grids keine hierarchiefreien, dezentralen, spontanen Ordnungen sind. Sie sind gebaute, kontrollierte,*

---

21     Schmidt und Cohen 2013.

*überwachte Infrastrukturen des Virtuellen, also des Sozialen heutiger Formatierung.*

**2.24** Alle westlichen Regierungen dulden derzeit die globalen Daten-Monopole und Kartelle. Sie nehmen an, dass sich der Monopolcharakter nicht negativ für Innovationen erweisen wird. Zugleich behaupten die Monopole, dass sie Innovationsgaranten seien, unter anderem dadurch, dass sie Startups, kleine Firmen, Patente kaufen und „integrieren". Oder sie stellen sich – weltreligiös – als Global Problem Solver dar.

*

*Indem Regierungen die paradoxe Behauptung dulden, dass Datenkartelle Innovationskartelle seien, behindern sie innerhalb ihrer direkten sozialen Machtbereiche die Entstehung avancierter Datentechnologie. Und: Sie blockieren die soziale Entwicklung ihrer Bevölkerung.*

**2.25** Weltweit entstehen nachnationale Netzwelten. Diese sind nicht dauerhaft, in ihrem Status nicht stabil, sind eher über Nutzungsangebote und –anforderungen bestimmt, denn über kontinuierliche Strukturen oder Inhalte. Ein Zeitalter der Diskontinuität, wie P. Drucker es nennt. Netzwelten sind durch die selektive, sekündlich sich ändernde Nutzung von Datenströmen bestimmt. So könnten bis 2030 fünf bis sieben technokratische Volksrepubliken entstehen.

*

*Ihre nicht-territoriale Basis ist das Internet Protocol version 6, mit vermutet 50 Milliarden vernetzten Geräten 2025 und 100 Milliarden in 2030. Da viele von diesen Geräten mit evolutionär lernfähigen Programmen ausgestattet sein werden, ist eine direkte oder dauerhaft steuernde Beeinflussung durch Nutzer\*innen nicht zu erwarten. Zunehmend schwierig werden deshalb die Anstrengungen, Zusammenhänge, sich wiederholende Lebensverhältnisse, lebensdienliche Kommunikationsleistungen etc. zu formulieren und zu fordern.*

**2.26** Die Formulierung von Gemeingütern (territorial lokalisierter Sozialsysteme) wird immer schwieriger. Soziale Systeme erscheinen häufiger als zufällige Samplings, was sie nicht sind. Eine Krise des sozial Allgemeinen zeichnet sich ab.

*

*Entwicklungsgeschichtlich war das organisierte Soziale eine Antwort auf eine Frage, die nie gestellt wurde. Soziales entstand (sicher nicht ganz per Zufall, aber eben nicht geplant) als sich wiederholende Koordination, als Kooperation innerhalb „jedem/jeder ersichtlicher" Aufgaben. Daraus wurden Zuweisungen, Zuschreibungen, Konventionen, Rollen, Normen. Innerhalb dieser Gefüge ließ sich Gemeingut als dauerhafter Klebstoff der sozialen Gruppen bestimmen. Gegenwärtig sind wir in der schwierigen Lage, einen solchen „magnetischen Bereich" vorab, d. h. vor konkreter, flüchtiger Praxis zu formulieren. Die Antworten auf die Fragen:*

- *Was ist das Soziale?*
- *Was erfüllt Gemeingutfunktion in digitalen Netzwerken?*
- *Gibt es Wechselwirkungen zwischen Online- & Offline-Gemeingütern?*
- *Wer soll das Recht bekommen, diese zu bestimmen, sie zu verrechtlichen?*

*sind nicht ohne Machtkritik zu formulieren.*

*Um Soziales „politikfähig" zu erhalten, müssen die Anstrengungen angenommen werden, die unhintergehbaren Leistungsbreiten digitaler Technologien mit (zeitlichen, privaten, kommunalen, arbeitsorganisatorischen, etc.) Entstehungs- und Wirkungszusammenhängen zu verbinden. Also raus aus einer Bindung an objektorientierte Programmierung hin zu systemischen Konzepten von Online-Offline-Habitaten (also technosozialen Systemen, und nicht als Cyber-Physical-Systems, sondern als Cyber-Biological/Social/Physical Systems).*

## 3  Abschlussbemerkungen: Humanisierungskonflikte

Man kann sagen, dass wir in einem *sozio-technischen Humanisierungskonflikt* stecken. Er stellt sich in einer *dramatischen Krise des Demokratiekonzeptes* dar. In ihm geht es nicht um Technologie, sondern um die herrschaftliche Kontrolle über deren geistigen, ökologischen, sozialen, intellektuellen Möglichkeiten. Die Wucht, mit der sich „schwereloser" Daten-Kapitalismus durchsetzte, in einer Kollaboration von User*innen, Entwickler*innen und Plattform-Kapitalen, drückt sich in der *krisenhaften Entkopplung von Demokratie und Sozialem* aus: *Demokratie wird zurückgestuft zum Tool* und *soziale Systeme verkümmern zu Datenlieferanten und Konsumentenbereichen.*

Bei der Frage, welche Richtung ich dagegen empfehle, komme ich mir wie an einer überdimensionierten Weggabelung vor. Keinen der Wege will ich gehen.

- Einer der Wege wird von großen Versprechen der fehlerlos programmierten, smarten, konnektiven Algorithmisierung gezeichnet, von konfliktfreiem *„general / global problem solving"*, subjekt-loser Kommunikation.

- Der andere Weg ist angefüllt mit Erinnerungen, rüstig erzählt im Gestus der *institutionellen Retro-Moderne*, voll der Bestrebungen, die in jedem Haushalt, jeder Kneipe, jeder U-Bahn anzutreffenden techno-sozialen Unsicherheiten durch irgendeine sozialpolitische Nachversorgung zu befrieden.

Aber um *Demokratie als Nachversorgungs-Politik* geht es nicht, überhaupt nicht.

Die Lebensform Demokratie werden wir mit den techno-sozialen Praxen verbinden müssen, zu einer neuen Sozialen (daten- und informationsintensiven) Demokratie. Sie wird eine Mehrvölker-Demokratie sein müssen, begründet in Nutzer-Bevölkerungen jener geopolitischen Zonen, die durch die Plattform-Kapitale (in Verbindung mit Staaten) organisiert werden. Das Politische wird neu gebildet über die Projekt-Ökonomien der Welt.

Anders gesagt: Demokratieentwicklungen werden mit den gegenwärtig angestoßenen *datentechnologischen Sozialverfassungen* verbunden werden (müssen).

Gelingt dies nicht, wird sie auf lange Zeit aus den alltäglichen und systematischen Lehrbüchern verschwinden. Vor kurzem sprachen E. Rosenbach und K. Mansted ihre Befürchtung aus: sollte es nicht gelingen, die datentechnologische Grundlage aktueller Sozialverhältnisse und die zu erwartenden Entwicklungen automatisierter, vernetzter, lernfähiger Intelligenz mit Demokratie zu verbinden, sei sie als Lebensform verloren.[22]
Sie wird keine bedeutende Praxis mehr sein.

Ein Scheitern von Demokratie beruht nicht auf dem viel diskutierten Funktionsverlust von Öffentlichkeit. Sie beruht auf dem *Verlust der demokratischen Integrität des Techno-Sozialen.* Und diese Integrität wird nicht in Maschinen und Programmen entschieden, sondern in den Lebens- und Denkweisen der Menschen, also in uns, zwischen uns, perspektivisch, hoffend, erwartend, entscheidend.

An der Schwächung der demokratischen Integrität arbeiten nicht nur die Daten-Plattformen. Auch die Technologie-Kritiker*innen, die Technologie als zivilisationsfeindlich, geistfeindlich, menschenfeindlich loswerden wollen, arbeiten kräftig daran, eine Unvereinbarkeit zwischen Technologie und Demokratie als ultima ratio zu erhalten. Mit keinem Wahrnehmungskonzept lassen sie sich auf die geistige und soziale Realität von Datennetzwerken ein. So machen sie Chancen einer humanitär integren Entwicklung von sozio-technologischer Demokratie zunichte. Ein Show-Down der Geisteskulturen? Auszuschließen ist das nicht!

Demokratie als Lebensform neu zu entwerfen und sich entwickeln zu lassen erfordert auch, sich der Maschine-Medien-Mensch-Interaktion nicht nur über Algorithmen zu nähern, sondern die *Imagination des Sozialen und des Subjekts* neu zu fordern, neu zu entwerfen.

Wir müssen die *informationelle Subsumtion* als eine Weiterentwicklung der „reellen Subsumtion" verstehen lernen, mit der K. Marx in „Grundrisse" die kapitalistische Eroberung des „unmittelbaren Produktionsprozesses"

---

22    Rosenbach und Mansted 2018.

benannte.[23] Wir erleben die Eroberung des Sozialen 2. Ordnung, der Sprachen-, Wissens- und Intelligenzsysteme, durch die Medien-Plattformen. Im Zentrum dieser neuerlichen Grundrisse in den materialen, kulturellen und sozialen Verfassungen steht die Krise der Repräsentation, der moderierenden und integrierenden symbolischen Ordnungen. Lässt sich Soziales nicht mehr auf eine mögliche, kommende Zukunft beziehen, dörrt der Grund für Demokratie aus: die Erwartung von Veränderung.

## Literatur

Chomsky, Noam, und David Barsamian. 2017. *Global Discontents. Conversations of the Rising Threads to Democracy*. London: Hamish Hamilton.

Crouch, Colin. 2015. *Die bezifferte Welt. Wie die Logik der Finanzmärkte das Wissen bedroht*. Berlin: Suhrkamp.

Dormehl, Luke. 2014. *The Formula. How Algorithms Solve all our Problems...and Create More*. London: TarcherPerigee.

Dreier, Horst. 2018. Vom Schwinden der Demokratie. In *Die Zukunft der Demokratie*, Hrsg. F.W. Graf und H. Meier, S. 29–82. München: C. H. Beck.

Faßler, Manfred. 2008. *Der infogene Mensch. Entwurf einer Anthropologie*. Paderborn: Wilhelm Fink.

—, 2009. *Nach der Gesellschaft. Infogene Welten – anthropologische Zustände*. München: Wilhelm Fink..

—, 2012. *Kampf der Habitate. Neuerfindung des Lebens im 21. Jahrhundert*. Wien/New York: Springer.

—, 2014. *Das Soziale. Entstehung und Zukunft menschlicher Selbstorganisation*. Paderborn: Wilhelm Fink.

Flusser, Vilém. 1994. *Vom Subjekt zum Projekt. Menschwerdung*. Bensheim und Düsseldorf: Bollmann.

Foer, Franklin. 2018. *World Without Mind. The existential threat of Big Tech*. New York: Penguin.

Fukuyama, Francis. 2018. *Identity. Contemporary Identity Politics and the Struggle for Recognition*. London: Profile.

Hofstetter, Y., und F. G. v. Westphalen. 2017. Verhaltenssteuernde Algorithmen – Wo bleibt das Recht? https://www.divsi.de/verhaltenssteuernde-algorithmen-wo-bleibt-das-recht/. Zugegriffen: 13. Juni 2019.

Howard, Philip N. 2016. *Finale Vernetzung. Wie das Internet der Dinge unser Leben verändern wird*. Köln: Bastei Lübbe.

Kurzweil, Ray. 1999. *Homo S@piens. Leben im 21. Jahrhundert – Was bleibt vom Menschen?* Köln: Econ.

Levitsky, Steven, und Daniel Ziblatt. 2018. *How Democracies Die*. New York: Crown.

---

23  Marx, Kapital II, MEW 24.

Mayer-Schönberger, Viktor, und Kenneth Cukier. 2013. *Big Data. Die Revolution, die unser Leben verändern wird*. London: Redline.

Münker, Stefan. 2009. *Emergenz digitaler Öffentlichkeiten. Die Sozialen Medien im Web 2.0*. Frankfurt am Main: edition unseld.

Münkler, Herfried. 2018. Verkleinern und Entschleunigen oder die Partizipationsformen neu arrangieren In *Die Zukunft der Demokratie*, Hrsg. F. W. Graf und H. Meier, S. 83–120. München: C. H. Beck.

Ross, Alec. 2016. *The Industries of the Future*. London: Simon & Schuster.

Schmidt, Eric, und Jared Cohen. 2013: *The New Digital Age. Reshaping the Future of People, Nations and Business*. London: Vintage.

Schwab, Klaus. 2019. *Die Zukunft der Vierten Industriellen Revolution. Wie wir den digitalen Wandel gemeinsam gestalten*. München: DVA.

Tapscott, Don, und Anthony D. Williams. 2009. *Wikinomics. Die Revolution im Netz*. München: Carl Hanser.

Tapscott, Don, und Alex Tapscott. 2016. *Blockchain Revolution. How the Technology Behind Bitcoin Is Changing Money, Business, and the World*. New York: Portfolio.

Woletz, Julie. 2016. *Human-Computer-Interface. Kulturanthropologische Perspektiven auf Interfaces*. Darmstadt: Büchner.

Wong, T. O. 2018. *Blockchain in the Making: Trust and Role of Technology in a Distributed Network*. Unveröffentlichte Modulabschlussarbeit, Goethe-Universität Frankfurt am Main).

Kapitel 3
Verfügungsmacht in der Datenökonomie

# Governance der Datenökonomie – Politökonomische Verfügungsmodelle zwischen Markt, Staat, Gemeinschaft und Treuhand

*Ingrid Schneider[1]*

*Keywords: Governance, Datenökonomie, Kapitalismus, privates Gut, öffentliches Gut, Allmende, Treuhand*

*Abstract*

Der Beitrag untersucht vier Formen der Governance der Datenökonomie, die beanspruchen, eine Alternative zu gegenwärtigen Geschäftsmodellen der Plattformindustrie zu leisten. Darin werden Daten (1) als privates Gut mit Mikrozahlungen (Lanier), (2) als öffentliches Gut (Morozov), (3) als Allmendegut (Ostrom) und (4) mittels Treuhandschaft (Winickoff) verwaltet und bewirtschaftet. Diese vier Modelle werden diskutiert und kritisch gewürdigt.

*Inhalt*

| | | |
|---|---|---|
| 1 | Einführung: Daten als „Währung" der Datenökonomie und der Aufstieg digitaler Plattformen | 144 |
| 2 | Zum rechtlichen Status von Daten und der Debatte um Dateneigentum | 145 |
| 3 | Diskussion von vier Modellen von Zugangs- und Verfügungsrechten in der Datenökonomie | 147 |
| 4 | Würdigung und Kritik der vier Governance-Modelle der Datenökonomie | 165 |
| 5 | Fazit | 174 |
| Literatur | | 176 |

---

1    Ingrid Schneider | Universität Hamburg | FB Informatik, Arbeitsbereich „Ethik in der Informationstechnologie" | Ingrid.Schneider@uni-hamburg.de

© Springer Fachmedien Wiesbaden GmbH, ein Teil von Springer Nature 2019
C. Ochs et al. (Hrsg.), *Die Zukunft der Datenökonomie*, Medienkulturen im digitalen Zeitalter, https://doi.org/10.1007/978-3-658-27511-2_8

# 1 Einführung: Daten als „Währung" der Datenökonomie und der Aufstieg digitaler Plattformen

*„Data is a currency, it is a resource, it is an asset,*
*and it will play an enormous role in the entire economy"*
EU Wettbewerbs-Kommissarin Margrethe Vestager

Die Digitalisierung von Wirtschaft und Gesellschaft durch Big Data, Maschinenlernen und künstliche Intelligenz bringt neue Geschäftsmodelle hervor und führt zu Disruptionsprozessen bei traditionellen Medien, Verkehrsunternehmen und in vielen anderen Bereichen. Daten gelten als neue Währung zwischen den Menschen, die digitale Plattformen nutzen und denen, die ihre Dienstleistungen dort anbieten. Denn Plattformen und Social-Media-Anbieter bieten ihre Dienste häufig kostenlos an. Die Erlösmodelle von Internetfirmen und Apps beruhen häufig auf dem Tracking von Online-Aktivitäten und dem Zugänglichmachen der aufbereiteten Daten für Werbekunden, die damit zielgerichtetes Marketing schalten können.

Im Hinblick auf die politische Ökonomie der Digitalisierung geht Big Data-Analytik daher mit dem Aufstieg von Intermediären oder digitalen Plattformindustrien einher. Laut Nick Srnicek[2] basieren zwei- oder mehrseitige Plattformen auf vier Charakteristika:

- Plattformen sind in erster Linie digitale Infrastrukturen, welche die Interaktion zweier oder mehrerer Seiten ermöglichen, beispielsweise von Kunden, Werbetreibenden und Dienstleistern.

- Plattformen erzeugen Netzwerkeffekte: Je mehr Benutzer, desto wertvoller wird diese Plattform für alle anderen.

- Plattformen nutzen häufig Quersubventionierung: Der eine Arm des Unternehmens stellt Dienstleistungen oder Güter kostenlos zur Verfügung, der andere Arm generiert die Einnahmen, um die Kosten des ersten auszugleichen.4) Die Regeln für Dienstleistungen und Produktentwicklung werden vom Plattformbesitzer festgelegt. In dieser Hinsicht verkörpern Plattformen „eine Politik", da sie nicht nur Zugang zu Daten, sondern auch „Kontrolle und Steuerung der Spielregeln" erhalten.[3]

Wertschöpfungsketten und Geschäftsmodelle aus Daten, Big Data-Analytik und Werbefinanzierung wurden daher zu einer Machtquelle für große Player, insbe-

---

2    Srnicek 2017, S. 43–49.
3    Srnicek 2017, S. 47.

sondere die vier großen US-Internet Plattformen Google, Apple, Facebook und Amazon (GAFA). Deren Dominanz und enorme Marktmacht beruht auf einer Reihe von Faktoren, wie Netzwerk- und Lock-in Effekten, dem Aufbau von geschlossenen Ökosystemen (*walled gardens*) sowie den Kosten eines Wechsels zu einem anderen Anbieter (*high switching costs*).[4] Die damit entstehenden Datenökonomien haben zu neuen Machtasymmetrien geführt, wie etwa der Europäische Datenschutzbeauftragte moniert.[5] Personenbezogene Daten haben somit einen ökonomischen Wert erhalten, "personal information has become a substantial intangible asset used for the purposes of value creation, comparable to copyright, patents, intellectual capital and goodwill".[6] Deren Preis ist allerdings schwer abzuschätzen, weil die Preisbildung sich nicht auf regulären Märkten vollzieht.

Die Governance dieser neuen Datenökonomie stellt eine Herausforderung dar, bei der wichtige Weichen für die Zukunft gestellt werden. Mathias Döpfner, CEO von Axel Springer formulierte bereits 2014 in einem offenen Brief an Google, dass ein langfristig gesundes Ökosystem der Datenökonomie „nicht nur den ökonomischen, sondern auch den politischen Wettbewerb" sowie „unsere Werte, unser Menschenbild und unsere Gesellschaftsordnung weltweit und – aus unserer Perspektive – vor allem die Zukunft Europas" betreffe. „Die Frage, wem diese Daten gehören, wird eine der politischen Hauptfragen der Zukunft sein."[7]

Wie die entsprechenden Zugangs- und Verfügungsrechte gefasst und reguliert werden, ist daher eine Aufgabe sowohl für die wissenschaftliche Analyse wie auch eine notwendige politische Gestaltungsaufgabe.

## 2 Zum rechtlichen Status von Daten und der Debatte um Dateneigentum

In der Rechtswissenschaft hat eine Debatte über die Einführung eines Dateneigentums begonnen.[8] Bisher allerdings gilt, jedenfalls in Kontinentaleuropa: Daten *als solche* sind nicht eigentumsfähig. Sie können aber als Geschäftsgeheimnisse, urheberrechtlich und auch anderweitig geschützt werden. Für strukturierte Datenbanken besteht in der EU (nicht aber in den USA und anderen Rechtsgebieten) ein *sui generis* Datenbank-Recht, wenn „für die Beschaffung,

---

4   Vgl. Schneider 2018, S. 131–133.
5   Vgl. European Data Protection Supervisor (EDPS) 2014; 2015.
6   European Data Protection Supervisor 2014, S. 9.
7   Döpfner 2014.
8   Vgl. Hören 2014; MPI 2017; Amstutz 2018; Purtova 2009a; Kerber 2018; Kerber und Specht 2018.

die Überprüfung oder die Darstellung ihres Inhalts eine in qualitativer oder quantitativer Hinsicht wesentliche Investition erforderlich ist"[9]. Aber Daten als solche sind kein Inhalt! Vielmehr sieht die Richtlinie für Hersteller einer Datenbank, bei der für die Beschaffung, die Überprüfung oder die Darstellung ihres Inhalts eine in qualitativer oder quantitativer Hinsicht wesentliche Investition erforderlich ist, das Recht vor, die Entnahme und/oder die Weiterverwendung der Gesamtheit oder eines in qualitativer oder quantitativer Hinsicht wesentlichen Teils des Inhalts dieser Datenbank zu untersagen. Hier kommt es also vor allem auf den Schutz aggregierter und ggf. aufbereiteter Daten an, denen ein eigentumsähnlicher Schutz zugewiesen wird, nicht auf ein einzelnes Datum oder eine Summe persönlicher Daten. Auch rechtspolitische Positionen, die *für* Dateneigentum und Datenhandel plädieren, rechtfertigen dies häufig mit einem „*return on investment*", also einer Amortisierung der in eine Datenbank gesteckten Investitionskosten als Bezugspunkt.[10] Aber: Wer investiert und wer zahlt – und womit? Schließlich gibt es viele Stakeholder und "Währungen" in der emergenten und dynamischen digitalen Datenökonomie.

Die Rechtsfigur eines Dateneigentums widerspricht dem traditionellen deutschen Zivilrecht, dessen Tradition auf das römische Recht zurückgeht und das (sachenrechtliches) Eigentum nur körperlichen, tangiblen Gütern zuerkennt.[11] In der Ökonomie unterscheidet man zunächst zwischen tangiblen und intangiblen Gütern. Außerdem werden Güter nach den beiden Kriterien, „Exklusivität des Zugangs" und „Rivalität des Konsums" gemeinhin in vier Gruppen klassifiziert. *Private Güter* sind dadurch gekennzeichnet, dass die Nutzung des Gutes durch andere ausgeschlossen wird und das Gut durch die Nutzung durch Andere beeinträchtigt werden kann. *Clubgüter* sind Ressourcen, die durch die Nutzung einer kleineren Anzahl von Konsumenten nicht aufgebraucht werden, aber nur einem bestimmten Kreis von Personen zugänglich gemacht werden (Bsp. Gemeinschaftswaschmaschine einer Wohnanlage). *Allmendegüter* sind Güter, die gemeinschaftlich genutzt werden, aber durch eine Übernutzung Schaden nehmen können, so dass der Konsum durch einzelne die Nutzungsmöglichkeiten anderer beeinträchtigen kann (Bsp. Fischteich). *Öffentliche Güter* sind solche, die potenziell von allen Mitgliedern einer Gesellschaft genutzt werden können und in der Regel vom Staat durch Steuern oder Abgaben finanziert werden (Bsp. Straßenlicht, öffentlicher Nahverkehr, innere Sicherheit).[12]

---

9    EU 1996 Database Protection Directive 29/9/EC, Art. 7(1).
10   Vgl. Kitchin 2014.
11   Vgl. Jöns 2016, S. 66.
12   Vgl. Jansen und Priddat 2007.

# 3 Diskussion von vier Modellen von Zugangs- und Verfügungsrechten in der Datenökonomie

Daten sind *intangible* Güter, sie gleichen in vielen Aspekten einem *öffentlichen Gut*, zumindest im Hinblick auf den Aspekt der *nicht-rivalisierenden Nutzung*. Denn Daten können in der Regel nahezu unendlich oft von vielen Akteuren gleichzeitig genutzt werden, ohne dass sie sich aufbrauchen. Daten können beliebig häufig kopiert werden. Sie unterliegen weder einer Verknappung noch einer Abnutzung. Deshalb kann eine „Übernutzung", wie bei klassischen Allmendegütern, wie etwa einer gemeinschaftlich genutzten Schafweide[13], bei Daten nicht geschehen. Diese „Tragik der Allmende" und das daraus abgeleitete Postulat der Abgrenzung von Eigentumsrechten, damit die individuellen Eigentümer auf den Erhalt ihres Eigentums acht geben, sollte daher bei Daten kein valider Begründungsmodus für die Etablierung eines Dateneigentums sein. Vielmehr geht es bei der Diskussion um Dateneigentum oder „data ownership" vor allem um die Abgrenzung von Zugangs- und Verfügungsrechten über Daten.[14] De facto werden Daten heute über den Ausschluss von anderen zum Zugang zu den Servern, auf denen sie gespeichert sind, exklusiv gehalten oder durch Geheimhaltung gegenüber Dritten, etwa als Geschäftsgeheimnis. Durch Zugangsbarrieren (wie Kryptographie, geschlossene Datenzentren, Geheimhaltung) werden Ausschlüsse vollzogen, ohne dass es hierzu eines rechtlichen Dateneigentums bedürfte. Daten können aber auch vertragsrechtlich oder durch andere Formen der Offenheit (wie Open Science, Creative Commons Lizenzen, Open Source Software) allen zugänglich gemacht werden.[15]

Für den vorliegenden Beitrag kommt es vor allem darauf an, zu betonen, dass Fragen der Sammlung, Aggregation, des Zugangs zu und des Ausschlusses von Daten stark mit *Machtfragen* verknüpft sind. Im Folgenden sollen vier heuristische und konzeptionelle polit-ökonomische Gestaltungsmodelle für den Umgang insbesondere mit personenbezogenen oder personenbeziehbaren Daten vorgestellt und geprüft werden, die vor allem auf die Rolle der Datengebenden fokussiert sind. Diese grundlegenden Modelle des Umgangs mit Daten sind daraufhin zu befragen, welche impliziten oder expliziten Vorstellungen sie von der Datenökonomie beinhalten und wem die Rolle eines Hauptakteurs darin zugeschrieben wird.[16]

---

13 Vgl. Harding 1968.
14 Vgl. Purtova 2009b und 2017.
15 Vgl. Kerber und Specht 2018.
16 Vgl. Wolf 2017.

### 3.1 Modell 1: Jaron Lanier - Individuelle Verfügungsrechte und Mikrozahlungen

Jaron Lanier, ein US-Internetpionier, dem die Mit-Erfindung des Begriffs „Virtual Reality" zugeschrieben wird und der 2014 den Friedenspreis des Deutschen Buchhandels erhielt, hat sich nach anfänglicher Euphorie inzwischen zu einem Kritiker der gängigen Geschäftsmodelle des Internets und von Big Data entwickelt. In seinen beiden Büchern „Wem gehört die Zukunft (2014)" und „Wenn Träume erwachsen werden (2015)" legt er Vorschläge für eine „humanistische Informationsökonomie"[17] vor. Diese beruht ihm zufolge auf der Grundidee, die Herkunft von Daten und Informationen, nämlich die Menschen, nicht als weniger wertvoll als die Speicherung, Verarbeitung, algorithmische Datenanalyse und Weiterverwertung von Daten zu erachten:

> Gängige digitale Konzepte behandeln Menschen nicht als etwas Besonderes. Wir werden vielmehr als kleine Rädchen in einer gigantischen Informationsmaschine betrachtet. Dabei sind wir die einzigen Lieferanten der Informationen und gleichzeitig ihr Bestimmungsort, das heißt, wir geben der Maschine überhaupt erst ihren Sinn. Ich möchte eine alternative Zukunft aufzeigen, in der Menschen angemessen berücksichtigt (...) werden.[18]

Seiner Auffassung nach müsse der Faktor Mensch als Urheber von Daten und Informationen explizit in die ökonomische Wertschöpfungskette aufgenommen und für den von ihm produzierten Wert entlohnt werden. Lanier spricht sich daher für ein Mikrozahlungssystem aus, in Anlehnung an ein von Ted Nelson, dem Erfinder des Hypertexts, bereits in den 1960er Jahren entwickeltes Konzept eines von Mikrozahlungen gestützten Netzwerkes digitaler Medienarchitektur. Jede Person, die etwa einen Blog betreibe, einen Post absetze, oder eine selbst getätigte Übersetzung online stelle, solle eine finanzielle Entschädigung dafür erhalten, denn es handle sich dabei um digitale Wertschaffung. Der Mensch, der digitale Informationen erzeuge, solle dafür ein Mikrohonorar erhalten und so zu einem anerkannten Teil der Wertschöpfungskette werden. Im Gegenzug müssten all diejenigen Unternehmen, die auf die online gestellten digitalen Daten und Informationen zugreifen und sie ggf. weiterverarbeiten, dafür eine Mikrozahlung leisten.[19] So sollten die Menschen nicht mehr länger reine Datenlieferanten für digitale Plattformen sein. Der Wert von „rohen Daten" dürfe nicht länger unbeachtet bleiben und am Ende nur noch diejenigen profitieren, die Zugriff

---

17    Lanier 2014, S. 47.
18    Lanier 2014, S. 31.
19    Lanier fordert sogar, dass nicht nur Unternehmen, sondern auch der Staat (mit Ausnahme der Polizei) für den Zugriff und die Nutzung von Daten eine solche Zahlung an die von der Überwachung betroffenen Personen leisten müssten (Lanier 2015, S. 385f).

darauf hätten. Eine „Entrechtung"[20] der Menschen an ihren Daten sei nur zu stoppen, wenn individuelle Daten als ökonomische Größe berücksichtigt würden. Die Menschen dürften nicht länger nur als Konsumenten wahrgenommen werden. Sie müssten aktive Akteure der Datenökonomie werden.[21] Die Gesellschaft dürfe Menschen nicht weiter als „Verfügungsmasse für digitale Netzwerke" sehen, sondern müsse sie als „echte Kunden" achten.[22] Damit spielt Lanier an die konzeptionelle Figur von „*Prosumers*"[23] an, die Nutzer digitaler Plattformen und Netzwerke als Hybridform zwischen Produzenten und Konsumenten betrachtet.

Lanier postuliert, der Trend, digitale Wertschöpfung von ihren Urhebern abzukoppeln und zu suggerieren, alle digitalen Inhalte entsprängen dem Internet selbst, könne so gestoppt werden.[24] Denn jede Art von automatisierter Datenanalyse und algorithmischen Entscheidungssystemen beruhe auf zuvor von Menschen erzeugten Daten.[25] Die eigentliche Wertquelle der digitalen Welt liege damit nach wie vor alleine in den Menschen, die die wertvollen digitalen Inhalte produzierten. Das Ignorieren des Menschen als Teil der Wertschöpfung komme einer Entwertung des Menschen und der von ihm geschaffenen Werte gleich.

Lanier verdeutlicht diesen Sachverhalt anschaulich am Beispiel digitaler Übersetzungsdienste: Deren Basis, Rohmaterial und Trainingsdaten für das Maschinelle Lernen der digitalen Übersetzungen bildet die Vielzahl der von Menschen zuvor geleisteten Übersetzungen. Durch statistische Verfahren wird im Abgleich mit ähnlichen Passagen aus bereits übersetzten Texten ein mittlerweile recht passables neues Übersetzungsergebnis automatisch erstellt.[26] Dieser inzwischen oft kostenlos erhältliche Dienst ist indes nur dank der vorherigen Übersetzungsarbeit realer, aber anonymer Menschen möglich. Diese echte Arbeit tauche jedoch in keiner Unternehmensbilanz auf. „Mit jeder sogenannten automatischen Übersetzung werden die Menschen, die die Daten lieferten, aus der Welt der bezahlten Arbeit und Beschäftigung gedrängt." Sie würden damit nicht nur möglicherweise arbeitslos, sondern auch aus der ökonomischen Gesamtrechnung ausgeschlossen.[27]

---

20 Big Data sei „eine anonyme Form menschlicher Tätigkeit, bei der die tätigen Menschen nicht gewürdigt und bezahlt werden. Big Data und die künstliche Intelligenz sind wirtschaftliche und politische Konstruktionen, die die meisten Menschen entrechten." (Lanier2014, S. 16, (unnummerierte) Fussnote).
21 Lanier 2015, S. 412.
22 Lanier 2014, S. 276.
23 Zum Begriff „Prosument" siehe Toffler 1983 und Bruns 2008.
24 Lanier 2015, S. 352.
25 Lanier 2015, S. 388.
26 Lanier 2014, S. 46.
27 Lanier 2014, S. 46.

Den Kern der Vision von Lanier bildet ein Wirtschaftssystem, in dem die Rolle des Menschen für die Existenz von Big Data nicht nur entsprechend gewürdigt und anerkannt wird, sondern in dem die Menschen auch für ihre Beiträge zu Big Data (z. B. die Arbeit von menschlichen Übersetzern oder die von Chirurgen für endoskopische Roboter) angemessen entlohnt werden.[28] Lanier schlägt „ein alternatives, nachhaltiges System vor, das die Menschen weiterhin berücksichtigt und belohnt, unabhängig vom technologischen Fortschritt".[29] Ohne reale Menschen und ihre digitalen Beiträge wären Big Data, eine automatisierte Datenauswertung und künstliche Intelligenz undenkbar. Eine monetäre Entlohnung der Menschen für die geschaffenen digitalen Werte, so Lanier „wäre nur ehrlich und fair".[30] Die Errichtung einer „Pay-per-View-Wirtschaft"[31], in der jeder Mensch ein wertvoller Produzent sein könne und jede Art von Datenzugriff und -verwendung registriert und entlohnt werde, ließe den Menschen als Teil der ökonomischen Wertschöpfungskette nicht länger außen vor und den Großunternehmen nicht länger die ungezügelte Macht über die persönlichen Daten der Nutzer.[32]

Die gängigen Praktiken der großen Plattformen, Kunden permanent zu überwachen, um die gewonnenen Daten zu analysieren und für personalisierte Werbung zu nutzen, sei mit einem hohen Missbrauchspotential behaftet. Staaten gewönnen Zugriff auf die von privaten Plattformen gesammelten Daten.[33] Aktuelle Geschäftsmodelle drehten sich mittlerweile um personalisierte Werbung, um Verhaltensmanipulation durch solche „maßgeschneiderte" Werbung und Newsfeeds, Preisdifferenzierung oder durch bezahlte Links auf Seiten kostenloser Online-Angebote sowie um Überwachung.[34]

Überlasse man den Plattformen die eigenen Daten, führe dies „unvermeidbar zu einer erstaunlich ungleichen Verteilung von Vermögen und Macht".[35] Die Gesellschaft werde nachhaltig geschädigt, indem die Mittelschicht immer mehr wegbreche, die Digitalisierung unterteile die Menschen in Gewinner und Verlierer.[36] Vorangetrieben werde diese immer stärkere Einkommenskonzentration bei denjenigen Personen und Unternehmen, welche Zugang zu den Daten, die größten Server und die entsprechenden Möglichkeiten der Auswertung und Verwendung dieser Daten hätten. Es dürfe nicht sein, dass eine riesige Anzahl von Menschen über soziale Netzwerke und Suchmaschinen eine enorme Menge an wert-

---

28   Lanier 2014, S. 34.
29   Lanier 2014, S. 35.
30   Lanier 2015, S. 34.
31   Lanier 2015, S. 222.
32   Lanier 2015, S. 222.
33   Lanier 2015, S. 103f.
34   Lanier 2015, S. 112; vgl. Zuboff 2018.
35   Lanier 2015, S. 208.
36   Lanier 2015, S. 111.

vollen Informationen produziere, der Löwenanteil des Vermögens aber an die Unternehmen gehe, welche die Daten sammeln, aggregieren und weiterverarbeiten. Aktuell jedenfalls profitiere nur ein sehr überschaubarer Personenkreis von diesem System.[37]

Kostenlose Tools und Dienstleistungen dienten heute vor allem dazu, persönliche Daten zu sammeln. Mit der Nutzung kostenloser Online-Dienstleistungen willige der Nutzer in den allermeisten Fällen stillschweigend ein, die Informationshoheit über seine persönlichen Daten an das bereitstellende Unternehmen abzutreten und sich ausspionieren zu lassen. Es sei höchst bedenklich, dass Menschen heutzutage fast blind jegliche privaten Daten Rechnern anvertrauten, die Unternehmen gehören, deren Geschäftsmodell auf der Weiterverarbeitung und Vermarktung dieser Daten liege. „Wir lieben die kleinen Geschenke, aber irgendwann müssen wir feststellen, dass wir damit unseren eigenen Wert herabmindern".[38] Die Verherrlichung der „Gratis-Inhalte" mache Werbung zum wichtigsten Bestandteil der Informationsökonomie, in der es Wettbewerber äußerst schwer hätten, sich zu etablieren und zu ernstzunehmenden Konkurrenten für Branchengrößen zu werden und in der es ebenso kaum mehr möglich sei, die Macht etablierter Konzerne überhaupt noch zu kontrollieren.[39]

Daher fordert Jaron Lanier eine schnelle und vollständige Abkehr der Gesellschaft vom Werbegeschäftsmodell und der Umsonstmentalität. Vor dem Hintergrund der zunehmenden ökonomischen Bedeutung von Daten dürften diese nicht länger von den Unternehmen ohne Gegenleistung genutzt werden. Die Zeiten, in denen gefordert wurde, im Internet müsse jegliche Information frei verfügbar sein, sei längst Geschichte. Die um sich greifende Datenverarbeitungswut der Unternehmen habe das Ideal des freien und kostenlosen Datenaustauschs zu Fall gebracht. Daher sei es höchste Zeit, nach alternativen Wegen zu suchen, die ein Ende der aktuellen Geschäftsmodelle (kostenfreier Service gegen persönliche Daten) ermöglichten.[40]

Laniers Idee einer „humanistischen Informationsökonomie"[41] basiert auf den bereits angesprochenen „universalen Mikrozahlungssystemen"[42] als neues Transaktionsmodell. Menschen sollten für jeden aktiv oder passiv generierten Beitrag in eine digitale Datenbank oder ein Netzwerk eine Entlohnung in Form von Kleinstbeträgen (Tantiemen) erhalten. Das Individuum stehe in diesem Modell als zentraler Akteur im Mittelpunkt. Über die Speicherung der Datenherkunft und der Verknüpfung der Daten mit ihrem Urheber solle jeder Zugriff

---

37  Lanier 2014, S. 32.
38  Lanier 2014, S. 95.
39  Lanier 2015, S. 381.
40  Lanier 2015, S. 384f.
41  Lanier 2014, S. 47.
42  Lanier 2015, S. 117 und 385.

und jede Nutzung der Daten registriert und ein entsprechender Betrag vom Datennutzer automatisch an ein digitales Konto des Datenurhebers transferiert werden.[43]

Die Entscheidung, welche Daten er zu welchem Preis am Markt anbiete, solle jeder Nutzer für sich selbst festlegen. Je nachdem für wie privat der Nutzer die einzelnen Daten erachte, werde er einen höheren oder einen niedrigeren Preis dafür ansetzen. Der Markt regele Angebot und Nachfrage, bis es zu einem Gleichgewicht komme.[44] Weitere Partizipationsmöglichkeiten für Dritte an der Entscheidung über die Datenverwendung solle es keine geben. Die Überwachung der Regeleinhaltung und die Sanktionierung etwaiger Verstöße könne der Staat übernehmen.[45] Mit der Einführung von Zugangs- und Nutzungsgebühren kämen Demokratie und Kapitalismus in Einklang. Die Symmetrie zwischen Unternehmen und Mensch bilde eine wichtige Grundlage für einen neuen, nachhaltigen Gesellschaftsvertrag, in dem jeder Mensch „angeborene, unveräußerliche *kommerzielle* Rechte" an den eigenen Daten und deren ökonomischem Wert besitze.[46] In der humanistischen Informationsökonomie werde die Herkunft der Daten zum Grundrecht.[47] Die Grundlage für ein solches Grundrecht, eigene Datenkonten und entsprechende zivile Klagemöglichkeiten müsse der Staat schaffen.[48] Die Kommerzialisierung von Daten und Informationen werde nach Auffassung von Lanier zu einer besser ausgeglichenen Welt führen, in der die Menschen zu weiteren Beiträgen zur humanistischen Informationsökonomie ermutigt würden. Ein weiterer, besonders wichtiger Punkt seines Konzeptes liegt darin, dass tatsächlich alle Menschen in das System der Mikrozahlungen involviert sein und davon profitieren müssten. Keiner dürfe leer ausgehen, jeder müsse „Bürger erster Klasse sein". Um dies zu gewährleisten, müsse das System universal und groß genug sein, so dass auch alle davon profitieren können. Dabei gibt sich Lanier sehr optimistisch: „Es könnte großartig sein".[49]

Ziel von Laniers Konzept ist nicht nur der Schutz von Privatheit und informationeller Selbstbestimmung, sondern auch die Festschreibung eines Hoheitsrechts jeder Person über ihre persönlichen Daten. Nur so sei sie in der Lage, selbstbestimmt eigene Entscheidungen über den Preis der Daten zu treffen und Einfluss auf die Verwendung ihrer Daten zu nehmen. Lanier möchte die Nutzer

---

43    Lanier 2014, S. 307f und 318.
44    Lanier 2015, S. 131.
45    Als Alternative zu Mikro-Tantiemen hält Jaron Lanier auch eine Besteuerung der datenverarbeitenden Unternehmen für möglich und sinnvoll. Dieeingenommenen Steuern könnten in Sozialleistungen investiert werden und kämen damit am Ende der Bevölkerung zugute (Lanier 2014, S. 306).
46    Lanier 2014, S. 398.
47    Lanier 2014, S. 318.
48    Lanier 2014, S. 402.
49    Lanier 2015, S. 118.

digitaler Dienstleistungen nicht nur zu einem überlegteren Datenumgang bewegen, sondern auch gegen die scheinbar grenzenlose Marktmacht und das Werbegeschäftsmodell der großen Internetplattformen vorgehen und gleichzeitig die sich öffnende Einkommenskluft unterminieren. Denn Demokratie brauche seiner Ansicht nach eine ausgeglichene Macht- und Einkommensverteilung.[50]

Zusammenfassend bleibt festzuhalten, dass Laniers Konzept der Mikrozahlungssysteme Daten als privates Gut konzipiert. Laniers Anliegen ist es, den Anteil von Menschen an automatisierten Dienstleistungen und Entscheidungssystemen sowohl symbolisch wie monetär anzuerkennen und zu entlohnen. Er verspricht sich davon mehr Selbstbestimmung und *Empowerment* der Datengebenden sowie einen Abbau von Machtasymmetrien. Als Mittel hierzu sieht er die Etablierung eines Marktes für Daten. Zentraler Akteur ist daher für Lanier der Markt.

### 3.2 Modell 2: Evgeny Morozov - Daten als öffentliches Gut

Als nächstes soll ein Gegenmodell zu dem von Lanier propagierten Marktmodell von Daten als privatem Gut diskutiert werden. Hierzu greife ich auf einige Ansätze des weißrussischen Publizisten und Internetkritikers Evgeny Morozov zurück, der in vielen seiner Reden, Essays und weiteren Publikationen Daten als öffentliches Gut konzipiert sehen will. Morozovs Kritik gilt einem immer stärker um sich greifenden „datenorientierten Kapitalismus"[51], der auf „Datenextraktivismus"[52] basiere. Ihm geht es darum, die Daten aus den „Fängen der Datenapparate des kybernetischen Kapitalismus und der Nudging-Bürokratie des neoliberalen Staats"[53] zu befreien. Datengetriebene Technologie berge große Gefahren, biete aber auch große Potentiale für die Gesellschaft. Durch die Möglichkeit, menschliches Verhalten in Echtzeit zu erfassen und für zukünftige Nutzungen in Form personalisierter Profile zu speichern, verankerten digitale Technologien einerseits ökonomische Interessen und Ziele gegenüber zivilgesellschaftlichen, könnten richtig eingesetzt aber zum effizienteren Ressourceneinsatz, der Stärkung von Nachhaltigkeit sowie zur Förderung entsprechender Innovationen beitragen, die auch der Bevölkerung zugutekämen.[54] Morozovs Anliegen ist daher keine Technologiekritik, sondern eine polit-ökonomische Kritik des datenbasierten Kapitalismus.

Um sicherstellen zu können, dass die positiven Aspekte datenbasierter Technologien gefördert würden und die Gesellschaft den negativen Auswirkun-

---

50 Lanier 2015, S. 385–406.
51 Morozov 2015, S. 29.
52 Morozov 2018a.
53 Morozov 2015d, 7.
54 Morozov 2015a, S. 25.

gen nicht schutzlos gegenüberstehe, plädiert Evgeny Morozov dafür, „die Frage der digitalen Identität aus der gewerblichen Zuständigkeit völlig herauszunehmen und sie stattdessen zu einem öffentlichen Gut zu machen"[55]. Persönliche Daten und Datenprofile in die „öffentliche Hand" zu geben, stellt für Morozov „die einzige Möglichkeit" dar, zu gewährleisten, dass die Bürger vom datenorientierten Kapitalismus „nicht übermannt werden".[56] Die Daten müssten von der neoliberalen, marktwirtschaftlichen Dynamik abgekoppelt, die gewerbliche Datensammlung und personalisiertes Marketing eingedämmt werden. Der Staat müsse die Hoheit über die Daten zurückerhalten, um den Markt effektiv kontrollieren zu können. Der Staat bzw. öffentliche Einrichtungen fungieren demnach in Morozovs Modell nicht nur als zentraler Akteur, ihnen unterliegt zudem auch die Verwaltungs-, Entscheidungs- und Sanktionierungskompetenz.[57]

Wären Daten öffentliche Güter, würde im Verständnis Morozovs zunächst jede Bewegung, jeder Klick auf eine App oder eine Website und jede Interaktion mit einem smarten Gegenstand nicht mehr dem Unternehmen, das die dafür nötigen Dienste anbietet, zufallen, sondern dem Bürger im Sinne eines „Klick-Kapitals"[58] selbst. Daten als öffentliches Gut sollten als eine Art öffentliches Versorgungsunternehmen (public utility) und Teil der Daseinsfürsorge verstanden werden, wodurch nicht länger ökonomische Interessen über gesellschaftliche gestellt würden. In diesem Sinne stellt sich Morozov eine Gesellschaft vor, für die grundlegende E-Mail-Funktionen als Teil der öffentlichen Infrastruktur gälten und daher unentgeltlich angeboten werden sollten. Dafür sollte es möglich sein, dass Teile der in den digitalen Profilen gespeicherten Daten in anonymisierter Form von öffentlichen Stellen (Städten, Gemeinden, städtischen Versorgungsunternehmen) genutzt werden könnten, um staatliche Dienstleistungsangebote (etwa die Taktung des öffentlichen Nahverkehrs) effektiver und nach-

---

55  Morozov 2015a, S. 29.
56  Morozov 2015a, S. 29.
57  Morozov spricht in seinen Schriften zwar von Daten als „public good", lässt jedoch die Frage, wer dieses Gut verwalten soll, weitgehend offen und äußert sich an einigen Stellen auch recht staatskritisch. Allerdings laufen seine Überlegungen letztlich auf eine staatliche Instanz zur Datenverwaltung und -bewirtschaftung hinaus. Dabei zielt Morozov in jüngerer Zeit vor allem auf die kommunale Verwaltungsebene einer Großstadt („the most meaningful scale at which a radical change in democratic political culture can occur today is not the nation state, (...) but, rather the city." Es gehe für eine „data distributist left" darum, „to find a way to distribute power, not just data. It must *mobilise the nation state* to turn cities into the harbingers of a new, radical democracy keen on deploying socialised big data and artificial intelligence in the interests of citizens. Without such an emphasis on radical empowerment, the data distributism of the left will only be a boon to the loony far right." (Morozov 2018c, Hervorhebung I.S.). Wie indes ein städtisches, föderatives, nationales oder regionales System auzugestalten wäre, bleibt bei ihm eine Leerstelle. In konzeptioneller Hinsicht ist Morozov als Repräsentant eines staatsorientierten Modells einzuordnen.
58  Morozov 2015a, S. 29.

haltiger an den tatsächlichen Bedarf der Bevölkerung anpassen zu können. Auch andere Dienstleistungen in den Bereichen Verkehr, Bildung, Energieversorgung und Gesundheit könnten datenbasiert effizienter, innovativer und nützlicher gestaltet werden.[59] Mittel wäre die Vergesellschaftung der Daten: Die bisher „im Besitz dieser Unternehmen befindlichen Daten und die damit gebauten künstlichen Intelligenzen würden als Infrastruktur behandelt, auf die alle gleichberechtigten Zugang haben".[60] Diese Datenbank könne auf kommunaler, nationaler oder sogar auf regionaler Ebene angesiedelt sein:

> All of the nation's data, for example, could accrue to a national data fund, co-owned by all citizens (or, in the case of a pan-European fund, by Europeans). Whoever wants to build new services on top of that data would need to do so in a competitive, heavily regulated environment while paying a corresponding share of their profits for using it.[61]

Das Ziel von Morozovs Vision ist eine öffentliche, gemeinwohlorientierte Nutzung von Daten mithilfe staatlicher Regularien zur Koordination des Datenzugriffs und zum Schutz vor Missbrauch. Finanziert werden sollte seiner Meinung nach ein solches System mit der dafür nötigen Infrastruktur und effektiven Kontrollmechanismen durch Steuern bzw. Abgaben. Denkbar wäre etwa eine an das Rundfunkgebühren-Modell angelehnte Pflichtabgabe aller Bürger zur Finanzierung.

Evgeny Morozov möchte mit diesem Ansatz jedoch keineswegs die Existenz von privaten Unternehmen, deren Geschäftsmodell auf Big Data und KI basiert, unmöglich machen. Diese Unternehmen könnten auch weiterhin erweiterte personalisierte Dienstleistungen anbieten, sofern sie für die Datennutzung bezahlten, beispielsweise in Form einer Lizenzgebühr, die dann für gesellschaftliche Zwecke eingesetzt würde. Werbung und die kommerzielle Datensammlung solle jedenfalls nicht länger das indirekte Zahlungsmittel für die Nutzung solcher Dienste sein. Es gehe darum, sich ein „alternatives Datenregime vorzustellen, in dem Google die von uns erzeugten Daten nicht besitzt, aber dennoch, wie andere Unternehmen auch, auf ihrer Grundlage Dienstleistungen anbieten kann. Der Grund, warum wir diese Vorstellung nicht wagen, ist einfach: Dazu müssten wir das vorherrschende neoliberale Paradigma infrage stellen, das uns von den Vorzügen der Privatisierung zu überzeugen sucht.[62]

Breiterer Zugang zu personenbezogenen, aber anonymisierten Daten könne auch das gegenwärtige Problem der Monopolstellung einiger weniger großer Unternehmen lösen. Wenn zukünftig mehr Unternehmen (insbesondere junge,

---

59    Morozov 2015a, S. 26.
60    Morozov 2018a.
61    Morozov 2017.
62    Morozov 2015d, S. 6.

innovative Start-ups) in der Lage sein würden, mit den großen Unternehmen wie Google oder Facebook zu konkurrieren, da auch sie Zugang zu den Daten bekämen, gäbe es die Chance, durchaus konkurrenzfähige Alternativen zu den von Großunternehmen angebotenen Dienstleistungen zu entwickeln.[63]

Zusammengefasst konzipiert Evgeny Morozov Daten als öffentliches Gut, das zu vergesellschaften ist, mit einem Staat, einer Stadt oder Gemeinde, welche die Daten als öffentliche Infrastruktur im Gemeinsinn und für das Gemeinwohl verwalten. Besonders öffentlich erhobene Daten wie Verkehrs- oder Energiedaten könnten so für jeden zugänglich gemacht werden. Anstatt die Digitalunternehmen kartellrechtlich zu zerschlagen, solle man sie zwingen, zu erkennen, dass die Daten nicht ihnen gehörten und sie dazu bringen, diese zu anonymisieren und der Gesellschaft zugänglich zu machen.[64] Die Nutzung würde durch den Staat reguliert werden. Einige Städte wie Barcelona haben im Rahmen ihrer Smart City-Projekte bereits ähnliche Ansätze initiiert, die Morozov als Vorbild gelten. Hauptakteur für Morozov ist also der Staat, insbesondere auf der Ebene einer Großstadt.

### 3.3  Modell 3: Elinor Ostrom - Daten als Allmendegut

Als weiteres, drittes Modell, wie Daten bewirtschaftet und genutzt werden können, soll nun die Konzeption von Daten als Allmendegut vorgestellt werden. Hierzu sollen einige Kategorien und Konzepte in Anlehnung an Elinor Ostrom diskutiert werden. Ostrom erhielt als erste Frau im Jahr 2009 den Nobelpreis für Wirtschaftswissenschaften für ihr Lebenswerk, in dem sie sich über viele Jahrzehnte hinweg mit der wissenschaftlichen Erforschung von Gemeingütern beschäftigte. Obgleich Ostrom sich in erster Linie mit endlichen und natürlichen Ressourcen, die gemeinschaftlich verwaltet werden, befasste, also mit im Konsum rivalisierenden Gütern, können ihre Erkenntnisse doch wertvolle Anregungen auch für Daten als nicht-rivalisierende Güter bieten. Denn Ostrom geht es um eine Perspektive jenseits von Staat und Markt. Sie untersuchte die Interaktion von Allmenderessourcen (common-pool resources) und Gemeineigentumsinstitutionen (common-property institutions)[65], also die Frage der Governance von bestimmten Gütern durch Regeln und Mechanismen, die nachhaltig sind, das Gemeingut kollektiv bewirtschaften und im Sinne des Gemeinwohls nutzen. Ihr als „neue Institutionenökonomin" ging es um Handlungsformen, mittels derer es gelingen kann, dass sich eine Gruppe voneinander abhängiger Individuen orga-

---

63    Morozov 2015a, S. 30–32.
64    Morozov 2018. Wie die Plattformunternehmen zur Preisgabe bzw. Offenlegung ihrer Daten gezwungen werden können, darüber lässt sich Morozov nicht aus. Vgl. dazu Mayer-Schönberger und Ramge zur Einführung einer „progressiven Data-Sharing-Pflicht" (2017, S. 22).
65    Ostrom 1999, XVII.

nisiert, um langfristig gemeinsame Vorteile zu realisieren und negative Folgen individueller Nutzenmaximierung zu verhindern, auch wenn alle Beteiligten einen Hang zum opportunistischen Handeln und zum Trittbrettfahrertum haben.[66] Sie entdeckte solche Formen von Selbstorganisation, Entscheidungsfindung und Selbstverwaltung in gemeinschaftlich ausgehandelten Zugangs- und Nutzungsregeln von Allmendegütern, mittels derer allfällig drohende Interessenkonflikte im Umgang mit Gemeingütern entschärft wurden. Definiert werden Allmenderessourcen als „ein natürliches oder von Menschen geschaffenes Ressourcensystem, das hinlänglich groß ist, so dass es kostspielig (aber nicht unmöglich) ist, potentielle Aneigner von seiner Nutzung auszuschließen."[67]

Lange Zeit galten Allmenden in der Wirtschaftswissenschaft als obsolet, denn es herrschte die von Garrett Hardin vertretene Theorie der zwangsläufigen Übernutzung des Gemeingutes und damit der „Tragödie der Allmende" vor.[68] Hardin vertrat die Auffassung, dass nur durch eine Privatisierung des Gemeinguts und die Überantwortung der privaten Anteile an den rationalen, eigennützigen *homo oeconomicus* die Ressource zu erhalten und effizient wirtschaftlich zu nutzen wäre. Dies rechtfertigte das marktwirtschaftliche, auf Privatbesitz ausgelegte Wirtschaftsmodell. Andere Theoretiker, wie Mancur Olson, die sich mit den Fragen kollektiven Handelns beschäftigten, sahen ein Grundproblem zum einen darin, dass Individuen kein Interesse hätten, sich an der Erstellung eines Kollektivguts zu beteiligen, selbst wenn sie später wie alle anderen davon einen Nutzen hätten. Zum anderen bestehe bei Allmendegütern immer die Gefahr von Trittbrettfahrern, welche das Gut nutzten, ohne sich an dessen Erstellen und Erhalt zu beteiligen.

Mit Elinor Ostroms 1990 erschienenen Werk *Governing the Commons: The Evolution of Institutions for Collective Action* widersprach sie den Annahmen von Hardin, Olson und anderen Theoretikern, dass nur durch eine Privatisierung von Ressourcen oder eine von Behörden eines Zentralstaats („externer Leviathan"[69]) kontrollierte Governance-Form die Allmendeprobleme gelöst werden könnten. Wie sie durch Forschungen an tausenden von Fallstudien vor allem in lokalen Gemeinschaften nachwies, lässt sich die Bereitstellung und Aneignung von gemeinschaftlich genutzten Gütern durch von unten organisierte und institutionalisierte lokale Kooperation der Betroffenen in angemessener und nachhaltiger Form bewerkstelligen.

Ostroms Forschung befasste sich mit der Frage, wie sich Menschen organisieren, um gemeinschaftlich komplexe Probleme zu lösen. Sie analysierte, wie institutionelle Regeln sich auf Handlungen von Individuen auswirken, die be-

---

66   Ostrom 1999, S. 37.
67   Ostrom 1999, S. 38.
68   Hardin 1968.
69   Ostrom 1999, S. 11.

stimmten Anreizen ausgesetzt sind, Entscheidungen treffen (müssen), und sich zudem noch gegenseitig beeinflussen, und sie zeigte praktikable, gerechte und effiziente Lösungen für diese Probleme auf.

Gerade die gemeinschaftlich vereinbarten Zugangs- und Nutzungsregeln charakterisieren Ostrom zufolge eine nachhaltige Allmendenbewirtschaftung. Ostrom widerlegte in ihren empirischen Studien die Annahme, Menschen träfen ausschließlich rationale, auf den eigenen Vorteil bedachte Entscheidungen, oder nur eine starke Zentralgewalt sei in der Lage, egoistisches Handeln zu zügeln, Interessenskonflikte beizulegen und Regeln hinsichtlich des Zugangs und der Nutzung von Allmendegütern durchzusetzen. Dagegen setzte sie ein Menschenbild, wonach Menschen auf Kooperation angelegte soziale Wesen sind, deren Handeln auf den Möglichkeiten der Kommunikation und Reziprozität fußt, sodass der eigene Vorteil am Ende schließlich auch dem Vorteil anderer zugutekommen kann.[70] Zudem vertritt Ostrom, es gäbe keine universelle und einheitliche Patentlösung für Gemeinschaftsressourcen, sondern nur lokal angepasste, komplexe institutionelle Arrangements der Selbstorganisation. Ostroms „gemeinschaftlich getragene Ressourcenmanagement-Strategie"[71] wird in der wissenschaftlichen Literatur oft als *Dritter Weg* zwischen Staat und Markt bezeichnet.

Die erfolgreiche Verwaltung von Allmenden koste Energie, Kommunikation und Zeit, um formelle und informelle Selbstverwaltungsregeln auszuhandeln, Vertrauen aufzubauen und die Selbstverwaltung auf ein tragfähiges Fundament zu stellen. Ohne die Erarbeitung und Einhaltung von Regeln drohe der Allmende Übernutzung und Ausplünderung. Allmenden erforderten gemeinsames Tun, sie werden durch Menschen als zentrale Akteure des Ansatzes und deren kollektives Handeln gestaltet. Dieses Handeln basiere im Rahmen nationaler Gesetzgebung auf selbst erarbeiteten Regeln, deren Legitimität auf deren Legalität, Gemeinwohlorientierung und der Zustimmung der Gemeinschaft beruhe. Etwaige Verstöße gegen die selbst auferlegten Regeln sanktioniere die Gemeinschaft überwiegend selbst, ohne staatliches Eingreifen.[72]

Die sinnvollste Maßnahme des Staates sei es daher, gemeinschaftliches Handeln und Kooperation zwischen den Individuen auszubilden und zu stärken. Die Nutzer der Allmende hätten selbst den besten Einblick in die vorherrschenden Rahmenbedingungen und die entsprechenden Möglichkeiten. Indem der Staat rechtsstaatliche Verfahren zur Selbstorganisation ermögliche, dafür die gesetzlichen Grundlagen schaffe sowie die entsprechende staatliche, über die einzelne Allmende hinausgehende Infrastruktur bereitstelle, erbringe er wichtige Voraussetzungen für eine erfolgreiche Allmende. Die wichtigste Anforderung an

---

70    Ostrom und Helfrich 2011, S. 11ff.
71    Helfrich und Stein 2011.
72    Ostrom und Helfrich 2011, S. 14–29.

den Staat sei jedoch die Einbeziehung der Gemeinschaft aller zugangs- und partizipationsberechtigen Nutzer und die Berücksichtigung ihrer Interessen. An die Stelle kurzfristiger Investitionen bzw. Interventionen von oben müssten langfristig angelegte Handlungen von unten, den Nutzern der Allmende selbst, treten. [73] Erfolgreiche Allmenden müssen Elinor Ostrom zufolge als „komplexe adaptive" und „polyzentrische Systeme" verstanden werden, innerhalb derer es keine übergeordnete Zentralinstanz gibt. [74] Die Aufgabe des Staates beschränke sich auf die Sicherstellung von Rechten und Teilhabe sowie die Herstellung der nötigen Infrastruktur, während die Verwaltung und Steuerung der Allmende sich lokal vollziehe. Die Finanzierung der Allmendenverwaltung erfolge ebenso durch die Gemeinschaft selbst. [75]

Aus der Betrachtung von gelungenen und gescheiterten Lösungen des Bewirtschaftens und Verwaltens solcher Ressourcen leitete Ostrom schließlich acht Designprinzipien einer erfolgreichen Allmendenführung ab. Sie sprach sich dabei explizit gegen allgemeingültige Modelle, zu detaillierte Regularien oder gar Patentrezepte aus. Dank ihrer zahlreichen Feldstudien konnte sie jedoch diejenigen Bedingungen und Handlungsmuster ausloten, die entscheidend für den langfristigen Erfolg oder Misserfolg gemeinschaftlicher Allmendenverwaltung sind. Diese acht Voraussetzungen nannte sie „Design-Prinzipien" erfolgreicher Allmenden, deren Erfüllung zwar keine Erfolgsgarantie sei, aber entscheidend dazu beitrage.

Diese acht Design-Prinzipien lauten überblicksartig und kurzgefasst[76]:

- *Abgrenzbarkeit*: Es existieren eindeutige und akzeptierte Grenzen zwischen legitimen Nutzern und Nicht-Nutzungsberechtigten. Ebenso bestehen klare Grenzen zwischen einer bestimmten Gemeinressource und ihrer Umwelt.

- *Kongruenz mit lokalen Bedingungen*: Die Regeln für die Aneignung und Bereitstellung einer Ressource entsprechen den örtlichen und kulturellen Bedingungen. Die Verteilung der Kosten erfolgt proportional zur Verteilung des Nutzens.

- *Gemeinschaftliche Entscheidungen*: Die an der Allmendenutzung Beteiligten können die Nutzungsregeln mitentscheiden und mitgestalten.

- *Monitoring*: Es muss ausreichend Kontrolle über die Nutzung und den Allgemeinzustand der Allmenderessource geben, um Regelverstößen

---

73  Ostrom und Helfrich 2011, S. 31.
74  Ostrom 2010.
75  Ostrom und Helfrich 2011, S. 38ff. und 113.
76  Laut Ostrom 1999, S. 115–132 und 2010, vgl. Wall 2014, S. 18; Stollorz 2011, S. 6.

vorbeugen zu können. Personen, die mit der Überwachung betraut sind, müssen rechenschaftspflichtig sein.

- *Abgestufte Sanktionen*: Verhängte Sanktionen sollen in einem vernünftigen Verhältnis zum verursachten Problem stehen. Die Bestrafung von Regelverletzungen beginnt auf niedrigem Niveau und verschärft sich, wenn Nutzer eine Regel mehrfach verletzen.

- *Konfliktlösungsmechanismen*: Festgelegte lokale Arenen sollen helfen, Konflikte zwischen Nutzern sowie zwischen Nutzern und Behörden möglichst schnell, günstig und direkt beizulegen (z. B. durch Mediation).

- *Anerkennung von Rechten*: Die Regierung räumt Nutzern ein Mindestmaß an Rechten ein, sich eigene Regeln zu setzen.

- *Eingebettete und verschachtelte Institutionen*: Ist eine Gemeinressource eng mit einem es umgebenden, großen Ressourcensystem verbunden, werden die Governance-Strukturen auf mehreren, ineinandergreifenden Ebenen miteinander verschachtelt (ohne Hierarchie, polyzentrische Governance).

Wie bereits erwähnt, beschäftigte sich Elinor Ostrom vor allem mit natürlichen, ökologischer Nachhaltigkeit bedürfenden (tangiblen) Allmendegütern. Gleichwohl können zumindest einige ihrer Designprinzipien für nachhaltige Institutionen auf die Verwaltung und Bewirtschaftung von Daten angewandt werden, obgleich Daten als intangible Güter keiner Verbrauchslogik unterliegen, zumindest theoretisch auch keine Gefahr von Rivalität besteht und auch das Trittbrettfahrerproblem nachrangig sein dürfte. [77]

Einige Autoren haben versucht, Ostroms Erkenntnisse auf die Datenwelt zu übertragen, wie etwa Jeremy Rifkin, der mit seinem Buch „Die Null-Grenzkosten-Gesellschaft" daraus die Vision einer kollaborativen, horizontal organisierten Produktions- und Lebensweise entwirft[78] und Yochai Benkler, der eine „commons-basierte peer-Produktion" jenseits von Lohnarbeit und Hierarchie entwickeln will.[79] Ihnen schweben dabei Commons nicht nur als drittes Modell *neben* Staat und Markt, wie bei Ostrom, sondern als Modell einer gesamtgesellschaftlichen Transformation vor. Die Betrachtung dieser Ansätze würde allerdings den Rahmen dieses Beitrags sprengen.

---

77  Allerdings gibt es andere Probleme bei Daten, etwa das der Neuheit, von Informationsasymmetrien oder gegebenenfalls auch fehlender Exklusivität der Verwertung, welche beispielsweise das Amortisieren von Investitionen erschweren können.
78  Rifkin 2016.
79  Benkler 2005.

Als praktische Anschauungsbeispiele bestehender digitaler Allmenden dienen insbesondere Open Source Software wie unter anderem Linux, Creative Commons Lizenzen und digitale Commons wie etwa die Internet-Enzyklopädie Wikipedia und das Online-Kartendienst- und Navigationssystem Open Street Map. Zusammengefasst bleibt festzuhalten, dass in Ostroms Modell der Hauptakteur die Gemeinschaft ist, welche die Allmende im Sinne des Gemeinwohls verwaltet.

### 3.4 Modell 4: David Winickoff – Treuhandschaft

Das vierte Modell, das auf die Datenökonomie Anwendung finden kann, ist das einer Daten-Treuhandschaft. Vorgestellt werden soll dieses Modell in Anlehnung an David Winickoff[80], der das Treuhandmodell in Bezug auf genomische Biobanken – bei denen sensible Datenschutzfragen mit der wissenschaftlichen Nutzung der Daten in Einklang zu bringen sind – entwickelt und hierfür als Rechtsform eine gemeinnützige Einrichtung (*charitable trust*) vorgeschlagen hat. Zuvor ist der Begriff Treuhandschaft zu klären.

Treuhandschaft bezeichnet ein Rechtsinstitut, unter das verschiedene Formen von Treuhandverhältnissen gefasst werden. Ein Treuhandverhältnis liegt vor, wenn vertraglich oder kraft Gesetzes die Ausübung oder Verwaltung bestimmter Rechte (eines *Treugutes*) vom Treugeber „zu treuen Händen" an den *Treunehmer* (*Treuhänder*) übertragen werden. Kennzeichnend für Treuhandverhältnisse ist, dass dem Treuhänder nach außen mehr Befugnisse übertragen werden, als er selbst im Binnenverhältnis zum Treugeber ausüben darf, welchem er in schuldrechtlicher Bindung gegenübersteht. Die privatrechtliche Treuhand kann als bloße Ermächtigungstreuhand ausgestaltet sein, bei der dem Treuhänder das Treugut nicht übertragen, sondern nur die Befugnis eingeräumt wird, im eigenen Namen darüber zu verfügen. Eine andere Möglichkeit ist die Vollrechtstreuhand, bei der der Treuhänder nach außen das volle Recht am Treugut erwirbt (also z. B. Eigentümer von Sachen, Inhaber von Forderungen etc. wird). Die Treuhand wird durch ein Rechtsgeschäft (Treuhandgeschäft, *fiduziarisches Rechtsgeschäft*) begründet; dem Treuhänder wird das Treugut mit der Abrede übertragen, wie, für wen und für welche Zwecke er es zu handhaben hat. Der Treunehmer ist durch den Treuhandvertrag gebunden und verpflichtet, die Sache im Sinne des Treugebers zu verwalten und nur zulässige Verfügungen vorzunehmen. Insofern ist ein Treuhänder ein Inhaber von Rechten, der diese Rechte jedoch nur beschränkt ausüben darf.[81]

---

80   Winickoff und Winickoff 2003; Winickoff und Neumann 2005.
81   Gräber-Seißinger et al. 2015.

David E. Winickoff, US-Professor für Bioethik und Wissenschaftsforschung, setzte sich zusammen mit seinem Bruder und Arzt Richard N. Winickoff sowie der Juristin Larissa B. Neumann anhand von Biobanken intensiv mit der Frage auseinander, wie Fragen der Verfügungsrechte an gespendeten Biomaterialien (wie menschliche Zellen, Gewebe, Blut, DNA) und an dazugehörigen Daten (aus Patientenakten, erhobenen Gendaten und Analysedaten) geregelt werden sollten. Insbesondere ging es um Zugangsfragen zu Material und Daten, ethischen Aspekten der informierten Zustimmung zu Forschungszwecken sowie zu Fragen von möglichen Gewinnen aus dem Handel mit Biomaterialien und Daten und deren Verteilung. Von großer Bedeutung war es dabei, vertrauenswürdige institutionelle Strukturen aufzubauen, um das Vertrauen der Material- und Datenspender nicht zu enttäuschen und um eine langfristige Aufrechterhaltung der Biobanken für medizinische und Forschungszwecke zu gewährleisten. Solche Biobanken haben eine unterschiedliche Rechtsform und können sowohl staatlich, privatwirtschaftlich oder gemeinnützig organisiert sein, zudem gibt es einen Austausch von Daten und Materialien zwischen Institutionen dieser drei Rechtsformen. Gleichwohl wird von den Gebenden in der Regel eine altruistische Spende erwartet, ohne Beteiligung an etwaigen Profiten.[82]

Durch den Aufbau eines treuhänderischen Trusts, so der Vorschlag, solle eine Form der Governance von großflächigen Biobanken erreicht werden, die dem Schutz der Daten- und Materialspendenden ausreichend Rechnung trage: „When a person agrees to donate tissue, the recipient has a responsibility to serve as a trustee, or steward, of the tissue in order to ensure protection of the contribution. (…) The charitable trust is a promising legal structure for handling such a set of obligations, for promoting donor participation in research governance, and for stimulating research that will benefit the public."[83] Im Rahmen einer Treuhandschaftsvereinbarung kann der Treugeber (z. B. Gewebespender) förmlich den Wunsch äußern, sein Verfügungsinteresse über das Gut (Biomaterial und Daten) an den Trust zu übertragen. Der Treugeber (*settlor*) bestellt einen Treuhänder (*trustee*), der rechtlich treuhänderische Pflichten (*fiduciary duties*) zur Aufbewahrung oder Nutzung des Gutes zugunsten einer bestimmten zu begünstigenden Partei (z. B. Klinik, Forschungsprojekt) übernimmt. Im Fall des Trusts als einer gemeinnützigen Einrichtung tritt die Allgemeinheit als Begünstigte auf. Damit werde ein treuhänderisches Schutzregime zum Schutz der Inte-

---

82  Zur Wahrung des Rechts auf informationelle Selbstbestimmung muss der Betroffene vor der Erteilung der informierten Einwilligung (informed consent) in die Treuhandschaft umfassend über die Inhalte, Ziele und Risiken des Vertrags sowie die Rechte aller Beteiligten informiert werden. Jede informierte Einwilligung fußt im Sinne des Datenschutzes auf dem Prinzip der Freiwilligkeit und der Zweckbindung und beinhaltet daher die Möglichkeit, die Einwilligung jederzeit frei zu widerrufen (opt-out) (Winickoff und Winickoff 2003; vgl. Schneider 2003 und 2010).

83  Winickoff und Winickoff 2003, S. 1182; Winickoff und Neumann 2005, S. 10.

ressen der Spendenden und von anderen Begünstigten geschaffen. Eine gemeinnützige Stiftung sei ein elegantes und flexibles Rechtsmodell, das gegenüber privatwirtschaftlichen Organisationsformen eine Reihe von ethischen, rechtlichen und wissenschaftlichen Vorteilen aufweise.[84] Denn nur durch langfristiges Vertrauen und langfristige Beteiligung der Spendenden sei eine Biobank in der Lage, nachhaltige und verwertbare Studienresultate, insbesondere bei Längsschnittstudien zu erzielen, die am Ende der gesamten Gesellschaft zugutekämen.

Zur Begründung wird angeführt, dass ein gemeinnütziger Trust besser mit der altruistischen Spende vereinbar sei. Krankenhäuser sollten bei der Entgegennahme der Spende als Verwalter (*steward, custodian*) statt als Makler (*broker*) agieren. In der Architektur des Trusts könne der Spendergruppe auch eine beratende Rolle bei der Governance zugewiesen werden. Der Trägerverein bzw. das Kuratorium (*board of trustees*) des Trusts könne somit eine Beteiligung von Repräsentanten von Spendenden vorsehen und gewährleisten, etwa im Board selbst, in einer Ethikkommission oder in einem Beirat (*donor advisory committee*). Letzterer könnte ggf. sogar mit Vetorechten bei der Verwendung der Spende für Forschungsprojekte ausgestattet werden, sofern diese den Interessen der Spendenden und den öffentlichen Zielen widersprechen. Die Treuhand habe die Aufgabe, sorgfältig abzuwägen und die Autonomie von Spendenden, deren Privatheit, genuine Interessen und den Nutzen für die Gemeinschaft bzw. Öffentlichkeit sicherzustellen. Dies bedeutet etwa die Entwicklung von geeigneten Verschlüsselungssystemen bei der Weitergabe von Spendematerial und –daten. Auch die regelmäßige und transparente Information der Spendenden über die Verwendung ihres Treugutes, beispielsweise über eine Website und über die Angabe eines Zeitfensters, innerhalb dessen die Spender einen Widerruf für bestimmte Forschungszwecke (*opt-out*) einreichen können, sei notwendig. Bei Studien, die bestimmte Populationen betreffen (wie etwa Mitglieder einer ethnischen Gruppe), sei es ratsam, vorherige Konsultationen durchzuführen und die Zustimmung der entsprechenden Community einzuholen, um die Autonomie der Gruppe zu schützen.[85] Als einen wichtigen Faktor für den Erfolg einer Biobank erachtet David Winickoff den stetigen Informationsaustausch und einen transparenten Kommunikationsprozess, der einen respektvollen Umgang zwischen der verantwortlichen Treuhand und den Spendenden ermöglicht. Eine übergeordnet eingesetzte Ethik-Kommission, die die Verwendung der Proben sowie die durchgeführten Studien inhaltlich prüft und überwacht, stelle einen weiteren wichtigen Bestandteil jeder erfolgreichen Biobank dar.

---

84 Winickoff und Winickoff 2003, S. 1182.
85 Winickoff und Winickoff 2003, S. 1183. Vgl. ähnliche Überlegungen zu group privacy bei Mittelstadt 2017 sowie die Forderung nach Beteiligung von Patientenrepräsentanten bei der Governance von Biobanken in Schneider 2003 und 2010 und zum kollektiven Benefit-Sharing in Schneider 2008, S. 98.

Außerdem verweist Winickoff darauf, dass das Treuhandmodell sich für *public-private-partnerships* eigne und dafür sorge, dass akademische Akteure der Versuchung widerstehen könnten, als Makler für private Biobanken aufzutreten. Stattdessen könne die Treuhand Altruismus, gute Governance und öffentlichen Nutzen für das Gemeinwohl miteinander vereinbaren und damit sowohl strikte Regeln zum Datenschutz einhalten wie auch den wissenschaftlichen Wert der Biobank sicherstellen. Insgesamt sollen durch die bindende *fiduciary relationship* die Rechte der Spendenden gestärkt, das Verwenden der Proben im Interesse der Allgemeinheit und das Einhalten der allgemeinen Regularien durch den Treuhänder sichergestellt werden, um das Vertrauen der Spendenden wie auch der Bevölkerung in die Biobank nicht zu gefährden.[86]

Dass das Modell einer Treuhandschaft auch auf die Verwaltung und Bewirtschaftung von Daten übertragbar ist, belegen entsprechende Auditierungsmechanismen und Zertifizierungsprozesse zum Spenderschutz durch Datentreuhänderschaft, wie sie beispielsweise vom Unabhängigen Landeszentrum für Datenschutz in Schleswig-Holstein (ULD) im Rahmen des EU-Projekts Euro-Prise bereits entwickelt wurden.[87] Hierbei wurde festgehalten, dass vor der Etablierung einer Treuhand grundsätzlich zahlreiche Fragen zu klären sind, welche die Struktur, Verwaltung und Organisation der Betriebsabläufe der Treuhandschaft sowie die Sicherstellung des Datenschutzes, der individuellen Selbstbestimmung und der ethischen Gesichtspunkte betreffen. Dazu zähle zu allererst, dass sichergestellt wird, dass der Treuhänder vertrauenswürdig, professionell und vor allem rechtlich und finanziell unabhängig ist. Damit diese Unabhängigkeit tatsächlich gewährleistet ist, bedürfe es einer angemessenen rechtlichen, technischen, organisatorischen und infrastrukturellen Ausstattung, die die Treuhand benötige, um ihren Auftrag ohne weitere Hilfe ausführen zu können.[88] Der Treuhänder müsse weisungsungebunden sein, der Schweigepflicht und auch dem Forschungsgeheimnis unterliegen. Weiterhin müssten die Regelungen für die Rekrutierung, die Regeln für die Aufklärung und die Aufnahme von Spendeden, für den Zugriff von Forschenden auf Proben und Daten, sowie die Mechanismen zum Schutz der Privatheit und Autonomie der Spendenden festgeschrieben werden.[89]

Geklärt und sichergestellt werden muss ebenso die Finanzierung des Treuhänders. Winickoff sieht die Finanzierung durch den Staat oder gemeinnützige Organisationen als besonders geeignet an. Sobald eine gemeinnützige Biotrust-Stiftung etabliert sei, könne deren aufrechterhaltende Finanzierung auch durch

---

86   Winickoff und Neumann 2005, S. 10; Winickoff und Winickoff 2003, S. 1183.
87   Zur Datentreuhänderschaft siehe bereits Metschke und Wellbrock 2002, S. 40–44.
88   Zimmermann 2008, S. 11; Petersen 2008.
89   Zimmermann 2008.

Zugangsgebühren für laufende Ausgaben gedeckt werden.[90] Der Wert einer Treuhand steigt naturgemäß mit der Anzahl, dem Umfang und der Qualität der verwalteten Datensätze. Um auch langfristig von privaten ökonomischen Interessen unabhängig sein zu können, bedarf es vor allem der finanziellen Absicherung der Treuhand. Der Treuhänder darf keinesfalls in irgendeiner Weise an die wirtschaftliche Wertschöpfungskette angebunden oder von ihr abhängig sein. Nur dann, wenn der Datentreuhänder ausschließlich gemeinwohlorientiert ohne Gewinnstreben aufgestellt ist, können ökonomische Interessen und Abhängigkeit ausgeschlossen werden und der Treuhänder wirklich als unabhängiger Dritter agieren.[91]

Auch ein Report des britischen Unterhauses hat sich für die Errichtung eines *Data Trust* im Rahmen eines *UK Center for Data Ethics & Innovation* ausgesprochen. Bereits die von der britischen Regierung im Jahr 2017 in Auftrag gegebene Studie zur Künstlichen Intelligenz sei zu dem Schluss gekommen, dass Regierung und Industrie ein Programm zur Entwicklung von Datentreuhändern aufbauen sollten, in dem Dateninhaber und Datennutzer (*data-holders and data-users*) auf "faire, sichere und gerechte Weise" Daten austauschen könnten. Die Idee hinter "Datentreuhändern" liege darin, dass sie den Datenaustausch zwischen mehreren Organisationen erleichtern, jedoch auf eine Weise, die sicherstelle, dass der angemessene Datenschutz und andere relevante Schutzmechanismen vorhanden sind, und dass eine Governance der Daten gewährleistet, dass die Stimmen der interessierten Parteien vertreten sind, und der Wert, der aus diesen Daten abgeleitet werden kann, gerecht aufgeteilt wird.[92] Zusammenfassend kann festgehalten werden, dass der Hauptakteur in Winickoffs Modell die Treuhand ist; die größte Herausforderung für den Treuhänder liegt wohl darin, unabhängig zu agieren und die unterschiedlichen Interessen aller Beteiligten mit dem Wohlergehen der Gesellschaft als Ganzes in Einklang zu bringen.

# 4 Würdigung und Kritik der vier Governance-Modelle der Datenökonomie

In einem nächsten Schritt sollen nun die vier vorgestellten datenökonomischen Modelle hinsichtlich ihrer Vorteile und originären Ansätze gewürdigt, aber auch offenen und kritischen Fragen unterzogen werden.

---

90 Winickoff und Neumann 2005, S. 8.
91 Zimmermann 2008, S. 18.
92 UK House of Commons 2018, S. 15–16.

## 4.1  Diskussion von Laniers Modell von Daten als privatem Gut: Markt und Mikrozahlungen

Jaron Lanier setzt den Markt als zentrale Koordinationsinstanz, will darin aber die Datenurheber einbeziehen. Positiv an Laniers Ansatz ist sicherlich hervorzuheben, dass er den Beitrag der Quellen bzw. Urheber*innen von Daten explizit anerkennt. Diese Anerkennung ist insofern sehr wichtig, als sowohl in vielen Studien wie in praktischen Kontexten der originäre Beitrag derjenigen, von denen die Daten stammen, negiert wird. Manchmal entsteht daraus gar eine Art Maschinen- oder KI-Fetischismus, welcher der Kraft von algorithmischen Auswertungs- und Entscheidungssystemen wertbildende Bedeutung zuspricht – dabei aber sowohl die Menschen, welche die Trainingsdaten liefern, als auch die Arbeit von Softwareentwicklern und Designern hintanstellt. Bei vielen Formen des Maschinenlernens ist die Mustererkennung jedoch auf große Mengen der von Menschen gelieferten Daten abhängig, und auch die Korrekturleistungen in sozio-technischen Systemen werden in der Regel von Menschen erbracht.[93]

Diese Anerkennung will Lanier allerdings nicht nur ideell wertschätzen, so wie es etwa dem deutschen Persönlichkeitsrecht entspricht, sondern auch materiell und vermögensrechtlich in die Wertschöpfungskette aufgenommen sehen. Bei seinem Mikrozahlungs-Modell, das Ähnlichkeiten mit einem Urheberrecht an Daten aufweist, dient die Zuordnung einer Verfügungsbefugnis über die eigenen personenbezogenen Daten dazu, die marktmäßige Nutzung der Daten zu gestalten und zu steuern. Mit der Anerkennung als Datenurheber sollen die Betroffenen eine Kontrolle über die Nutzung der Daten durch Dritte erhalten, also zum einen Bestimmungsrechte, die über eine bloße datenschutzrechtliche Zustimmung (oder Ablehnung) hinausgehen, zum anderen eine Art Entschädigung oder vermögensrechtliche Beteiligung an der Wertschöpfung durch Daten. Jöns vermerkt zu dieser Urheberrechts-Analogie, dass sich mittels der Einräumung einer Art von Nutzungslizenzen ein kontrollierter Datenhandel deutlich leichter realisieren, nach den Interessen aller Beteiligten gestalten und in beherrschbare Bahnen lenken ließe.[94]

Lanier konzipiert somit eine Art Angebot- und Nachfragemodell bzw. eine Art Auktion oder Börse für persönliche Daten und suggeriert, dass die Individuen dadurch eine Marktmacht erlangen könnten. Allerdings bleibt er hierzu insgesamt sehr im Ungefähren. Und sofern man annimmt, dass es jeweilige Einzel-

---

93   Ausnahme bildet das regelgeleitete Lernen von Künstlicher Intelligenz in „tiefen" neuronalen Netzen („Deep Learning in Artificial Neural Networks"), das nicht auf menschlichen Trainingsdaten beruht, sondern auf Spielregeln, mittels derer das System gewissermaßen zunächst vieltausendfach „gegen sich selbst" spielt, wie dies etwa bei AlphaGo der Fall war.

94   Jöns 2016, S. 14.

entscheidungen zur Datenfreigabe geben sollte, erscheint dies allerdings aufgrund einer Reihe von Faktoren naiv und nicht zu Ende gedacht.

Zum einen würde eine ständige Fall-zu-Fall-Entscheidung über die Datenfreigabe jeden Internetnutzer wohl überfordern. So werden laut einer US-Studie bereits beim Aufruf einer einzigen Webseite dutzende Daten an eine Vielzahl von Unternehmen zu Zwecken der personalisierten Anzeigenwerbung, Forschung und anderen Zielen weitergegeben, und dies sogar über mehrere Geräte des Benutzers hinweg. Beim Aufruf der BBC News belief sich dies im Durchschnitt auf 96, der New York Times auf 63 und der Reuters Website auf 67 Verbindungen zu Internetdomains von Dritten.[95] Wollte Laniers imaginärer *Prosumer* mit jedem dieser seiner Datenverwerter in Preisverhandlungen treten, wäre dieser wohl tagsüber mit nichts anderem mehr beschäftigt. Bereits 2008 errechnete eine andere Studie, dass eine Internetnutzerin, die tatsächlich alle AGBs, die sie durch einen Kästchenklick akzeptiert, lesen würde, dafür im Jahr durchschnittlich 244 Stunden oder pro Tag 40 Minuten aufbringen müsste.[96] Dies wären mehr als die Hälfte der Zeit (72 Minuten pro Tag), die der durchschnittliche Benutzer damals im Internet verbrachte. Heute dürfte dies noch erheblich mehr Zeit sein. Die Zustimmungs-Erfordernisse der DSGVO nehmen sich neben täglichen Zustimmungs- und Aushandlungs-Erfordernissen von Laniers Modell wie Quisquilien aus. Selbst wenn man solche Prozesse teilweise automatisieren würde, etwa durch ein Daten-Clearinghouse, in dem man seine Präferenzen angibt, mit wem man zu welchem Preis Daten gegen Geld zu teilen bereit wäre, bliebe der Aufwand sicherlich nicht gering. In jedem Fall würden dadurch hohe Transaktionskosten entstehen. Zweifelhaft bleibt aber, ob die Individuen dadurch tatsächlich *bargaining power* erhalten würden, wie Lanier suggeriert. Denn es bleibt festzuhalten, dass die Asymmetrie der Marktmacht zwischen den vielen individuellen Datenquellen und der Datenplattform bestehen bleibt. Die Preisbildung würde in starkem Maße davon bestimmt werden, was die datenankaufenden Unternehmen zu zahlen bereit sind – nicht aber von den Vorstellungen der Datengebenden. Die Annahme, dass die Datenlieferanten den Preis bestimmen könnten, ist sicherlich nicht haltbar. Denn die Verhandlungsmacht der Plattform ist wesentlich größer als die der individuellen Nutzer – und die individuelle Drohung einer Aufkündigung des Accounts ficht eine Plattform mit über 2 Milliarden Nutzern wohl kaum an.[97]

Lanier berücksichtigt zudem zu wenig, dass die Software für Maschinenlernen und Künstliche Intelligenz erstellt werden muss. Es sind nicht nur individuelle Daten(punkte), sondern auch Metadaten, aggregierte Daten und weitere

95    Brookman et al. 2017, S. 140.
96    McDonald und Cranor 2008, S. 18.
97    Vgl. Agar 2019, S. 73–79.

Leistungen von Entwicklern, Softwaresystemen etc., die in das jeweilige Ergebnis der Datenanalyse und automatisierten Entscheidungsfindung eingehen. Die eigentliche Wertschöpfung der Daten vollzieht sich zudem v. a. in der Aggregation und Auswertung der Daten, sie liegt nicht in einem individuellen, einzelnen Datum. Für das Erstellen von Persönlichkeitsprofilen und die prädiktive Analyse sind große Mengen aggregierter Daten notwendig, einzelne Daten besitzen für die Unternehmen kaum Aussagekraft und sind entsprechend eher wertlos. Für eine Reihe von Big Data-Analysen würde auch die Vorhersagekraft beeinträchtigt, wenn nur ein bestimmter Teil von Daten, die keinerlei Repräsentativität aufweisen, einbezogen würden, und damit das Ergebnis verzerren.

Auch in weiterer, sozialpolitischer Hinsicht, ist Laniers Modell zweifelhaft. Im besten Fall würde die Einführung von Mikrozahlungen zu höherer Wertschätzung der eigenen Datenpreisgabe führen und in der Gesellschaft als Signal verstanden werden, bei der Herausgabe der Daten mehr Vorsicht walten zu lassen. Die Bepreisung von Daten durch Mikrozahlung führt jedoch gegebenenfalls sogar zu einer höheren Akzeptanz der Datennutzung. Gerade finanzschwache Nutzer könnten dadurch geködert werden, einer jeglichen, sogar ungebührlichen oder unethischen Datennutzung durch Dritte zuzustimmen. Um sich eine zusätzliche Einkommensquelle zu erschließen, könnten diese sich veranlasst sehen, große Anteile ihres täglichen Lebens zu niedrigsten Preisen tracken zu lassen. Der Schutz persönlicher Daten als Grundrecht, das unweigerlich mit jeder Datenfreigabe verbunden ist, sollte jedoch nicht von der individuellen Vermögenslage eines Nutzers abhängig gemacht werden.

Gleichwohl bleibt anzumerken, dass viele Datengebende den Wert ihrer Daten möglicherweise überschätzen – und die Konsequenzen, die eine Datenfreigabe für sie hat, eher unterschätzen.

Um sich überhaupt dem Wert von personenbezogenen Daten anzunähern, haben Ökonomen verschiedene Berechnungen angestellt. Demnach kostet etwa eine deutsche Haushaltsadresse bei einem Online-Datenhändler zwischen 6,5 und 24 Cent, eine E-Mail-Adresse zwischen 0,75 und einem Cent. Auch wenn man den Gewinn, den zweiseitige digitale Plattformen mittels Anzeigenwerbeeinnahmen erzielen, einberechnet, verheißen die Zahlen keine erkleckliche Einnahmequelle. Berechnet man den Umsatz einer Plattform je Nutzer (ARPU- *average revenue per user*) als Maßstab, so betrugen Ende 2018 die Daten jedes Twitter-Nutzers 2,05 Euro pro Quartal. Für Facebook lag der Wert bei 5,25 Euro im Quartal, bei Google zwischen 35 und 45 Euro. Der Wert einzelner Daten wie Alter oder Geschlecht wurde von Firmen mit nur 0,0004 Euro pro Person beziffert.[98] Letztlich ist zu bedenken, dass auch solche Kleinstzahlungen an Nutzer nichts an dem Machtgefälle zwischen Unternehmen und Individuen ändern

---

98   Schwenkenbecher 2018.

würden, sondern lediglich von den Plattformen in die Anzeigenkosten eingepreist würden. Das Machtungleichgewicht würde sich womöglich sogar eher verfestigen, z. B. indem jene Unternehmen, die bereits eine starke Marktmacht aufweisen auch mehr an die Prosumenten zahlen können, was jedem Start-Up das Nachziehen verunmöglichen würde. Zumal können die Individuen wohl allenfalls die Abgabe ihrer Daten gestalten, danach verlieren sie jedoch die Kontrolle über weitere intransparente Verarbeitungsketten wohl gänzlich.

Neben der Entscheidungsüberlastung der Prosumenten und einer bürokratischen Verwaltungsinfrastruktur, die Laniers Modell erfordern würde, stellen sich viele weitere offene Fragen zur Operabilität. Lanier selbst hat sich, obgleich er sein Modell seit Jahren propagiert, kaum zu Details der praktischen Umsetzung geäußert. Seiner Vorstellung nach würden alle Internet-Interaktionen des Datenurhebers über eine Zweiwege-Verlinkung in der Cloud gespeichert, die Herkunft vermerkt und mit den Daten verknüpft, der Datenbeitrag registriert und der Transfer des vereinbarten Kleinstbetrags nach dem Datenzugriff automatisch auf ein digitales Konto abgeführt.[99] Dass damit ein gigantisches Überwachungsnetzwerk Orwellschen Ausmaßes aufgebaut würde, wird von Lanier negiert. Die Übertragung eines urheberrechtlichen oder privateigentumsähnlichen Rechts an die *Prosumer* reicht daher nicht aus, um eine Implementierung und Durchsetzung von Rechten und Pflichten sicherzustellen, die ein sicheres Datenverarbeitungsverhältnis und eine faire Beteiligung an Wertschöpfungsketten gewährleisten. Zuletzt stellt sich die Frage, wie Lanier die Aufsichts-, Kontroll- und Sanktionskompetenz, die er dem Staat zuspricht, umgesetzt sehen wollte. Denn letztlich ist sein Modell rein zivilrechtlich zwischen Datenverkäufer und Datenkäufer angelegt. Seine Darlegungen zur Rolle des Staates sind nicht nur sehr rudimentär, sondern auch insofern problematisch, als er offensichtlich nur demokratische Staaten im Sinn hat, nicht aber autoritäre oder korrupte, die aus dem Datenmarkt Renten abschöpfen oder es zu Hyperüberwachung und Repression nutzen könnten. Schließlich stellt sich die Frage, welcher Staat die Gewährleistungsverantwortung übernehmen sollte – ein Nationalstaat, die EU, eine internationale Organisation oder ein Multi-Stakeholder-Modell wie bei der Internet Governance?[100] Dies gälte es gerade angesichts der Transnationalität und deterrorialisierter Datenströme des Internets zu beantworten.

Auch wenn wertzuschätzen ist, dass der Beitrag der Datenurheber anerkannt wird, erweist sich Laniers Daten-Marktmodell insgesamt als unzulänglich und würde außerdem eine Reihe nicht-intendierter Folgeprobleme aufwerfen.

---

99 Lanier 2014, S. 317–318.
100 Letzeres brächte allerdings weitere Governance-Probleme mit sich, wie die Internet-Governance-Literatur zeigt.

## 4.2 Diskussion von Morozovs Modell von Daten als öffentlichem Gut – der Staat als Hauptakteur

Evgeny Morozovs Modell von Daten als öffentlichem Gut setzt den Staat zum Hauptakteur. Letztlich handelt es sich bei seinem Modell um eine Verstaatlichung von Daten. Morozov selbst macht wenig Angaben dazu, auf welcher Ebene er diese Vergesellschaftung angesiedelt sehen will – er konzentriert sich vor allem auf eine städtische Kommune, möglich wäre aber auch ein Bundesland, oder die nationale oder gar supranationale Ebene. Auch wären sektorale Lösungen vorstellbar, etwa bei Energie- oder Verkehrsdaten. Positiv an diesem Modell wäre sicherlich, dass es gleiche Zugangschancen schüfe. Auch kleine und mittlere Unternehmen könnten auf die Daten zugreifen und in den Wettbewerb eintreten. Eine zentralisierte öffentliche Datenverwaltung kann zudem sozialverträgliche und nachhaltig orientierte Forschung und Innovation erleichtern.

Fragen stellen sich indes, wie mit einer Datenzweit- und Mehrfachnutzung umzugehen ist. Denn aus jeder Datenanalytik erwächst gewissermaßen eine neue „Datenschicht" über den aggregierten Daten – soll diese ebenfalls in den staatlichen Datenpool eingebracht oder darf diese privatwirtschaftlich genutzt werden? Morozovs Vorschlag impliziert unausgesprochen ein Zentralisierungsmodell – das real durch eine zentrale Datenbank oder virtuell durch Verknüpfung verschiedener dezentraler Datenbanken (*föderiertes Datenbanksystem*) ausgestaltet werden kann. Gleichwohl stellt sich in beiden Fällen die Frage, ob die Bürger*innen der Datenerfassung überhaupt noch zustimmen dürfen oder diese verpflichtend erfassen lassen müssen? Wie ist es mit der Freiwilligkeit und der Wahrung informationeller Selbstbestimmung bestellt? Ist eine Zweckbindung gegeben oder sollen Bürger*innen in eine sehr breite informierte Zustimmung einwilligen – ohne dabei noch über die vielfältigen Nutzungszwecke aufgeklärt zu werden? Dies würde einen erheblichen Rückschritt im Datenschutz mit sich bringen. Letztlich wäre damit eine Bringschuld der Bürger*innen und eine Sozialpflichtigkeit ihrer Daten festgeschrieben. Sicherlich könnte gewisse Abhilfe durch eine Pseudonymisierung der Daten und kryptographische Methoden geschaffen werden. Denn die Unternehmen sind wohl großenteils nicht an individuellen personenbezogenen Daten, sondern an aggregierten Daten interessiert, etwa zu Verkehrsstaus oder Energieauslastungszeiten. Doch sollte die staatliche Datensammlung, die bereits jetzt verschiedene Bereiche, vom Wohnort, Vermögens- und Familienverhältnissen bis zu Steuerdaten umfasst, wirklich auch auf Online-Dienstleistungen ausgeweitet werden?

Kritisch anzumerken ist, dass eine zentralisierte Datenspeicherung und – verwaltung möglicherweise unflexibel, bürokratisch und träge agieren könnte.[101]

---

101   Vgl. Schäfer-Gümbel 2015, S. 38–39.

Sicherheitslücken, Datenleaks und Hacking schlagen bei zentralisierten Systemen stärker durch. Zudem besteht die Gefahr des Missbrauchs, der staatlichen Überwachung und Repression, bis hin zum völligen Verlust der Privatsphäre. Auch bei einer Verstaatlichung von (personenbezogenen bzw. –beziehbaren) Daten ist der Schutz und die Kontrolle der Bürger*innen über die Verwendung ihrer Daten gefährdet. Und schließlich stellt sich auch hier die Frage der Zuständigkeit und Regulation: Durch welchen Staat oder staatliche Agentur sollte diese erfolgen? Auf welcher Verwaltungseinheit? Kann der Nationalstaat hier überhaupt noch agieren, wenn es um transnationale Datenflüsse geht? Und wer entscheidet über die Datenfreigabe für wen, nach welchen demokratisch festgelegten und ggf. gerichtlich anfechtbaren Kriterien? Welche Sanktionsmöglichkeiten sollte es bei Missbrauch geben? Und soll die Verstaatlichung der Daten erst ab einem bestimmten Zeitpunkt erfolgen oder rückwirkend? Wird damit in Eigentumsbestände von Unternehmen eingegriffen und wieweit ist dies verfassungsrechtlich zulässig? Führte man Morozovs Überlegungen weiter, stellt sich die Frage, ob ein privatwirtschaftlich betriebenes soziales Online-Netzwerk überhaupt noch zulässig wäre oder zwangsläufig eines oder mehrere staatliche bzw. öffentlich-rechtliche Netzwerke gegründet werden müssten; zu deren Lokalisierung und Verwaltung würden sich wiederum die bereits aufgeworfenen Fragen zur Transnationalität des Phänomens stellen.

Auf alle diese Fragen gibt Evgeny Morozov in seinen Publikationen keine Auskunft, sie müssten indes geklärt werden, wollte man sein Modell implementieren.

### 4.3 Diskussion von Ostroms Modell der Datenallmende – Gemeinschaftliche Verwaltung des Gemeinguts jenseits von Staat und Markt

Im Gegensatz zum Marktmodell von Lanier und dem Staatsmodell von Morozov verortet Elinor Ostroms Modell der Datenallmende Daten als Gemeingut „jenseits von Staat und Markt". Zentraler Akteur ist damit die Gemeinschaft. Somit ist ein Vergemeinschaftungsmodell von Daten impliziert, wie es etwa durch Kooperativen, Genossenschaften und andere Formen gemeinschaftlichen Güterbesitzes und -nutzung bereits bei tangiblen Gütern seit über hundert Jahren etabliert ist.[102] Positiv an Ostroms Modell erscheint zunächst die Transparenz über die Datennutzung und die potentielle Beteiligung aller Quellen bzw. Datengebenden oder -urheber über die Festlegung von Regeln, mittels derer die Daten kollektiv bewirtschaftet und verwaltet werden. Die Daten bleiben an ihre Erzeuger*innen bzw. deren digitale Identitäten gekoppelt und auch potentielle Erträge aus den Daten würden ihnen - zumindest anteilsmäßig – zugeordnet,

---

102   Vgl. zu Datengenossenschaften Naumer 2018 und Zurawski 2019.

oder sie könnten ihre Ansprüche darüber gegenüber den Datenverwerter*innen kollektiv geltend machen, was ihnen höhere Verhandlungsmacht sichert. Auch die Nutzenden bzw. Datenverwertenden könnten ggf. Teil der Gemeinschaft sein – oder aber als externe Dienstleister für die Gemeinschaft auftreten. Alle Kompetenzen, von der Verwaltung und Entscheidung über die Datenaufnahme über die Überwachung und Sanktionierung bis hin zur Festlegung legitimer Verwendungszwecke sowie der Finanzierung liegen idealtypischerweise in der Hand der Gemeinschaft. Damit wäre die Kontrolle der Datengebenden und ihre wirkungsvolle Selbst- und Mitbestimmung an der Datenökonomie gesichert. Durch die Vergemeinschaftung der Daten könnten die Mitglieder der Gemeinschaft Marktmacht erlangen und ihre Rechte kollektiv vertreten.

Fragen stellen sich allerdings dahingehend, wie die Übertragung von Ostroms Modell von tangiblen Ressourcen auf intangible, nicht-rivalisierende Güter wie Daten ausgestaltet werden könnte. Denn das erste Designprinzip Ostroms, die Abgrenzbarkeit zwischen legitimen Nutzern und Nicht-Nutzungsberechtigten und den Grenzen zwischen der Gemeinressource und ihrer Umwelt sind bei Daten schwer zu realisieren. Wie und von wem soll die Datengemeinschaft implementiert werden? Wer gehört zur Gemeinschaft, wer darf ihr beitreten und wer nicht? Und wie soll der Ausschluss von Externen vollzogen werden? Sind die Datengebenden auch Datennutzende oder gehören sie zu getrennten Kategorien? Wie soll das gemeinschaftliche Handeln zum gemeinwohlverträglichen und nachhaltigen Nutzen der Daten praktisch umgesetzt werden? Und welcher Staat autorisiert die Gemeinschaft? Die bereits bei Lanier und Morozov angesprochenen Probleme von Staatlichkeit und Territorialität bei transnationalen Datengütern und -flüssen gelten auch hier.

Kritisch muss daher vermerkt werden, dass der Kreis der Beteiligten bei Datengemeinschaften nicht klar abgrenzbar ist. Anders als bei natürlichen Ressourcen, deren Nutzerkreis überschaubar ist, ist der Kreis der Betroffenen bei personenbezogenen Daten deutlich größer und wohl kaum eindeutig abzugrenzen. Das macht nicht nur die gemeinschaftliche Zusammenarbeit und die Erarbeitung gemeinsamer Regeln schwieriger, sondern schwächt auch die Wirkung des Vergemeinschaftungsmodells. Solange weder der legitime Datengeber- noch der Nutzerkreis eindeutig festgelegt werden kann, besteht die Gefahr des unautorisierten Zugangs und des Missbrauchs der Daten. Zudem ist in jedem Fall bei der Gemeinschaft, die eine hohe Zahl von Mitgliedern umfassen kann, ein Repräsentationsmodell und die Delegation von Entscheidungen nötig. Wie solche Repräsentations- und Entscheidungsmodelle demokratisch ausgestaltet werden können, bleibt bisher offen. Dazu liefert das vierte Modell möglicherweise mehr Auskunft und Substanz.

### 4.4 Diskussion von Winickoffs Modell der Datentreuhandschaft – delegierte Kontrolle, Governance und Partizipation

David Winickoffs Governance-Modell der Datentreuhandschaft basiert auf der Vorstellung einer unabhängigen dritten Instanz, welche Hoheitsrechte über Daten ausübt sowie von delegierter Kontrolle der Datengebenden, die gleichwohl mit Partizipationselementen ausgestattet sind. Ökonomisch hält er dabei eine *public-private-partnership* für denkbar, also eine Kombination von privaten marktorientierten und öffentlichen Formen, die zudem mit einer Aufsichtsfunktion überwölbt ist, oder ein insgesamt gemeinnütziges Trust-Modell.

Positiv an der Übertragung von Vollmachten auf einen unabhängigen, als Treuhänder fungierenden Dritten ist zu sehen, dass die Datengebenden ihre Daten nicht selbst verwalten müssen, aber dennoch eine gewisse Kontrolle über ihre Daten behalten, insofern als sie mit einem Widerrufsrecht ausgestattet sind. In gewissem Umfang ist eine Zweckbindung der Daten gesichert und durch das Transparenzgebot über die Nutzung durch Dritte verbleibt ein Entscheidungsspielraum der Datengebenden darüber, welche Unternehmen zu welchen Zwecken auf welche persönlichen Daten zugreifen dürfen. Dies erhöht deutlich den Stellenwert des Datenschutzes. Sehr positiv ist auch zu sehen, dass explizit Repräsentations- und Partizipationsmöglichkeiten der Datengebenden über Beiräte und Gremiumsbeteiligung vorgesehen sind. Allerdings bleibt offen, wie die Wahl von Vertreter*innen in solche Gremien ausgestaltet werden soll. Als Fragen stellen sich wiederum, wie bei den anderen drei bereits vorgestellten Modellen, welcher Staat den Treuhänder bzw. die gemeinnützige Einrichtung autorisiert. Ebenso wäre zu definieren, auf welcher sektoralen oder verwaltungspolitischen Ebene die Treuhand angesiedelt werden soll. Zu bestimmen wäre zudem, wer die Mitglieder der Ethik- und Governance-Kommission auswählt und wer wie darin repräsentiert sein sollte. Wie soll sich eine effektive Überwachung und Auditierung der zweckgebundenen Datennutzung seitens des Treuhänders vollziehen? Wie kann nach dem Ende des vorab festgelegten Zeitraums oder im Falle eines ausgeübten Widerrufs die Löschung bzw. Herausgabe der Daten von den Unternehmen umgesetzt und weiterer Zugriff darauf verwehrt werden? Letztlich mündet dies in die alte Juvenalsche Frage „Quis custodiet ipsos custodes? – Wer aber überwacht die Wächter"? Wie also kann die Kontrolle der Datengebenden hinsichtlich des Treuhänders effektiv ausgeübt werden und wie kann gesichert werden, dass dieser keine partikularen Eigeninteressen verfolgt, in Interessenkonflikte oder in Interessenkollusionen gerät und damit seine Vertrauenswürdigkeit gefährdet? Welche Kontroll- und Sanktionierungsmöglichkeiten können die Datengebenden gegenüber dem Treuhänder ausüben und wie kann die Unabhängigkeit des Treuhänders gegenüber staatlichen oder ökonomischen Instanzen langfristig und stabil sichergestellt werden?

Wie ist die Gemeinwohl- und Gemeinsinnorientierung der Datennutzung und ihre Nachhaltigkeit zu gewährleisten? Diese Frage nach der Rechenschaftspflicht (*accountability*) der Treuhand beinhaltet auch die Klärung des Aspekts, wie dem Treuhänder selbst der Zugriff auf einmal übertragene Daten wieder entzogen und Missbrauch vorgebeugt werden kann. Kritisch zu sehen ist wohl auch David Winickoffs Vorstellung, den Treuhänder gegebenenfalls anfangs durch privatwirtschaftliche Gelder zu finanzieren. Obwohl ein Loslösen von dieser Geldquelle angestrebt wird, sobald der Treuhänder sich durch Gebühren selbst finanzieren kann, bleibt fraglich, ob so die Unabhängigkeit des Treuhänders tatsächlich gewährleistet werden kann. Selbst bei zeitlich befristeter Finanzierung durch die datennutzenden Unternehmen besteht das Risiko von Abhängigkeiten und Übergriffen. Um die Unabhängigkeit des Treuhänders sicherzustellen, müssten daher andere Finanzierungswege gefunden werden.

Kritisch zu betrachten wäre zudem, wie bereits angesprochen, die bereichsspezifische Abgrenzbarkeit der Daten, etwa bei Gesundheit, Verkehr, Energie oder in regionaler Hinsicht. Sollte es eine Treuhand pro Sektor geben oder mehrere, um einen Wettbewerb und Wahlmöglichkeiten zu sichern? Und schließlich bleibt zu klären, wie sich eine Beteiligung und Teilhabe der Datengebenden demokratisch und ggf. transnational realisieren ließe.

## 5   Fazit

Dieser Beitrag hat vier unterschiedliche Modelle zur Gestaltung der Datenökonomie mit Blick auf den ökonomischen Wert von personenbezogenen bzw. -beziehbaren Daten auf ihre Sinnhaftigkeit, ihre Praktikabilität sowie auf ihre Vor- und Nachteile hin explorativ untersucht.

Dabei stand die Frage im Vordergrund, wie sichergestellt werden kann, die Persönlichkeits- und Selbstbestimmungsrechte der Datengebenden zu wahren, ohne die Datenverwertung und Wertschöpfungsketten gänzlich zu unterbinden.

Während Jaron Lanier sich für eine Privatisierung persönlicher Daten über ein eigentums- oder urheberrechtsähnliches Konstrukt einsetzt und ein Marktmodell mit Mikrozahlungen favorisiert, plädiert Evgeny Morozov für Daten als öffentliches Gut und eine Datenvergesellschaftung bzw. Datenverstaatlichung. Elinor Ostrom wiederum vertritt mit der Datenallmende das Gestaltungsmodell einer gemeinschaftlichen Datenbewirtschaftung und -verwaltung und David Winickoff ein Datentreuhandmodell durch eine unabhängige dritte Instanz. Diese vier vorgestellten polit-ökonomischen Modelle einer Governance der Datenökonomie liefern spannende konzeptionelle Ideen, sind jedoch bisher nicht so ausgereift, dass sie bereits unmittelbar anwendbare Lösungen bereitstellen. Die konkrete Implementierung bleibt für alle vier Modelle unklar. Bislang erscheint keines in der Lage, rundum zufriedenstellende Lösungen für den Umgang mit personenbezogenen Daten und digitalen Plattformen bereitzustellen. Als Alternativen zu den bisherigen Praktiken und Geschäftsmodellen der mehrseitigen Plattformökonomien und deren inhärenten Machtasymmetrien sind sie allerdings durchaus bemerkens- und bedenkenswert. Insgesamt sind die vier Governance-Modelle auch eher als Idealtypen oder regulative Idee zu verstehen, nicht als „reine" Formen. In der Wirklichkeit sind Mischformen denkbar, sowohl als Hybridformen zwischen privaten und öffentlichen Gütern[103], wie auch beispielsweise als Mischung zwischen Allmendegut und Treuhandschaft. Diese Modelle und auch Mischformen bedürfen weiterer Diskussion und Konkretisierung. Eine Propertisierung von Daten erscheint allerdings keineswegs notwendig, vielmehr sind klare, nachvollziehbare und nachprüfbare Regeln für die Sammlung, den Zugriff und die Verwendung der Daten nötig, dies erfordert kein neues Eigentumsrecht.[104] Erforderlich ist jedoch ein fairer Interessenausgleich zwischen Datengebenden und Datenverwertenden. Hierzu ist insbesondere die Vertretung der schwachen Interessen der individualisierten Datengebenden, deren Organisierung und Repräsentation schwerlich umzusetzen ist, gegenüber machtstarken Verwertungsinteressen vonnöten. Solche Interessen können von Verbraucherschutzorganisationen und Datenschutzbehörden übernommen werden, die mit entsprechenden Ressourcen ausgestattet werden müssen, um diese Aufgabe leisten zu können. Auch die Vertretung der sogenannten moralischen Interessen, also der normativen Ansprüche an einen ethischen, fairen und gerechten Umgang mit den Daten und eine Orientierung der Datenverwertung an einer nachhaltigen, sozial- und umweltverträglichen, insgesamt menschenwürdigen Innovation statt blinder Profitorientierung ist eine wichtige Aufgabe. Diese kann nur mit starker staatlicher Regulation und der Einbindung einer lebendigen und pluralen Zivilgesellschaft erreicht werden, darf daher nicht allein den Marktkräften und der Selbstregulierung von Unternehmen und professionellen Data Scientists überlassen werden.

Die Komplexität der Aggregation und Analyse von Big Data wird mit dem Internet der Dinge, der sogenannten Künstlichen Intelligenz und weiterer Digitalisierungsschüben noch zunehmen. Ob hierbei eine Zentralisierung der Datenhaltung (angelegt bei Morozov und Winickoff) oder eine Dezentralisierung (inhärent bei Ostrom) vollzogen wird, hat jeweils Vor-und Nachteile, die von Fall zu Fall diskutiert und entschieden werden sollten.[105]

Wie bei der Diskussion der einzelnen Governance-Modelle bereits angeklungen ist, bleiben viele Fragen über den Umfang der informierten Einwilli-

---

103 Vgl. Jansen und Priddat 2007, S. 26.
104 Vgl. MPI 2017; Kerber 2018; Kerber und Specht 2018; Purtova 2019b.
105 Vgl. weitergehend dazu Pasquale 2018.

gung zur Datenpreisgabe und zur Wahrung von Privatheit und Datenschutz bei Mehrfachnutzungen und Wertschöpfungsketten bestehen. Gegebenenfalls ergeben sich Kollisionen zwischen der vermögensrechtlichen Verwertung und dem persönlichkeitsrechtlichen Schutz von Daten. Zu berücksichtigen ist, dass der Verwendung personenbezogener Daten Grenzen gesetzt sein sollten. So kann das Daten-Profiling für die Anzeige personalisierter Werbung gegebenenfalls legitim und nützlich sein; hingegen können sich durch das Verwerten dieser Profile für weitere kommerzielle Zwecke bei Versicherungen, Kreditgebern, Arbeitgebern bereits problematische Grenzüberschreitungen, die diskriminierenden Praktiken Tür und Tor öffnen, ergeben.[106] Wenn Daten- und Persönlichkeitsprofile hingegen zum Microtargeting für Wahlkampagnen eingesetzt werden und sogar zu politischer Propaganda und Desinformationskampagnen ("*Fake News*", *dark ads* und *trolling*) dienen, ist der Bestand demokratischer Gesellschaften gefährdet.[107] Noch stärker sind die Missbrauchsmöglichkeiten in autokratischen bzw. autoritären Gesellschaften hinsichtlich von Überwachung, Manipulation und Repression. Solche Machtaspekte sind deshalb bei der Governance von Datenökonomien mit zu reflektieren, statt den Blick auf eine möglichst hohe oder effiziente Datennutzung zu verengen.[108]

Die Finanzierungsaspekte bei den vier vorgestellten Datenmodellen sind noch wenig entwickelt und bedürfen weiterer Ausarbeitung. Zu erinnern ist deshalb an die janusköpfige Rolle des Staates, der möglicherweise ein Garant der Datenverwendung für Gemeinwohl und Gemeinsinn sein kann, sich aber auch einem Big Brother anverwandeln kann. Der Verlust der Steuerungskapazität des Nationalstaats für transnationale Datenflüsse bleibt zu konstatieren, was jedoch nicht zu einer Vogel-Strauß-Haltung verleiten sollte, sondern zum Entwerfen trans- und supranationaler Lösungsstrategien. Die Europäische Union wird hierbei eine wichtige Gestaltungsmacht[109] für eine Regulierung der Datenökonomien bleiben.

## Literatur

*Auf alle Onlinequellen wurde zuletzt zugegriffen am 9. Mai 2019.*

Agar, Nicolas. 2019. *How to be human in the digital economy.* Cambridge, MA: MIT Press.

---

106   Vgl. Schneider und Ulbricht 2018; O´Neil 2018; Christl 2017.
107   Vgl. Wooley und Howard 2019.
108   Vgl. Ilves und Osimo 2019.
109   Vgl. Schneider 2018.

Amstutz, M. 2018. Dateneigentum. Funktion und Form. *Archiv für die civilistische Praxis (AcP)* 218 (2–4): S. 438–551.

Benkler, Y. 2005. Coase's Penguin, or, Linux and the Nature of the Firm. In CODE. *Collaborative Ownership and the Digital Economy*, Hrsg. A. Rishab und S. Ghosh, S. 169–206. Cambridge, MA: MIT Press.

Brookman, J., P. Rouge, A. Alva, und C. Yeung. 2017. Cross-Device Tracking: Measurement and Disclosures. *Proceedings on Privacy Enhancing Technologies* 2: S. 133–148.

Bruns, Axel. 2008. *Blogs, Wikipedia, Second Life, and Beyond: From Production to Produsage.* New York: Peter Lang.

Christl, W. 2017. Corporate Surveillance in Everyday Life, Cracked Labs. https://crackedlabs.org/. Zugegriffen: 11. Juni 2019.

Döpfner, M. 2014. „Warum wir Google fürchten" – Offener Brief an Eric Schmidt. Frankfurter Allgemeine (FAZ). www.faz.net/aktuell/feuilleton/medien/mathias-doepfner-warum-wir-google-fuerchten-12897463.html. Zugegriffen: 11. Juni 2019.

EDPS (European Data Protection Supervisor). 2014. Preliminary Opinion of the European Data Protection Supervisor. *Privacy and competitiveness in the age of big data: The interplay between data protection, competition law and consumer protection in the Digital Economy.* Brussels.

EDPS (European Data Protection Supervisor). 2015. *Meeting the challenges of big data: A call for transparency, user control, data protection by design and accountability.* 19.11.2015, Opinion 7/2015. Brussels.

EU (European Community). 1996. Directive 96/9/EC of the European Parliament and of the Council of 11 March 1996 on the legal protection of databases. Strasbourg.

Gräber-Seißinger, U., R. van der Hout, G. Ebenhöch, C. Müller-Foell, R. Peuker, und K. Schindelhauer. 2015. *Duden Recht A-Z. Fachlexikon für Studium, Ausbildung und Beruf.* Berlin, Lizenzausgabe Bonn: Bundeszentrale für politische Bildung.

Helfrich, S, und Stein, F. 2011. Was sind Gemeingüter? *APuZ* 61 (28–30): S. 9–21.

Hoeren, T. 2014. Big Data and the Ownership in Data: Recent Developments in Europe. *European Intellectual Property Review* 36 (12): S. 751–754.

Hughes, C. 2019. It's Time to Break Up Facebook. *New York Times.* https://www.nytimes.com /2019/05/09/opinion/sunday/chris-hughes-facebook-zuckerberg.html. Zugegriffen: 11. Juni 2019.

Ilves, Luukas K. und Osimo, D. 2019. A roadmap for a fair data economy. SITRA. www.sitra.fi/en/publications/roadmap-fair-data-economy/. Zugegriffen: 2. Mai 2019.

Jansen, S. A., und B. P. Priddat. 2007. Theorien der Öffentlichen Güter: Rekonstruktionen sozialer Konstruktionen – Politik- und wirtschaftswissenschaftliche Korrekturvorschläge. In *Die Zukunft des Öffentlichen*, Hrsg. S. A. Jansen, B. P. Priddat und N. Stehr, S. 11–48. Wiesbaden: Springer VS.

Jöns, J. 2016. Daten als Handelsware. DIVSI. www.divsi.de/wp-content/uploads/2016/03/Daten-als-Handelsware.pdf. Zugegriffen: 2. Mai 2019.

Kerber, W., L. Specht. 2017. Datenrechte – Eine rechts- und sozialwissenschaftliche Analyse im Vergleich Deutschland – USA. ABIDA. www.abida.de/de/blog-item/gutachten-datenrechte-eine-rechts-und-sozialwissenschaftliche-analyse-im-vergleich. Zugegriffen: 11. Juni 2019.

Kerber, W. 2018. Data Governance in Connected Cars: The Problem of Access to In-Vehicle Data. *JIPITEC (Journal of Intellectual Property, Information Technology and Electronic Commerce Law)* 9 (3): S. 310–331.

Kitchin, Rob. 2014. *The Data Revolution. Big Data, Open Data, Data Infrastructures & Their Consequences*. Los Angeles: SAGE.

Lanier, Jaron 2014. *Wem gehört die Zukunft*. Hamburg: Hoffmann und Campe.

Lanier, Jaron 2015. *Wenn Träume erwachsen werden*. Hamburg: Hoffmann und Campe.

Max-Planck-Institut für Innovation und Wettbewerb (MPI). 2017. Argumente gegen ein „Dateneigentum". Max-Planck-Gesellschaft. www.ip.mpg.de/de/forschung/meldungen-aus-der-forschung/argumente-gegen-ein-dateneigentum.html. Zugegriffen: 2.Mai 2019.

Mayer-Schönberger, V., und T. Ramge. 2017. *Das Digital: Markt, Wertschöpfung und Gerechtigkeit im Datenkapitalismus*. Berlin: Econ.

McDonald, A. M., und L. Faith Cranor. 2008. The Cost of Reading Privacy Policies. *I/S: A Journal of Law and Policy for the Information Society* 4 (3): S. 1–22.

Metschke, R., und R. Wellbrock. 2002. *Datenschutz in Wissenschaft und Forschung*. Berlin: Berliner Beauftragter für Datenschutz und Informationsfreiheit und Hessischer Datenschutzbeauftragter.

Mittelstadt, B. 2017. From individual to group privacy in big data analytics. *Philosophy & Technology* 30 (4): S. 475–494.

Morozov, Evgeny. 2015a. Digitale Technologie und menschliche Freiheit. In *Eine humane Gesellschaft durch digitale Technologien?* Hrsg. E. Morozov, S. 23–33. Essen: Klartext.

Morozov, E. 2015b. Socialize the Data Centres. *New Left Review* 91: S. 45–66.

Morozov, E. 2015c. Interview: „Don't believe the hype". *Zeitschrift LuXemburg* 23: S. 10–15.

Morozov, E. 2015d. „Ich habe doch nichts zu verbergen". *APuZ* 65 (11–12): S. 3–7.

Morozov, E. 2017. To tackle Google's power, regulators have to go after its ownership of data. The Guardian. www.theguardian.com/technology/2017/jul/01/google-european-commission-fine-search-engines. Zugegriffen: 11. Juni 2019.

Morozov, E. 2018a. Digitale Abhängigkeit. Die Menschen müssen die Daten der Internet-Giganten zurückerobern. Süddeutsche Zeitung. www.sueddeutsche.de/digital/digitale-abhaengigkeit-die-menschen-muessen-die-daten-der-internet-giganten-zurueckerobern-1.3828542. Zugegriffen: 11. Juni 2019.

Morozov, E. 2018b. Big Data should be common good – and here is why. Design@large. www.designatlarge.it/evgeny-morozov-big-data-ai-interview/?lang=en. Zugegriffen: 11. Juni 2019.

Morozov, E. 2018c. There is a leftwing way to challenge big tech for our data. Here it is, The Guardian. www.theguardian.com/commentisfree/2018/aug/19/there-is-a-leftwing-way-to-challenge-big-data-here-it-is. Zugegriffen: 11. Juni 2019.

Naumer, H.-J. 2018. Die Facebook-Genossenschaft. Makronom. http://makronom.de/netzoekonomie-datenschutz-informationelle-selbstbestimmung-die-facebook-genossenschaft-25926. Zugegriffen: 11. Juni 2019.

O´Neil, Cathy. 2018. *Angriff der Algorithmen. Wie sie Wahlen manipulieren, Berufschancen zerstören und unsere Gesundheit gefährden*. Bonn: Bpb.

Olson, Mancur. 2004. *Die Logik des kollektiven Handelns: Kollektivgüter und die Theorie der Gruppen*. Tübingen: Mohr Siebeck.

Ostrom, Elinor. 1999. *Die Verfassung der Allmende*. Tübingen: Mohr Siebeck.

Ostrom, E. 2010. Beyond Markets and States: Polycentric Governance of Complex Economic Systems. *Transnational Corporations Review* 2 (2): S. 1–12.

Ostrom, Elinor, und Silke Helfrich. 2011. *Was mehr wird, wenn wir teilen.* München: oekom.

Pasquale, F. 2018. Tech Platforms and the Knowledge Problem. *American Affairs* 2 (2): S. 3–16.

Petersen, I. 2008. Mehr Standard, weniger Vielfalt. Bericht vom Workshop „Die datenschutzrechtliche Auditierung von Biobanken", Kiel, 4. Juli 2008. *TATuP – Zeitschrift für Technikfolgenabschätzung in Theorie und Praxis* 17 (3): S. 114–117.

Purtova, N. 2009a. Property in personal data: A European perspective on instrumentalist theory of propertization. In *Law and technology: Looking into the future - Selected essays,* Hrsg. V. De Azevedo Cunha De Filippi, G. De Andrade Fernndez-Barrera und C. Sartor, S. 225–243. Pistoia: European Press Academic.

Purtova, N. 2009b. Property rights in personal data: Learning from the American discourse. *Computer Law and Security Review* 25 (6): S. 507–521.

Purtova, N. 2017. Do property rights in personal data make sense after the big data turn: Individual control and transparency. *Journal of Law and Economic Regulation* 10 (2): S. 64–78.

Rifkin, Jeremy. 2016. *Die Null-Grenzkosten-Gesellschaft: Das Internet der Dinge, kollaboratives Gemeingut und der Rückzug des Kapitalismus.* Frankfurt am Main: Fischer.

Schäfer-Gümbel, T. 2015. Eine humane Gesellschaft durch digitale Technologien? In *Eine humane Gesellschaft durch digitale Technologien,* Hrsg. E. Morozov, S. 35–40. Essen: Klartext.

Schneider, I. 2003. Biobanken: Körpermaterial und Gendaten im Spannungsfeld von Gemeinwohl und privater Aneignung. In *Biobanken. Chance für den wissenschaftlichen Fortschritt oder Ausverkauf der „Ressource" Mensch?* Dokumentation der Jahrestagung des Nationalen Ethikrates 2002, Hrsg. Nationaler Ethikrat, S. 65–81. Berlin: Nat. Ethikrat.

Schneider, I. 2008. „This is not a national biobank…" – The Politics of Local Biobanks in Germany. In *Biobanks: Governance in Comparative Perspective.* Hrsg. A. Petersen und H. Gottweis, S. 88–108. London/New York: Routledge.

Schneider, I. 2010. Transnationale Normbildung und Governance von zirkulierenden Körpersubstanzen. In *Wem gehört der menschliche Körper? Ethische, rechtliche und soziale Aspekte der Kommerzialisierung des menschlichen Körpers und seiner Teile,* Hrsg. T. Potthast, B. Herrmann und U. Müller, S. 155–180. Paderborn: mentis.

Schneider, I. 2018. Bringing the state back in. Big Data-based capitalism, disruption, and novel regulatory approaches in Europe. In *The Politics of Big Data: Big Data, Big Brother?* Hrsg. I. Schneider, A. Rudinow Saetnan und N. Green, S. 129–175. New York: Routledge.

Schneider, I. und L. Ulbricht. 2018. Ist Big Data fair? Normativ hergestellte Erwartungen an Big Data. In *Big Data und Gesellschaft. Eine multidisziplinäre Annäherung,* Hrsg. R. Heil, B. Kolany Raiser, C. Orwat und T. Hoeren, S. 198–206. Wiesbaden: Springer VS.

Schwenkenbecher, J. 2018. Eine Mail-Adresse bringt 0,75 Cent. *Süddeutsche Zeitung (SZ),* 02.11.2018: S. 16.

Srnicek, Nick. 2017. *Platform capitalism.* Malden, MA: Polity.

Stollorz, V. 2011. Elinor Ostrom und die Wiederentdeckung der Allmende. *APuZ* 61 (28–30): S. 3–8.

Toffler, Alvin. 1983. *Die dritte Welle, Zukunftschance. Perspektiven für die Gesellschaft des 21. Jahrhunderts.* München: Goldmann.

UK House of Commons Science and Technology Committee. 2018. Algorithms in decision-making. Fourth Report of Session 2017–19. HC 351. UK Parliament. https://publications.parliament.uk/pa/cm201719/cmselect/cmsctech/351/351.pdf. Zugegriffen: 11. Juni 2019.

Wall, Derek. 2014. *The sustainable economics of Elinor Ostrom: Commons, contestation and craft.* Abingdon: Routledge.

Winickoff, D. E., und R. N. Winickoff. 2003. The Charitable Trust as a Model for Genomic Biobanks. *New England Journal of Medicine* 349 (12): S. 1180–1184.

Winickoff, David E, und L. B. Neumann. 2005. Towards a Social Contract for Genomics: Property and the Public in the ‚Biotrust' Model. *Genomics, Society and Policy* 1 (3): S. 8–21.

Wolf, Julia 2017. *Daten als Ökonomisches Gut? Gestaltungsmodelle für den Umgang mit persönlichen Daten im Zeitalter der Digitalisierung.* Masterarbeit Universität Hamburg.

Woolley, S C., und P. N. Howard, Hrsg. 2019. *Computational propaganda.* New York, NY: Oxford University Press.

Zimmermann, Wolfgang. 2008. *Datenschutzrechtliche Auditierung von Biobanken. Fokus: Datenschutzrecht.* Kiel: ULD. www.datenschutzzentrum.de/projekte/bdc-audit/. Zugegriffen: 11. Juni 2019.

Zuboff, Shoshana. 2018. *Das Zeitalter des Überwachungskapitalismus.* Frankfurt/New York: Campus.

Zurawski, Nils. 2019. Big Data fürs Gemeinwohl. Her mit der Daten-Genossenschaft! Deutschlandfunk Kultur. 20. Februar 2019. www.deutschlandfunkkultur.de/big-data-fuers-gemeinwohl-her-mit-der-daten-genossenschaft.1005.de.html?dram:article_id=441464.                    Zugegriffen: 11.06.2019.

# Selbstbestimmte Selbst-Bestimmung? Wie digitale Subjektivierungspraktiken objektivierte Datensubjekte hervorbringen

*Carsten Ochs und Barbara Büttner[1]*

*Keywords: Digitale Praktiken, Subjektivierung, Datafizierung, Datenökonomie, Datenschutz*

*Abstract*

Der vorliegende Beitrag befasst sich empirisch mit dem Status von Selbstbestimmung vor dem Hintergrund der voranschreitenden Datafizierung, indem er am exemplarischen Fall einer *Health- und Fitness*-Plattform mit ethnographischen Mitteln das Zusammenspiel der Diskurse und Nutzungspraktiken am Front-End der Plattform mit den Datenanalyse- und Wertabschöpfungspraktiken am Back-End untersucht. Auf diese Weise wird nicht nur das Ineinandergreifen sozialer, technischer und ökonomischer Logiken auf der Plattform sicht-, sondern auch die Tatsache greifbar, dass Daten Handlungspotentiale zur Verfügung stellen. Eben dies erlaubt es den Plattformbetreibern, die auf der Plattform vollzogenen, datenbasierten Subjektivierungspraktiken in objektivierte Datensubjekte zu übersetzen. Daraus ergeben sich politische Implikationen, die abschließend andiskutiert werden.

*Inhalt*

1  Einführung ................................................................................................ 182

2  Selbstquantifizierung, oder: Self-Tracking auf *Health und Fitness-Plattformen* ... 184

3  Untersuchung der Plattform-Situation: Ethnographische Forschungsstrategie ...... 186

4  Cui bono? Plattformökonomische Wertübersetzungen .......................................... 188

5  Schluss: Selbst-Bestimmung ohne Selbstbestimmung? Zur Zukunft der Datenökonomie ................................................................................................ 210

Literatur ........................................................................................................ 211

---

1   Carsten Ochs | Universität Kassel | carsten.ochs@uni-kassel.de
    Barbara Büttner | Universität Kassel | barbara.buettner@uni-kassel.de

© Springer Fachmedien Wiesbaden GmbH, ein Teil von Springer Nature 2019
C. Ochs et al. (Hrsg.), *Die Zukunft der Datenökonomie*, Medienkulturen im digitalen Zeitalter, https://doi.org/10.1007/978-3-658-27511-2_9

# 1 Einführung[2]

Dank *Cambridge Analytica*-Whistleblower Christopher Wylie konnten am 17. März 2018 in der *New York Times*[3] und im *Guardian*[4] Berichte über die massiven Datenschutzverstöße erscheinen, die Wylies Arbeitgeber gemeinsam mit *Facebook*[5] verübt hatte. Indem er um die fraglichen und fragwürdigen Praktiken der beiden Datenanalysekonzerne einen Medienskandal entfachte, leistete Wylie einen wertvollen Beitrag zur bereits länger geführten, zumeist aber weniger Schlagzeilen machenden Debatte um die Auswirkungen der Datafizierung auf demokratische Institutionen, insbesondere auf das moderne Konzept der Selbstbestimmung.[6] Denn zwar haben einschlägig informierte Forscher*innen, wie z. B. die Ökonomin Shoshana Zuboff in Fachzeitschriften[7] wie in Zeitungsartikeln[8] eindringlich vor den Gefahren gewarnt, die die auf digitale Überwachung (d. h. hier: auf der Sammlung und Analyse von Daten zum Zweck der Profilbildung) basierenden Geschäftsmodelle großer Datenanalysekonzerne für Selbstbestimmung und damit verknüpfte demokratische Normen heraufbeschwören (*Google* liefert hierfür die Blaupause, so wie zuvor Ford für die Logik des *Fordismus*); jedoch kann die Kontroverse um *Cambridge Analytica/Facebook* als jener Fall gelten, der zum ersten Mal einem großen Publikum konkrete politische Konsequenzen vor Augen führte, die zu gewärtigen wären, wenn die auf Digitalisierung bezogenen und sich immer mehr in den Vordergrund schiebenden dystopischen Visionen erst einmal wirklich geworden sind. Denn wäre es Datenanalysten tatsächlich möglich, das Wahlverhalten US-amerikanischer Präsidentschaftswähler*innen so grundlegend zu bestimmen, wie es einige Verlautbarungen des ehemaligen *Cambridge Analytica*-CEO Alexander Nix suggerieren[9], so würde dies nichts anderes als eine substantielle Aushöhlung demokratischer Werte bedeuten. In diesem Sinne trug die öffentliche Debatte um den von *Cambridge Analytica* und *Facebook* hervorgerufenen „Datenskandal" dazu bei, das öffentliche Bewusstsein auf die Beziehung zwischen dem demokratischen

---

2     Das dieser Publikation zugrundeliegende Vorhaben wurde mit Mitteln des Bundesministeriums für Bildung und Forschung unter dem Förderkennzeichen 16KIS0745 gefördert. Die Verantwortung für den Inhalt der Veröffentlichung liegt bei den Autoren*innen.
3     Rosenberg et al. 2018.
4     Cadwalladr und Graham-Harrison 2018.
5     Wir bezeichnen dies als gemeinsamen Datenschutzverstoß, weil Facebook Wylie zufolge von Anfang an über die Aktivitäten und Ziele Cambridge Analyticas im Bilde war (Briegleb 2018).
6     Vgl. zum Zusammenhang von Selbstimmung und Verbraucherschutz in der Datenökonomie auch Lamla 2019, S. 49-54.
7     Zuboff 2015.
8     Zuboff 2016.
9     Concordia 2016.

Grundwert der Selbstbestimmung einerseits, und der „Behavioral Engineering"-Macht überwachungskapitalistischer Internetkonzerne andererseits zu richten.

Der vorliegende Text leistet einen Beitrag zur Analyse der genannten Beziehung, indem er mit den Mitteln der *Science and Technology Studies* (STS) einen exemplarischen Fall empirisch untersucht: er dokumentiert die materiell-semiotische Ethnographie einer *Health und Fitness-Plattform*, die den Nutzenden Selbstbestimmung im Sinne der Verfügungsgewalt über das eigene körperliche Werden und die damit verbundene Subjektivität verspricht. Das Versprechen, durch Nutzung der Plattform ein *fittes Subjekt* werden zu können, lässt sich in diesem Rahmen als köperbezogene Ausformung des in historisch-westliche Subjektivitätsvorstellungen eingelassenen *control drive* verstehen.[10] Aber wie verhält sich das Versprechen zu den Praktiken und zur Strukturierung der Plattform? Wie verschränken sich hier der moderne Wert der Selbstbestimmung und die Praxis der Subjektkonstitution mit ökonomischer Wertgenerierung? Und wie verbinden sich Markt- und Vergemeinschaftungslogiken?[11]

Um diese Fragen zu beantworten, haben wir eine Plattform untersucht, die einerseits das in dieser Industrie übliche Geschäftsmodell umsetzt, nämlich User-Daten zur Profitgenerierung zu verarbeiten, und die andererseits den Nutzenden Möglichkeiten einer auf Daten basierenden Selbst-Werdung bereitstellt. So können wir einen Einblick in das Verhältnis zwischen der datenbasierten Subjektkonstitution einerseits und auf digitaler Überwachung basierender Datenökonomie andererseits erlangen.

Im erste Schritt werden wir zunächst einen kursorischen Überblick über die Forschungen zum Phänomen des *Quantified Self* (QS) liefern, um auf diese Weise zu begründen, dass das fragliche Forschungsfeld besonders gut zur empirischen Erforschung des Verhältnisses zwischen datenbasierter Subjektkonstitution und Wertschöpfung in überwachungsbasierten Datenökonomien geeignet ist (Abschnitt 2). Im nächsten Schritt werden wir dann die ethnographische Strategie erläutern, die wir im Rahmen der hier vorgestellten Forschung verfolgten: Christine Hines[12] Ansatz einer „Ethnography for the Internet", der die Forschenden dazu ermutigt, gerade die schnelllebigen Wandlungsprozessen unterworfenen Big Data-Umwelten bedächtig zu durchschreiten (Abschnitt 3). Daraufhin kommen wir zum Kern der hier vorgelegten Analyse und setzen Forschungsresultate in Beziehung, die wir an fünf verschiedenen *Einstiegspunkten* in die untersuchte Plattform-Konstellation generieren konnten. Indem wir schließlich die materiell-semiotischen Materialien triangulieren, vollziehen wir den datenbasierten Wertschöpfungsprozess der Plattform analytisch nach. In dieser Hinsicht gilt unser Interesse v. a. der Frage, wie die am Front-End der

---

10  Lupton 2016, S. 76–77.
11  Lamla 2009.
12  Hine 2015.

Plattform generierte Handlungsmacht der Subjektkonstitution – sprich die *agency* der Subjektivierung – durch vielfältige Übersetzungsprozesse in eine Handlungsmacht überführt wird, die eben jene, die sich als Subjekte konstituieren (wollen), zu Objekten der datenbasierten Verhaltensformung macht (Abschnitt 4). Zum Schluss werden wir die Ergebnisse zusammenfassen, diskutieren und die aus der Analyse gewonnene These des vorliegenden Beitrags verdichten, der zufolge Daten Handlungsmacht konstituieren. Wenn dem so ist, sind aus dieser Erkenntnis politische Schlüsse zu ziehen, die wir zum Abschluss zur Diskussion stellen wollen (Abschnitt 5).

## 2  Selbstquantifizierung, oder: Self-Tracking auf *Health und Fitness-Plattformen*

Empirische Forschungsvorhaben, die sich für das Verhältnis zwischen der Selbstbestimmung des Subjekts in digitalen Umgebungen und die in diesen Umgebungen wirkenden Analyse- und Verhaltensformungspotentiale der Datenökonomie interessieren, sehen sich zunächst mit der Aufgabe konfrontiert, ein fruchtbares Forschungsfeld abzustecken: Welche Art von Praktiken können als „Idealtypen" digitaler Subjektivierung[13] gelten? Die Forschungsliteratur bietet diesbezüglich eine Vielzahl an Beispielen, von der Untersuchung der diversen Aktivitäten in *Online Social Networks* (OSNs)[14] über die Analyse der Nutzung von *Facebook* zur Selbst-Konstitution[15] bis zur Erforschung der *öffentlichen* Subjektivierungspraktiken von Politiker*innen[16] oder der *professionelle* Subjekt-Konstitution von Webdesigner*innen.[17] Andere wiederum nehmen Praktiken von *nicht-westlichen* Nutzenden[18] oder *Teenagern* in den Blick.[19]

Während sich das Thema digitaler Subjektivierung in einer Vielzahl sozial-digitaler Kontexte als relevant erweist und eben deshalb vielfältige Forschungen zu diesem Thema vorliegen[20], werden wir im Rahmen der hier präsentierten Forschung Praktiken in den Blick nehmen, in deren Vollzug *datenbasierte* Subjektivierung von vornherein die Hauptrolle spielt. D. h. zum einen, dass die fraglichen Praktiken *in erster Linie* auf Subjekt-Konstitution abzielen (während letztere bspw. im Falle sozialer Vernetzung auf OSNs eher „mitläuft"). Zum

---

13  Subjektivierung meint die Prozesse des Werdens zum handlungsfähigen Subjekt im Kontext spezifischer historischer und gesellschaftlicher Bedingungen.
14  Sauter 2014.
15  Leistert und Röhle 2011.
16  Siri 2014.
17  Carstensen 2014.
18  Miller 2011.
19  boyd 2014; Marwick und boyd 2014.
20  Carstensen et al. 2013.

zweiten spielen Daten hier nicht bloß eine Nebenrolle: Im Falle der Subjektivie-rungspraktiken unseres Interesses gelten Daten als basaler Bestandteil des Prak-tikenvollzugs, weshalb den Daten sowie ihrer Sammlung und Auswertung zu-nächst große Wertschätzung entgegengebracht wird. Zum dritten betreffen die Praktiken, die wir für idealtypisch-datenbasierte Formen der Selbst-Konstitution halten, das Werden eines sowohl online wie offline sich ausformenden Selbst, womit die Unterscheidung online/offline bis zu einem gewissen Grad an Rele-vanz verliert.

Die Praktiken der Selbstquantifizierung, in der englischsprachigen For-schungsdiskussion üblicherweise unter dem Schlagwort des *Quantified Self* (QS) angesprochen[21], weisen all die genannten Charakteristika auf;[22] und auch der auf QS-Phänomene bezogene Wissensbestand stellt sich als überaus umfas-send dar. So fokussiert etwa Thorben Mämecke[23] auf die Einbettung von QS-Selbstvermessung in umfassendere neo-liberale Gouvernementalitätsformen, während Simon Schaupp[24] die Art und Weise herausarbeitet, in der QS-Praktiken an die Konstitution eines „Unternehmerischen Selbst"[25] anschließen. Nils B. Heyen[26] richtet derweil den Blick auf die Wissensformen, die im Rah-men des Vollzugs von Selbstvermessung ins Leben gerufen werden. Die hier präsentierte Forschung verschließt sich den in den genannten Arbeiten vorgehal-tenen Erkenntnissen nicht, weist aber einen anders gelagerten Fokus auf: Sofern unser Interesse in erster Linie der Beziehung zwischen datenbasierter Subjekti-vierung und datenbasierter Profitgenerierung gilt, wollen wir eine exemplarische QS-Plattform in erster Linie als *Wertschöpfungskonstellation* untersuchen.

Solchermaßen orientiert, stecken wir unser Forschungsfeld im Bereich je-ner *Health- und Fitness-Plattformen* ab, die Selbstquantifizierer*innen eine Infrastruktur zur Formung datenbasierter Subjektivität zur Verfügung stellen. In Rechnung zu stellen ist dabei nicht nur der Trend zu mobilen Anwendungen etwa auf dem Smartphone zur Unterstützung von Gesundheitsmaßnahmen (Stichwort *Mobile Health)* sondern auch die massive Ökonomisierung, die in der jüngeren Vergangenheit im QS-Feld zu beobachten ist und insbesondere daran ersichtlich wird, dass die *Global Player* der Sportartikelbranche, wie etwa *Nike, Adidas, Asics* oder *Under Armour*, in den letzten Jahren massiv die Data-fizierung sowohl des Profi- als auch des Breitensport vorangetrieben und in diesem Rahmen auch große Summen in die Digitalisierung und die Entwicklung

---

21  Lupton 2016.
22  Entsprechend verweisen wir mit dem Begriff des Quantified Self nicht auf Selbst-Qantifizierer*innen im Sinne der gleichnamigen Bewegung (Lupton 2016: 12 ff.), sondern im Sinne eines „general noun for self-tracking practices. (ebd.: 14)
23  Mämecke 2016.
24  Schaup 2016.
25  Bröckling 2007.
26  Heyen 2016.

oder den Erwerb von Tracking-Apps investiert haben.[27] Dabei wurden zwei verschiedene Strategien verfolgt: Entweder wurde der Aufbau einer eigenen Plattform vorangetrieben oder es wurden etablierte Plattformen zu ansehnlichen Kaufpreisen erworben, um diese dann in das eigene Produktportfolio zu integrieren. Letztere Strategie hat in den letzten Jahren eine gewisse Dynamik erhalten, da Nachzügler in diesen *winner-takes-all*-Datenmärkten durch die *First-Mover-Advantages* der Pioniere im Feld sowie durch Netzwerkeffekte nur noch geringe Chancen hatten, eine selbst aufgebaute Plattform als Marke zu etablieren. Eben deshalb wurden bestehende Plattformen verstärkt aufgekauft.

Dies gilt auch für den von uns gewählten Forschungsgegenstand, die Plattform Runtastic. Diese wurde 2015 von Adidas SE aufgrund des damit erhofften zukünftigen Wertschöpfungspotentials für 220 Mio. Euro gekauft. Die Kaufsumme entspricht dem 628-fachen Wert des Startkapitals des erst sechs Jahre zuvor gegründeten Unternehmens. Nicht zuletzt deshalb bietet sich Runtastic zur Erforschung datenbasierter Wertschöpfung und -übersetzung im technoökonomischen Rahmen der Plattformstruktur an.

Worin besteht jedoch dieses Wertschöpfungspotential genau und wie verhält es sich zu den auf der Plattform vollzogenen datenbasierten Subjektivierungspraktiken?

## 3  Untersuchung der Plattform-Situation: Ethnographische Forschungsstrategie

Die Forschung, die wir durchgeführt haben, um diese Frage zu bearbeiten, orientiert sich methodisch an Christine Hines „Ethnography for the Internet"-Ansatz.[28] Hine zufolge hat sich der Status des Internets seit dessen Entstehung gewandelt: von der gewissermaßen eigenlogischen Sphäre des „Cyberspace" hin zu einer mit großer Selbstverständlichkeit in die Alltagspraktiken zeitgenössischer Sozialformationen eingebetteten Infrastruktur[29]:

> it has increasingly become apparent as Internet use has become embedded in everyday life that, rather than being a transcendent cyberspatial site of experience, the Internet has often become a part of us, and that virtual identities are not necessarily separate from physical bodies. We do not necessarily think of ‚going online' as a discrete

---

27  Hecking 2016; Steinschaden 2016.
28  Die Ethnographie ist eine sozialwissenschaftliche Forschungsmethode, die die systematische Beschreibung und Analyse von diversen sozialen Praktiken aus der „Innenperspektive" vorsieht; um dies zu ermöglichen werden die fraglichen Praktiken „teilnehmend beobachtet."
29  Hine 2015, S. 33.

form of experience, but we instead often experience being online as an extension of other embodied ways of being and acting in the world.[30]

Für das solchermaßen als „embedded, embodied, and everyday Internet"[31] zu verstehende Netz lässt sich eine gewisse Kontinuität zwischen körperlich-physischen und digital-vermittelten Erfahrungsweisen konstatieren. Dies zeigt sich nicht zuletzt und insbesondere an der Nutzung der hier interessierenden Gesundheits- und Fitness-App. Wer beispielsweise eine solche App beim Laufen nutzt, bewegt sich in einer räumlichen Konstruktion, die durch komplexe Verschränkung verschiedenster materiell-physischer und semiotisch-virtueller Praktiken der Raum-Konstitution zustande kommt. Die ethnographische Forschungs-Strategie ist dementsprechend gut beraten, das *field site* als „fluid and emergent construct" zu verstehen[32], welches sich nach und nach im Zuge der eigentlichen Feldforschung erst entfaltet. *Einstiegspunkte* ins Feld und angewandte Methoden emergieren folglich ebenso sukzessive, weshalb Forschungsunternehmungen wie das hier präsentierte eine gewisse experimentelle Qualität aufweisen – die allerdings methodisch kontrolliert umzusetzen ist. Die Forschungsstrategie der Ethnograph*innen des „embedded, embodied, everyday Internet" sieht weiterhin ein „moving slowly through relatively small amounts of data"[33] vor, welches bewusst und offensiv als Kontrastpunkt zu den „bigger-is-better"-Ideologien gesetzt wird, die diese datafizierten soziotechnischen Umgebungen prägt. Ethnographie, so Hine, solle hier durchgeführt werden in Form eines „agile approach that evolves in the face of developing situations and is adaptive to the circumstances in which it finds itself."[34] In Anlehnung an den skizzierten Forschungsansatz haben wir die folgenden fünf *Einstiegspunkte* ausfindig gemacht[35]:

- **Das Netzwerk der Plattform-Konstitution:** Im ersten Schritt erfolgte eine möglichst umfassende Sammlung online verfügbaren Diskursmaterials, um auf Grundlage dieses Materialkorpus das heterogene Netzwerk, das die Runtastic-Plattform konstituiert, sichtbar zu machen.[36]

- **Fitness-Subjekte – Das Versprechen von Handlungsmacht am Front-End:** Im zweiten Schritt untersuchten wir hermeneutisch-

---

30    Hine 2015, S. 41.
31    Hine 2015, S. 46.
32    Hine 2015: S. 87.
33    Hine 2015, S. 181.
34    Hine 2015, S. 182.
35    Wir fokussieren die Perspektive hier auf die Lauf-App von Runtastic, weil diese die erste im Unternehmensportfolio war und gewissermaßen dessen Kern bildet.
36    Vgl. Situationsmap bei Clarke 2005, S. 86–108.

sequenzanalytisch a) die Anrufung der Subjekte und b) die in diesem Zuge artikulierten Selbst-Charakterisierungen der Plattform, um die Art und Weise herauszuarbeiten, in der die Plattform neue Nutzende rekrutiert.[37]

- **Selbst-Konstitution am Front-End:** Im Anschluss führten wir eine Autoethnographie der App-Nutzung durch.[38]

- **Vom Front- zum Back-End: Die App als Handlungsträgerin:** Im vierten Schritt integrierten wir eine von unserem Projektpartner, dem Fraunhofer-Institut für Sichere Informationstechnologie durchgeführte *Security and Privacy Analysis* der Runtastic-Lauf-App und ergänzten diese Erkenntnisse durch die Rezeption einschlägiger Forschungsliteratur, um die *agency* der App zu rekonstruieren.

- **Zur Übersetzung digitaler Subjektivierungspraktiken in Datenobjekte:** Im letzten Schritt analysierten wir den Weg, den die Daten am Back-End der Plattform nehmen, basierend auf einem sogenannten Business Model Canvas, welches ein weiterer Projektpartner, das Institut für Wirtschaftsinformatik und Neue Medien der Ludwig-Maximilians-Universität München, aus öffentlich zugänglichen Quellen rekonstruierte (das Geschäftsmodell von Runtastic ist von außen nicht einsehbar).

Die ethnographische Untersuchung der Plattform erlaubte schließlich die Sichtbarmachung und Analyse des Ineinandergreifens semiotischer (d. h. der Bedeutungen von Zeichen, wie etwa Sprache und Bilder) und materieller Anteile, wie sie im Rahmen der auf der Plattform vollzogenen Praktiken zu beobachten ist.

# 4    Cui bono? Plattformökonomische Wertübersetzungen

Nachdem wir nunmehr unsere Methodik erläutert haben, wollen wir als nächstes die Forschungsresultate der oben katalogisierten Schritte zueinander in Beziehung setzen. Wir schalten eine knappe Rekonstruktion der Plattformgenese vor, um daraufhin direkt in die Analyse des empirischen Materials einzusteigen.

## 4.1    *Entstehung und Entwicklung der Plattform*

Das Start-Up Runtastic wurde 2009 von vier österreichischen Informatik- und Betriebswirtschaftsstudenten gegründet. Zwei von diesen hatten im Zuge ihres Studiums ein GPS-Trackingsystem entwickelt, mit dem sich die Bewegungen

---

37    Vgl. Behrend et al. 2006; Oevermann 2000; Wenninger 2015.
38    Nach Hine 2015, S. 81–85.

und Positionen von Booten in Segelregatten[39] oder von Rallyewagen in Motor-sportrennen[40] digital nachverfolgen und für das Rennpublikum darstellen ließen, welches auf diese Weise dem Rennverlauf besser folgen können sollte. Die Gründer hatten bereits zuvor Unterstützung durch ihre Universität bzw. einige der dort angesiedelten Betreuer ihrer Qualifikationsarbeiten erhalten; so hatte man beispielsweise noch vor Runtastic ein kleines Unternehmen namens mSports gegründet. Indessen realisierten die Gründer bald, dass sich das Tra-cken von Segelbooten und Rallyeautos mittels GPS-Technologie kaum profita-bel genug monetarisieren lassen würde, da die exklusiven Segel- und Ral-lyepraktiken schlicht keinen Massenmarkt hergaben.[41]

Um im ökonomischen Wettbewerb zu bestehen, entschieden die Gründer deshalb eine technische Anwendung zur Stimulierung von sportlichem Wettbe-werb zu entwickeln, und zwar v. a. im Bereich des Ausdauerlaufens, Wanderns und Radfahrens – allesamt sportliche Aktivitäten, die die körperliche Bewegung durch den physischen Raum vorsehen. Der Businessplan des resultierenden, 2009 in Linz gegründeten Unternehmens sah dementsprechend vor, ein Webpor-tal für Läufer*innen, Walker*innen, Radfahrer*innen usw. aufzubauen. Um ihr Vorhaben in die Tat umzusetzen, versuchten die Gründer zunächst, 350.000 Euro zu akquirieren. Wie der veröffentlichte Businessplan ausführt, hatte man bereits 190.000 Euro zusammen, so dass der Plan selbst als Basis zur Schlie-ßung der Finanzierungslücke von 160.000 Euro fungierte.[42]

Der ursprüngliche Businessplan entstand zu einer Zeit, in der sich Smart-phones erst langsam auf dem Markt etablierten. Entsprechend war noch keiner-lei Rede davon, auf dem Markt des mobilen Internets und der darauf abzielen-den Apps aktiv werden zu wollen, noch wurde die Zusammenarbeit mit den *global players* der Datenökonomie des Internets anvisiert. Stattdessen sollten die Nutzenden zunächst für das Laufen digitalisierter Parcours im physischen Raum rekrutiert werden: Man stellte sich vor, dass die Läufer*innen RFID-Chips erwerben und an ihre Schuhe anbringen würden, um daraufhin die eigene Performance im Parcours per Messstation usw. tracken zu können. Im Business-plan wurde diese Komponente als „fixed system" bezeichnet, die der Idee nach den Kern des Geschäftsmodells ausmachen, und von den „mobile systems", d. h. von Apps auf dem Smartphone und Vorrichtungen zum Verbinden der eigenen Smart Watch mit dem Webportal lediglich flankiert werden sollte.[43] Jedoch fungierte das Webportal von Anfang an gewissermaßen als Knotenpunkt, an

---

39    burgenland.ORF 2006.
40    Raiffeisen Club-Magazin 2008.
41    Freynschlag 2011.
42    Runtastic 2009, S. 44.
43    Runtastic 2009, S. 11.

dem alle gesammelten Daten zentral archiviert, ausgewertet und den Nutzenden in aggregierter und aufbereiteter Form zurückgespiegelt werden sollten.

Nach einer Weile gelangten die Gründer zu der Überzeugung, dass der „fixed system"-Ansatz sich nicht durchsetzen würde, weshalb sie ihn zugunsten einer auf mobile Applikationen setzenden Strategie fallen ließen.[44] 2011 erreichte Runtastic schließlich laut Eigenaussage die Gewinnzone (da das Unternehmen keine Geschäftsberichte veröffentlicht, müssen wir uns diesbezüglich auf Interview-Statements verlassen), zu einem Zeitpunkt, zu dem es etwa 10 Mio. Nutzende hatte. Die Strategie war mittlerweile an einem „Freemium-Modell" ausgerichtet worden: Für die Premium-Version der App mussten die Nutzenden eine Gebühr entrichten, die kostenlose Version beinhaltete dagegen Werbung; zudem versuchte Runtastic in den Smart Watch-Markt einzusteigen.[45] In der Folge begannen österreichische Business Angels in das Unternehmen zu investieren, woraufhin Runtastic ein Büro in San Francisco eröffnete.[46] 2013 konnte man etwa 14 Mio. App Downloads verzeichnen, was die Attraktivität des Unternehmens offensichtlich bis an einen Punkt steigerte, an dem es in der Lage war, Risikokapital anzuziehen: Springer Digital Ventures GmbH erwarb 2013 50,1 % der Runtastic-Anteile für 22 Mio Euro.

Zwei Jahre später sah sich Adidas SE durch den Digitalisierungsschub in der Sportartikelbranche unter Konkurrenzdruck gesetzt. Nike hatte bereits 2006 begonnen in die digitale Vernetzung der eigenen Sportartikel zu investieren, Under Armour hatte diverse Fitness-Apps gekauft, so etwa MyFitnessPal und Edmondo, und Asics hatte die App Runkeeper erworben.[47] Um mit diesem Trend mitzugehen, war Adidas schließlich bereit, 220 Mio. Euro für die Übernahme sämtlicher Runtastic-Anteile zu bezahlen. Der damalige Vorstandsvorsitzende von Adidas, Herbert Hainer, erklärte den Kauf wie folgt:

> This investment will add considerable value on our journey to deliver new world-class sports experiences. In addition, it offers the opportunity to grow a highly engaged athlete user base and leverage the power of our broad product portfolio. Therefore, I am very happy to welcome Runtastic's passionate employees and their 70 million active athletes and sports lovers to the adidas Group family.[48]

Offenkundig zielte Adidas mit dem Investment also nicht nur auf Runtastic als Unternehmen ab, sondern als Plattform – inklusive der zu diesem Zeitpunkt auf 70 Mio. angewachsenen Nutzenden.

---

44    Die Presse 2012.
45    Jahns 2013.
46    Der Standard 2018.
47    Hecking 2016; Steinschaden 2016.
48    Adidas Group 2015.

Aktuell (Mai 2019) verfügt Runtastic über ein Portfolio, das 19 „Tracking"-, „Fitness"- und „Gesundheits"-Apps umfasst. Die Zahl der App-Downloads ist über die Jahre auf 277 Mio. angewachsen und die Zahl registrierter Nutzenden beläuft sich weltweit auf 145 Mio.[49]

## 4.2  Das Netzwerk der Plattform-Konstitution

Nachdem wir die Genese und Entwicklung von Runtastic rekonstruiert haben, wollen wir als Nächstes eine analytische Visualisierung des heterogenen Netzwerks vorlegen, das gewissermaßen das Fundament der Plattform darstellt. Um dies zu erreichen, haben wir Adele Clarkes[50] Methode des *Situational Mapping* unseren Erkenntniszielen angepasst, allerdings ohne dabei auf das gesamte „Theory/Methods"-Paket der Soziale Welten/Arenen-Theorie zurückzugreifen.[51] Stattdessen wurde die Clarkesche Mapping-Strategie in einer abgespeckten Variante auf das gesammelte Diskursmaterial angewendet, um so einen ersten Eindruck und Überblick über die zahlreichen Entitäten zu erhalten, die das Plattform-konstituierende Netzwerk ausmachen. Der Materialkorpus wurde dabei im Zuge einer umfangreichen Online-Recherche aufgebaut. Dafür wurden Diskursmaterialien und Dokumente zur Gründung, Genese, Entwicklung und Bewertung von Runtastic bis zum Erreichen einer theoretischen Sättigung gesammelt (Zeitungs- und Online-Artikel, Pressemitteilungen, Interviews und Geschäftsberichte, politische Statements, Untersuchungen zur *Health und Fitness*-Plattformökonomie usw.). Während die Nutzenden üblicherweise lediglich das Front-End der Plattform, die Nutzungsschnittstelle der App und des OSN zu Gesicht bekommen, gilt unser Interesse der soziotechnischen Gesamtkonstellation, und dabei insbesondere ihrem techno-ökonomischen „framing"[52]; die Clarkesche Situational Mapping-Methode lässt sich adaptieren, um eben hierüber Überblick zu erlangen.

Im Zuge der Analyse des Netzwerks haben wir den Fokus auf jene Entitäten beschränkt, die hauptsächlich in den kollektiven Prozess der Wertgenerierung involviert sind und in eine Graphik überführt, die die Art und Weise, wie diese Wert-generierende Entitäten zueinanderstehen, abbildet (vgl. Abbildung 1):

---

49    Runtastic 2019.
50    Clarke 2005, S. 83–108.
51    Clarke und Leigh Star 2007.
52    Callon 1998.

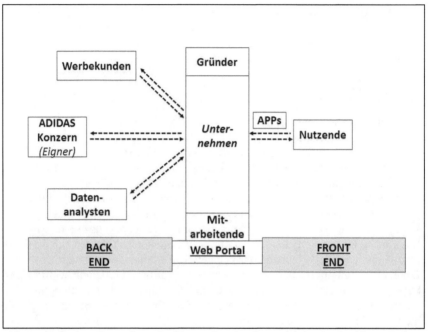

Abb. 1:   Reduzierte Darstellung des Netzwerks, das die Runtastic-Plattform konstituiert.

Wie auf der Abbildung mittig zu sehen ist, bildet das „Unternehmen", welches
größtenteils nach wie vor von den „Gründern" geleitet[53] und nunmehr 190 „Mit-
arbeitende" beschäftigt, das Zentrum der Wertschöpfungskonstellation. Das
Front-End dieser Infrastruktur wendet sich den „Nutzenden" zu. Elementarer
Bestandteil dieses Plattformbereichs sind die „Apps", die in diesem Rahmen wie
Angelrouten funktionieren, werden Nutzende doch v. a. per App-Download und
-Nutzung in das Netzwerk hereingeholt. Hier werden Daten gegen Subjektivie-
rungsmöglichkeiten getauscht. Das Back-End der Plattform bekommen die
Nutzenden hingegen in der Regel nicht zu Gesicht. Während die sozialen Praktiken des Ausdauerlaufens eher *lebensweltlichen* Charakter aufweisen, erweisen
sich die Praktiken am Back-End als eher *ökonomisch* orientiert. Hier findet
ökonomischer sowie datenbasierter Tausch zwischen verschiedenen Tauschpart-
nern statt: zwischen dem „Unternehmen" und seinem „Eigentümer Adidas",
zwischen dem „Unternehmen" und verschiedenen „Datenanalysten" und zwi-

---

53   Florian Gschwandtner, einer der Gründer, verkündete im September 2018 seinen Rücktritt als
     CEO (Der Standard 2018).

schen dem „Unternehmen" und „Werbekunden". Wir postulieren, dass diese gleichzeitig soziale, technische und ökonomische Konstellation von verschiedensten Datenflüssen zusammengehalten wird.

Nachdem somit ein gewisser Überblick über die Wertschöpfungskonstellation gewonnen ist, wollen wir nun ethnographisch in das skizzierte Feld einsteigen. Da wir in erster Linie an der Generierung und Übersetzung von Wert innerhalb des Netzwerks interessiert sind, werden wir auf der rechten Seite der Darstellung einsteigen und die Art und Weise analysieren, in der Nutzende für das Netzwerk rekrutiert werden. Daraufhin werden wir einen kurzen Blick auf die Nutzungspraktiken werfen, um von dort aus dann über eine Analyse der Rolle der App zu einer Rekonstruktion der Praktiken am Back-End zu gelangen.

Unseren Startpunkt bildet aber zunächst die Form der Subjekt-Anrufung, die am Front-End vorgenommen wird, um Nutzende zu rekrutieren.

### 4.3 Fitness-Subjekte: Das Versprechen von Handlungsmacht am Front-End

Grundsätzlich weisen die auf Runtastic verlautbarten Ideen ein hohes Maß an Kongruenz mit dem von Michel Foucault entwickelten Konzept der Selbst-Technologien auf. Foucault zufolge lassen sich durch die Geschichte hindurch unterschiedliche Praktiken der Subjektivierung bzw. Selbst-Konstitution ausmachen:

> technologies of the self, which permit individuals to effect by their own means or with the help of others a certain number of operations on their own bodies and souls, thoughts, conduct, and way of being, so as to transform themselves in order to attain a certain state of happiness, purity, wisdom, perfection, or immortality.[54]

Auf dieser Linie befindet sich auch die Vision des Unternehmens:

> We want every individual to live a more aware and active lifestyle with Runtastic, leading to a longer and happier life![55]

Eben weil dies auf dem Wege des Self-Trackings, der Selbst-Datafizierung und -Quantifizierung erreicht werden soll, betrachten wir Runtastic als Subjektivierungsmaschine: als ausgeklügelte Infrastruktur des Vollzugs datenbasierter Subjektivierungspraktiken.

---

54 Foucault 1988, S. 18.
55 Runtastic 2018a.

Wie aber rufen die Plattformbetreiber nun die Nutzenden als Subjekte an, um sie solchermaßen in die von ihnen betriebene Subjektivierungsmaschine einzugliedern? Mit welchen Subjekt-Vorstellungen werden sie ins Netzwerk gelockt? Und wie stellt sich die Plattform in diesem Zusammenhang selbst bzw. die eigene Rolle dar? Da unser Interesse der Rolle gilt, die die hier beobachtbaren Formen der Subjektanrufung für die Rekrutierung der Nutzenden spielt, analysieren wir zwei Punkte des Erstkontakts zwischen Plattform und Nutzenden: die Homepage der Runtastic-Website sowie die Darstellung der App im App Store von *Apple*. Um eine methodisch systematische Vorgehensweise zu garantieren, wurde ein sequenzanalytisches Prozedere gewählt, in dessen Rahmen die Subjektanrufungen und Selbstbeschreibungen der Plattform minutiös durchleuchtet wurden: Es wurden zu Beginn möglichst viele grundsätzlich denkbare Interpretationen des Materials vorgenommen, der Interpretationsspielraum daraufhin Schritt für Schritt eingeengt auf eben jene, welche mit Blick auf vorhergehende Aussagen noch eine Kohärenz der Gesamtsequenz zu gewährleisten vermochten.[56] Zusätzlich zur Sequenzanalyse von Phrasen und Textpassagen berücksichtigten wir zudem Bilder, da für die Plattform-Präsentation sowohl auf der Homepage als auch der App nicht nur schriftsprachliches Diskursmaterial von hoher Relevanz ist, sondern auch Bilder, Klickfelder usw.

Hinsichtlich der gewonnenen Erkenntnisse lässt sich zunächst ein gewisses Oszillieren des sich auf der Homepage artikulierenden Diskurses konstatieren: Einerseits werden hier Subjekte in einer extrem vereinzelnden Art und Weise angerufen; andererseits wird diesen Subjekten eine ganz bestimmte Form von Vergemeinschaftung angeboten. Dies zeigt sich schon am grundlegenden Runtastic-Slogan „Runtastic.com – Your health and fitness community", wird hier doch informell das singuläre Individuum adressiert, während diesem gleichzeitig „community" angeboten wird. In ähnlicher Weise fordert die Plattform ständig *Einzelkämpfer*innen* dazu auf, Mitglied ihrer eigenen *Sozialformation* zu werden.

Tabelle 1 präsentiert den erstellten Katalog von Anrufungsformen und Vergemeinschaftungsbeschreibungen des sich auf der Homepage artikulierenden Diskurses:

---

56    Behrend et al. 2006; Oevermann 2000; Wenninger 2015.

| Formen der Subjektanrufung | | Selbstdarstellung der Plattform | |
|---|---|---|---|
| Konsument*in | Effizientes Individuum | Globale *community of practice* | |
| Leistungs-Selbst | | Globale Interessen- gemeinschaft | Daten- *Crowd* |
| Plurales Selbst | Daten-Selbst (metrisch) | | |
| Macher-Selbst | | | Coach |
| Singuläres Individuum | Trainings- Selbst | Partner | Sozialer Kontext ‚Gesund- heit' & ‚Fitness' |
| Rekursives Selbst (formbar) | Projekt- Selbst | Gemeinschaft (Unterstützungs- aspekt) | |
| Selbstbestimmtes/ autonomes Selbst | | Gemeinschaft (Geselligkeits- aspekt) | *Crowd* |
| Selbst-Optimierer*in | | | |

Tab. 1: Katalog der Subjektanrufungsformen und Plattformselbstdarstellungen auf der Runtastic-Homepage.

Wie sich hier in der linken Spalte der Tabelle verdeutlicht, wird im Rahmen des Plattformdiskurses ein entschieden individuelles, leistungsorientiertes, auf Weiterentwicklung, Verbesserung, Optimierung, in die Zukunft gerichtetes Subjekt angerufen. All diese Subjektivitätsfacetten eines hier digital neu entworfenen *Unternehmerischen Selbst*[57] lassen sich als Latoursche „plug-ins" verstehen, d. h. als „successive layers, each of which is empirically distinct from the next. Being a fully competent actor now comes in discreet pellets, or, to borrow from cyberspace, patches and applets (…) downloaded and saved one by one."[58] Die hier aufgezeigten, diversen Subjektivierungs-„plug-ins" weisen alle verschiedene Facetten eines daraus hervorgehenden Quantifizierten Selbst auf. Die Plattform behauptet dabei ihrerseits, als soziotechnische Umgebung zu fungieren, in der die Nutzenden in selbstbestimmter Weise zu eben jenem Quantifizierten Selbst werden können: „Get the body you want now", werden die Subjekte

---

57 Bröckling 2007.
58 Latour 2007, S. 207.

angerufen, „reach your goals." Die Anrufung im Zuge der Premium-Version geht in gewisser Weise noch weiter, wenn es heißt „Reach your full potential". Das darunterliegende Versprechen, das eigene Selbst eigenmächtig und unabhängig bestimmen zu können, geht mit einer Darstellung der Plattform, als hierbei unterstützende Infrastruktur tätig zu sein, einher.

Da soziale Daten für die Datenökonomie von solch hohem Wert sind, treibt dies die Plattform strukturell dazu an, die vereinzelnde Anrufung mit Formen der Sozialisierung zu vermitteln (s. Tab. 1, rechte Spalte), wobei der resultierende Diskurs geeignet sein muss, drohende Widersprüche zwischen Einzelkämpfer*innen-Rhetorik und auf reziprokem Tausch basierenden Wertvorstellungen zu entschärfen. Die Lösung der Plattform besteht darin, Nutzenden lediglich einzelne Vergemeinschaftungs-„Bits" anzubieten, nicht jedoch Gemeinschaft im strengeren Sinne. Anstatt wechselseitige Bindungen und Verpflichtungen, Solidarität, Vertrauen usw. – Grundbestandteile von Gemeinschaft[59] – ins Angebot aufzunehmen, geht es hier um etwas, das wir *Crowd-Vergemeinschaftung* nennen wollen: Zusammengeschmiedet werden soll lediglich eine amorphe Crowd singulärer Einzelner, die Sozialität in erster Line zur Selbst-Vermessung und -Konstitution benötigen. So wird durchweg betont, dass die hier verfügbare Sozialität v. a. dem einzelnen Individuum bei der eigenen Weiterentwicklung behilflich sein soll. Potentielle Mitglieder werden nicht über das Versprechen kollektiver Erfahrungen oder dergleichen rekrutiert, sondern über die Möglichkeit singulärer Selbst-Konstitution. Auf diese Weise verknüpft der Diskurs der Plattform also die Anrufung von Einzelkämpfer*innen-Subjektivität mit spezifischen Vergemeinschaftungsaspekten. Das hauptsächliche Versprechen besteht letztlich darin, Nutzenden die Selbstbestimmung über ihr Werden dadurch zu ermöglichen, dass diese in die Crowd-Vergemeinschaftung der Plattform eintreten. „An actor is what is made to act by so many others", schreibt Bruno Latour.[60] In diesem Sinne verspricht die Plattform uns, dadurch zu selbstbestimmt handelnden Subjekten zu werden, dass wir Teil des Plattform-konstitutiven Netzwerks werden.

Nun setzt Runtastic an sportlichen Aktivitäten an, welche als kulturelle Praktiken nicht notwendigerweise Verhaltensdaten produzieren; indem jedoch der *Wettbewerbsaspekt* dieser Praktiken betont und gefördert wird, wird damit gleichzeitig die unbedingte Notwendigkeit der Datenproduktion hervorgerufen, denn wenn die Nutzenden beginnen, sich miteinander im Wettkampf zu messen, dann benötigen sie dazu ein Maß, und eben dieses Maß erfordert wiederum Datenproduktion und -analyse. In den paradox anmutenden Anrufungsformen artikuliert sich somit der strukturelle Imperativ der Datenökonomie, so viele und

---

59    Hitzler et al. 2008; Lamla 2009.
60    Latour 2007, S. 47.

diverse personenbeziehbare Daten wie nur möglich zu sammeln. Eben diese strukturelle Tendenz führt auf Seiten der Plattformbetreibenden, die immer in irgendeiner Form an bereits bestehende Praktiken andocken (selbst wenn sie diese dann bis zur Unkenntlichkeit transformieren), dazu, genau jene Aspekte der kulturellen Praxis und der mit ihnen verknüpften Dispositionen zu fördern, deren Umsetzung per se Datenproduktion involviert oder zumindest Datenproduktion ermöglicht. Die Plattform verspricht somit, die Nutzenden bei der Selbst-Formung zu unterstützen, sofern diese bereit sind, Daten über sich zu generieren.

### 4.4 Selbst-Konstitution am Front-End

Wie aber lassen sich die am Front-End der Plattform gegebenen Versprechen nun praktisch realisieren? Um diese Frage zu beantworten, werden wir als nächstes die eigentlichen Praktiken der Selbstquantifizierung analysieren. Wie bereits angemerkt, haben wir hierzu die Lauf-App auf unsere persönlichen Smartphones heruntergeladen, ein OSN-Profil angelegt und begonnen, regelmäßige Ausdauerläufe unter Nutzung der App zu absolvieren. Auch flankierende Praktiken, wie das Anlegen einer (gänzlich aus unbekannten Nutzenden rekrutierten) Freundesliste, das Versenden von Likes und akustischen Anfeuerungssignalen, das Kommentieren von Läufen anderer User*innen usw. wurden nachvollzogen, um so ethnographische Einsicht in die Praktiken der Runtastic-Crowd zu erlangen. Der Status des Internet verleiht der autoethnographischen Erfahrung und der Reflexivität im Forschungsprozess eine gesteigerte Relevanz für die Analyse der Interaktionen mit den soziotechnischen Infrastrukturen, die diese Erfahrungen überhaupt erst möglich machen.[61] Die auf diese Weise durchgeführte Autoethnographie[62] erbrachte außerordentlich reichhaltiges empirisches Material und förderte auf dieser Basis eine ganze Reihe analytischer Erkenntnisse zutage, die über die autoethnographische Erfahrung hinausgehen. Da der vorliegende Beitrag weder den Platz noch den geeigneten thematischen Rahmen bietet, auf all diese verschiedenen Aspekte einzugehen, werden wir uns hier auf die Präsentation eines vergleichsweise bescheidenen Anteils der autoethnographischen Forschungsresultate beschränken, die eine Analyse der auf der Plattform vollzogenen Wertübersetzungen erlauben.

Im Folgenden werden nun zunächst die Selbst-Praktiken selektiv und knapp umrissen, die einer der Autor*innen des vorliegenden Beitrags zwischen Oktober 2018 und Februar 2019 mithilfe der regelmäßigen Nutzung der Runtastic-Lauf-App vollzog. Nachdem die App auf dem Smartphone installiert war,

---

61   Hine 2015, S. 87f.
62   Hine 2015, S. 81–85.

wurde ein Profil im Sozialen Netzwerk von Runtastic unter Verwendung fast ausnahmslos korrekter Personendaten (die Ausnahme bildet das Geburtsdatum) angelegt. Sofern aufseiten des Ethnographen eine beruflich bedingte Sensibilität für Datenschutz- und Privatheitsprobleme vorlag, musste diese Disposition aktiv eingeklammert und überwunden werden, da sich eine gewisse Großzügigkeit und Lässigkeit beim Umgang mit den eigenen Daten als Grundvoraussetzung der autoethnographischen Erfahrung mit Runtastic erwies: Wer nicht zum Daten-*sharing* mit dem Netzwerk bereit ist, wird von vornherein kaum die Möglichkeit der ethnographischen Selbstquantifizierung haben, noch wird ihr oder ihm eine einigermaßen substantielle teilnehmende Beobachtung möglich werden.

Die Vielschichtigkeit der im Zuge der App-Nutzung ausgeführten Aktivitäten (liken, kommentieren, anfeuern etc.) wird im Weiteren weitgehend ausgeblendet bleiben. Wir konzentrieren uns in unserer beispielhaften Darstellung v. a. auf eine bestimmte ethnographische Erfahrung: auf das Starten, Durchführen und insbesondere das Finalisieren einer Lauf-Session. Mit Blick auf diesen Vorgang hier zunächst die Darstellung des Aktivitäts-Screens, nach der Öffnung der App und dem Wählen des Tabs „Aktivität" (Abbildung 2):

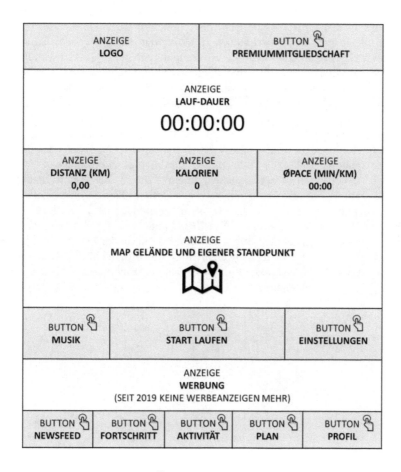

Abb. 2:    Der Aktivitäts-Screen.[63]

Im oberen Drittel des Displays befindet sich eine Stoppuhr, die losläuft, sobald der grüne Startknopf im unteren Drittel des Bildschirms gedrückt wird. Darunter finden sich in kleiner dargestellten Ziffern Angaben zu Distanz, verbrauchten Kalorien und Durchschnittgeschwindigkeit („pace"); auf diese Weise lässt sich während des Laufens die eigene Performance überprüfen, soweit diese durch die

---

63  Da sich die Rechtslage hinsichtlich der Darstellung von Screenshots im Rahmen der vorliegenden Veröffentlichung als einigermaßen unklar erweist, haben wir sämtliche Darstellungen von Runtastic App-Screens per Graphik nachgebildet.

Angaben repräsentiert ist. Nach dem Drücken des Startknopfes erfolgt, sofern nicht bereits in den Einstellungen des Smartphones freigegeben, die Aufforderung, das GPS-Signal des Smartphones zu aktivieren. Ist dies erfolgt, so läuft ein 15-sekündiger Countdown ab; eine computergenerierte (und „weiblich" anmutende) Stimme verkündet einige der erreichten Zählmarken: „15" und „10", danach wird von fünf bis Null laut runtergezählt. In dem Moment, in dem die Stoppuhr losläuft, verkündet die Stimme „Aktivität gestartet." Einmal losgelaufen, teilt die Stimme nach jedem absolvierten Kilometer Zwischenstände mit: die gelaufenen Gesamtkilometer, Gesamtzeit, aktuelle Durchschnittsgeschwindigkeit (Minuten pro Kilometer) und verbrannte Kalorien. Der grüne Startknopf auf dem Display hat sich nach Drücken des Startknopfes in ein blaues Schloss verwandelt. Drückt man dieses, so erscheint links davon die Option „Pause", rechts die Option „Fertig": Das Anklicken der Option „Pause" unterbricht die Aufzeichnung, ohne die gesamte Laufsession zu beenden, das Anklicken der Option „Fertig" beendet die Session. Bei Beendigung wird die Abschlussstatistik von der computergenerierten Stimme verkündet und in der Datenbank archiviert. Zusätzlich zu diesen Angaben erhält man die Möglichkeit, den eigenen Lauf zu bewerten oder subjektive Impressionen hinzuzufügen. Abbildung 3 zeigt den Screen nach Beendigung des Laufs:

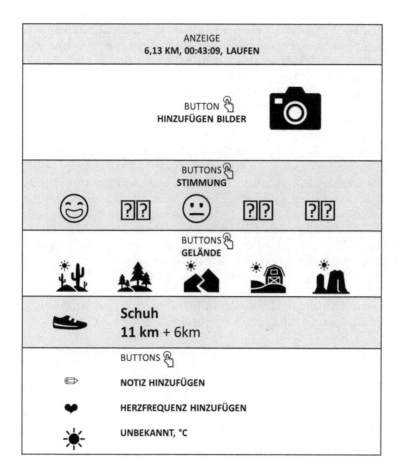

Abb. 3:    Der Schluss-Screen (unausgefüllt).

Das Display zeigt vor blauem Hintergrund die gelaufenen Kilometer und die Gesamtzeit, gefolgt von einer Angabe des Aktivitätstyps, in diesem Fall „Laufen". Das darunter befindliche Kamerasymbol soll anzeigen, dass es möglich ist, an dieser Stelle Fotos zu platzieren, die im Laufe der Session geschossen worden sind (z. B. von der Umgebung, Bauwerken, an denen man vorbeigekommen ist oder von Mitlaufenden), und diese der Archivierung der Laufsession hinzuzufügen. Es folgen fünf Smiley-Symbole. Das Drücken eines der Symbole soll eine Möglichkeit bieten, dem subjektiven Gefühl nach Ende der Laufsession

Ausdruck zu verleihen. Die darunter befindlichen fünf Landschaftssymbole ermöglichen die Angabe der Umgebung, in der der Lauf stattfand (ganz links steht z. B. für einen betonierten, ganz rechts für weichen, sandigen Untergrund, wie am Strand usw.). Wiederum darunter findet sich ein Bild des Schuhmodells, das der Nutzende trägt; wie alle anderen Angaben, so ist natürlich auch diese optional, aber hat man das Modell hier angegeben, so zählt Runtastic automatisch nach jedem Lauf die hinzugekommenen Kilometer zusammen, die der Schuh damit „auf dem Buckel" hat, und informiert die Nutzenden nach Erreichen der 500-Kilometer-Marke darüber, dass sie nunmehr neue kaufen sollten. Im unteren Drittel des Displays befindet sich außerdem noch ein Stift-, ein Herz- und ein Sonnensymbol: der Stift symbolisiert die Möglichkeit, der Archivierung der Laufsession persönliche Kommentare hinzuzufügen, das Herz verweist auf die Möglichkeit, Herzfrequenzdaten hinzuzufügen (etwa bei Tragen einer pulsmessenden Smart Watch), die Sonne verweist auf die Umgebungstemperatur. Sobald der blaue Knopf in der rechten unteren Ecke des Displays gedrückt wird, erfolgt der Upload der eingegebenen Daten und die gemeinsame Archivierung dieser Daten mit den grundlegenden Angaben zur Laufsession (Gesamtzeit, Durchschnittstempo usw.); all diese Daten werden gemeinsam in den Newsfeed der nutzenden Person integriert und sind nun für die „Freunde" sichtbar; letztere können die Bilanz der Laufsession dann liken und kommentieren. Abbildung 4 zeigt den Schluss-Screen nach Eingabe einiger Daten:

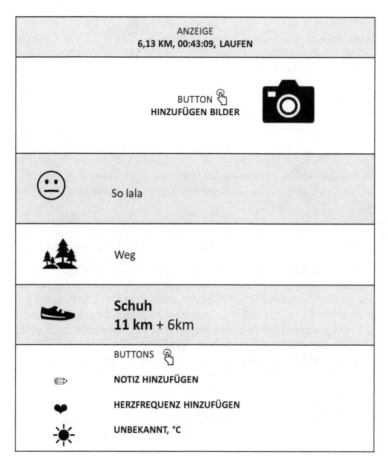

Abb. 4: Der Schluss-Screen nach Eingabe einiger Daten.

Den hier gewählten Optionen zufolge verlief die Laufsession durch einen befes-
tigten Pfad in einer „natürlichen" Umgebung; der Smiley steht für eine durchschnittliche Gemütsverfassung. Von besonderer Relevanz ist der Umstand, dass
die Angaben die Archivierung der Laufsession, d. h. die damit verbundene Erfahrung oder zumindest ihre Repräsentation, zusätzlich subjektivieren. Würden
dem *account* etwa noch Fotographien, Kommentare oder Herzfrequenzdaten
hinzugefügt, so wäre die Erfahrungsrepräsentation, die schließlich als Sessionbi-

lanz in die Datenbank und damit in das Selbst-Archiv der Nutzenden wandert, noch stärker subjektiviert.

Es lässt sich somit folgern, dass der Schluss-Screen eine der Arten und Weisen anschaulich macht, in der Subjektivierung auf der Plattform durch die Nutzenden konstituiert und praktiziert werden kann: Die Bestimmung des Selbst erfolgt durch Eingabe von Daten, die die Spezifizität der subjektiven Eindrücke singulärer Einzelkämpfer*innen repräsentieren soll. Das diskursive Versprechen der Plattform, Selbst-Bestimmung und -formung zu ermöglichen, und so durch Nutzung der App zu einem unabhängig handelnden Subjekt zu werden, scheint an diesem Punkt also eingelöst. Ein abschließendes Urteil hierüber steht allerdings noch aus, denn es sind nicht nur die Nutzenden, die die resultierenden Praktiken formen, sondern insbesondere auch die App. Diese Feststellung wirft die Frage nach der *agency* der App, nach ihrer handlungstragenden Rolle auf: Was genau *tut* die App eigentlich?

### 4.5 Vom Front- zum Back-End: Die App als Handlungsträgerin

Die *Security and Privacy Analysis* der Lauf-App, die uns unsere Projektpartner vom Fraunhofer-Institut für Sichere Informationstechnologie in Darmstadt zur Verfügung stellten,[64] erbrachte eine Reihe weiterführender Erkenntnisse. Wir möchten zunächst festhalten, dass die getestete App laut diesem Testbericht mit 134 Kommunikationsendpunkten interagierte sowie mit Servern in Hong Kong, China, den Vereinigten Staaten von Amerika, Japan, Großbritannien, Russland, Kanada und einer Reihe europäischer Länder. Während sich hieraus nur bedingt für sich stehende Schlüsse ziehen lassen, wollen wir hier einem anderen Befund nachgehen, namentlich dem, dass die App 43 Zugriffsberechtigungen (*permissions*) anfordert, und einige dieser Berechtigungen als „gefährlich" eingestuft werden. Dem Testbericht zufolge erweist sich die App mit hoher Wahrscheinlichkeit als „overprivileged", d. h. sie fordert mehr Zugriffsberechtigungen an, als sie zur Ausführung ihrer Funktionalitäten eigentlich bräuchte.

Bei einer der angeforderten Zugriffsberechtigungen handelt es sich um die „Android Internet permission". Wozu ist diese Berechtigung da? Recherchiert man hierzu in *Googles* Android Developer's Blog, so erfährt man, diese Berechtigung „allows to open network sockets".[65] Eine App, die über diese Berechtigung verfügt, ist in der Lage, eigenständig externe Internet-Adressen aufzuru-

---

64 Die Analyse wurde im März 2018 durchgeführt, dabei wurde Version 8.3 der App „Runtastic Laufen, Joggen und Fitness" für Android mithilfe des von Fraunhofer SIT entwickelten Sicherheitstest-Frameworks Appicaptor untersucht (mehr Informationen dazu unter https://www.sit.fraunhofer.de/en/appicator/). Wir bedanken uns herzlich bei Hervais Simo für die Durchführung und Aufbereitung der Analyse.

65 Google 2018.

fen. Der Android Developer's Blog klassifiziert die Berechtigung als „normal" und das bedeutet, die App muss die Nutzenden nicht erst fragen, wenn sie das tut, sondern kann sich eigenständig mit externen Servern über das Internet verbinden. Natürlich muss die App das können, damit überhaupt die Datenbilanzen von Laufsessions in den Datenbanken der Runtastic-Servern archiviert werden können; zudem erhalten Nutzende die Option, das Runtastic-Profil z. B. mit einem *Facebook*-Profil zu verknüpfen. Darüber hinaus finden sich in der einschlägigen Informatikliteratur zu diesem Thema jedoch auch Hinweise darauf, dass Apps üblicherweise diese Zugriffsberechtigung einfordern, damit die App sich mit den Servern der Online-Werbeindustrie und von Datenanalysten (was etwa im Falle von *Facebook* oder *Google* letztlich das gleiche ist) verbinden kann: „the `android.permission.INTERNET` permission (…) is required for communication with the ad network's servers".[66]

Worum aber handelt es sich bei einem Ad Network genau? Und warum soll die App überhaupt die Möglichkeit erhalten, sich „autonom" mit den Servern der Ad Networks zu verbinden? Um dies zu verstehen, wollen wir hier eine von Ruiz et al.[67] entwickelte Graphik einführen (s. Abbildung 5).

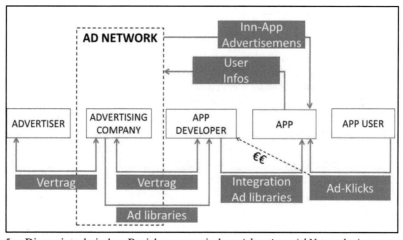

Abb. 5:  Die soziotechnischen Beziehungen zwischen *Advertiser, Ad Network, App Developer* und Nutzenden in Anlehnung an Ruiz et al. (2016, S. 75).

---

66    Grace et al. 2012, S. 103.
67    Ruiz et al. 2016, S. 75.

Beginnen wir oben links bei der Instanz *Advertiser*, so sind wir damit zunächst auf Werbetreibende aller Art verwiesen: beliebige Unternehmen oder Organisationen (Konzerne, NGOs, Parteien), die, aus welchen Gründen auch immer, für welche Dinge auch immer (Produkte, Spendenbereitschaft, Wählerstimmen) Werbung schalten möchten. Wollen sie dies online tun, so gehen solche werbetreibenden Instanzen, die *Advertiser*, üblicherweise einen Vertrag mit einer Werbefirma, einer „Advertising Company" ein. Ein anderes Wort für „Advertising Company" im Online-Bereich wäre: *Ad Network*. Bei Letzteren handelt es sich um Online-Werbefirmen, die ihrerseits mit App-Entwicklern („app developers") Verträge unterhalten. Denkbar wäre etwa, dass eine Online-Werbefirma, wie *Google*, einen Vertrag mit einem App-Entwickler, wie etwa Runtastic eingeht. Der Graphik zufolge stellt das *Ad Network* bzw. die Online-Werbefirma dem App-Entwickler dann eine sogenannte „Ad Library" zur Verfügung. Bei einer „Ad Library" handelt es sich um einen speziellen Code, den der/die App-Entwickler*in in den App-Code einbettet.[68] Der eingebettete Code der „Ad Library" veranlasst die App schließlich, autonom Werbeanzeigen von der Online-Webefirma, vom *Ad Network* also, anzufordern. Das *Ad Network* sendet immer dann Werbeanzeigen an die App, sogenannte „In-App Advertisements", wenn die App um Werbung anfragt, und wenn das *Ad Network* Werbeanzeigen in seinem Pool hat, die zum Profil der Nutzenden passen. Wenn die Nutzenden dann auf die Werbeanzeige klicken, erhält der/die App-Entwickler*in Geldzahlungen. Woher aber kennt das *Ad Network* bzw. die Online-Werbefirma überhaupt das Profil des Nutzenden? Kenntnis hiervon erhält das *Ad Network* dadurch, dass die App nicht nur Werbeanzeigen bei diesen Online-Werbefirmen anfordert, sondern, veranlasst durch die „Ad Library", auch darüber hinausgehende Daten an das *Ad Network* sendet: „At run-time, the ad library communicates with the ad network's servers to request ads for display and might additionally send analytics information about the users of the app."[69]

Die Rekonstruktion des techno-ökonomischen Rahmens der datenökonomischen Werbeindustrie legt folglich mit Blick auf Zugriffsberechtigung der Runtastic-Lauf-App        den        Schluss        nahe,        dass        die        android.permission.INTERNET von der Lauf-App angefordert wird, damit der Code der in die App eingebetteten „Ad Libraries" diese Berechtigung dazu nutzen kann, das Smartphone mit den Servern von *Ad Networks* zu verbinden. Die ganze Argumentation ergäbe allerdings nur dann Sinn, wenn in die Runtastic-Lauf-App auch tatsächlich „Ad Libraries" eingebettet sind. Aber genau das ist eben auch der Fall – zu den Libraries, die sich laut des Testberichts in der App

---

68    Für die Darstellung einer Ad Library in Code-Form s. Grace et al. (2012, S. 102): Dort ist eine
      in das kostenlose Smartphone-Game Angry Birds eingebettete Ad Library der Online-
      Werbefirma Admob zu sehen.

69    Grace et al. 2012, S. 101.

finden, zählen: *Adjust, Facebook Ads, Facebook Analytics, Facebook Login, Facebook Share, Flurry, Google Ads, Google Analytics, Google DoubleClick, Google Firebase* und *PushWoosh*. Die Nutzung der Lauf-App öffnet einen Datenkanal zu den Online-Werbefirmen (*Ad Networks*) und Datenanalyst\*innen, die hinter diesen „Ad Libraries" stehen.

Wie es scheint, eröffnet die Nutzung der App zwar Möglichkeiten der Bestimmung des Selbst, jedoch erfolgt dies offensichtlich auf Kosten der Möglichkeiten, die Funktionsweise des eigenen Gerätes zu bestimmen. Wie ist dieser Umstand zu interpretieren? Was genau bedeutet die hier sich abzeichnende datenbasierte Interaktion der App mit der Plattform bzw. ihren App-Entwicklern, und darüber hinaus mit den *Ad Networks* der Online-Werbeindustrie?

Um hierzu robuste Hypothesen entwickeln zu können, benötigen wir ein klareres Verständnis der Datenpraktiken am Back-End der Plattform. Dieses werden wir im folgenden Abschnitt entwickeln.

### 4.6  *Zur Übersetzung digitaler Subjektivierungspraktiken in Datenobjekte*

Was genau tut nun also die Plattform mit den Daten der Nutzenden? Sofern Praktiken der Nutzung von Verhaltensdaten durch Datenanalyst\*innen genauso wie deren Geschäftsmodelle normalerweise dem Blick der Öffentlichkeit entzogen bleiben[70], lassen sich hierzu nur grundsätzliche Aussagen treffen. Auf Basis der Rekonstruktion des Geschäftsmodells von Runtastic aus öffentlich zugänglichen Quellen und entsprechenden Verlautbarungen, wie sie unser Projektpartner vom Institut für Wirtschaftsinformatik und Neue Medien der Ludwig-Maximilians-Universität München erarbeitet hat,[71] lässt sich jedoch nicht nur schließen, dass Nutzerdaten in der Tat die Schlüsselressource des Unternehmens darstellen, sondern auch, welche Datentypen auf der Plattform gesammelt werden: Persönliche Daten, Fitnessdaten, GPS-Daten, Ernährungsdaten, Gesundheitsdaten, Kontaktdaten sowie Daten, die nicht den genannten Kategorien zuzuordnen sind.[72] Zu vermuten ist, dass diese unterschiedlichen Datentypen zu unterschiedlichen Zwecken und auf verschiedene Art und Weise weiterverarbeitet werden; jedoch werden wir uns hier auf einen Fall von Datenverarbeitung konzentrieren, der besonders aussagekräftig ist für die Analyse der am Back-End wirkenden Logik.

---

70  Christl 2017, S. 8.
71  Wir bedanken uns bei Charlotte Schöning, Severin Weiler und Simone Schwertl für die Zu-Verfügung-Stellung eines Business Model Canvas, in dessen Rahmen runtastics Geschäftsmodell rekonstruiert wird; wir bedanken uns außerdem bei Katharina E. Kinder-Kurlanda für Nachfragen zur Funktionalität der App, die unser diesbezügliches Verständnis erweitert haben.
72  Z. B. Daten zur verwendeten Hardware, vgl. auch Schwertl 2018, S. 14.

Wir werden uns hierbei an die Erörterung der Datenverarbeitungs- und Analysemöglichkeiten halten, wie sie die Plattform selbst in ihrer Broschüre „Advertising Opportunities 2017" proklamiert hat.[73] Diese Broschüre richtet sich an die Werbekund*innen der Plattform und spezifiziert insbesondere die von den Kund*innen abrufbaren Targeting-Optionen. Sie war für eine ganze Weile im Internet abrufbar und wurde dann zunächst durch eine für 2018 gültige Version ersetzt[74], die weitaus weniger Optionen enthielt. Ob dies in einer Verringerung der eigenen Targeting-Optionen an die in der Zwischenzeit in Kraft getretene neue Europäische Datenschutzgrundverordnung liegen mag, oder ob das Unternehmen ab 2018 einfach öffentlich weniger detaillierte Angaben machen wollte, lässt sich nicht mit Sicherheit sagen. Fest steht, dass Runtastic am 20. Dezember 2018 verkündete, dass auch die kostenlose App zukünftig „werbefrei" bleiben werde, und dass in den Monaten seit dieser Nachricht nur noch Anzeigen eingingen, die Marken des neuen Eigners Adidas (z. B. Adidas- oder Garmin-Produkte) bewarben – „keine Werbung" muss also verstanden werden, als „keine Werbung – außer für Adidas-Produkte". Gleichwohl scheint für den Adidas-Konzern die Attraktivität von Runtastic nicht mehr in dessen Werbemodell zu bestehen, sondern in den Möglichkeiten der Marktforschung und des Direkt-Marketing, die sich hier nun auftun. Die 2018 für uns glücklicherweise noch rekonstruierbaren datenökonomischen Logiken gehören damit keineswegs der Vergangenheit an, sie sind nunmehr lediglich interne Instrumente des Adidas-Konzerns; die Strategie kann als Versuch interpretiert werden, den Aufmerksamkeitswettbewerb innerhalb des Ökosystems der konzerneigenen Plattform auszuschalten und für sich zu monopolisieren: eine Datenökonomie, die versucht, den Markt auszuschließen.

2018 waren die datenökonomischen Logiken, deren anhaltendes Wirken wir hier postulieren, noch rekonstruierbar, denn in den „Targeting Options" der Broschüre von 2017 werden zahlreiche Targeting-Parameter gelistet, wie etwa Age, Age Group, Activity, Calories, Distance, Duration und Heart Rate.[75] Als noch interessanter erweisen sich die auf der Folgeseite angegebenen Optionen: Hydration, Mood, Pace, Speed, Surface, Temperature und Weather.[76] Diese Parameter weisen einen direkten Bezug zu den weiter oben (Abs. 4.4) herausgearbeiteten Subjektivierungsoptionen auf, die die App in Form des Schluss-Screens anbietet (s. Abbildung 6):

---

73   Runtastic 2017.
74   Runtastic 2018b.
75   Runtastic 2017, S. 14.
76   Runtastic 2017, S. 15.

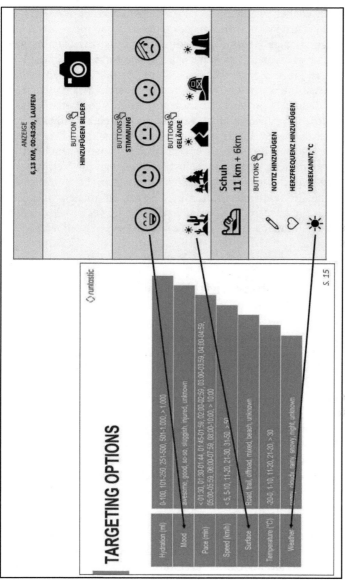

Abb. 6: Targeting Options im „Runtastic Advertising Opportunities 2017" Katalog in ihrer Beziehung zu den Datenfeldern des Schluss-Screens der App.

Wie wir hier sehen können, werden also neben persönlichen (z. B. Alter), Fitness- und Gesundheitsdaten (z. B. distance, duration, pace, speed, heart rate) auch „Subjektivierungsdaten" (surface, mood) zu Targeting-Zwecken herangezogen. Entscheidend ist hierbei, dass je mehr Daten die Nutzenden in die Plattform einspeisen, sie ein umso subjektiveres Selbst-Archiv aufbauen können, über das sich dann Aufmerksamkeit bei anderen generieren lässt – gleichzeitig zeichnen sie sich dadurch aber auch umso deutlicher für die Werbe-Industrie (oder zukünftig dem alleinigen Werber Adidas) als Targeting-Objekt ab. In diesem Sinne kippt an diesem Punkt das am Front-End gegebene Versprechen der Plattform, den Nutzenden eine Infrastruktur zum Vollzug von Subjektivierungspraktiken, und in dem Sinne von Selbst-Bestimmung zur Verfügung zu stellen, in ein ganz gegenteiliges Versprechen an Werbende, die Nutzenden als perfekte Zielobjekte für Werbebotschaften bereithalten zu können: aus *Usern* werden *Targets*, aus Subjekten Objekte. Die vordergründig versprochene *selbstbestimmte* Selbst-Bestimmung wird zur *fremdbestimmten* Bestimmung des Selbst.

## 5 Schluss: Selbst-Bestimmung ohne Selbstbestimmung? Zur Zukunft der Datenökonomie

Um unsere Analyse des dargelegten datenökonomischen Falles zusammenfassend auf den Punkt zu bringen, wollen wir mit der These schließen, dass die hier identifizierte Logik die überwachungskapitalistische Datenökonomie generell prägt: Der datenökonomisch erzeugte Mehrwert basiert zum Großteil darauf, solchen Ökonomien Mittel und Mechanismen zur Verfügung zu stellen, die es erlauben, Subjekte in Objekte zu verwandeln. Digitale Subjektivierungspraktiken bilden die Voraussetzung dafür, dass diese strukturelle Logik greifen kann. Datenbasierte Selbst-Technologien ermöglichen es den Nutzenden, sich als digitale Subjekte zu konstituieren, aber je datenintensiver diese am Front-End Subjektivierungspraktiken vollziehen, desto tiefenschärfer wird sich ihre Objektivierung am Back-End gestalten.

Selbstbestimmung und die Bestimmung des Selbst scheinen somit, datenökonomisch getrieben, auseinanderzulaufen. Denn wenn datenbasierte Subjektivierungspraktiken immer schon in die Hervorbringung von objektivierbaren Datensubjekten übersetzbar werden, dann kann von selbstbestimmter Selbst-Bestimmung kaum noch die Rede sein. Als Grund hierfür wurde die datenökonomische Monetarisierung soziokultureller Subjektivierungspraktiken identifiziert: Sie ermöglicht die Übersetzung von Subjektivität in Objektivierungspotentiale, und die ökonomische Nutzbarmachung letzterer (die im vorliegenden

Falle dadurch in ein Jenseits des Marktes zu münden scheinen, dass der Eigner zur einzig verbleibenden werbetreibenden Instanz wird).

Möglich wird all dies durch die Eigenschaft von Daten, Handlungspotentiale zur Verfügung stellen zu können. Im hier untersuchten Fall verleihen dieselben Daten einerseits den Nutzenden am Front-End Handlungspotentiale, ihr Selbst zu bestimmen, und andererseits der Werbeindustrie am Back-End Handlungspotentiale, sich zu wertvollen Unternehmen zu machen – eben deshalb droht die Selbst-Bestimmung fremdbestimmt zu werden. Politisch ergibt sich daraus die Frage, inwieweit demokratische Gemeinwesen geneigt sein wollen, ökonomische Wertübersetzungen dieser Art zuzulassen. Denn wenn digitale Subjektivierungspraktiken, die datenbasierte Bestimmung des Selbst, sich hier als wenig selbstbestimmt darstellt, und wenn dies auf die zugrundeliegenden datenökonomischen Logiken zurückzuführen ist, dann scheint datenökonomische Wertschöpfung auf Kosten der Nutzenden und ihrer Handlungspotentiale zu erfolgen. Orientiert man die Datenschutzdiskussion an Überlegungen dieser Art, dann schlägt sie eine andere Richtung ein, stehen doch nunmehr von Anfang an die durch Daten verliehenen Handlungspotentiale im Vordergrund: Welche Entitäten sollen in einer Datenökonomie welche Handlungspotentiale generieren, und zu welchen Zwecken einsetzen können? Müsste in einem demokratischen Gemeinwesen nicht die Öffentlichkeit mit darüber streiten und wenigstens grundsätzlich aushandeln dürfen, welche Handlungspotentiale welchen Organisationen verliehen werden sollen? Und hat nicht gerade der zu Beginn des Beitrags angeführte "Datenskandal" um *Facebook / Cambridge Analytica* deutlich vor Augen geführt, dass die Auseinandersetzung und Entscheidung über, aber auch die Kontrolle von datenbasierten Handlungspotentialen aktuell noch erschreckend schwach entwickelt ist?

## Literatur

Adidas Group. 2015. Adidas Group Acquires Runtastic (Press Release). https://www.adidas-group.com/en/media/news-archive/press-releases/2015/adidas-group-acquires-runtastic/. Zugegriffen: 9. April 2019.

Behrend, O., W. Ludwig-Mayerhofer, und A. Sondermann. 2006. Einige einführende Anmerkungen zur sequenzanalytischen Interpretation von Daten. http://www.uni-siegen.de/phil/sozialwissenschaften/soziologie/mitarbeiter/ludwig-mayerhofer/sequenzanalyse-lfp-sose-2006.pdf. Zugegriffen: 9. April 2019.

boyd, danah. 2014. *It's Complicated: The Social Lives of Networked Teens*. New Haven: Yale University Press.

Briegleb, Volker. 2018. Cambridge-Analytica Skandal: ‚Facebook wusste von Anfang an Bescheid'. https://www.heise.de/newsticker/meldung/Cambridge-Analytica-Skandal-Facebook-wusste-von-Anfang-an-Bescheid-4213742.html. Zugegriffen: 9. April 2019.

Bröckling, Ulrich. 2007. *Das unternehmerische Selbst. Soziologie einer Subjektivierungsform.* Suhrkamp: Frankfurt am Main.

burgenland.ORF.at. 2006. Sailing Games. Msports.at. http://www.msports.at/referenzen _presse.html. Zugegriffen: 9. April 2019.

Cadwalladr, C., und E. Graham-Harrison. 2018. Revealed: 50 Million Facebook Profiles Harvested for Cambridge Analytica in Major Data Breach. https://www.theguardian.com /news/2018/mar/17/cambridge-analytica-facebook-influence-us-election?CMP=share_btn_tw. Zugegriffen: 9. April 2019.

Callon, Michel. 1998. An Essay on Framing and Overflowing: Economic Externalities Revisited by Sociology. In *The Laws of the Markets*, Hrsg. Michel Callon, S. 244–269. Oxford, Malden: Blackwell.

Carstensen, Tanja. 2014. Öffentliche Selbstdarstellung im Internet als Aufwand: Digitale Subjektwerdung am Beispiel von jüngeren Menschen in Internetberufen. *In Subjektivierung 2.0: Machtverhältnisse digitaler Öffentlichkeiten*, Hrsg. T. Paulitz und T. Carstensen, S. 83–100. Wiesbaden: Springer VS.

Carstensen, T., C. Schachtner, H. Schelhowe, und R. Beer, Hrsg. 2013. *Digitale Subjekte: Praktiken der Subjektivierung im Medienumbruch der Gegenwart.* Bielefeld: transcript.

Christl, Wolfie. 2017. How Companies Use Personal Data Against People: Automated disadvantage, personalized persuasion, and the societal ramifications of the commercial use of personal information. https://crackedlabs.org/dl/CrackedLabs_Christl_DataAgainstPeople.pdf. Zugegriffen: 9. April 2019.

Clarke, Adele E. 2005. *Situational Analysis: Grounded Theory After the Postmodern Turn.* Thousand Oaks/London/New Delhi: SAGE.

Clarke, A. E., und S. Leigh Star. 2007. The Social Worlds Framework: A Theory/Methods Package. In *The Handbook of Science and Technology Studies*, Hrsg. E. J. Hackett, O. Amsterdamska, M. Lynch, und J. Wacjman, S. 113–37. Cambridge: MIT Press.

Concordia. 2016. The Power of Big Data and Psychographics. https://www.youtube.com /watch?v=n8Dd5aVXLCc. . Zugegriffen: 9. April 2019

Foucault, Michel. 1988. Technologies of the Self. In *Technologies of the Self: A Seminar with Michel Foucault*, Hrsg. L. H. Martin, H. Gutman und P. H. Hutton, S. 16–49. Amherst: The University of Massachusetts Press.

Freynschlag, Sophia. 2011. Im Laufschritt Richtung Übersee. Wiener Zeitung. https://www.wienerzeitung.at/themen_channel/wirtschaftsservice/geschaeft/412115_Im-Laufschritt-Richtung-Uebersee.html. Zugegriffen: 9. April 2019.

Google. 2018. Android Developer's Blog. https://developer.android.com/reference/android/Manifest. permission. Zugegriffen: 9. April 2019.

Grace, M. C., W. Zhou, X. Jiang, und A.-R. Sadeghi. 2012. Unsafe Exposure Analysis of Mobile In-App Advertisements. In *WiSec '12: Proceedings of the Fifth ACM Conference on Security and Privacy in Wireless and Mobile Networks : April 16–18, 2012, Tucson, Arizona, USA*, Hrsg. M. Krunz, L. Lazos, R. Di Pietro und W. Trappe, S. 101–12. New York: The Association for Computing Machinery.

Hecking, Mirjam. 2016. Warum Under Armour Adidas wieder einen Schritt voraus ist. Manager Magazin. https://www.manager-magazin.de/digitales/it/adidas-und-under-armours-kampf-ums -digitale-a1075102.html. Zugegriffen: 9. April 2019.

Heyen, Nils B. 2016. Selbstvermessung als Wissensproduktion: Quantified Self zwischen Prosumtion und Bürgerforschung. In *Lifelogging: Digitale Selbstvermessung und Lebensproto-*

*kollierung zwischen disruptiver Technologie und kulturellem Wandel*, Hrsg. Stefan Selke, S. 237–256. Wiesbaden: Springer VS.

Hine, Christine. 2015. *Ethnography for the Internet: Embedded, Embodied and Everyday*. London/ New York: Bloomsbury Academic.

Hitzler, R., A. Honer, und M. Pfadenhauer, Hrsg. 2009. *Posttraditionale Gemeinschaften. Theoretische und ethnographische Erkundungen*. Wiesbaden: Springer VS.

Jahns, Ralph-Gordon. 2013. In 2013 we already have more than 14 million downloads. That`s an average of 100,000 downloads per day: Interview with Florian Gschwandtner (Runtastic). Research 2 Guidance. https://research2guidance.com/in-2013-we-already-have-more-than-14-million-downloads-thats-an-average-of-100000-downloads-per-day-interview-with-florian-gschwandtner-runtastic/. Zugegriffen: 9. April 2019.

Lamla, Jörn. 2009. Markt-Vergemeinschaftung im Internet. Das Fallbeispiel einer Shopping- und Meinungsplattform. In *Posttraditionale Gemeinschaften. Theoretische und ethnographische Erkundungen*, Hrsg. R. Hitzler, A. Honer und M. Pfadenhauer, S. 170–185. Wiesbaden: Springer VS.

Lamla, J. 2019. Selbstbestimmung und Verbraucherschutz in der Datenökonomie. *Aus Politik und Zeitgeschichte* 69 (24–26): S. 49–54.

Latour, Bruno. 2007. *Reassembling the Social: An Introduction to Actor-Network-Theory*. Oxford: Oxford University Press.

Leistert, O., und T. Röhle, Hrsg. 2011. *Generation Facebook: Über das Leben im Social Net*. Bielefeld: transcript.

Lupton, Deborah. 2016. *The Quantified Self: A Sociology of Self-Tracking*. Cambridge: Polity.

Mämecke, Thorben. 2016. Die Statistik des Selbst – Zur Gouvernementalität der (Selbst)Verdatung. In *Lifelogging: Digitale Selbstvermessung und Lebensprotokollierung zwischen disruptiver Technologie und kulturellem Wandel*, Hrsg. Stefan Selke, S. 97–125. Wiesbaden: Springer VS.

Marwick, A. E., und d. boyd. 2014. Networked Privacy: How Teenagers Negotiate Context in Social Media. *New Media & Society* 16 (7): S. 1051–1067.

Miller, Daniel. 2011. *Tales from Facebook*. Cambridge/Malden: Polity.

Oevermann, Ulrich. 2000. Die Methode der Fallrekonstruktion in der Grundlagenforschung sowie der klinischen und pädagogischen Praxis. In *Die Fallrekonstruktion. Sinnverstehen in der sozialwissenschaftlichen Forschung*, Hrsg. Klaus Kraimer, S. 58–156. Frankfurt am Main: Suhrkamp.

Die Presse. 2012. Florian Gschwandtner, Alfred Luger, René Giretzlehner, Christian Kaar. https://diepresse.com/unternehmen/austria12/1295403/Florian-Gschwandtner-Alfred-Luger-Rene-Giretzlehner-Christian-Kaar. Zugegriffen: 9. April 2019.

Raiffeisen Club Magazin. 2008. Innovative Hagenberger FH-Studenten bieten Rennerlebnis der Extraklasse mit mSports. http://www.msports.at/referenzen_presse.html. Zugegriffen: 9. April 2019.

Rosenberg, M., N. Confessore, und C. Cadwalladr. 2018. How Trump Consultants Exploited the Facebook Data of Millions. https://www.nytimes.com/2018/03/17/us/politics/cambridge-analytica-trump-campaign.html?hp&action=click&pgtype=Homepage&clickSource=story-heading&module=first-column-region&region=top-news&WT.nav=top-news. Zugegriffen: 9. April 2019.

Ruiz, I. J. M., M. Nagappan, B. Adams, T. Berger, S. Dienst, und A. E. E. Hassan. 2016. Analyzing Ad Library Updates in Android Apps. *IEEE Software* 33 (2), S. 74–80.

Runtastic. 2009. „Businessplan". https://www.gruenderservice.at/site/gruenderservice/planung/Businessplan_runtastic.pdf. Zugegriffen: 9. April 2019.

Runtastic. 2017. Runtastic Advertising Opportunities. https://www.runtastic.com/mediacenter/advertising/Ad-Deck-Germany-2017.pdf. Zugegriffen: 5. Oktober 2017.

Runtastic. 2018a. Runtastic Company Overview: November 2018. https://d2z0k43lzfi12d.cloudfront.net/cache-buster-1541577788/mediacenter/corporate-assets/english/company-over view/Company%20Overview%20Update_NOVEMBER_2018-compressed.pdf. Zugegriffen: 10. Dezember 2018.

Runtastic. 2018b. Runtastic Advertising 2018. https://www.runtastic.com/mediacenter/advertising/2018/runtastic-advertising-usa%20-1-.pdf. Zugegriffen: 10. Dezember 2018.

Runtastic. 2019. Facts about Runtastic: Mai 2019. https://d2z0k43lzfi12d.cloudfront.net/cache-buster-1558017063/mediacenter/corporate-assets/english/company-overview/EN_Facts%20a bout%20Runtastic_May_2019.pdf. Zugegriffen: 28. Mai 2019.

Sauter, Theresa. 2014. Öffentlichmachung privater Subjekte im Web 2.0: Eine Genealogie des Schreibens als Selbsttechnik. In *Subjektivierung 2.0: Machtverhältnisse digitaler Öffentlichkeiten*, Hrsg. T. Paulitz und T. Carstensen, S. 23–40. Wiesbaden: Springer VS.

Schaupp, Simon. 2016. Die Vermessung des Unternehmers seiner selbst: Vergeschlechtlichte Quantifizierung im Diskurs des Self-Tracking. In *Lifelogging: Digitale Selbstvermessung und Lebensprotokollierung zwischen disruptiver Technologie und kulturellem Wandel*, Hrsg. Stefan Selke, S. 151–170. Wiesbaden: Springer VS.

Schwertl, Simone. 2018. *Das Geschäftsmodell von Runtastic*. Unveröffentlichte Bachelorarbeit.

Siri, Jasmin. 2014. privat*öffentlich: Die Emergenz des politischen Selbst in Social Media. In *Subjektivierung 2.0: Machtverhältnisse digitaler Öffentlichkeiten*, Hrsg. T. Paulitz und T. Carstensen, S. 101–120. Wiesbaden: Springer VS.

Der Standard. 2018. Runtastic-Mitgründer Gschwandtner hört auf – es folgen Buch und TV. https://www.derstandard.at/2000087085025/Runtastic-Mitgruender-Gschwandtner-hoert-auf. Zugegriffen: 9. April 2019.

Steinschaden, Jakob. 2016. Runtastic: Wie die Adidas-Tochter App-Abonnenten gewinnen will. Netzpiloten.de. https://www.netzpiloten.de/runtastic-adidas-app/. Zugegriffen: 9. April 2019.

Wenninger, Andreas. 2015. Hermeneutische Analysen neuer Kommunikationsformen im Internet: Methodologische und methodische Erörterungen am Beispiel eines wissenschaftlichen Blogportals. In *Die qualitative Analyse internetbasierter Daten: Methodische Herausforderungen und Potenziale von Online-Medien*, Hrsg. D. Schirmer, N. Sander und A. Wenninger, S. 51–87. Wiesbaden: Springer VS.

Zuboff, Shoshana. 2015. Big Other: Surveillance Capitalism and the Prospects of an Information Civilization. *Journal of Information Technology* 30 (1): S. 75–89.

Zuboff, Shoshana. 2016. Überwachungskapitalismus: Wie wir Googles Sklaven wurden. Frankfurter Allgemeine Zeitung. https://www.faz.net/aktuell/feuilleton/debatten/die-digital-debatte/sho shana-zuboff-googles-ueberwachungskapitalismus-14101816.html. Zugegriffen: 9. April 2019.

# Autonomie oder Heteronomie – Welchen Weg geht das Datenschuldrecht?

*Andreas Sattler[1]*

*Keywords: Datenschutz, Datenschuldrecht, personenbezogene Daten als Leistungsgegenstand, Einwilligung, Erlaubnistatbestände, Privatautonomie, digitale Inhalte, Datenvertrag*

## Abstract

Mit der Datenschutzgrundverordnung (DSGVO) hat der europäische Gesetzgeber auf die ubiquitäre Verarbeitung von personenbezogenen Daten reagiert. Der Schwerpunkt der DSGVO liegt auf der Abwehr von Eingriffen in die Privatsphäre und dem Schutz personenbezogener Daten. Allerdings werden personenbezogene Daten zunehmend kommerzialisiert. Derzeit wachsen gerade solche Geschäftsmodelle sehr dynamisch, die digitale Inhalte anbieten und als Gegenleistung keine Geldzahlung, sondern (zusätzlich) den Zugang zu personenbezogenen Daten nachfragen. Dieser Beitrag macht einen Vorschlag, wie diese Entwicklung aus privatrechtlicher Perspektive mit der DSGVO in Einklang gebracht werden kann.

## Inhalt

1  Einführung ....................................................................................216

2  Verhältnis von Datenschuld- und Datenschutzrecht............................217

3  Konflikte zwischen Datenschutz- und Datenschuldrecht ......................225

4  Stufenleiter datenschutzrechtlicher Erlaubnistatbestände .....................230

5  Zusammenfassung in Thesen .............................................................241

Literatur............................................................................................242

Sonstige Quellen ................................................................................247

---

1    Dr. jur., LL.M. (Nottingham) Andreas Sattler | Ludwig-Maximilians-Universität, München |
     andreas.sattler@jura.uni-muenchen.de

© Springer Fachmedien Wiesbaden GmbH, ein Teil von Springer Nature 2019
C. Ochs et al. (Hrsg.), *Die Zukunft der Datenökonomie*, Medienkulturen im
digitalen Zeitalter, https://doi.org/10.1007/978-3-658-27511-2_10

# 1  Einführung

Aktuell findet der Begriff „Datenschuldrecht" Eingang in die (privat-) rechts-
wissenschaftliche Diskussion über die Verarbeitung personenbezogener Daten.
Er ist Ausdruck einer Evolution des Schuldrechts, die durch die Verabschiedung
einer europäischen Richtlinie über bestimmte vertragsrechtliche Aspekte der
Bereitstellung digitaler Inhalte und digitaler Dienstleistungen (digitIn-RL) einen
zusätzlichen Impuls erfahren wird. Kürzlich wurde ein Kompromiss[2] für die
digitIn-RL in der abschließenden Trilog-Verhandlung zwischen Kommission,
Rat und Parlament erzielt.[3] Alle nachfolgenden Angaben zur digitIn-RL beziehen sich auf die konsolidierte Fassung dieses Kompromisses.[4]

Verträge über digitale Inhalte, also die Bereitstellung von Daten, werden
der Kern des künftigen Datenschuldrechts sein. Im Rahmen diese Beitrags können nicht alle künftigen Vorgaben der digitIn-RL detailliert analysiert werden.[5]
Der Fokus liegt vielmehr auf denjenigen Regelungen, die für die spezifischen
Forschungsfragen von *Forum Privatheit* interessant sind. Untersuchungsgegen-
stand sind die Rahmenbedingungen für ein Datenschuldrecht, die durch die
digitIn-RL und die DSGVO etabliert werden. Im Laufe des Gesetzgebungsver-
fahrens zur digitIn-RL wurden einige der zuvor bestehenden Widersprüche
zwischen digitIn-RL und DSGVO verbal geglättet. Dennoch besteht weiterhin
ein grundlegendes Spannungsverhältnis zwischen beiden europäischen Rechts-
akten: Der sachliche Anwendungsbereich der digitIn-RL geht davon aus, dass
personenbezogene Daten zur Verfügung gestellt werden, um im Gegenzug einen
Zugang zu digitalen Inhalten zu bekommen. Im Gegensatz dazu wurde und wird
die DSGVO – jedenfalls von den deutschen Aufsichtsbehörden – bislang in
einer Weise ausgelegt, die eine solche Kommerzialisierung erschweren soll.

Der Beitrag ist in vier Abschnitte gegliedert. Zunächst wird das Aufkommen des Begriffs „Datenschuldrecht" und sein Verhältnis zum Datenschutzrecht
kurz erläutert. Bereits der erste Abschnitt zeigt, dass ein kohärentes Datenschuldrecht voraussetzt, dass das Datenschutzrecht stärker mit der künftigen

---

2  Europäisches Parlament, Consumers' rights against defective digital content agreed by EU
   lawmakers, Press Release v. 22.01.2019 (http://www.europarl.europa.eu/news/en/press-room/-
   20190121IPR23915/consumersrights-against-defective-digital-content-agreed-by-eu-
   lawmakers).

3  Der Kompromisstext vom 1.2.2019 ist verfügbar unter https://data.consilium.europa.eu/doc/
   document/ST-5857-2019-INIT/en/pdf.

4  Die konsolidierte Fassung mit Datum vom 03.04.2019 (DOK PE-CONS 26/19), die der vom
   EU-Parlament am 26.03.2019 angenommen Fassung entspricht, ist verfügbar unter:
   https://data.consilium.europa.eu/doc/document/PE-26-2019-INIT/de/pdf.

5  Hierzu: Faust 2016; Metzger 2016, S. 817ff.; Metzger et al. 2018; Spindler 2016,
   S. 147ff./219ff.; Gsell 2018, S. 75ff.; Artz und Gsell 2018; Schmidt-Kessel und Grimm 2017,
   S. 84ff., sowie die Beiträge in Kindl et al. 2018.

digitIn-RL synchronisiert wird. Im zweiten Abschnitt wird dieses Erfordernis noch offenkundiger. Der ursprüngliche Vorschlag der Kommission für eine digitIn-RL (KOMdigitIn-RL) enthielt eine Regelung, deren Verhältnis zur DSGVO ungeklärt war. Auch wenn diese Regelung in der digitIn-RL nicht mehr enthalten ist, muss für die zugrundeliegende Rechtsfrage weiterhin eine Antwort gefunden werden. Der dritte Abschnitt macht einen Vorschlag, wie die Synchronisation zwischen Datenschuldrecht und Datenschutzrecht aus privatrechtlicher Perspektive gelingen kann. Um das Verhältnis zwischen DSGVO und digitIn-RL zu klären, bedarf es der Auslegung beider Gesetze. Hierfür stehen zwei diametrale Optionen zur Verfügung, die auf das Begriffspaar Privatautonomie oder Determinismus zugespitzt[6] werden können. Der Beitrag endet mit einer Zusammenfassung in zehn Thesen.

## 2 Verhältnis von Datenschuld- und Datenschutzrecht

Der Begriff „Datenschuldrecht" steht in unmittelbarem Zusammenhang zur digitIn-RL (2.1). Die Erwähnung personenbezogener Daten als Leistungsgegenstand im Rahmen von Verträgen über die Bereitstellung digitaler Inhalte und digitaler Dienstleistungen (nachfolgend insgesamt: digitale Inhalte) führt vor Augen, wie sehr sich der Umgang mit personenbezogenen Daten in den letzten Jahren verändert hat. Auf diese Entwicklung müssen Legislative und Judikative erst noch Antworten finden. Die digitIn-RL und die DSGVO geben auf diesem Weg nur wenige und zudem indifferente Ziele vor (2.2).

### 2.1   Ausblick: Datenschuldrecht als neuer Regelungsgegenstand

Verträge über personenbezogene Information sind spätestens seit dem Aufkommen professioneller Detekteien im Zeitalter der Industrialisierung bekannt.[7] Auch Kredit-Auskunfteien und der Adresshandel waren bereits im frühen 20. Jahrhundert etabliert.[8] Informationen sind seit über hundert Jahren Gegenstand privatrechtlicher Verträge. Verträge über Information, beispielsweise über den Zugang zu Geschäftsgeheimnissen[9] oder die Erstellung von Daten-

---

6    Diese bewusst gewählte Zuspitzung wird der EuGH erfahrungsgemäß vermeiden und stattdessen eine Entscheidungspraxis etablieren, die zwischen diesen beiden Polen mäandert.

7    Als eine der ältesten Detekteien gilt die in den 1850er Jahren von Allan Pinkerton in Chicago gegründete „Pinkerton Detective Agency", abrufbar unter: https://www.pinkerton.com/our-difference/history.

8    Beispielsweise wurde die Schutzgemeinschaft für allgemeine Kreditsicherung (Schufa) als zentrale Einrichtung zum Schutz der Kreditwirtschaft 1927 gegründet.

9    Ann et al. 2011; Winzer 2011.

bank(werk)en[10] sind seit mehreren Jahrzehnten Gegenstand anwaltlicher Beratung und wissenschaftlicher Analysen.[11] Dennoch ist der Begriff „Datenschuldrecht" erst in den letzten Jahren und insbesondere in Bezug auf personenbezogene Daten aufgekommen.[12]

Der europäische Gesetzgeber definiert digitale Inhalte in Art. 2 I digitIn-RL ausdrücklich als „Daten, die in digitaler Form erstellt und bereitgestellt werden".[13] Gemäß Art. 3 I S. 2 digitIn-RL ist die Richtlinie auch auf Schuldverhältnisse anwendbar, in denen der Verbraucher dem Anbieter kein Geld, sondern personenbezogene Daten zur Verfügung stellt. Somit sieht auch die digitIn-RL einen Vertrag vor, für dessen Durchführung der Anbieter Daten („supply of digital content") und der Verbraucher personenbezogene Daten zur Verfügung stellt („provide personal data"). Es kann insoweit von einem Datensynallagma[14] gesprochen werden, wenngleich grundsätzlich kein klagbarer Anspruch auf Zugang zu personenbezogenen Daten bestehen soll.[15]

Mit dieser Berücksichtigung von personenbezogenen Daten als Gegenstand vertraglicher Leistungsvereinbarungen reagiert der europäische Gesetzgeber insbesondere auf sehr erfolgreiche Geschäftsmodelle bekannter US-amerikanischer Konzerne.[16] Die Angebote von *Google, Apple, Facebook* und *Amazon* (GAFA) in der westlichen Hemisphäre werden durch die Angebote ihre chinesischen Äquivalente *Baidu, Alibaba* und *Tencent* (BAT) ergänzt. Die Geschäftsmodelle dieser Unternehmen basieren (teilweise) auf Angeboten digitaler Inhalten im Austausch gegen einen Zugang zu personenbezogenen Daten der Endnutzer.

Mittlerweile setzt sich in der breiten Öffentlichkeit die Erkenntnis durch, dass digitale Inhalte, die von diesen Intermediären angeboten werden, nicht „kostenlos" sind. Zwar wird kein Betrag in einer gängigen Währung fällig. Allerdings bezahlen die Endnutzer, indem sie *GAFA* und *BAT* einen Zugang zu

---

10   Moos 2018, S. 371ff.; Conrad und Grützmacher 2014, S. 647ff.
11   Ebnet 1995, S. 43ff.
12   Begriffsprägend: Schmidt-Kessel 2016; Körber 2017; Langhanke 2018.
13   Der europäische Gesetzgeber unterscheidet nunmehr zwischen digitalen Inhalten (Art. 2 I digitIn-RL) und digitalen Diensten (Art. 2 II digitIn-RL).
14   So Metzger 2016, S. 835.
15   Hierzu: Langhanke und Schmidt-Kessel 2015, S. 221. Der Bericht des EU-Parlaments über den Vorschlag für eine Richtlinie des Europäischen Parlaments und des Rates über bestimmte vertragsrechtliche Aspekte der Bereitstellung digitaler Inhalte vom 27.11.2017, DOK. A8-0375/2017 (http://www.europarl.europa.eu/doceo/document/A-8-2017-0375_DE.html) sieht die Bereitstellung personenbezogener Daten lediglich als Bedingung vor (engl. „condition" in: Art. 3 I PARLdigitIn-RL). Im Anschluss hieran lotet Philipp Hacker die Möglichkeiten einer lediglich konditionalen Verknüpfung zwischen digitalen Inhalten und personenbezogenen Daten aus: Hacker 2019, S. 172ff.
16   So ErwägungsG 24 digitIn-RL, der die Eröffnung eines „social media accounts" ausdrücklich als Anwendungsfall der Richtlinie bezeichnet.

ihren personenbezogenen Daten eröffnen und diesen damit die Erstellung von Profilen über persönliche Präferenzen im Bereich von Konsum, politischen Parteien oder Partnerschaft ermöglichen. Im Ergebnis kommerzialisieren Datensubjekte – ob bewusst oder unbewusst – ihre persönlichen Präferenzen und Verhaltensprofile und damit einen Teil ihrer grundrechtlich gewährleisteten Privatsphäre.[17] Im Gegenzug wird ein massenhafter Konsum digitaler Inhalte ermöglicht. Würden die Datensubjekte keinen Zugang zu personenbezogenen Daten eröffnen, so müssten sie stattdessen einen – je nach persönlichem Einkommen und Konsumverhalten – relevanten Geldbetrag bezahlen, um ihren derzeit üblichen Konsum digitaler Inhalte aufrechterhalten zu können.[18] Dennoch wird dieser Leistungsaustausch bisweilen weiterhin und unzutreffend als Teil einer „Kostenlos-Kultur" gewertet.[19]

Um die gegenüber Endnutzern bereitgestellten Inhalte und Dienstleistungen zu finanzieren und – zumindest langfristig – hohe Gewinne zu erzielen, werden die personenbezogenen Daten nicht nur für den eigenen unmittelbaren Produktabsatz analysiert. Kern des Geschäftsmodells dieser Intermediäre ist es, anderen Unternehmen gegen Geld einen Zugang zu den Persönlichkeitsprofilen der Endnutzer zu eröffnen. Um zu verhindern, dass diese personenbezogenen Daten die Kontrolle der Intermediäre verlassen, werden die Daten regelmäßig nicht weitergegeben.[20] Stattdessen werden Dienstleistungen angeboten, die auf diesen Persönlichkeitsprofilen basieren (sog. Datenderivate).[21] Welche Dienstleistungen *GAFA* und *BAT* infolge einer algorithmischen Analyse der Daten anbieten können, hängt primär vom technischen Entwicklungsstand, dem regulatorischen Rahmen und den gesellschaftlichen Reaktionen ab. Die gesellschaft-

---

17    Zur mangelhaften Transparenz und zur fehlenden Freiwilligkeit als Folge eines Missbrauchs der marktbeherrschenden Stellung durch Facebook: Bundeskartellamt, Pressemitteilung vom 7.2.2019    (https://www.bundeskartellamt.de/SharedDocs/Meldung/DE/Pressemitteilungen-/2019/07_02_2019_Facebook.html?nn=3591286).

18    Als Illustration genügt der Blick auf die unterschiedlichen Angebote klassischer Anbieter von Informationen, beispielsweise von Spiegel plus, FAZ plus oder der Versuch der Washington Post, den Wert ihres Geschäftsmodells durch drei verschiedene Nutzungsvarianten zu verdeutlichen, wobei die „free" Version eine Einwilligung in die Verwendung von Cookies zur Generierung personalisierter Werbung erfordert. Hierzu zuletzt auch ÖOGH, Urt. v. 31.8.2018 – 6 Ob 140/18h, ZD 2019, 72ff.

19    Irreführende Angabe wie „Facebook bleibt kostenlos", fördern diesen unzutreffenden Eindruck zusätzlich; ebenso Paulus 2018, S. 988; a.A. LG Berlin, MMR 2018, 328 (330).

20    Facebook scheint ein besonderer Fall zu sein. Die Dokumentation zur Cambridge Analytica und die interne Kommunikation zwischen Six4Three und Facebook in den USA legen es nahe, dass Facebook selbst nicht im Stande war, den Zugang zu den Daten seiner Nutzer und damit das eigene Geschäftsmodell zu kontrollieren: Levin, Facebook documents published by UK – the key takeaways, The Guardian, 5.12.2018 (https://www.theguardian.com/technology/2018-/dec/05/facebook-documents-uk-parliament-key-facts).

21    Zur Bedeutung dieser Datenderivate für den Zugang zu datenbasierten Dienstleistungen auf den sog. sekundären Datenmärkten: Schweitzer und Peitz 2018, S. 275f.

lich tolerierten Grenzen dieser Anwendungen werden ständig getestet und bei öffentlicher Ablehnung und potenziellen Schäden für den Ruf des Unternehmens (mutmaßlich) wieder beendet oder jedenfalls eingeschränkt.[22] Zudem liegt die Vermutung nahe, dass die von *BAT* und *GAFA* in China und den USA angebotenen Datenderivate über das hinausgehen, was diese Unternehmen derzeit innerhalb der EU anbieten.

Die personalisierte Werbung für Produkte ist ein bekannter und aus rechtlicher Sicht vergleichsweise unproblematischer Einsatzbereich für Datenderivate. Die zunehmende Granularität der Persönlichkeitsprofile ermöglicht jedoch nicht nur ein individuelles „microtargeting" im Bereich von Konsumgütern. Vielmehr werden dieselben Instrumente auch für parteipolitische Wahlwerbung und für Meinungs-Kampagnen verwendet.[23] Weitere Anwendungsfelder sind die (potenzielle) Individualisierung von Preisen[24] und die massenhafte Bewertung von Datensubjekten im Hinblick auf die Ausfallwahrscheinlichkeit einer Kreditrückzahlung oder die Eintrittswahrscheinlichkeit von Versicherungsfällen (Scoring).[25]

Diese Instrumente ermöglichen es, Datensubjekte „risikoadäquat"[26] einzugruppieren und die Vertragsbedingungen abhängig von der jeweiligen Gruppenzugehörigkeit zu gestalten. Je stärker diese Kategorisierung gesetzlich beschränkt wird, desto ineffizienter werden Ressourcen allokiert. Positiv gewendet: Datenschutz kann einen umverteilenden Effekt haben, indem er es Menschen erleichtert, einen „Schleier des Nichtwissens" aufrecht zu erhalten.[27] Aus ökonomischer Perspektive wird dadurch Personengruppen der Zugang zu Kapital, Arbeitsplätzen und Versicherungen erleichtert, die algorithmisch bewertet als riskantere Vertragspartner in Bezug auf Solvenz, Leistungsfähigkeit und andere Kriterien gelten. Die damit verbundenen (Ausfall-)Kosten der Unternehmen verteilen sich auf die Gesamtheit der Kunden/Arbeitnehmer. Statistisch und

---

22    Peachey 2016.
23    Singer, Weaponized Ad Technology': Facebook's Moneymaker Gets a Critical Eye, NYT, 16.08.2018, (https://www.nytimes.com/2018/08/16/technology/facebook-microtargeting-advertising.html).
24    Tillmann und Vogt 2018, S. 4ff.; Schwaiger und Hufnagel 2018; Hofmann 2016, S. 1074ff.; zu den lauterkeitsrechtlichen Anforderungen: Köhler et al. 2019, § 5 Rn. 3.36; Obergfell 2017, S. 290ff.
25    Fn. 22.
26    Die Adäquanz dieser Risikobewertung ist stets eine stochastische Annäherung, deren Güte von den zugrundeliegenden Daten und Algorithmen abhängt. Damit kann die Risikobeurteilung von sehr schwankender Qualität sein. Zudem beruht sie regelmäßig auf Korrelationen und nicht auf Kausalitäten. Insofern ist ihre Verlässlichkeit geringer. Dies muss berücksichtigt werden, sofern diese Wahrscheinlichkeitswerte wesentliche Grundlage für ökonomisch wichtige oder sogar rechtlich bindende Entscheidungen sind, vgl. Art. 22 DSGVO.
27    Mit dem Bild eines „Schattens" als Zufluchtsort bei grellem Sonnenschein: Mell 1996.

zeitlich punktuell betrachtet,[28] zahlen also (algorithmisch) gute Risiken einen „Solidarpreis" dafür, dass (algorithmisch) schlechte Risiken einen (günstigeren) Zugang zu wichtigen Gütern bekommen.[29]

Mit der digitIn-RL hat der europäische Gesetzgeber das faktische Austauschverhältnis von digitalen Inhalten gegen personenbezogene Daten zwar akzeptiert. Zweck der digitIn-RL ist es jedoch nicht, diejenigen Geschäftsmodelle zu fördern, die auf einer Kommerzialisierung von personenbezogenen Daten beruhen.[30] Vielmehr soll ein sog. Level-Playing-Field für verschiedene Anbieter digitaler Inhalte gewährleistet werden: Die von der Richtlinie verbindlich vorgegebenen Rechte zum Schutz von Verbrauchern sollen gerade nicht nur bestehen, wenn die Verbraucher für die digitalen Inhalte mit Geld bezahlen, sondern auch dann, wenn sie dem Anbieter stattdessen Zugang zu (personenbezogenen) Daten gewähren. Im Ausgangspunkt dient der weite Anwendungsbereich der digitIn-RL somit dazu, ein einheitliches, hohes Verbraucherschutzniveau zu gewährleisten.[31]

Trotz dieser verbraucherschutzrechtlichen Intention kritisierte der europäische Beauftragte für den Datenschutz den ursprünglichen Vorschlag der KOMdigitIn-RL insbesondere deshalb, weil er personenbezogene Daten als mögliche vertragliche Gegenleistung bezeichnete. Mit diesem weiten sachlichen Anwendungsbereich erkenne man solche Geschäftsmodelle an, bei denen digitale Inhalte im Austausch gegen personenbezogene Daten angeboten werden. Der europäische Datenschutzbeauftragte befürchtet, dass eine derartige Anerkennung personenbezogener Daten als Leistungsgegenstand negative Konsequenzen für den Datenschutz hat.[32]

---

28    Ob ein Mensch als gutes oder schlechtes Risiko eingruppiert wird, hängt von vielen Faktoren ab, die sich im Laufe der Zeit für jedes Individuum – auch unverschuldet – stark ändern (z. B. Lebensalter).

29    Neben der gesellschaftspolitischen Dimension bleibt auch die ökonomische Frage relevant, ob dieser distributive Effekt des Datenschutzes möglicherweise effizienter ist, als die Alternative von steuerfinanzierten und staatlich verwalteten Transferleistungen zugunsten von (algorithmisch) schlechten Risiken; tendenziell für letzteres: Buchner 2006, S. 198/266f. und Klement, in: Simitis et al. 2019, Art. 7 Rn. 31.

30    ErwägungsG 24 digitIn-RL.

31    Allerdings kann dieser Ansatz nicht vollständig durchgehalten werden. Während Mängel der digitalen Inhalte dazu führen können, dass der Verbraucher den dafür gezahlten Preis mindern kann (Art. 14 IV, V digitIn-RL), fehlt eine solche anteilige Vergütungsanpassung, wenn der Verbraucher stattdessen (personenbezogene) Daten als Gegenleistung erbringt. Damit bewahrt die digitIn-RL die nationalen Zivilgerichte davor, den monetären Wert von personenbezogenen Daten ermitteln zu müssen.

32    EDSB Stellungnahme (2017), S. 12.

## 2.2  Rückblick: Der Regelungsansatz der DSGVO

Um zu verdeutlichen, warum sich die Regelungsansätze von digitIn-RL und DSGVO potenziell auf einem Kollisionskurs befinden, lohnt sich ein kurzer Rückblick. Wie bereits erwähnt, ist der rechtliche Schutz von Information, die eine semantische Aussage über einen Menschen enthält, kein Kind des 20. Jahrhunderts. Spätestens mit Einführung einer gesetzlich garantierten Presse- und Meinungsfreiheit im 19. Jahrhundert beginnt die zivilrechtliche Auseinandersetzung über das richtige Maß für den Zugang zu und den Schutz von Information über natürliche Personen.[33] Die Idee, den Zugang staatlicher Institutionen zu Information über die Staatsbürger zu regeln, lässt sich ebenfalls bis ins 19. Jahrhundert zurückverfolgen.[34]

Dennoch ist das moderne Datenschutzrecht erst in der zweiten Hälfte des 20. Jahrhunderts entstanden. Die ersten Datenschutzgesetze in Deutschland[35] und den USA[36] waren gesetzgeberische Reaktionen auf die Einführung von Computern in Verwaltung und Wirtschaft.[37] Allerdings kamen zu diesem technologischen Wandel negative politische Erfahrungen hinzu. Obwohl der sog. McCarthyismus, benannt nach dem US-amerikanischen Senator Joseph McCarthy, und die nationalsozialistische Diktatur in Deutschland nicht vergleichbar sind, prägten diese Entwicklungen das Datenschutzrecht beiderseits des Atlantiks.[38]

Für das (west-)deutsche Datenschutzrecht lässt sich der Einfluss der NS-Diktatur an einem wissenschaftlichen Gutachten ablesen, das 1971 im Auftrag des Bundesinnenministeriums erstellt wurde.[39] Ein im Gutachten gewähltes Beispiel „X ist Jude", ergänzt durch eine, den historischen Bezug noch verharmlosende Verwaltungsanweisung („Alle Juden sind auszuweisen"),[40] verdeutlicht schlagartig, welches Gefahrenpotenzial mit einer ubiquitären automatischen Verarbeitung personenbezogener Daten einhergehen kann.

---

33   RG, 28.12.1899 – VI 259/99, RGZ 45, 170 ff.; für das französische Recht: Tribunal de la Seine, 16.06.1858, Dalloz (1854), 3.62; für die USA: Warren/Brandeis 1980. Für einen Überblick zur Entstehung des Datenschutzrechts: Sattler 2018, S. 27ff.

34   Zu diesem Ansatz bei Robert von Mohl und Lorenz von Stein: Geiger 1994, S. 662ff.

35   Hessisches Datenschutzgesetz, 07.10.1970, GVBl. II 1970, 300-10, S. 621 ff.; Bundesdatenschutzgesetz, 27.01.1977, BGl. I 1977, S. 201 ff.

36   Zur kalifornischen Gesetzgebung: Fair Credit Reporting Act (1970), 15 U.S.C. § 1681; Federal Privacy Act 1974, 5 U.S.C. § 552.

37   So der hessische Ministerpräsident Albert Osswald, Der Spiegel, 20/1971, vom 10.05.1991, S. 88.

38   Zum McCarthyismus: Solove 2006, I–20.; sowie zur Rolle ehemaliger Soldaten und Mitarbeiter des Auslandsgeheimdienstes (CIA) innerhalb der Bundespolizei (FBI): Shils 1966, S. 297.

39   Steinmüller et al. 1971.

40   Steinmüller et al. 1971, S. 55.

Die Wirkmächtigkeit dieses Beispiels kann kaum überschätzt werden, weil das Gutachten in den Vorschlag eines „Rechts auf Selbstbestimmung über Individualinformationen"[41] mündete. Dieses sollte nach Ansicht der Gutachter nicht nur im – durch das staatliche Gewaltmonopol geprägten – Vertikalverhältnis zwischen natürlicher Person und staatlicher Behörde Anwendung finden (Grundrechte als subjektive Abwehrrechte). Vielmehr sollte dieses Recht seine Wirkung auch im horizontalen Verhältnis zwischen Privatrechtssubjekten entfalten, obwohl dieses im Ausgangspunkt auf einer Gleichordnung der Beteiligten basiert. Dieser einheitliche Ansatz war nach Ansicht der Gutachter damit zu rechtfertigen, dass

> der Dualismus Staat – Gesellschaft [...] den Problemen unserer Zeit nicht mehr gerecht [wird]. Vielmehr sind beide Bereiche untrennbar zu einem Gemeinwesen verschmolzen.[42]

Zur Begründung dieses Regulierungsansatzes beriefen sich die Gutachter auf (rechts-)soziologische Studien von *Niklas Luhmann*[43] und *Jürgen Habermas*[44] und auf die Grundrechtstheorien von *Hans Nipperdey*[45] und *Walter Leisner*.[46] In der Folge übernahm der (west-)deutsche Gesetzgeber für das BDSG a.f. einen weitgehend einheitlichen Regelungsansatz. Allerdings differenzierte das BDSG a.F. in einigen Bereichen zwischen einer Datenverarbeitung durch öffentliche Stellen[47] und private Unternehmen.[48] Diese Unterscheidung wurde mit der DSGVO deutlich reduziert.[49]

Aus Sicht des europäischen Gesetzgebers scheint zwischen dem Gewaltmonopol des Staates und einem potenziellen ökonomischen „Machtmissbrauch" durch Unternehmen wie *GAFA* und *BAT* kein qualitativer Unterschied mehr zu bestehen. Das ist überraschend, weil das Kartellrecht an eine solche Einschätzung und die daraus folgenden Eingriffe in die unternehmerische Freiheit bislang gemäß Art. 102 AEUV bzw. §§ 18 ff. GWB sehr spezifische Anforderun-

---

41    Steinmüller et al. 1971, S. 93.
42    Steinmüller et al. 1971, S. 35.
43    Luhmann 1965 und 1966.
44    Habermas 1962.
45    Nipperdey 1962, S. 17ff.
46    Leisner 1960.
47    Zu den grundlegenden politischen Meinungsverschiedenheiten über eine restriktivere Regelung des Datenumgangs durch Private: Simitis 2014, Einleitung, Rn. 57–88, Rn. 109ff.; zur grundrechtlich gebotenen Differenzierung zwischen einer Datenverarbeitung durch öffentliche Stellen und private Unternehmen: Masing 2012, S. 2306ff.
48    Private Unternehmen wurden vom Gesetz – insoweit symptomatisch für den einheitlichen Regulierungsansatz – als „nicht-öffentliche Stellen" definiert.
49    Eine Ausnahme ist insoweit Art. 6 I UAbs.2 DSGVO. Er verhindert, dass Behörden eine Datenverarbeitung allein über eine Interessenabwägung rechtfertigen können.

gen stellt. Aus Sicht des europäischen Gesetzgebers scheint das Datensubjekt gegenüber Behörden und Unternehmen vergleichbar[50] strukturell unterlegen zu sein.[51] Die grundsätzliche Frage, inwieweit dieser staatliche Eingriff in den Schutzbereich der allgemeinen Handlungsfreiheit der Datensubjekte und die berufliche und unternehmerische Freiheit der für die Datenverarbeitung Verantwortlichen gerechtfertigt ist, wird dabei häufig verdrängt.[52]

Im Klartext: Ausgehend vom Gutachten für das Bundesinnenministerium von 1971 entwickelte sich das Datenschutzrecht zu einer Enklave, in der die unmittelbare Drittwirkung von Grundrechten zwischen Privatrechtssubjekten einen Nährboden· fand.[53] Macht man mit der unmittelbaren Drittwirkung der Grundrechte ernst, so hat das weitreichende Konsequenzen: Das Datensubjekt soll im Verhältnis zu *GAFA* und *BAT* – und über eine strenge Auslegung von Art. 7 IV DSGVO auch im Verhältnis zu jedem anderen Datenverantwortlichen – vor seinen eigenen Entscheidungen und damit vor sich selbst geschützt werden.[54] Dieser Schutz wird ihm unabhängig davon zuteil, ob der bislang für einen solchen staatlichen Eingriff erforderliche Tatbestand eines Missbrauchs einer marktbeherrschenden Stellung vorliegt. Die Anwendungsbereiche von Kartell- und Datenschutzrecht werden materiell-rechtlich fusioniert[55] und das Bundeskartellamt übernimmt die Anwendung beider Rechtsmaterien.[56]

---

50 Dass weiterhin gewisse Unterschiede zwischen einer Verarbeitung durch Behörden und Unternehmen anerkannt werden, wird u. a. aus Art. 6 I UAbs.1 lit.e (öffentliche Gewalt) und Art. 6 I UAbs.1 lit.f., UAbs.2 deutlich.

51 Ausdruck dieser mutmaßlichen Äquivalenz von staatlichem Zwang und ökonomischer „Marktmacht" sind die spezifisch kartellrechtlichen Regelungen in der DSGVO: Das sog. Kopplungsverbot (Art. 7 IV DSGVO) und der Anspruch auf Datenportabilität (Art. 20 DSGVO).

52 Grundlegend zu den Risiken einer umfassenden unmittelbaren Drittwirkung von Grundrechten im Privatrecht: Canaris 1984, S. 201ff.; di Fabio 2001, Art. 2 Rn. 189.

53 Vgl. Roßnagel, der in diesem Zusammenhang auf die Rechtsprechung des BVerfG (Urt. v. 22.2.2011 – 1 BvR 699/06 = NJW 2011, 1201) hinweist, die jedoch gerade zu einem öffentlich beherrschten Unternehmen erging und deshalb nicht verallgemeinerungsfähig ist: ders. 2019, S. 3.

54 Krönke 2016, S. 351: „Für das Bestreben der Verordnung, eine Verbesserung des privaten Lebens der Betroffenen auch über deren Köpfe hinweg zu erzielen, gilt insoweit: „Gut gemeint ist lange nicht gut gemacht."

55 Diesen Wunsch nach einer Verschmelzung unterschiedlicher Regelungsmaterien legt Roßnagel 2019, S. 3 offen: „Diese Überlegung lässt den Schluss zu, dass private Anbieter, die Infrastrukturen der digitalen Gesellschaft betreiben, umso eher einer staatsgleichen Grundrechtsbindung unterliegen, je abhängiger die Gesellschaft von diesen Infrastrukturleistungen ist und je tiefgreifender die Leistungserbringung in Grundrechte, insbesondere der informationellen Selbstbestimmung und der gesellschaftlichen Kommunikation, eingreift."

56 Vgl. den „Fallbericht" des Bundeskartellamts vom 15.2.2019 (https://www.bundeskartellamt.de/SharedDocs/Meldung/DE/AktuelleMeldungen/2019/15_02_2019_Facebook-Fallbericht.html).

# 3  Konflikte zwischen Datenschutz- und Datenschuldrecht

Aus privatrechtlicher Perspektive basiert das Datenschutzrecht auf einem Verbot mit Erlaubnisvorbehalt.[57] Gemäß Art. 6 I UAbs.1 DSGVO[58] ist eine Datenverarbeitung nur rechtmäßig, soweit mindestens eine der in Art. 6 I UAbs.1 lit.a-f genannten Voraussetzungen erfüllt ist. Somit folgt Art. 6 I UAbs.1 einer Struktur aus Regel (Datenverarbeitung rechtswidrig) und Ausnahme (Datenverarbeitung rechtmäßig).

An dieser Bezeichnung als Verbot mit Erlaubnisvorbehalt wird – insbesondere aus öffentlich-rechtlicher Perspektive – Kritik geübt.[59] Diese Bezeichnung beschreibe lediglich eine gesetzliche Struktur, bringe aber nicht die tatsächlichen Verhältnisse zum Ausdruck. Ein Verbot mit Erlaubnisvorbehalt suggeriere ein generelles Verbot, dem nur wenige Ausnahmen gegenüberstehen. Tatsächlich seien die datenschutzrechtlichen Rechtmäßigkeitsvoraussetzungen jedoch gesetzlich bestimmt, zudem sehr weit gefasst[60] und würden vielmehr dazu dienen, einen risikoorientierten präventiven Ansatz zu etablieren.[61] Diese Kritik ist zutreffend, soweit die Bezeichnung als Verbot mit Erlaubnisvorbehalt die rechtliche Komplexität des Art. 6 I – wie jedes Schlagwort – verkürzt. Zudem verdeutlicht die Kritik, dass es letztlich von der Anwendung der Erlaubnistatbestände durch die Gerichte abhängt, ob die rechtmäßige Datenverarbeitung tatsächlich zur Regel oder zum Ausnahmefall wird.

Dennoch ist die Bezeichnung aus privatrechtlicher Perspektive passend, weil der Gesetzgeber die Rechtmäßigkeit der Datenverarbeitung an Voraussetzungen knüpft, für deren Vorliegen der für die Datenverarbeitung Verantwortlicher die Darlegungs- und Beweislast trägt. Zweifel – also ein *non liquet* – gehen im Zivilprozess stets zulasten der Datenverantwortlichen. Diese Struktur des Art. 6 I löst zwei Reaktionen aus, die im Folgenden dargestellt werden.

## 3.1  *Erste Reaktion: Flucht aus der Einwilligung*

Die Analyse aktueller Allgemeiner Geschäftsbedingungen (AGB) offenbart, dass anwaltlich beratene Unternehmen bei der Verarbeitung personenbezogener

---

57 Kühling et al. 2018, Art. 6 Rn. 1; Paal et al. 2018, Rn. 1; Plath und Plath 2018, Rn. 2; Ziegenhorn und von Heckel 2016, S. 1586; Schneider und Härting (2012), S. 202; Kramer 2013, S. 380f.; Veil 2015, S. 347.
58 Alle nachfolgenden Artikel ohne Gesetzesangabe sind solche der DSGVO.
59 Hierzu zuletzt: Roßnagel 2019, S.1ff.; a.A. Krönke 2016, S. 325f.
60 Albers und Veit, in: Wolff und Brink 2018, Rn. 12; zum BDSG a.F.: Scholz und Sokol, in: Simitis et al. 2014, § 4 Rn. 3; nunmehr den Erlaubnischarakter betonend: Roßnagel, in: Simitis et al. (2019), Art. 6 Rn. 1.
61 Albrecht 2016, S. 93f.; Veil 2015, S. 347. Ausdruck dieses präventiven Ansatzes ist u. a. die Datenschutzfolgenabschätzung gem. Art. 35 DSGVO.

Daten den Einwilligungstatbestand in Art. 6 I UAbs.1 lit.a meiden. Er ist damit (noch) nicht das „zentrale Scharnier des privaten Datenschutzrechts".[62] Diese Flucht aus der Einwilligung hat mehrere Gründe.

Zunächst ist die Einwilligung derjenige Erlaubnistatbestand, dem im europäischen Gesetzgebungsverfahren am meisten Aufmerksamkeit gewidmet und der besonders detailliert ausgearbeitet wurde. Im Vergleich zu Art. 6 I UAbs.1 lit.a i.V.m. Art. 7 sind die Erlaubnistatbestände in lit.b (Vertragsakzessorietät) und insbesondere in lit.f (Interessenabwägung) vage formuliert. Infolgedessen eröffnen letztere rechtliche Flexibilität, Spielraum für Interpretation und damit eine (vermeintliche) Grundlage für datenbasierte Geschäftsmodelle.

Aus unternehmerischer Perspektive bestehen vier Gründe dafür, dass die Einwilligung unattraktiver ist, als eine Verarbeitung auf Grundlage von Art. 6 I UAbs.1 lit.b oder lit.f.[63] *Erstens* nimmt die Granularität der zu verarbeitenden personenbezogenen Daten stetig zu. *Zweitens* besteht im Rahmen der Einwilligung eine Bindung an den durch die ursprüngliche Einwilligung abgedeckten Verarbeitungszweck. Von dieser sog. Zweckbindung (besser: Zweckkompatibilität) kann gemäß Art. 6 IV nur unter engen Voraussetzungen abgewichen werden. Die Granularität der Daten und die Verarbeitungszwecke sind jedoch sehr dynamisch, so dass eine punktuelle und statische Einwilligung mit den tatsächlichen Entwicklungen nicht mithalten kann. Erforderlich wären dynamische Systeme zur Aktualisierung von Einwilligungen.[64] *Drittens* hat die jederzeitige Widerruflichkeit der Einwilligung gemäß Art. 7 III zur Folge, dass auf Grundlage von Einwilligungen solche Geschäftsmodelle erschwert werden, die von einer längerfristigen Planbarkeit abhängen. *Viertens* unterliegt die Einwilligung nicht nur den datenschutzrechtlichen Anforderungen, sondern typischerweise auch noch einer AGB-Inhaltskontrolle gemäß §§ 305 ff. BGB.[65]

Infolgedessen wird der Anwendungsbereich der Einwilligung im Geschäftsverkehr häufig auf Fälle reduziert, in denen sensible personenbezogene Daten im Sinne von Art. 9 DSGVO verarbeitet werden oder das Datensubjekt nicht nur dem Vertragspartner, sondern auch Dritten,[66] beispielsweise dessen

62   Albers und Veit in: Wolff und Bring 2018, Art. 6 Rn. 19.
63   Nach Aussage eines Mitarbeiters der deutschen Rechtsabteilung von Google auf der „PinG-Jahreskonferenz 2019" bevorzugt Google die Einwilligung als Erlaubnistatbestand. Unabhängig davon, ob der gewählte Einwilligungsmechanismus aus Sicht der Aufsichtsbehörden genügt (https://www.cnil.fr/en/cnils-restricted-committee-imposes-financial-penalty-50-million-euros-against-google-llc), scheinen insbesondere daten- und softwarebasierte Unternehmen mit der Einwilligung und deren Protokollierung besser zurechtzukommen. Eine starke Marktposition dürfte zudem das Risiko eines Widerrufs der Einwilligung minimieren.
64   Ein derartiges Vorgehen mag technisch möglich sein, wird jedoch deshalb kritisiert, weil es voraussetze, dass die Datensubjekte ihre Freizeit weitgehend dem „Hobby Datenschutzrecht" widmen.
65   Metzger 2016, S. 841f.; Hacker 2019, S. 183ff.
66   Metzger 2019, S. 133.

„Werbepartnern", den Zugang zu personenbezogenen Daten für Werbemaßnahmen eröffnet. Andere Verarbeitungszwecke werden im Rahmen von AGB und der Datenschutzerklärung häufig nur generisch erwähnt und sollen gemäß Art. 6 I UAbs.1 lit.b und lit.f gerechtfertigt sein. Nach Auffassung vieler Unternehmen soll nicht nur die Datenverarbeitung zur eigenen Produktverbesserung unter die „berechtigten Interessen" i.S.d. Art. 6 I UAbs.1 lit.f fallen. Selbst das Angebot kundenspezifischer Produkte und Schulungen der eigenen Vertriebsmitarbeiter auf Grundlage personenbezogener Daten soll der „Verbesserung der Kundenerfahrung"[67] und der „Produktinnovation" dienen und deshalb nach Ansicht von Unternehmen – auch im Interesse der Datensubjekte – gerechtfertigt sein.

Aus unternehmerischer Sicht ist diese Flucht aus der Einwilligung leicht nachvollziehbar. Dennoch ist diese Strategie riskant, weil ihr Erfolg davon abhängt, dass die nationalen Zivilgerichte und letztlich der EuGH diesem weiten Verständnis von Art. 6 I UAbs.1 lit.b und lit.f künftig folgen. Das Risiko der Verantwortlichen liegt darin, dass sie sich derzeit auf Rechtsgrundlagen stützen, die ihnen durch die Gerichte zugunsten des Einwilligungstatstands künftig wieder entzogen werden.[68] Dann drohen zudem hohe Bußgelder.

### 3.2    Zweite Reaktion: Ergänzung der gesetzlichen Erlaubnistatbestände

Die Erfahrungen, die Deutschland mit dem alten BDSG gemacht hat, illustrieren ein gesetzgeberisches Dilemma. Das Recht auf Schutz personenbezogener Daten (Art. 8 I GRCh und Art. 16 I AEUV) legt den regulatorischen Ansatz eines Verbots mit Erlaubnisvorbehalt nahe. Diese Herangehensweise erhöht jedoch den Druck auf die Erlaubnistatbestände. Die Evolution des BDSG a.F. lässt sich als Reaktion auf neue technische Möglichkeiten beschreiben und erst die Einführung einer Generalklausel auf Grundlage einer Interessenabwägung öffnete ein Ventil, um den aufgrund technischer Entwicklungen kontinuierlich zunehmenden Regulierungsdruck zu reduzieren.[69] Für das Privatrechtsverhältnis übernimmt derzeit Art. 6 I UAbs.1 lit.f diese Funktion eines Überdruckventils. Zudem hat der europäische Gesetzgeber die Schwelle, ab der das Ventil öffnet, im Vergleich zum BDSG a.F. nochmals redu-

---

67    Mit Kritik hieran: Vorläufige Stellungnahme des EDSB. Privatsphäre und Wettbewerbsfähigkeit im Zeitalter von Big Data: das Zusammenspiel zwischen Datenschutz, Wettbewerbsrecht und Verbraucherschutz in der digitalen „Wirtschaft" März 2014, Nr. 77 (https://edps.europa.eu/sites/edp/files/publication/14-03-26_competition_law_big_data_de.pdf).

68    Diese Entwicklung der kautelarischen Praxis ist ein Beispiel für die typischen Ausweichwirkungen auf Grundlage von gesetzlichen Generalklauseln. Zum Vorteil der flexiblen ex-post Betrachtung auf Grundlage von Generalklauseln: Ohly 2011, S. 435f.

69    Skeptisch gegenüber den mit Generalklauseln stets einhergehenden unbestimmten Rechtsbegriffen: Simitis 2014, Einleitung BDSG, Rn. 141; diese Kritik fortführend: Simitis et al. 2019, Einleitung Rn. 66.

ziert.[70] Infolgedessen haben es die (Zivil-)Gerichte leichter, neu aufkommende Technologien und innovative Geschäftsmodelle anhand dieser technikneutralen Vorschrift zu bewerten. Infolgedessen muss der Gesetzgeber nicht auf jede technische Innovation mit einem eigenständigen Erlaubnistatbestand reagieren. Allerdings besteht ein optimaler regulatorischer Ansatz aus einer Kombination aus detaillierten Lösungen für bekannte Sachverhalte und einer Generalklausel, die eine flexible Reaktion auf neue Entwicklungen ermöglicht. Im Vergleich zum BDSG a.F. haben die Anzahl und die Regelungsdichte der gesetzlichen Erlaubnistatbestände deutlich abgenommen. Infolgedessen fällt den nationalen Zivilgerichten und letztlich dem EuGH die Rolle zu, innerhalb der Generalklausel (Art. 6 I UAbs.1 lit.f) eine komplexe und zugleich systematische Kasuistik herauszubilden.

Zudem kann die Prognose gewagt werden, dass über die Öffnungsklausel des Art. 6 I UAbs.1 lit.c künftig eine Vielzahl weiterer spezifischer Erlaubnistatbestände etabliert wird.[71] Ein Beispiel für solche speziellen privatrechtlichen Erlaubnistatbestände außerhalb der DSGVO wären diejenigen nationalen Vorschriften gewesen, die den Art. 13 II lit.b KOMdigitIn-RL des ursprünglichen Vorschlags der EU-Kommission in das jeweilige nationale Schuldrecht umgesetzt hätten.[72] Wie bereits erwähnt, sollen die Vorgaben der digitIn-RL unabhängig davon Anwendung finden, ob ein Verbraucher mit Geld zahlt oder stattdessen einen Zugang zu (personenbezogenen) Daten eröffnet. Gemäß Art. 13 II lit.b des ursprünglichen Kommissionsvorschlags sollte ein Anbieter digitaler Inhalte im Fall der Vertragsbeendigung durch den Verbraucher zwar Maßnahmen ergreifen, um die künftige Nutzung der personenbezogenen Daten zu unterlassen. Ausgenommen hiervon sollten gem. Art. 13 II lit.b KOMdigitIn-RL jedoch diejenigen

> vom Verbraucher bereitgestellten Inhalte [sein], die der Verbraucher [während der Vertragslaufzeit] gemeinsam mit anderen erzeugt hat, die die Inhalte weiterhin nutzen.

---

70   § 28 I, II BDSG a.F. enthielt eine mehrfach abgestufte Interessenabwägung, dazu illustrativ: Kühling et al. 2015, S. 172.

71   Anders als Art. 7 DSRL 1995 sind die Erlaubnistatbestände der DSGVO gemäß Art. 6 IV DSGVO nicht abschließend. Infolgedessen ist das ASNEF-Urteil des EuGH (EuZW 2012, 37ff.) nicht auf die DSGVO übertragbar.

72   Bereits die Vorgaben europäischer Richtlinien als „rechtliche Verpflichtung" akzeptierend: Wolff, in: Schantz und Wolff 2017, Rn. 598; dagegen zutreffend: Frenzel, in: Paal et al. 2018, Art. 6 Rn. 35.

Weil diese „Inhalte" auch personenbezogene Daten umfassen können,[73] war das Verhältnis zwischen KOMdigitIn-RL und DSGVO komplexer, als es dieser Richtlinienvorschlag der Kommission suggerierte.[74] Der europäische Datenschutzbeauftragte warnte davor, dass Art. 13 II lit.b KOMdigitIn-RL zu unerwünschten Abgrenzungsschwierigkeiten führen würde.[75]

Im Kompromissvorschlag der digitIn-RL wurde Art. 13 II lit.b gestrichen. Stattdessen verweist Art. 16 II digitIn-RL den Rechtsanwender auf die DSGVO. Zudem stellt ErwägungsG 40 digitIn-RL klar, dass das jeweilige nationale Vertragsrecht darüber entscheiden soll, wie sich ein Widerruf der datenschutzrechtlichen Einwilligung auf den Vertrag über die Bereitstellung digitaler Inhalte auswirkt.[76] Damit ist ein offener Konflikt zwischen digitIn-RL und DSGVO zwar formal vom Tisch. Die Schwierigkeit, wie beide europäischen Gesetze miteinander in Einklang gebracht werden können, ist jedoch nicht ausgeräumt. Bislang ist offen, wie die Weiternutzung multi-relationaler personenbezogener Daten nach Beendigung des Vertrags datenschutzrechtlich einzuordnen ist. Sofern man dem Art. 7 III eine zwingende jederzeitige Widerruflichkeit der Einwilligung entnimmt, basiert eine Weiternutzung der Daten nach Beendigung des Vertrags über die Bereitstellung digitaler Inhalte jedenfalls nicht mehr auf der ursprünglich erteilten Einwilligung.[77] Die Beendigungserklärung dürfte regelmäßig so auszulegen sein, dass sie ebenfalls den Widerruf einer vorherigen datenschutzrechtlichen Einwilligung enthält.

Art. 6 I UAbs.1 lit.b, lit.d und lit.e scheiden als Rechtsgrundlage für eine nachvertragliche Weiternutzung personenbezogener Daten ebenfalls aus. Obwohl Art. 6 I UAbs.1 lit.b auch die Datenverarbeitung durch Dritte legitimieren kann,[78] setzt dieser vertragsakzessorische Erlaubnistatbestand voraus, dass das

---

73  Staff Working Doc. 2016, S. 11 (Nr. 29); dieses Verständnis legt auch ErwägungG 37 des DIRL-V 2015 nahe.

74  Im Konfliktfall haben die Vorschriften zum Datenschutz gegenüber denjenigen der digitIn-RL Anwendungsvorrang, Art. 3 VIII digitIn-RL.

75  EDSB Stellungnahme 2017, S. 24f. in Nr. 76/78/84. RATdigitIn-RL und PARLdigiln-RL sehen diese Regelung nicht mehr vor, ohne jedoch den zugrundeliegenden Konflikt zu lösen.

76  Zum Verständnis der ursprünglich in Art. 13 II lit.b KOMdigitIn-RL vorgesehenen Regelung als Hinweis auf einen möglichen dispositiven Charakter der Widerruflichkeit der Einwilligung: Sattler 2017, S. 1043f.

77  Schwer verständlich wäre in diesem Fall der ErwägungsG 24 digitIn-RL, wonach auch Fotos oder „Posts" als personenbezogene Daten i.S.d. Art. 3 I 2 digitIn-RL zu werten sind. Diese Bezugnahme auf Fotos als Beispiel von (personenbezogen) Daten spricht dafür, dass die bisherige Rechtsprechung zu § 23 KUG (Recht am eigenen Bild) künftig als Leitfaden für die Interessenabwägung iRv. Art. 6 I UAbs.1 lit.f DSGVO dienen kann. Gleichwohl bleibt für § 22 KUG neben der DSGVO wohl nur im journalistischen Bereich ein eigenständiger Anwendungsbereich, so dass das KUG gemäß Art. 85 II DSGVO auf den journalistisch geprägten Medienbereich zu beschränken, nach a.A. sogar ganz aufzuheben wäre. Für letzteres: Benedikt und Kranig 2019, S. 7.

78  Albers und Veit, in: Wolff und Brink 2018, Art. 6 Rn. 30.

Datensubjekt selbst Vertragspartei ist. Nach Beendigung des Vertrags über die Bereitstellung digitaler Inhalte fehlt diese Voraussetzung. Zudem kennt Art. 6 I UAbs.1 lit.b zwar die Datenverarbeitung im Rahmen vorvertraglicher Maßnahmen, nicht jedoch eine dauerhafte nachvertragliche Datenverarbeitung, wie sie in Art. 13 II lit.b KOMdigitIn-RL ursprünglich vorgesehen war. Während Art. 6 I UAbs.1 lit.d ausscheidet, weil er die Wahrung *lebenswichtiger* Interessen voraussetzt, kommt lit.e nicht in Betracht, weil hiernach nur Datenverarbeitungen im *öffentlichen Interesse* rechtmäßig sind. Sofern kein zusätzlicher gesetzlicher Erlaubnistatbestand im Sinne des Art. 6 I UAbs.1 lit.c geschaffen wird,[79] bleibt nur die Interessenabwägung gemäß Art. 6 I UAbs.1 lit.f.

# 4    Stufenleiter datenschutzrechtlicher Erlaubnistatbestände

Das schwierige Verhältnis zwischen dem datenschutzrechtlichen Verbot mit Erlaubnistatbestand (Art. 6 I UAbs.1 DSGVO) und der zunehmenden Tendenz der Datensubjekte, personenbezogene Daten zur Verfügung zu stellen, wird anhand von Art. 3 I S.2 digitIn-RL und dem ursprünglich im Kommissionsvorschlag vorgesehenen Art. 13 II lit.b KOMdigitIn-RL offenkundig.[80] Obwohl das Bewusstsein für dieses schwierige Verhältnis auf Ebene der europäischen Gesetzgebungsorgane vorhanden ist, soll die digitIn-RL weiterhin Anwendung finden, soweit personenbezogene Daten in einem Umfang zur Verfügung gestellt werden, der über das Maß hinausgeht, das für die Bereitstellung der digitalen

---

79    Allerdings bestehen Zweifel, ob Art. 6 I UAbs.1 lit.c als Einfallstor für einen Erlaubnistatbestand dienen kann, wenn die rechtliche Verpflichtung zur Datenverarbeitung (mittelbar) auf einem Vertragsverhältnis beruht. Sofern der Anbieter von digitalen Inhalten – beispielsweise Facebook – sich im Vertrag mit anderen Endnutzern zur Datenverarbeitung verpflichtet hat, ist dies eine freiwillig eingegangene (Selbst-)Verpflichtung. Diese Verpflichtung gegenüber anderen Kunden folgt unmittelbar aus dem von Facebook gewählten Geschäftsmodell und ist deshalb im Ausgangspunkt keine rechtliche Verpflichtung im Sinne des Art. 6 I UAbs.1 lit.c. Ebenso: Frenzel, in: Paal et al. 2018, Art. 6 Rn. 16; Albers und Veit, in: Wolff und Brink (2018), Art. 6 Rn. 34. Eindeutig ist dieses Verständnis jedoch nicht, sofern man den Wortlaut „rechtliche Verpflichtung" im Verhältnis zur DatenschutzRL 1995 („gesetzlich"), zum Kommissionsentwurf für die DSGVO („gesetzlich") und die englische und französische Sprachfassung der DSGVO („legal obligation" bzw. „obligation légale") als Hinweis darauf wertet, dass nun bereits vertragliche Pflichten für Art. 6 I UAbs.1 lit.c DSGVO genügen sollen. Die Existenz von Art. 6 I UAbs.1 lit.a und lit.b DSGVO sprechen jedoch gegen eine Ausdehnung des Anwendungsbereichs von lit.c in den vertragsrechtlichen Bereich.

80    Die Interpretation von Art. 3 I S.2 digitIn-RL ist jedoch nicht eindeutig. Einerseits könnte die Vorschrift lediglich dazu dienen, die einem Verbraucher hinsichtlich digitaler Inhalte zustehenden Rechte einheitlich zu gestalten, unabhängig davon, ob der Verbraucher seine Gegenleistung in Form von Geld oder personenbezogenen Daten erbringt (sog. Level-Playing-Field für Anbieter). Alternativ wird Art. 3 I S.2 digitIn-RL als ausdrückliche gesetzliche Anerkennung der tatsächlichen Kommerzialisierung von personenbezogenen Daten aufgefasst.

Inhalte erforderlich ist, Art. 3 I S.2 digitIn-RL.[81] Dieser Wortlaut zeigt, dass der Anwendungsbereich der digitIn-RL auf Verträge beschränkt ist, die mit einer Einwilligung zur Datenverarbeitung verbunden sind. Gleichwohl besteht kein automatischer Gleichlauf von digitIn-RL und DSGVO. Obwohl die digitIn-RL mehrfach den Anwendungsvorrang der DSGVO betont[82] und in ErwägungsG 24 klarstellt, dass personenbezogene Daten keine Handelsware („no commodity") sind, bleibt ein Spannungsverhältnis zwischen dem Schutz personenbezogener Daten und der gleichzeitigen Anerkennung von Geschäftsmodellen, die auf einem Zugang zu personenbezogenen Daten beruhen.

Um diesen Konflikt aus privatrechtlicher Perspektive aufzulösen, wird nachfolgend eine Stufenleiter der datenschutzrechtlichen Erlaubnistatbestände vorgeschlagen. Diese Stufen stehen nicht in einem exklusiven Verhältnis zueinander. Liegen die Voraussetzungen eines Erlaubnistatbestands vor, so sind dadurch die anderen Tatbestände nicht ausgeschlossen. Anders als von der Datenschutzkonferenz (DSK) vertreten,[83] können die gesetzlichen Erlaubnistatbestände untereinander und im Verhältnis zur Einwilligung auch kumulativ und überlappend zur Zulässigkeit von (mehreren) Verarbeitungsprozessen führen.[84]

Dieser Vorschlag einer Stufenleiter erfordert einen wichtigen Hinweis vorab: Das hier ausgearbeitete Modell beruht auf einer funktionalen, privatrechtlichen Perspektive. Ihre Anwendung ist auf das Privatrecht beschränkt. Die Stufenleiter illustriert einen Weg der sinnvollen Anwendung von DSGVO und künftiger digitIn-RL. Aus privatrechtlicher Perspektive ist sie ein plausibles Modell, das die Bedeutung der Privatautonomie als Fundament eines künftigen Datenschuldrechts betont, ohne dabei über die – im Einzelfall zweifellos bestehende – strukturelle und situative Unterlegenheit von Datensubjekten hinwegzugehen. Es wird hierbei ein Verständnis von Privatautonomie zugrunde gelegt, welches die rationalen Begrenztheiten und Heuristiken menschlicher Entscheidungsprozesse anerkennt, aber dennoch davor zurückscheut, diese als Rechtfertigung für allgemein angelegte staatliche Schutzmaßnahmen gutzuheißen. Die Diskussion darüber, ob verhaltensökonomische Studien[85] es rechtfertigen, in die Selbstbestimmung geschäftsfähiger Menschen einzugreifen, um dadurch – mit subjektiv besten Absichten – die Ausübung der Privatautonomie zu „materialisieren", kann hier nicht *en passant* aufgearbeitet werden. Insofern muss es an dieser Stelle genügen, die grundlegende Skepsis gegenüber Ansätzen des sog.

---

81 Gemäß Art. 3 I S.2 findet die digitIn-RL nur dann Anwendung, wenn die personenbezogenen Daten auf Grundlage einer Einwilligung zur Verfügung gestellt werden. Vgl. auch ErwägungsG 25, 38.

82 Art. 3 VIII, 16 II digitIn-RL, sowie deren ErwägungsG 24, 37 S.2, 38, 39.

83 DSK, Kurzpapier Nr. 20 – Einwilligung nach der DSGVO vom 22.2.2019, S. 3.

84 Dies folgt aus dem Wortlaut von Art. 6 I DSGVO („mindestens") und der Systematik von Art. 17 I lit.b DSGVO.

85 Hierzu: Acquisti et al. 2016; Preibusch et al. 2012.

„libertären Paternalismus" offenzulegen, die über Informations- und Transparenzpflichten hinausgehen.[86]

Mit der digitIn-RL akzeptiert der europäische Gesetzgeber, dass personenbezogene Daten als Leistung nachgefragt und angeboten werden, ohne diese tatsächliche Praxis rechtlich ausdrücklich anzuerkennen. Der europäische Beauftragte für den Datenschutz hat vor einer Gleichbehandlung von Geld und personenbezogenen Daten gewarnt und zutreffend darauf hingewiesen, dass der Umgang mit personenbezogenen Daten und insbesondere die Bestimmung ihres monetären Werts ungleich schwieriger ist, als im Fall einer Geldzahlung.[87] Der europäische Gesetzgeber und damit auch die nationalen Regierungen der Mitgliedsstaaten haben bislang weder in der DSGVO noch in der digitIn-RL eine eindeutige Entscheidung über die Anerkennung personenbezogener Daten als Leistungsgegenstand getroffen.[88] Diese Grundsatzfrage wird infolgedessen der Judikative aufgebürdet. Somit sind zunächst die jeweils nationalen Zivilgerichte und im Anschluss hieran der EuGH die Adressaten des hier vorgeschlagenen Stufenmodells. Darüber hinaus kann die Stufenleiter die interdisziplinär zu führende Diskussion darüber bereichern, ob die Kommerzialisierung personenbezogener Daten im Rahmen eines künftigen Datenschuldrechts sinnvoll, notwendig oder unerwünscht ist.

Im deutschen Schuldrecht ist es weiterhin üblich,[89] vom Grundsatz der Selbstbestimmung auszugehen. Eine Ausprägung dieses Grundsatzes ist die Freiheit, über den Abschluss und den Inhalt von Verträgen selbstverantwortlich zu entscheiden. Unter Wahrung dieses Grundsatzes lässt sich eine zweifache Stufenleiter innerhalb der datenschutzrechtlichen Erlaubnistatbestände herausarbeiten. Die erste Stufenleiter basiert auf der Annahme, man könne den datenschutzrechtlichen Begriff „der" Einwilligung auch[90] innerhalb des Art. 6 I UAbs.1 lit.a als Gattungsbegriff interpretieren und deshalb nochmals in mehrere

---

86   Ausführlich zum libertären Paternalismus und seinen Konsequenzen für den Datenschutz und ebenfalls skeptisch: Krönke 2016.

87   EDSB Stellungnahme 2017, S. 12.

88   Nachfolgend wird die von der EU-Kommission (Art. 3 I KOMdigitIn-RL) und im Bericht vom EU-Parlament (oben Fn. 15, S. 90) angedeutete Akzeptanz der Kommerzialisierung von personenbezogenen Daten übernommen. Dadurch soll das mögliche Resultat des notwendigen Diskurses nicht vorweggenommen werden. Insofern kann der hiesige Vorschlag auch als Argument gegen eine rechtliche Anerkennung dieser Kommerzialisierung dienen, wenn man die mit den Stufenleitern erzielten Folgen gerade vermeiden will.

89   Martinek 2012, S. 247ff. Mit der Kritik, dass mit der Berufung auf das Prinzip der Privatautonomie häufig „ein Hang zur Rückwärtsgeneigtheit, zur Einseitigkeit und zum Polarisieren" einhergehe: Röthel 2017, S. 91ff.; als Reaktion hierauf: Riesenhuber 2018, S. 357ff.

90   Grundlegend zur Stufenleiter der Gestattungen für das deutsche Privatrecht: Ohly 2002, S. 144.

Stufen unterteilen. Diese erste Stufenleiter wurde bereits an anderer Stelle beschrieben.[91] Nachfolgend liegt der Fokus auf einer zweiten Stufenleiter. Hiernach stehen die Erlaubnistatbestände des Art. 6 I UAbs.1 nicht beziehungslos nebeneinander, sondern in einem abgestuften Verhältnis zueinander. Ausgehend von der Einwilligung (Art. 6 I UAbs.1 lit.a) über die Vertragsakzessorietät (Art. 6 I UAbs.1 lit.b) bis zur Interessenabwägung (Art. 6 I UAbs.1 lit.f) nimmt der selbstbestimmende Einfluss des Datensubjekts kontinuierlich ab.[92] Infolgedessen lässt sich Art. 6 I UAbs.1 als sukzessiver Übergang von der Autonomie des Datensubjekts (endogene Einwilligung) zur Heteronomie durch den für die Datenverarbeitung Verantwortlichen und die Gerichte (exogene Interessenabwägung) beschreiben.[93]

### 4.1 Erste Stufe: Vorrang der Einwilligung, Art. 6 I UAbs.1 lit.a

Dem Art. 6 I UAbs.1 lit.a lässt sich zunächst lediglich entnehmen, dass die Einwilligung für bestimmte Verarbeitungszwecke erfolgen muss (spezifisches Opt-In). Die detaillierten Anforderungen, die an eine wirksame Einwilligung gestellt werden, ergeben sich aus der Definition der Einwilligung in Art. 4 Nr. 11 und aus Art. 7. Die Einwilligung ist in Art. 4 Nr. 11 legaldefiniert. Gemäß Art. 7 III kann die Einwilligung jederzeit und ohne Angabe von Gründen für die Zukunft widerrufen werden. Gemäß Art. 7 IV müssen alle Umstände des Einzelfalls berücksichtigt werden, um zu bestimmen, ob eine Einwilligung freiwillig erteilt wurde. Wann im Sinne des Art. 7 IV freiwillig eingewilligt wurde, gehört zu den derzeit besonders heftig umstrittenen Fragen.[94] Die Freiwilligkeit einer Einwilligung ist jedenfalls dann zweifelhaft, wenn der Vertragsschluss von einer Einwilligung abhängig gemacht wird, obwohl entweder das Datensubjekt – beispielsweise durch eine gesetzliche Versicherungspflicht – zu (irgend)einem Vertragsabschluss gezwungen ist oder aber der Anbieter seinerseits einem Kon-

---

91  Die Differenzierung innerhalb unterschiedlicher Einwilligungsarten setzt jedoch voraus, dass die jederzeitige Widerruflichkeit gemäß Art. 7 III DSGVO kritisch hinterfragt wird. Zum Stufenverhältnis der datenschutzrechtlichen Einwilligungstatbestände: Sattler 2017, S. 1043f.

92  Im Privatrecht und insbesondere im Recht der vertraglichen Schuldverhältnisse, zu dem ein künftiges Datenschuldrecht gehören würde, spielen die Erlaubnistatbestände aus Art. 6 I UAbs.1 lit.c (rechtliche Verpflichtung), lit.d (lebenswichtige Interessen) und lit.e (öffentliches Interesse) nur eine ganz untergeordnete Rolle.

93  Die anwaltliche Beratung wählt zumeist einen diametralen Ansatz. Danach kommt es auf die Einwilligung nur dann an, wenn kein anderer gesetzlicher Erlaubnistatbestand die Rechtmäßigkeit der Datenverarbeitung begründen kann. Primär also bei der Verarbeitung von besonders sensiblen Daten (Art. 9 DSGVO) oder bei einer Verarbeitung durch Dritte.

94  Deshalb ist es überraschend, dass der ÖOGH diese Frage dem EuGH nicht vorgelegt hat: OGH Wien, Urt.v. 31.08.2018 – 6 Ob 140/18h = BeckRS 2018, 30960, Rn. 47.

trahierungszwang unterliegt.[95] Die in der Literatur und vom ÖOHG[96] vertretene strenge Auffassung eines echten Kopplungsverbots, die sich auf ErwägungsG 43 DSGVO beruft, überbewertet den Erwägungsgrund im Verhältnis zum allein bindenden Verordnungstext. Zudem ist diese Rechtsauffassung mit der digitInRL nicht vereinbar, weil sonst deren sachlicher Anwendungsbereich in wesentlichen Teilen leerläuft. Gemäß Art. 3 I S.2 digitInRL finden die Regelungen der Richtlinie Anwendung, wenn der Verbraucher als (Gegen-)Leistung in die Verarbeitung personenbezogener Daten einwilligt, statt Geld zu bezahlen. Will man Art. 7 IV weiterhin als strenges Kopplungsverbot auslegen, unterstellt man dem europäischen Gesetzgeber eine widersprüchliche Gesetzgebung.

Durch die Anforderungen des Art. 7 ist die Rechtmäßigkeit der Datenverarbeitung auf Grundlage einer Einwilligung besonders engmaschig ausgestaltet.[97] Sie wird den gesetzlichen Erlaubnistatbeständen vorangestellt und folgt dabei der in Art. 8 II S.1 GRCh vorgesehenen Systematik.[98] Trotz eines Vorrangs der Einwilligung im Privatrechtsverhältnis bestehen Zweifel, ob bzw. inwieweit Datensubjekte über die Fähigkeit verfügen, rationale Entscheidungen zu treffen und bewusste Einwilligungen zu erklären. Aus Sicht eines „fürsorglichen" Gesetzgebers sprechen diese Zweifel dafür, den Anwendungsbereich der Einwilligung stetig zu reduzieren. Es ist (vermeintlich) attraktiv, „eine sinnvolle Vorsteuerung" durch „die sachgerechte Anwendung der übrigen Zulässigkeitstatbestände" zu versuchen.[99]

Allerdings sind diesem Ansatz im Privatrecht enge Grenzen gesetzt. Im Vergleich zur Einwilligung sind die gesetzlichen Erlaubnistatbestände ein intensiverer Eingriff in die allgemeine Handlungsfreiheit und die informationelle Selbstbestimmung und laufen Gefahr, in einer paternalistischen Sackgasse zu enden.[100] Deshalb ist im Privatrecht jede Tendenz rechtfertigungsbedürftig, die den gesetzlichen Erlaubnistatbeständen eine Vorrang- oder auch nur eine ebenbürtige Stellung einräumt, obwohl eine verhältnismäßige Lösung über die Ein-

---

95    Ebenso Klement, in: Simitis et al. 2019, Art. 7 Rn. 22/62. Wichtige Ergänzungen zur Bestimmung, wann eine Einwilligung zwanglos erteilt wurde, lassen sich dem ErwägungsG 43 DSGVO entnehmen.

96    OGH Wien, Urt. v. 31.08.2018 – 6 Ob 140/18h = BeckRS 2018, 30960 = ZD 2019, 72, Rn. 44ff.

97    Für eine Einwilligung durch Minderjährige oder im Bereich besonders sensibler personenbezogener Daten etablieren Art. 8 I bzw. Art. 9 II lit.a, IV DSGVO zusätzliche Anforderungen.

98    Für einen Vorrang der gewillkürten Einwilligung gegenüber der gesetzgeberischen Entscheidung für weitere Erlaubnistatbestände: Frenzel, in: Paal und Pauly 2018, Art. 6 Rn. 10.

99    Kühling und Sackmann 2018, S. 30.

100   Klement, in: Simitis et al. 2019, Art. 6 Rn. 19ff./59. Allerdings muss zugleich die Gefahr eines sog. information-overloads verhindert werden: Specht und Kerber 2018 S. 62; zur Gefahr, dass die Einwilligung zum Formalismus verkommt: Radlanski 2016.

willigung – als milderes Mittel – möglich ist.[101] Dass auch der europäische Gesetzgeber den individuellen Präferenzen des Datensubjekts Respekt zollt und der
Einwilligung deshalb ein Vorrang gebührt, kommt durch zwei Besonderheiten
der Einwilligung zum Ausdruck.

*Erstens* entfällt bei einer wirksamen Einwilligung bereits die Rechtsbeein-
trächtigung; die Einwilligung hebt das Verbot der Datenverarbeitung schon
tatbestandlich auf.[102] Dagegen kommt es bei den gesetzlichen Erlaubnistatbeständen zunächst zu einem Eingriff in die geschützte Privatsphäre und den
Schutz der personenbezogenen Daten und dieser Eingriff wird (erst) anschließend gemäß Art. 6 I UAbs.1 lit.b-f gerechtfertigt. Gerade weil die Einwilligung
bereits die Rechtsverletzung ausschließt, muss sie – anders als Art. 6 I UAbs.1
lit.b bis lit.f – nicht für einen bestimmten Zweck „erforderlich", also insbesondere nicht verhältnismäßig sein.[103] *Zweitens* setzt die Rechtmäßigkeit einer Datenverarbeitung auf Grundlage von Art. 6 I UAbs.1 lit.a zwar den Nachweis
einer Einwilligung voraus, diese ist aber im Gegensatz zu Art. 6 I UAbs.1 lit.b-f
nicht begründungspflichtig.[104]

Weil Art. 6 I UAbs.1 lit.a die subjektiven Präferenzen und Interessen des
Datensubjekts besonders ernst nimmt und der Selbstbestimmung des Datensubjekts Raum gewährt, sollte die zivilgerichtliche Auslegung des Art. 6 I UAbs.1
dem Einwilligungstatbestand eine vorrangige Bedeutung zusprechen. Dies bedeutet im Umkehrschluss jedoch nicht, dass die Nichterreichbarkeit oder Ablehnung einer Einwilligung die Datenverarbeitung auf Grundlage der anderen Erlaubnistatbestände *per se* sperrt.[105] Ein derartiges Verständnis würde ein Alles-
oder-Nichts-Prinzip etablieren und dadurch einen (zusätzlichen) Anreiz dafür
setzen, Datensubjekte bei der Verarbeitung der sie betreffenden Daten gar nicht
erst einzubeziehen.[106] Es ist zudem mit dem Wortlaut von Art. 6 I UAbs.1 un-
vereinbar, weil hiernach lediglich „mindestens" ein Erlaubnistatbestand vorliegen muss.

Obwohl die Erlaubnistatbestände sich hinsichtlich der jeweils zu erfüllen-
den Informationspflichten und mit Blick auf die jeweiligen Rechtsfolgen teil-

---

101  Für einen Vorrang der Einwilligung: Roßnagel et al. 2001, S. 72; Schantz, in: Simitis et al.
     2019, Art. 6 I Rn. 11; in diese Richtung zu Art. 7 lit.f DSRL: EuGH C-13/16, ZD 2017, 324
     Rn. 30 – Rīgas satiksme.
102  Klement, in: Simitis et al. 2019, Art. 7 Rn. 18.
103  Buchner und Petri, in: Kühling und Buchner 2018, Art. 6 Rn. 15. Zum Vorbehalt der Erforder-
     lichkeit als Ausprägung des Verhältnismäßigkeitsprinzips: Albers und Veit, in: Wolff und
     Brink 2018, Art. 6 Rn. 16f.
104  Ebenso Frenzel, in: Paal und Pauly 2018, Art. 6 Rn. 10.
105  Zur Bedeutung und Zulässigkeit einer vorsorglichen Einwilligung als Reaktion auf die erheb-
     liche Rechtsunsicherheit im Bereich der gesetzlichen Erlaubnistatbestände: Klement, in: Simi-
     tis et al. (2019), Art. 7 Rn. 34 m.w.N.; Schantz, ebda., Art. 6 I Rn. 12;
106  Albers und Veit, in: Wolff und Brink 2018, Art. 6 Rn. 27.

weise erheblich unterscheiden, lässt der Wortlaut nur das Verständnis zu, dass die Erlaubnistatbestände des Art. 6 I UAbs.1 nicht nur nebeneinander (unterschiedliche Verarbeitungszwecke), sondern grundsätzlich auch überlappend (identischer Verarbeitungszweck) vorliegen können.[107]

## 4.2 Zweite Stufe: Vertragsakzessorietät, Art. 6 I UAbs.1 lit.b

Gemäß Art. 6 I UAbs.1 lit.b ist die Datenverarbeitung rechtmäßig, soweit sie für die Erfüllung eines Vertrags erforderlich ist, dessen Vertragspartei das Datensubjekt ist. Auch diesem Erlaubnistatbestand liegt somit mittelbar eine autonome Willenserklärung im Rahmen des Vertragsabschlusses zugrunde.[108] Die Willenserklärung im Rahmen des Vertragsschlusses rechtfertigt es, diejenigen Daten zu verarbeiten, die für die Anbahnung, Durchführung und Beendigung des Vertrags erforderlich sind. Im Vergleich zur Einwilligung ist der vertragsakzessorische Erlaubnistatbestand bereits eine verwässerte Form von Privatautonomie.

Weil für die Einwilligung gemäß Art. 4 Nr. 11 bereits eine eindeutig bestätigende Willensbekundung genügt, handelt es sich bei Art. 6 I UAbs.1 lit.b nicht um einen Fall der konkludenten Einwilligung,[109] sondern um einen an den Vertrag anknüpfenden gesetzlichen Erlaubnistatbestand. Anderenfalls hätte es der Datenverantwortliche in der Hand, durch die Gestaltung seiner AGB den Vertragsgegenstand so zu definieren, dass eine sehr weitreichende Datenverarbeitung auf Grundlage von Art. 6 I UAbs.1 lit.b rechtmäßig wäre. Sollte es beispielsweise *Facebook* gelingen, alle Funktionalitäten seines Netzwerks im Rahmen von Nutzungs-AGB in transparenter Weise zu beschreiben, so wäre jede anschließende Datenverarbeitung infolge des Vertragsabschlusses gemäß Art. 6 I UAbs.1 lit.b erlaubt, solange die Leistungsbeschreibung nicht an der AGB-rechtlichen Inhaltskontrolle scheitert. Wäre diese Rechtsauffassung richtig, würden in dem durch massenhafte Verwendung von AGB geprägten Privatrechtsverkehr kaum Anwendungsfälle für die Einwilligung bestehen. Die gesteigerten gesetzlichen Anforderungen an die Einwilligung würden durch eine

---

107  Die Angst, dem Datensubjekt könnte über die Einwilligung eine Kontrolle über die Datenverarbeitung suggeriert werden, die aufgrund der Substituierbarkeit der Einwilligung durch einen anderen Erlaubnistatbestands tatsächlich gar nicht besteht, ist als Folge des Art. 6 I hinzunehmen (a.A. Frenzel, in: Paal und Pauly 2018, Art. 6 Rn. 12). Zudem sieht die DSGVO jeweils Informations- und Auskunftspflichten vor, um Transparenz über die jeweils einschlägige Grundlage der Datenverarbeitung zu schaffen, vgl. Art. 5 I lit.a DSGVO.

108  Oder zumindest hat das Datensubjekt eine Anfrage auf den Abschluss eines Vertrags gestellt, Art. 6 I UAbs.1 lit.b a.E.

109  Hierfür spricht auch ErwägungsG 32 S.2 DSGVO, wonach die schlüssige und damit konkludente Willensäußerung bereits als eine Einwilligung i.S.d. Art. 6 I UAbs.1 lit.a DSGVO zu betrachten ist.

Kombination aus AGB und Art. 6 I UAbs.1 lit.b unterlaufen. Deshalb sollte der Erlaubnistatbestand des Art. 6 I UAbs.1 lit.b richtigerweise nur anwendbar sein, sofern die Datenverarbeitung – neben der Vertragserfüllung – keinen selbstständigen kommerziellen Zweck hat[110] und die Datenverarbeitung nicht der vertragliche Hauptgegenstand, sondern nur von untergeordneter Bedeutung ist.[111]

Das Verhältnis zwischen Art. 6 I UAbs.1 lit.a und lit.b ist komplex und muss durch die Rechtsprechung geklärt werden. Dabei ist zu berücksichtigen, dass der Widerruf der Einwilligung im Ergebnis mit einem grundlosen und jederzeitigen Kündigungsrecht ohne Frist verglichen werden kann. Jedenfalls im deutschen Schuldrecht fehlt es bislang an einem Äquivalent. Dies erschwert es, den Widerruf der datenschutzrechtlichen Einwilligung als gleichzeitige Erklärung über die Vertragsbeendigung auszulegen. Deshalb ändert ein Widerruf der Einwilligung grundsätzlich nichts an einer anschließenden Datenverarbeitung auf Grundlage von Art. 6 I UAbs.1 lit.b, soweit diese Verarbeitung für die Durchführung des Vertrags weiterhin erforderlich ist. Der Widerruf der Einwilligung schlägt allenfalls dann auf das bestehende Vertragsverhältnis durch, wenn die Einwilligung und der Vertrag ein einheitliches Rechtsgeschäft bilden, so dass der Rechtsgedanke des § 139 BGB zur Anwendung gebracht werden kann. Allerdings ist auch in diesem Fall zu beachten, dass der Widerruf der Einwilligung zwar als Kündigungserklärung ausgelegt werden kann, die Vertragsbeendigung aber dennoch scheitert, sofern die Vertragsbeendigung – wie regelmäßig – zusätzlich einen Kündigungsgrund erfordert. Nur sofern der Vertrag eine jederzeitige, grund- und fristlose Beendigung durch das Datensubjekt vorsieht, entfällt mit dem Widerruf der Einwilligung auch der Erlaubnistatbestand gemäß Art. 6 I UAbs.1 lit.b.

Die Datenverarbeitung gemäß Art. 6 I UAbs.1 lit.b soll zudem von einer umfassenden Abwägung der gegenseitigen Interessen abhängen.[112] An dieser Stelle werden Abgrenzungsschwierigkeiten zur Interessenabwägung im Rahmen von Art. 6 I UAbs.1 lit.f heraufbeschworen.

---

110  Um Abgrenzungsschwierigkeiten zwischen Art. 6 I UAbs.1 lit.a und lit. b DSGVO zu vermeiden, schlagen von Westphalen und Wendehorst 2016, S. 2184 vor, die Verfolgung eines eigenständigen kommerziellen Zwecks zu vermuten. Fehlt eine Einwilligung des Datensubjekts und will der Datenverantwortliche seine Handlungen gemäß Art. 6 I UAbs.1 lit.b DSGVO legitimieren, so muss er diese Vermutung widerlegen.

111  So auch: Langhanke und Schmidt-Kessel 2015, S. 221, welche die Aufgabe von Art. 6 I UAbs.1 lit.b DSGVO darin sehen, Maßnahmen von unterstützendem Charakter zu erlauben („ancillary activities"). Damit kann beispielsweise die postalischen Adresse und die Bankverbindung eines Datensubjekts gemäß Art. 6 I UAbs.1 lit.b DSGVO zur Erfüllung eines Fernabsatzvertrags verarbeitet werden.

112  So Plath und Plath 2018, Art. 6 Rn. 12; Albers und Veit, in: Wolff und Brink 2018, Art. 6 Rn. 32.

## 4.3   Dritte Stufe: Interessenabwägung, Art. 6 I UAbs.1 lit.f

Anders als Art. 6 I UAbs.1 lit.a, der auf einer Willensbekundung des Datensubjekts beruht und damit selbst einen rechtsgeschäft(sähn)lichen Charakter hat,[113] und anders als lit.b, der immerhin noch auf einem Derivat derjenigen Willenserklärung beruht, die zum Vertragsschluss geführt hat, setzt lit.f keinerlei Willensbekundung voraus.[114]

Nach geltendem Recht kann das Schweigen von Datensubjekten weder eine einwilligende Wirkung entfalten,[115] soweit eine eindeutig bestätigende Handlung erforderlich ist, noch kann dem Schweigen eines Verbrauchers gegenüber einem Unternehmer ein vertraglich bindender Erklärungswert entnommen werden.[116] Allerdings genügt ein Schweigen des Datensubjekts und eine Interessenabwägung im Rahmen von Art. 6 I UAbs.1 lit.f, um in die Rechtsmäßigkeit der Datenverarbeitung zu münden. Der für die Datenverarbeitung Verantwortliche muss lediglich über seine berechtigten Interessen und das bestehende Widerspruchsrecht informieren (Art. 21 IV), die berechtigten Interessen des Datensubjekts berücksichtigen und diese mit seinen eigenen berechtigten Interessen – bis an die Grenze der Schizophrenie – abwägen.[117]

Im Ergebnis – und entgegen aller Eindämmungsversuche im Gesetzgebungsverfahren[118] – ist Art. 6 I UAbs.1 lit.f ein flexibel ausgestalteter Auffangtatbestand.[119] Die Vorschrift ist Ausdruck einer angestrebten Technikneutralität[120] und bereichert die DSGVO um einen entwicklungsoffenen Erlaubnistatbestand.[121] Kehrseite dieser Flexibilität ist, dass Art. 6 I UAbs.1 lit.f – je nach Auslegung durch die nationalen Zivilgerichte und den EuGH – eine sehr weitgehende Datenverarbeitung ermöglichen kann, solange der Datenveranwortliche

---

113   Im Geltungsbereich der DSGVO kann nicht mehr isoliert auf die jeweils nationalen Grundlagen der Rechtsgeschäftslehre zurückgegriffen werden: Sattler 2017, S. 1044f.; Klement, in: Simitis et al. 2019, Art. 7 Rn. 84.

114   Wie sich aus ErwägungsG 47 DSGVO ergibt, ist Art. 6 I UAbs.1 lit.f DSGVO auch in einem bestehenden Vertragsverhältnis anwendbar.

115   So für das europäische Datenschutzrecht auch ErwägungsG 32 S.3 DSGVO.

116   Vgl. den Rechtsgedanken aus § 241a BGB. Gegenausnahmen, in denen dem Schweigen die Fiktion einer Vertragsannahme auslöst: § 516 I 2 BGB. Ausnahmsweise eine positive Erklärungsbedeutung zugeschrieben wird: §§ 416 I S.2. Zum Schweigen als Billigung und damit Eintritt einer aufschiebenden Bedingung: § 455 S.2 BGB. Zum Rechtsverkehr zwischen Kaufleuten: §§ 362 I S.2; 75h, 91a HGB. Hierzu: Medicus und Petersen 2016, Rn. 387 ff.

117   Auf die Gefahr einer strukturellen Neigung (bias) des für die Datenverarbeitung Verantwortlichen zu seinen eigenen Gunsten hinweisend: Hoffmann-Riem 2016, S. 726.

118   Frenzel, in: Paal und Pauly 2018, Art. 6 Rn. 26.

119   So auch die Stellungnahme der „Art. 29-Gruppe" zum Begriff des berechtigten Interesses vom 9.4.2014 (zu Art. 7 lit.f DSRL (1995)), WP 217, S. 62; sowie Tavanti 2016, S. 296.

120   ErwägungsG 15 S.1 DSGVO. Mit Kritik an der Technologieneutralität: Sydow und Krings 2014, S. 271ff.

121   Albers und Veit, in: Wolff und Brink 2018, Art. 6 Rn. 14.

eine plausible argumentative Fassade aus berechtigten Interessen aufbaut und er ein Gericht findet, das diesen Argumenten folgt.[122] Der Blick in aktuell übliche „Erklärungen zum Datenschutz" legt nahe, dass die für die Datenverarbeitung Verantwortlichen den Art. 6 I UAbs.1 lit.f im eigenen Interesse (zu) weit auslegen. Indem Art. 6 I UAbs.1 lit.f keinerlei Handlung oder Erklärung des Datensubjekts erfordert, fehlen Elemente der Selbstbestimmung. Infolgedessen bestimmen die Datenverantwortlichen (*ex ante*) und – je nachdem, ob eine Aufsichtsbehörde durch Verwaltungsakt einschreitet oder ein Verband Klage erhebt – die Verwaltungs- bzw. Zivilgerichte (*ex post*) über die Rechtmäßigkeit von Geschäftsmodellen.

Immerhin bleibt die Rechtmäßigkeit der Datenverarbeitung auf Grundlage von lit.f prekär. Wird ein Datensubjekt selbst aktiv und widerspricht einer Verarbeitung (Opt-Out), so wirkt der Widerspruch gemäß Art. 21 II unmittelbar und erfordert keine Begründung. Erfolgt die Datenverarbeitung aufgrund anderer berechtigter Interessen, so entfaltet der Widerspruch seine Wirkung jedoch nur, soweit das Datensubjekt ein besonderes Schutzinteresse geltend machen kann, Art. 21 I S.1. Sofern es dem Datenverantwortlichen gelingt, eigene zwingend schutzwürdige und überwiegende Gründe für die Verarbeitung nachzuweisen oder sofern die Verarbeitung für die Geltendmachung, Ausübung oder Verteidigung von Rechtsansprüchen erforderlich ist, bleibt die künftige Datenverarbeitung trotz des Widerspruchs insoweit rechtmäßig.

Weil die Einwilligung und Art. 6 I UAbs.1 lit.f sich – nach hier vertretener Auffassung – gegenseitig nicht ausschließen, ist eine Besonderheit zu beachten. Der Widerruf der Einwilligung ist regelmäßig auch als Widerspruch im Sinne des Art. 21 I auszulegen. Deshalb kann der Widerruf der Einwilligung auch Auswirkungen auf die Rechtmäßigkeit der (fortgesetzten) Datenverarbeitung gemäß Art. 6 I UAbs.1 lit.f iVm. Art. 21 I haben. Sofern eine Verarbeitung gemäß Art. 6 UAbs.1 lit.a erlaubt war, diese Erlaubnis jedoch infolge eines Widerrufs entfällt, sprechen gute Argumente dafür, dass die anschließende zweckidentische Verarbeitung auf Grundlage von Art. 6 I UAbs.1 lit.f nur möglich ist, sofern überwiegende, zwingend schutzwürdige Gründe gemäß Art. 21 I S.1 bestehen.

Im Ergebnis sind zwei Sichtweisen auf Art. 6 I UAbs.1 lit.f möglich. Entweder betrachtet man ihn als offenen Auffangtatbestand, der dazu dient, die Weiterentwicklung des Datenschutzrechts im Privatrechtsverhältnis an den EuGH zu delegieren. Sofern man diese Aufgabe dem EuGH nicht zutraut, ist Art. 6 I UAbs.1 lit.f tatsächlich eine gesetzgeberische Zumutung, weil er kaum Kriterien zur Tatbestandsausfüllung bereitstellt. Dieser weite Tatbestand lässt

---

122   Auf diese Gefahr hinweisend: Schulz, in: Gola 2018, Art. 6 Rn. 13; sowie Frenzel, in: Paal und Pauly 2018, Art. 6 Rn. 26.

sich damit erklären, dass die Kommission ursprünglich eine zusätzliche Regelung in Art. 6 vorgeschlagen hatte, die es ihr ermöglicht hätte, den Anwendungsbereich von Art. 6 I UAbs.1 lit.f durch delegierte Rechtsakte zu konkretisieren.[123] Dieser Vorschlag der Kommission ist jedoch am EU-Parlament gescheitert. Dies kann man als Verhinderung einer „undemokratische[n], zentralistische[n] Note" begrüßen.[124] Allerdings ist es auch dem Parlament nicht gelungen,[125] den Tatbestand der „berechtigten Interessen" inhaltlich genauer zu bestimmen.[126]

Infolgedessen wird die Konkretisierung von Art. 6 I UAbs.1 lit.f und somit die Entscheidung über die Zulässigkeit von Geschäftsmodellen auf Grundlage von personenbezogenen Daten zunächst dezentral, d. h. von dutzenden nationalen Zivilgerichten entschieden.[127] Erst im Anschluss hieran fällt dem EuGH die Rolle eines datenschutzrechtlichen Schrittmachers zu. Kurzum: Die Unentschlossenheit und Uneinigkeit der Legislative zwingt den EuGH in die Position eines Ersatzgesetzgebers.[128] Damit teilt Art. 6 I UAbs.1 lit.f das Schicksal aller Generalklauseln. Je nach künftiger Auslegung, hat er das Potenzial entweder zum Inkubator oder zum Hemmschuh neuer datengetriebener Geschäftsmodelle zu werden. Es werden vermutlich Jahre vergehen, bevor der EuGH auf dieser Grundlage verallgemeinerungsfähige Fallgruppen herausgebildet hat und die zwischenzeitlich bestehende Rechtsunsicherheit überwunden ist.

Aus privatrechtlicher Perspektive liegt es deshalb nahe, die Willensbekundungen eines Datensubjekts ernst zu nehmen. Dann ist eine Anwendung der Erlaubnistatbestände sinnvoll, die einen Anreiz dafür setzt, den Willen des Datensubjekts soweit wie möglich zu berücksichtigen. Hierfür spricht zudem, dass das Recht auf Datenportabilität (Art. 20) nur auf Datenverarbeitungen Anwen-

---

123  Art. 86 KOM-Entwurf DSGVO.
124  Roßnagel et al. 2015, S. 460; in diese Richtung auch: Schild und Tinnefeld 2012, S. 316f.
125  ErwägungsG 47 nennt mit der vernünftigen Erwartungshaltung des Datensubjekts, der Absehbarkeit der Verarbeitung sowie der Berücksichtigung der Beziehung zu dem Verantwortlichen immerhin wenige Kriterien, die auf der Stufe der Identifikation der berechtigten Interessen gem. Art. 6 I UAbs.1 lit.f DSGVO berücksichtigt werden können.
126  Albrecht 2016, S. 92.
127  Die Regelung enthält abgesehen von der Schlechterstellung der werblichen Direktansprache (Art. 21 II DSGVO) und der Privilegierung der Rechtsverfolgung (Art. 21 I S.2 DSGVO) keine rechtlichen Anhaltspunkte, unterstellt der Beurteilungsspielraum des Datenverantwortlichen aber vollständig der gerichtlichen Überprüfung. Hierzu Dammann 2016, S. 312.
128  Mit Dok. 9901/17 ADD 1 vom 01.06.2017 hatte die Ratspräsidentschaft dem Rat Änderungsvorschläge unterbreitet, welche die Abgrenzung zwischen dem ursprünglichen Vorschlag der Kommission (KOMdigitIn-RL) und der DSGVO verbessern sollten http://eur-lex.europa.eu/legal-content/EN/TXT/PDF/?uri=CONSIL:ST_9901_2017_ADD_1&from=DE. Diese pauschalen Verweise auf den Vorrang der DSGVO finden sich auch im Kompromissvorschlag der digitInRL (oben: Fn. 4) und überantworten die Konfliktlösung damit dem EuGH. Vgl. Art. 3 VIII, 16 II digitIn-RL, sowie die ErwägungsG 24, 37, 38, 39.

dung findet, die auf Grundlage von lit.a oder lit.b erfolgen.[129] Zudem würde die enge Auslegung des Art. 6 I UAbs.1 lit.f den Anreiz setzen, Datensubjekte künftig – beispielsweise in Form von Personal Information Management Systemen (PIMS) und Einwilligungsassistenten – frühzeitig einzubeziehen.

Schätzt man denn Willen von Menschen jedoch entweder gering oder traut ihnen keine Erfahrungs- und Lernerfolge zu, liegt es nahe, Art. 6 I UAbs.1 lit.f denjenigen weiten Anwendungsbereich einzuräumen, den viele datenverarbeitende Unternehmen sich wünschen. Diese Vorgehensweise bietet sich jedoch nur an, sofern man davon überzeugt ist, dass Aufsichtsbehörden und Gerichte die (gemutmaßten) Präferenzen von Datensubjekten besser kennen, als die Datensubjekte selbst.

# 5 Zusammenfassung in Thesen

- Die gemeinsame Analyse von DSGVO und digitIn-RL offenbart, dass eine vertragliche Leistungsbeziehung „Daten (digitale Inhalte) gegen personenbezogene Daten" faktisch besteht. Sie muss in das (europäische) Datenschuldrecht integriert werden.

- Mit der digitIn-RL sollen die Wettbewerbsverhältnisse für Anbieter digitaler Inhalte angeglichen werden, unabhängig davon, ob die Gegenleistung der Verbraucher in Geld erbracht wird und/oder personenbezogene Daten bereitgestellt werden. Damit geht zugleich eine gewisse Akzeptanz von personenbezogenen Daten als Leistungsgegenstand einher. Die ausdrückliche rechtliche Anerkennung dieser Leistungsbeziehung steht aber noch aus.

- Der europäische Gesetzgeber bürdet den nationalen Zivilgerichten und dem EuGH die wirtschaftspolitische Entscheidung darüber auf, unter welchen Bedingungen und in welchem Ausmaß personenbezogene Daten kommerzialisiert werden können. Es wird den Gerichten nur langfristig gelingen, erkennbare Fallgruppen und Leitlinien zu etablieren. Zwischenzeitlich wird die Delegation dieser Aufgabe an die Gerichte zu Rechtsunsicherheit führen.

- Derzeit löst das in Art. 6 I UAbs.1 DSGVO enthaltene Verbot mit Erlaubnisvorbehalt zwei Reaktionen aus. Erstens fliehen datenverarbeitende Unternehmen aus dem Erlaubnistatbestand der Einwilligung. Zweitens steigt der Druck auf die Gesetzgebung, weitere Erlaubnistatbestände zu etablieren.

---

129 Hierzu: Metzger et al. 2018, S. 104.

- Die in Art. 6 I UAbs.1 DSGVO geregelten datenschutzrechtlichen Erlaubnistatbestände lassen sich aus privatrechtlicher Perspektive als zweifache Stufenleiter systematisieren.

- Art. 6 I UAbs.1 lit.a iVm. Art. 7 DSGVO enthält die erste Stufenleiter. Diese Vorschriften ermöglichen unterschiedliche Einwilligungsvarianten. Diese reichen von der jederzeit widerruflichen (schlichten) Einwilligung bis zur rechtlich bindenden schuldrechtlichen Gestattung.

- Die zweite – in diesem Beitrag ausgearbeitete Stufenleiter – geht von einem Vorrang der Einwilligung vor den gesetzlichen Erlaubnistatbeständen aus, weil nur die Einwilligung auf dem bekundeten Willen eines Datensubjekts beruht und damit unmittelbare Ausgestaltung des Grundrechts auf Schutz und Gewährleistung der informationellen Selbstbestimmung ist.

- Innerhalb der gesetzlichen Erlaubnistatbestände hat Art. 6 I UAbs.1 lit.b DSGVO Vorrang. Er ist vertragsakzessorisch und beruht somit zumindest mittelbar auf einer Willenserklärung des Datensubjekts.

- Art. 6 I UAbs.1 lit.f DSGVO dient als allgemeiner Auffangtatbestand. Er sollte im Verhältnis zu lit.a und lit.b jedoch nur subsidiär zur Anwendung kommen. Im Mittelpunkt von Art. 6 I UAbs.1 lit.f DSGVO steht nicht die autonome Entscheidung des Datensubjekts. Vielmehr determinieren zunächst die für die Datenverarbeitung Verantwortlichen und im Anschluss hieran die Gerichte, ob eine Datenverarbeitung interessengerecht ist.

- Derzeit hoffen datenverarbeitende Unternehmen auf eine großzügige Anwendung von Art. 6 I UAbs.1 lit.f DSGVO. Diese Hoffnung sollten die Gerichte nur bedingt erfüllen. Eine großzügige Auslegung reduziert den Einfluss der Datensubjekte, belohnt die aktuelle Flucht aus der Einwilligung und reduziert den Anreiz, Datensubjekte frühzeitig und aktiv in die Verarbeitungsprozesse einzubeziehen.

## Literatur

Acquisti, A., C. Taylor und L. Wagman. 2016. The Economics of Privacy, *Journal of Economic Literature* 52 (2), https://papers.ssrn.com/sol3/papers.cfm?abstract_id=2580411. Zugegriffen: 13. Juni 2019.

Albrecht, J. 2016. Das neue EU-Datenschutzrecht – von der Richtlinie zur Verordnung. *Computer und Recht* 2: S. 88–98.

Ann, C., M. Loschelder, und M. Grosch, Hrsg. 2010. *Praxishandbuch Know-how-Schutz*. Köln: Carl Heymanns.

Artz, M. und B. Gsell, Hrsg. 2018. *Verbraucherschutz und digitaler Binnenmarkt.* Tübingen: Mohr Siebeck.

Benedikt, K., und T. Kranig. 2019. DS-GVO und KUG – ein gespanntes Verhältnis. *Zeitschrift für Datenschutz*: S. 4–7.

Buchner, Benedikt. 2006. *Die informationelle Selbstbestimmung im Privatrecht.* Tübingen: Mohr Siebeck.

Canaris, C.-W. 1984. Grundrechte und Privatrecht. *Archiv für die civilistische Praxis* 184: S. 201–246.

Conrad I., und M. Grützmacher, Hrsg. 2014. Recht der Daten und Datenbanken im Unternehmen, FS-Schneider. Köln: Verlag Dr. Otto Schmidt.

Dammann, U. 2016. Erfolge und Defizite der EU-Datenschutzgrundverordnung. Erwarteter Fortschritt, Schwächen und überraschende Innovationen. *Zeitschrift für Datenschutz* 7: S. 307–314.

Di Fabio, U. 2001. in: Hrsg. T. Maunz und G. Dürig, Kommentar zum Grundgesetz. München: C.H. Beck.

Ebnet, Peter. 1995. *Der Informationsvertrag.* Baden-Baden: Nomos.

Faust, F. 2016. Digitale Wirtschaft – Analoges Recht: Braucht das BGB ein Update? Gutachten zum 71. Deutschen Juristentag. abrufbar unter: static1.1.sqspcdn.com/static/f/1376130/26847040 /1455040340113/Faust+Digitale+Wirtschaft+Analoges+Recht+Gutachten+fur+den+71.+DJT. PDF?token=73St8IVwwV4tYnJQSVMQJm　　H3F8c%3D%20

Geiger, A. 1994. Datenschutzrechtliche Ansätze im deutschen Konstitutionalismus des 19. Jahrhunderts. *Neue Zeitschrift für Verwaltungsrecht* 13: S. 662–664.

Gola, P. (Hrsg.). 2018. DS-GVO Kommentar, 2. Aufl. München: C. H. Beck.

Gsell, B. 2018. Der europäische Richtlinienvorschlag zu bestimmten vertragsrechtlichen Aspekten der Bereitstellung digitaler Inhalte Zeitschrift für Urheberrecht, *Zeitschrift für Urheber- und Medienrecht* 2, S. 75–82.

Habermas, Jürgen. 1962. *Strukturwandel der Öffentlichkeit: Untersuchungen zu einer Kategorie der bürgerlichen Gesellschaft.* München: Luchterhand.

Hacker, P. 2019. Daten als Gegenleistung. Rechtsgeschäfte im Spannungsfeld von DS-GVO und allgemeinem Vertragsrecht. *Zeitschrift für die gesamte Privatrechtswissenschaft* 2: S. 148–197.

Hermstrüwer, Yoan. 2016. *Informationelle Selbstgefährdung. Zur rechtsfunktionalen, spieltheoretischen und empirischen Rationalität der datenschutzrechtlichen Einwilligung und des Rechts auf informationelle Selbstbestimmung.* Tübingen: Mohr Siebeck.

Hoffmann-Riem, Wolfgang. 2016. *Innovation und Recht – Recht und Innovation.* Tübingen: Mohr Siebeck.

Hofmann, F. 2016. Der maßgeschneiderte Preis. Dynamische und individuelle Preise aus lauterkeitsrechtlicher Sicht. *Wettbewerb in Recht und Praxis* 9: S. 1074–1082.

Kindl, J., T. Arroyo Vendrell, und B. Gsell, Hrsg. 2018. *Verträge über digitale Inhalte und digitale Dienstleistungen.* Baden-Baden: Nomos.

Köhler, H., J. Bornkamm, und J. Feddersen. 2018. *UWG Kommentar.* München: C. H. Beck.

Körber, T. 2017. Brauchen wir ein Datenschuldrecht? Vortrag gehalten am 4.5.2017, Universität zu Köln.

Kramer, P. 2013. Verbot mit Erlaubnisvorbehalt zeitgemäß? *Datenschutz und Datensicherheit* 6: S. 380–382.

Krönke, C. 2016. Datenpaternalismus – Staatliche Interventionen im Online-Datenverkehr zwischen Privaten, dargestellt am Beispiel der Datenschutz-Grundverordnung. *DER STAAT* 55: S. 319–351.

Kühling, J., C. Seidel, und A. Sivridis. 2015. *Datenschutzrecht*, 3. Aufl., C.F. Müller.

Kühling, J., und M. Martini. 2016. Die Datenschutz-Grundverordnung: Revolution oder Evolution im europäischen und deutschen Datenschutzrecht?, *Europäische Zeitschrift für Wirtschaftsrecht* 12: S. 448–454.

Kühling, J. und B. Buchner, Hrsg. 2018. *DS-GVO BDSG Kommentar*. 2. Aufl. München: C. H. Beck

Kühling, J., und F. Sackmann. 2018. Rechte an Daten – Regulierungsbedarf aus Sicht des Verbraucherschutzes?. Rechtsgutachten im Auftrag des VZBV. https://www.vzbv.de/sites/default-/files/downloads/2018/11/26/18-11-01_gutachten_kuehling-sackmann-rechte-an-daten.pdf. Zugegriffen: 13. Juni 2019.

Langhanke, Carmen. 2018. *Daten als Leistung*. Tübingen: Mohr Siebeck.

Langhanke, C., und M. Schmidt-Kessel. 2015. Consumer Data as Consideration. *Journal of European Consumer and Market Law* 6: S. 218–223.

Leisner, Walter. 1960. *Grundrechte und Privatrecht*. C.H. Beck.

Luhmann, Niklas. 1965. *Grundrechte als Institution. Ein Beitrag zur politischen Soziologie*. Berlin: Dunker & Humblot.

Luhmann, Niklas. 1966. Recht und Automation in der öffentlichen Verwaltung. Berlin: Dunker & Humblot.

Martinek, M. 2011. Der Grundsatz der Selbstverantwortung im Vertrags- und Verbraucherrecht. In Hrsg. K. Riesenhuber. Das Prinzip der Selbstverantwortung. Grundlagen und Bedeutung im heutigen Privatrecht. Tübingen: Mohr Siebeck. S. 247–276.

Masing, J. 2012. Herausforderungen des Datenschutzes. *Neue Juristische Wochenschrift* 32: S. 2305–2311.

Medicus, D., und J. Petersen, 2016. *Allgemeiner Teil des BGB*, 11. Aufl. Heidelberg: C.F. Müller.

Mell, P. 1996. Seeking Shade in a Land of Perpetual Sunlight: Privacy as Property in the Electronic Wilderness. 11 *Berkeley Technology L. J.* 1: S. 1–92.

Metzger, A. 2016. Dienst gegen Daten: Ein synallagmatischer Vertrag. *Archiv für die civilistische Praxis* 216: S. 817–865.

Metzger, A., Z. Efroni, L. Mischau, und J. Metzger. 2018. Statement on the proposal for a Directive of the European Parliament and of the Council on certain aspects concerning contracts for the supply of digital content COM(2015) 634 (Digital Content Directive) by Research Group 4 ("Data as a means of payment") at the Weizenbaum Institute for the Networked Society – The German Internet Institute, abrufbar unter: https://vernetzung-und-gesellschaft.de/wp-content/uploads/11/2018/03/Weizenbaum-RG4-Statement-on-DCD-March2018.pdf.

Metzger, A. 2019. Digitale Mobilität – Verträge über Nutzerdaten. Zeitschrift für Gewerblichen Rechtsschutz und Urheberrecht 1: S. 129–136.

Moos, F., Hrsg. 2018. *Datenschutz- und Datennutzungsverträge. Vertragsmuster, Klauseln, Erläuterungen Datenschutz- und Datennutzungsverträge*, 2. Aufl. München: C. H. Beck.

Nipperdey, H.-C. 1962. *Grundrechte und Privatrechte*. In: Festschrift für Erich Molitor zum 75. Geburtstag, München: C.H. Beck, S. 17–33.

Obergfell, E. I. 2017. Personalisierte Preise im Lebensmittelhandel – Vertragsfreiheit oder Kundenbetrug? Zeitschrift für das gesamte Lebensmittelrecht 3: S. 290–301.

Ohly, Ansgar. 2002. *Volenti non fit iniuria. Die Einwilligung im Privatrecht*. Tübingen: Mohr Siebeck.

Ohly, A. 2011. Verändert das Internet unsere Vorstellung von Persönlichkeit und Persönlichkeitsrecht? *Zeitschrift für Medien- und Kommunikationsrecht*: S. 428–438.

Ohly, A., und A. Sattler. 2016. 120 Jahre UWG im Spiegel von 125 Jahren. *Zeitschrift für Gewerblichen Rechtsschutz und Urheberrecht* 12: S. 1229–1239.

Paal, B und D. Pauly, Hrsg. 2018.: *DS-GVO und BDSG Kommentar*. München: C. H. Beck.

Paulus, D. 2018. Keine unechten Sammelklagen in Verbrauchersachen. *Neue Juristische Wochenschrift*, S. 887–991.

Peachey, K. 2016. Facebook blocks Admiral's car insurance discount plan. https://www.bbc.com/news/business-37847647. Zugegriffen: 13. Juni 2019.

Plath, K.-U. (Hrsg.). 2018. Plath (Hrsg.). Kommentar zu DS-GVO, BDSG und den Datenschutzbestimmungen des TMG und TK. Köln: Otto Schmidt Verlag

Preibusch, S., D. Kübler und A. Beresford. 2012. Price versus privacy. An Experiment into the competitive advantage of collecting less personal information, verfügbar unter: http://test.preibusch.net/publications/Preibusch-Kuebler-Beresford_Price_versus_privacy_experiment.pdf

Radlanski, P. 2016. Das Konzept der Einwilligung in der datenschutzrechtlichen Realität. Tübingen: Mohr Siebeck

Riesenhuber, K. 2018. Privatautonomie – Rechtsprinzip oder „mystifizierendes Leuchtfeuer". Zeitschrift für die gesamte Privatrechtswissenschaft 3: 352–368

Roßnagel, A., 2019, Kein „Verbotsprinzip" und kein „Verbot mit Erlaubnisvorbehalt" im Datenschutzrecht. Neue Juristische Wochenschrift: 1–5

Roßnagel, A., A. Pfitzmann und H. Garstka, 2001, Gutachten Modernisierung des Datenschutzrechts. Gutachten im Auftrag des Bundesministeriums des Innern

Roßnagel, A., M. Nebel und P. Richter. 2015. Was bleibt vom Europäischen Datenschutzrecht? Überlegungen zum Ratsentwurf der DS-GVO. Zeitschrift für Datenschutz 10: 455–460

Röthel, A. 2017. Privatautonomie im Spiegel der Privatrechtsentwicklung: ein mystifizierendes Leuchtfeuer. In Hrsg. C. Bumke und A. Röthel. Autonomie und Recht. Gegenwartsdebatten über einen rechtlichen Grundbegriff. Tübingen: Mohr Siebeck. S. 91–115

Sattler, A. 2017. Personenbezogene Daten als Leistungsgegenstand. Juristen Zeitung 11: 1036–1046

Sattler, A. 2018. From Personality to Property? – Revisiting the Fundamentals of the Protection of Personal Data. In Hrsg. M. Bakhoum, B. Conde Gallego, M.-O. Mackenrodt und G. Surblytė-Namavičienė. Personal Data in Competition, Consumer Protection an IP Law – Towards a Holistic Approach? Berlin: Springer. S. 27–54.

Schantz, P. und H. A. Wolff. 2017. Das neue Datenschutzrecht. München: C. H. Beck

Schild, H.-H. und M.-T. Tinnefeld. 2012. Datenschutz in der Union – Gelungene oder missglückte Gesetzesentwürfe?. Datenschutz und Datensicherheit 5: 312–317

Schmidt-Kessel, M. 2016. Daten als Gegenleistung in Verträgen über die Bereitstellung digitaler Inhalte. Vortrag abrufbar unter: https://www.bmjv.de/SharedDocs/Artikel/DE/2016/0503-2016_Digitales_Vertragsrecht.html.

Schmidt-Kessel, M. und A. Grimm. 2017. Unentgeltlich oder entgeltlich? – Der vertragliche Austausch von digitalen Inhalten gegen personenbezogene Daten. Zeitschrift für die gesamte Privatrechtswissenschaft 1: 84–108

Schneider, J. und N. Härting. 2012. Wird der Datenschutz nun endlich internettauglich? Zeitschrift für Datenschutz: 199–203

Schwaiger M. und G. Hufnagel. 2018. Handel und elektronische Bezahlsysteme. ABIDA-Gutachten. abrufbar unter: http://www.abida.de/sites/default/files/Gutachten_Handel_Bezahlsysteme.pdf

Schweitzer, H. und M. Peitz. 2018. Ein neuer europäischer Ordnungsrahmen für Datenmärkte? Neue Juristische Wochenschrift 5: 275– 280

Shils, E. 1966. Privacy, its Constitution and Vicissitudes, 31 Law and Contemporary Problems. abrufbar unter: http://scholarship.law.duke.edu/cgi/viewcontent.cgi?article=3109&context=lcp

Simitis, S. 2014. Kommentar Bundesdatenschutzgesetz. 8. Aufl. Baden-Baden: Nomos

Simitis, S, G. Hornung und I. Spiecker 2019. Kommentar Datenschutzrecht DSGVO und BDSG, 1. Aufl. Baden-Baden: Nomos

Singer, N. 2018. Weaponized Ad Technology': Facebook's Moneymaker Gets a Critical Eye, The New York Times, 16.08.2018, abrufbar unter: https://www.nytimes.com/2018/08/16/technology/facebook-microtargeting-advertising.html

Solove, D. 2006. A Brief History of Information Privacy Law. In Proskauer on Privacy, PLI, abrufbar unter: http://scholarship.law.gwu.edu/faculty_publications/923/.

Specht, L. und W. Kerber. 2018. Datenrechte, ADIBA-Gutachten. abrufbar unter: http://www.abida.de/sites/default/files/ABIDA_Gutachten-_Datenrechte.pdf

Spindler, G. 2016. Verträge über digitale Inhalte – Anwendungsbereich und Ansätze. Vorschlag der EU-Kommission zu einer Richtlinie über Verträge zur Bereitstellung digitaler Inhalte. Multimedia und Recht 2: 147–153

Spindler, G. 2016. Verträge über digitale Inhalte – Haftung, Gewährleistung und Portabilität. Vorschlag der EU-Kommission zu einer Richtlinie über Verträge zur Bereitstellung digitaler Inhalte. Multimedia und Recht 4: 219–224.

Stechow von, H. 2002. Das Gesetz zur Bekämpfung des unlauteren Wettbewerbs vom 27.5.1896. Köln: Dunker & Humblot

Steinmüller, W., B. Lutterbeck, C. Malmann, U. Harbort, G. Kolb und J. Schneider. 1971. Grundfragen des Datenschutzes, Gutachten im Auftrag des Bundesministeriums des Innern, BT Drs. VI/3826. abrufbar unter: http://dipbt.bundestag.de/doc/btd/06/038/0603826.pdf.

Sydow, G. und M. Krings. 2014. Die Datenschutzgrundverordnung zwischen Technikneutralität und Technikbezug. Konkurrierende Leitbilder für den europäischen Rechtsrahmen. Zeitschrift für Datenschutz 6: 271–276

Tavanti, P. 2016. Datenverarbeitung zu Werbezwecken nach der Datenschutz-Grundverordnung. Teil 2. Zeitschrift für Datenschutz-, Informations- und Kommunikationsrecht 6: 295–306

Tillmann, T. und V. Vogt. 2018. Personalisierte Preise – Diskriminierung 2.0?, Abida-Dossier. abrufbar unter: http://www.abida.de/sites/default/files/22_Dossier_Personalisierte%20Preise_-Online.pdf

Veil, W. 2015. DS-GVO: Risikobasierter Ansatz statt rigides Verbotsprinzip. Eine erste Bestandsaufnahme. Zeitschrift für Datenschutz 8: 347–353

Warren, S. und L. Brandeis. 1890. The Right to Privacy, 4 Harvard Law Review 193, abrufbar unter: http://www.jstor.org/stable/1321160?origin=JSTOR-pdf&seq=1#page_scan_tab_contents

Westphalen von, F. und C. Wendehorst. 2016. Hergabe personenbezogener Daten für digitale Inhalte – Gegenleistung, bereitzustellendes Material oder Zwangsbeitrag zum Datenbinnenmarkt?, Betriebsberater 37: 2179–2187

Winzer, W. 2011. Forschungs- und Entwicklungsverträge, 2. Aufl. München: C. H. Beck

Wolff, H. A. und S. Brink (Hrsg.). 2018. Beck Online Kommentar Datenschutzrecht, 25. Edition, München: C. H. Beck

Ziegenhorn, G. und K. von Heckel. 2016. Datenverarbeitung durch Private nach der europäischen Datenschutzreform. Auswirkungen der Datenschutz-Grundverordnung auf die materielle Rechtmäßigkeit der Verarbeitung personenbezogener Daten. Neue Zeitschrift für Verwaltungsrecht 22: 1585–1591

## Sonstige Quellen

Europäische Kommission, Vorschlag für eine Richtlinie des Europäischen Parlaments und des Rates über bestimmte vertragsrechtliche Aspekte der Bereitstellung digitaler Inhalte, COM(2015) 634 final (https://eur-lex.europa.eu/legal-content/DE/ALL/?uri=CELEX:52015PC0634)

Rat der Europäischen Union, Dok. 9901/17 ADD 1 vom 1.6.2017 (http://data.consilium.europa.-eu/-doc/document/ST-9901-2017-ADD-1/de/pdf)

Rat der Europäischen Union, Dok PE-CONS 26/19 vom 03.04.2019, Konsolidierter Kompromiss der Richtlinie des Europäischen Parlaments und des Rates über bestimmte vertragsrechtliche Aspekte der Bereitstellung digitaler Inhalte und digitaler Dienstleistungen (https://data.consilium.europa.eu/doc/document/PE-26-2019-INIT/de/pdf).

Europäisches Parlament, Bericht über den Vorschlag für eine Richtlinie des Europäischen Parlaments und des Rates über bestimmte vertragsrechtliche Aspekte der Bereitstellung digitaler Inhalte vom 27.11.2017, DOK. A8-0375/2017 (http://www.europarl.europa.eu/sides/-getDoc.-do?pubRef=-//EP//TEXT+REPORT+A8-2017-0375+0+DOC+XML+V0//DE)

Europäisches Parlament, Consumers' rights against defective digital content agreed by EU lawmakers, Pressemitteilung vom 22.01.2019 (http://www.europarl.europa.eu/news/en/press-room/-20190121IPR23915/consumersrights-against-defective-digital-content-agreed-by-eu-lawmakers)

Stellungnahme der Art. 29-Gruppe zum Begriff des berechtigten Interesses vom 9.4.2014 (zu Art. 7 lit.f DSRL (1995)), WP 217

EDSB Stellungnahme zu dem Vorschlag für eine Richtlinie über bestimmte vertragsrechtliche Aspekte der Bereitstellung digitaler Inhalte, 14.03.2017 (https://edps.europa.eu/sites/edp/files-/publication/17-03-14_opinion_digital_content_de.pdf)

Hessisches Datenschutzgesetz, 07.10.1970, GVBl. II 1970, 300-10, S. 621ff.

Bundesdatenschutzgesetz, 27.01.1977, BGl. I 1977, S. 201ff.

Fair Credit Reporting Act (1970), 15 U.S.C. § 1681

Federal Privacy Act (1974), 5 U.S.C. § 552

Kapitel 4

Handlungsspielräume in der Datenökonomie

# Das verdatete Selbst – Medientechnologie und Subjektivierung

*Andreas Spengler[1]*

*Keywords: Subjektivierung, Gouvernementalität, Digitalität, Bildung*

*Abstract*

Der Beitrag beschäftigt sich aus erziehungswissenschaftlicher Perspektive mit dem Zusammenhang von Subjektivierung und Medientechnologien sowie den damit einhergehenden Anforderungen. In einem ersten Schritt werden dazu Problemstellungen und gegenwärtige Herausforderungen konturiert, bevor im zweiten Schritt ein Blick auf die Entwicklungsgeschichte verschiedener Medientechnologien geworfen wird. Im Zentrum steht dabei die Genealogie eines verdateten Selbst, als einer gegenwärtigen Subjektivierungsform, deren ambivalente Anforderungen im dritten und letzten Schritt dargestellt werden.

*Inhalt*

1 Am Anfang steht die Zukunft ..................................................................252

2 Netze der (Ver-)Bindung ........................................................................254

3 Phasen der Vernetzung ............................................................................257

4 Im Netz der Daten ..................................................................................261

Literatur ....................................................................................................266

1    Andreas Spengler | Universität Passau | andreas.spengler@uni-passau.de

© Springer Fachmedien Wiesbaden GmbH, ein Teil von Springer Nature 2019
C. Ochs et al. (Hrsg.), *Die Zukunft der Datenökonomie*, Medienkulturen im digitalen Zeitalter, https://doi.org/10.1007/978-3-658-27511-2_11

# 1 Am Anfang steht die Zukunft

Visionen vom guten Leben gibt es viele. Meist beschreiben solche als Utopien freie Menschen in freien Gesellschaften, die ihre je eigenen Interessen zum Wohl aller verfolgen können. Technologie kommt dabei eine unterstützende Rolle zu – sie hilft, das Leben zu vereinfachen und arbeitet *für* die Menschen. Umgekehrt zeichnen Dystopien dann gerne die Menschen als der Technologie unterworfen, als Objekthirten[2], als Zauberlehrlinge, als Knechte ihrer eigenen Schöpfungen und im Kampf *gegen* diese. Gemein bleibt beiden Vorstellungen, dass zu Beginn, oft als gesellschaftlicher Fortschritt, die Idee eines guten Lebens stand sowie dass Technologie gerne und zunächst als Mittel zum Zweck betrachtet wird. Die Idee vom guten Leben bildet jedoch auch ein gern übersehenes Grundmoment der Pädagogik. Denn wie es ihre „einheimischen Begriffe" in Form von Lernen, Erziehung und insbesondere Bildung verdeutlichen, soll die Pädagogik bei aller Ambivalenz helfen, solche Ideen zu verwirklichen, ein gutes Leben zu ermöglichen. Dabei ist sie *sui generis* allerdings genauso wenig davor gefeit, dass ihre Intentionen umschlagen und aus Ideen vom guten Leben die Bestimmung, Zielsetzung und Vermittlung eines „richtigen" Lebens wird. Hervorgegangen aus dem Prozess der Aufklärung, fällt der Pädagogik damit eine doppelte Aufgabe zu: Sie ist nicht nur Handlungswissenschaft – im Sinn eines praktischen Organs der Aufklärung –, sondern auch unter dem Namen „Erziehungswissenschaft" als theoretisches Organ der Analyse und Kritik an der Aufklärung, ja weitergedacht als die Selbstkritik dieser zu verstehen, im Rahmen derer sich die folgende Untersuchung verortet.[3] Denn pädagogisches Denken und Handeln steht durch dieses Verhältnis vor mehreren Herausforderungen. Einerseits kann es sich nicht dem vorherrschenden Zeitgeist entziehen und steht bereits *a priori* im Verdacht, affirmativ-ideologisch geladen zu sein. Andererseits ergibt sich daraus der doppelte Anspruch einer permanenten, wie kritischen (Selbst-)Reflexion der eigenen Begriffe und Handlungsempfehlungen als Wissenschaft, genauso wie der Prozesse pädagogischer Vergesellschaftung als Praxis. Spätestens seit den 60er Jahren des vergangenen Jahrhunderts zeigt sich die darin liegende Drastik. Seither wurden und werden unter dem Begriff Pädagogisierung Expansionen des Pädagogischen in andere Bereiche beobachtet, diskutiert und kritisiert. Denn

> [k]onstitutive Elemente der pädagogischen Wissens- und Machtform stellen ein praktisches Wissen um die Entwicklungs-, Steigerungs- und Veränderungsmöglichkeiten von Subjekten oder Kollektiven, die Reflexion von Einwirkungsmaßnahmen (Bildung, Erziehung, Sozialisation, Lernen) bei Anerkennung der Eigendynamik

---

2     Anders 2010, S. 95.
3     Gruschka 2004, S. 9ff.

der Subjekte (Wille, Autonomie) und ein Set institutioneller Praktiken dar, durch welche die Subjekte in ein komplexes Ensemble sozialer Beziehungen gegenseitiger Bildung und Erziehung einsozialisiert werden.[4]

Kein Wunder also, dass dieses genuin pädagogische Wissen seinen originären Bereichen entkoppelt und von anderen zur Anleitung, Führung oder Kontrolle von Menschen adaptiert wird. Verloren geht dann rasch „das hehre Ziel" der Pädagogik, als Anleitung zur Selbstermächtigung zu dienen, zugunsten neuer Zielsetzungen, wie beispielsweise der Nutzbarmachung für Zwecke einer ökonomischen Verwertbarkeit. Es geht dann eben nicht mehr „nur" um Lehren und Lernen, Erziehung und Bildung, sondern viel mehr um Arten und Weisen, meist produktiv interessensgesteuert, Weltverhältnisse zu gestalten und Selbstverhältnisse zu regulieren.[5]

Darin spiegelt sich auch das derzeitige Zusammenwachsen mehrerer Entwicklungen, die im Folgenden den Fokus bilden werden. Es sind, neben der angesprochenen Pädagogisierung, Prozesse der Ökonomisierung und Digitalisierung, die steigenden Einfluss auf die Gestaltungsmöglichkeiten jener Selbst- und Weltverhältnisse nehmen. Doppelt wachsen damit die Ansprüche: an die Subjekte selbst, welche diese Anforderungen zu bewältigen haben und an die Pädagogik, die dabei unterstützen soll, ohne sich den vorherrschenden Verhältnissen affirmativ anzuschmiegen. Erziehungswissenschaft steht damit in der Pflicht, jene gegenwärtigen Prozesse von (pädagogischer) Vergesellschaftung, als „Subjekt-Werdung", kritisch-reflexiv zu durchdringen, die in der Gegenwart in die Reziprozität medientechnologischer Bedingungsverhältnisse verwoben sind. Denn, wie Alfred Schäfer formuliert, „[d]ie *Unmöglichkeit* von Freiheit, Autonomie, Identität, Selbstverwirklichung, Gerechtigkeit, Alterität als Bezugspunkt von Bildung oder Subjektivierung muss in ihrer praktisch scheiternden *Wirksamkeit* (und damit ihrer dennoch strukturierenden Macht) nachvollziehbar gemacht werden."[6] Einen ersten Schritt in diese Richtung bilden kritische Auseinandersetzungen, als Konturierung jener ambivalenten Praktiken zwischen Freiheit und Kontrolle. Dazu erweisen sich insbesondere subjektivierungs-[7] und gouvernementalitätstheoretische[8] Ansätze als fruchtbar. Sie ermöglichen es, „[...] den Prozess der ‚Subjektwerdung' als einen kulturell codierten, durch Andere konstituierten und praktisch verfassten Prozess zu denken, in dem die

---

4 Höhne 2003, S. 234f.
5 Der Reziprozität dieses Prozesses kann hier leider nicht nachgegangen werden. Denn selbstverständlich wirken diese Bereiche auch wieder in genuin pädagogische Institutionen und Verhältnisse zurück, wie man es beispielsweise bezüglich der Diskussion um „Classroom Management", „kompetenzorientierten Unterricht" oder „lifelong learning" beobachten kann.
6 Schäfer 2019, S. 133.
7 Saar 2013; Reckwitz 2016.
8 Bröckling und Krasmann 2010; Foucault 2015.

‚Subjekte' weder durch die jeweiligen sozialen Bedingungen und kulturellen ‚Formatierungen' determiniert werden, noch umgekehrt deren Vorgängigkeit und Unmittelbarkeit unterstellt wird."[9]

Um diesen Anspruch unter der besonderen Berücksichtigung von Medientechnologien einlösen zu können, bietet sich folgendes Vorgehen an: Zunächst, und in einem ersten Schritt, ist es notwendig, gegenwärtige Problemstellungen und Herausforderungen medientechnologischer Entwicklungen zu konturieren. Darauf basierend, ist in einem zweiten Schritt ein Blick auf die Entwicklungsgeschichte von Medientechnologien notwendig, um so ein Verständnis für gegenwärtige Ausprägungen zu schaffen sowie die Genealogie des verdateten Selbst freizulegen. Hierbei liegt der Fokus auf der vernetzenden Rolle von Medientechnologien, um so im Anschluss, und einem dritten Schritt, jenes ambivalente Verhältnis des Selbst und seiner Daten in der Gegenwart darstellen zu können.

## 2 Netze der (Ver-)Bindung

In einem 1967 gehaltenen Vortrag äußerte sich Michel Foucault folgendermaßen über die Welt, das Verhältnis von Raum und Zeit:

> Wir leben in einem Zeitalter der Gleichzeitigkeit, des Aneinanderreihens, des Nahen und Fernen, des Nebeneinander und des Zerstreuten. Die Welt wird heute nicht so sehr als ein großes Lebewesen verstanden, das sich durch die Zeit entwickelt, sondern als ein Netz, dessen Stränge sich kreuzen und Punkte verbinden.[10]

Nahezu „prophetisch" muten diese Sätze an, vergegenwärtigt man sich ihren Entstehungszeitpunkt vor knapp einem halben Jahrhundert. Im späteren Verlauf des Vortrags bezieht Foucault sich zudem auf den entscheidenden Beitrag von (damals aktuellen) Medientechnologien für diese Beziehungen: „Heute tritt die Lage an die Stelle der Ausdehnung, welche einst die Lokalisierung ersetzte. Die Lage wird bestimmt durch Nachbarschaftsbeziehungen zwischen Punkten oder Elementen, die man formal als mathematische Reihen, Bäume oder Gitter beschreiben kann."[11] Die Bedeutung des Netzwerks sticht darin deutlich hervor. Noch deutlicher in verschiedenen Gegenwartsdiagnosen – wie etwa Manuel Castells Aufstieg der Netzwerkgesellschaft[12] oder im jüngst erschienenen Buch Dirk Baeckers, in dem er seine Thesen zur nächsten Gesellschaft vertiefend ausarbeitet. Das Netzwerk wird auch dort zum zentralen Paradigma für die Konstitution von Gesellschaft, denn es „[…] ist im Singular und im Plural gefordert.

---

9   Ricken et al. 2019, S. 7.
10  Foucault 2005, S. 931.
11  Foucault 2005, S. 932.
12  Castells 2017.

Die nächste Gesellschaft ist ein Netzwerk, in dem sich verschiedene Netzwerke ausdifferenzieren und reproduzieren."[13] Mit diesen Attestierungen, die einen klaren Schwerpunkt auf das Prozessual-Konstellative gegenwärtiger Gesellschaftsverhältnisse legen, werden auch die damit verbundenen Problemstellungen und Herausforderungen ersichtlich.

Denn die Welt entwickelte sich, folgt man den zitierten Passagen, für die Individuen zu einem Gebilde nie dagewesener Komplexität, für das „moderne" Medien janusköpfige Agitatoren sind: Durch sie ist es kaum mehr möglich, sich in der Welt zu orientieren, ohne sie genauso wenig – zu hoch sind Informationsdichte und Komplexität.[14] Deutlich wird diese paradoxale Situation in der individuellen Handhabung: Dort sind es vor allem Informations- und Kommunikationsmedien, die sich zunehmend einfacher bedienen lassen, gleichzeitig verstehen aber die wenigsten ihre tatsächlichen Funktionsprinzipien. Zudem bieten diese Medien nie dagewesene Freiheiten, während ihnen im gleichen Moment – und nicht unberechtigt – ein Hauch von Kontrolle und Überwachung anhaftet. Studien zum Digital Divide[15] zeigen ferner den Bedeutungszusammenhang von Medien und soziokulturellem Anschluss. Gesellschaft wird durch den technologischen Fortschritt, so betrachtet, zur Black Box, deren Funktionsmechanismen sich permanent weiterentwickeln. Ein Mithalten kann sich, wie Hartmut Rosa[16] es beschreibt, subjektiv als rutschiger Abhang vergegenwärtigen, auf dem, bliebe man kurz stehen, die Gefahr drohte, von den Anderen abgehängt zu werden, den Anschluss zu verlieren. Medientechnologien – und dies ist der paradoxe Gehalt gegenwärtiger Selbst- und Weltverhältnisse – bieten dann jedoch auch immer die Möglichkeit, dies zu vermeiden. Sie unterstützen nicht nur bei der Arbeit, sondern können auch den Alltag im Allgemeinen erleichtern. In der Hosentasche, am Handgelenk oder in der Hand, helfen sie Informationen aller Art einzuholen; und sei es nur der Weg zur nächsten U-Bahnstation oder die Möglichkeit, beim Warten auf diese nach Kochrezepten für die Einladung am Abend zu suchen – an die gerade noch ein sanftes Vibrieren erinnerte.

Trotz dieser positiven Seiten wird aus erziehungswissenschaftlicher Perspektive rasch der Verdacht einer technokratischen Pädagogisierung laut, denn die miterhobenen Daten können immer auch weitergesendet, verarbeitet und als sanfte Stupser (Stichwort: Nudging[17]) in Form von Handlungsempfehlungen einer möglicherweise „richtigeren" Lebensführung zurückkehren. Um verstehen zu können, welchen soziokulturellen Herausforderungen Individuen gegenüberstehen, bleibt ein Blick auf die Entstehungsgeschichte gegenwärtiger Medien-

---

13    Baecker 2018, S. 43.
14    Vgl. Luhmann 1998, Kap. VII.
15    Zillien 2009, S. 241f.
16    Rosa 2012, S. 190.
17    Bröckling 2017.

technologien allein schon deshalb unerlässlich, weil die konturierten Problemstellungen und Herausforderungen nicht im Hier und Jetzt entstanden sind, sondern vielmehr auf eine lange Geschichte zurückblicken. Deren Anfänge sind oftmals uneindeutig und verlieren sich rhizomatisch im Geflecht mehrerer, oftmals unterschiedlicher Entwicklungsstränge. Ein Grund mehr, ihren Spuren nachzugehen.

Zur Einlösung dieses Vorhabens müssen dann spezifische Vorannahmen offengelegt werden. Denn es wäre vermessen, den hier verfolgten Weg als *den* einzig möglichen zu proklamieren. Im Folgenden wird es daher darum gehen, medientechnologische Entwicklungen unter dem Paradigma der Vernetzung als Subjektivierungsform aufzeigen. Der Argumentation liegt ein weiter Medienbegriff[18] zugrunde, der sich nicht nur auf rein technologische Aspekte, klassische Massenmedien oder sogenannte „neue" Medien beschränkt. Im Anschluss an Michel Foucault und Hannelore Bublitz werden daher Medien(-technologien) in ihrer „Scharnierfunktion" zwischen Selbst- und Sozialtechnologien betrachtet.

> Unter Selbsttechnologien sind Praktiken zu verstehen, mit denen die Individuen nicht nur die Regeln ihres Verhaltens festlegen, sondern, im Zusammenhang mit Medientechnologien, auch ein Selbstverhältnis ausbilden, sich selbst transformieren und modifizieren. Dabei wendet das Individuum auf sich selbst Praktiken an, die im Zusammenhang mit seiner spezifischen gesellschaftlichen Verortung und entsprechenden Sozialtechnologien – der sozialen Einordnung, der sozialen Kontrolle und der sozialen Form(ier)ung, Lenkung und Leitung – stehen. Formen der Fremd- und Selbstführung greifen, medial vermittelt ineinander […].[19]

Weiter von Bedeutung ist in diesem Zusammenhang der Subjektbegriff: „Was ein Subjekt ist, das steht demnach nicht ein für alle Mal fest, sondern lässt sich nur über die historischen Semantiken und Wissenskomplexe erschließen, die Selbst- [Medien-,; AS] und Sozialtechnologien, die zu seiner theoretischen Bestimmung und praktischen Formung aufgerufen wurden und werden."[20] Es geht also darum, spezifische Subjektpositionen und Subjektivierungsweisen herauszuarbeiten, um so Momente der Freiheit und Kontrolle besser nachvollziehen zu können – jenseits eines Entweder/Oder[21]. Denn

> [w]er nach der Subjektivierung fragt, nach dem Subjekt-werden von Subjekten, will nicht wissen, wer oder was ein Subjekt ist, sondern, wie es geworden ist. […] Die Theorie der Subjektivierung ist also, mit anderen Worten, keine (klassische) Sub-

---

18    Ziemann 2006, S.17.
19    Bublitz 2014, S. 11.
20    Bröckling 2018, S. 37.
21    Butler 2017, S. 22.

jektphilosophie, sondern eine Perspektive, der es um das (konkrete) Werden und Gewordensein von (konkreten) Subjekten geht.[22]

Die hier eingenommene Perspektive ließe sich also auch anders verfolgen und wie Martin Saar zeigt, sind Genealogien der Subjektivierung notwendigerweise Geschichten im Plural. Das Folgende fokussiert das darin enthaltene Potential zur Kritik der (gegenwärtigen) Verhältnisse.

# 3 Phasen der Vernetzung

Basierend auf diesen Vorüberlegungen lassen sich sieben Phasen medientechnologischer Entwicklung[23] ausmachen, die je Einfluss auf Selbst- und Weltverhältnisse ausübten und verschiedene Subjektivierungsformen hervorbrachten. Im Zentrum steht dabei die soziokulturelle Vernetzung. Vernetzung ist als eine spezifische Form von Subjektivierung zu verstehen, deren Grundlage die medial vermittelte Mannigfaltigkeit gesellschaftlicher Wirklichkeit bildet und die auf Sozialität zielt. Der Fokus des Folgenden wird auf den Zeitraum der letzten 300 Jahre gerichtet, da innerhalb dessen eine drastische Beschleunigung medientechnologischer Entwicklungen zu konstatieren ist, wie es sie zuvor in der Menschheitsgeschichte nicht gegeben hat. Die Halbwertszeiten „neuer" Medientechnologien schrumpften kontinuierlich, was mit verkürzten Reaktionszeiten gesellschaftlicher Institutionen, wie etwa der Pädagogik, einherging und sich zu einer dauerhaften „Problemstelle" entwickelte. Der Fokus liegt daher auf den fünf letzten Phasen, wofür jedoch die beiden ersten, *Oralisierung* und *Literarisierung* die Basis stellen. Denn Sprache als symbolischer Code bildet einen, wenn nicht *den* zentralen Bestandteil der Aneignung soziokultureller (Um-)Welten und erst Schriftlichkeit ermöglicht spezifische Formen abstrakten Denkens, die für heutige Medientechnologien unumgänglich sind.

Betrachtet man die steigende Bevölkerungszahl Europas und das Aufkommen neuer Transport-, Produktions- und Medientechnologien ab dem 18. Jahrhundert, wird rasch deutlich, wie sehr beides miteinander zusammenhängt.[24] Denn entlang der stetig steigenden Bevölkerungszahl verdeutlicht sich, dass Zeit und Raum durch diese Technologien eine kontinuierliche Ausweitung und Zusammenschmelzung in einem erleben. Mit diesen „neuen" Technologien vollzogen sich immer auch Prozesse der Normalisierung und Individualisierung, die in

---

22 Saar 2013, S. 17.
23 Der Argumentation und dem Platz geschuldet, kann hier nur ein grober Überblick gegeben werden. Die folgende Darstellung findet sich in Spengler (2018) wesentlich detaillierter und systematischer ausgearbeitet, wenngleich sie auch hier um ein paar Modifikationen ergänzt wurde.
24 Vgl. Hartmann 2006, S. 95.

den verschiedenen Phasen ihre spezifischen Ausprägungen erfuhren. Die vorgeschlagene Einteilung richtet sich daher nach dem Aufkommen spezifischer Medientechnologien. Auch zeigt sich damit der oftmals deutlich unterschätzte Zusammenhang von Kultur und Technik[25], da alle der hier aufgezeigten Entwick-
lungsphasen massiven Einfluss auf den Alltag ausüben und andere Formen der
Vernetzung ermöglichen.

Nach der Oralisierung und Literarisierung, die spätestens mit Gutenbergs
Buchdruck wohl eine völlig neue Form der Subjektivierung hervorbrachte, lässt
sich Mitte des 19. Jahrhunderts mit der *Elektrifizierung* eine neue Phase medientechnologischer Entwicklung verorten. Speicherbare Kommunikation und Ver-
einheitlichung in mathematische Zeichen[26] hatten in der Phase der Literarisierung einen entscheidenden Beitrag dazu geleistet, die Welt globaler werden zu
lassen und gleichzeitig, spätestens mit Descartes Cogito, das neuzeitliche Subjekt hervorgebracht, in dem die Idee vom Menschen im Universalsingular[27]
aufzugehen schien. Spätestens mit Etablierung der Telegraphie und noch stärker
mit Entwicklung des Telefons setzten jedoch neue Formen von Subjektivierung
ein, die diesen Universalsingular brüchig werden ließen und das Bild vom Menschen als Individuum stärker hervortreten ließen. Auch beginnt mit dieser Phase
die nach innen gerichtete Schriftkultur des Bürgertums[28] in ihrer Hegemonial-
stellung zu bröckeln, was sich in den weiteren Phasen noch verstärken wird.

Es folgen zwei Phasen, die die Grundlagen für heutige Vernetzungen legen
und sich wechselseitig verstärken werden. Die Phase der *Massenkultivierung*
lässt sich in etwa mit dem Übergang vom 19. ins 20. Jahrhundert ausmachen.
Vor allem das Aufkommen neuer video- und fotographischer Medien sowie
deren Einsatz im Privatgebrauch kennzeichnen sie. Durch den Rundfunk und die
damit verbundenen Technologien erfährt die Welt einen drastischen Anstieg an
Informationsdichte und andere technologische Entwicklungen wie Auto oder
Flugzeug führen zu erneuten Mobilitätsschüben. Es entsteht durch Film und
Radio eine neue Art von Nähe – eine Nähe zwischen den Subjekten und eine
Nähe zwischen den Inhalten und den Subjekten, wie es vor allem in der O-Ton-
Berichterstattung deutlich wird. Von zentraler Bedeutung bleiben für die Vernet-
zung jedoch jene visuellen Medien, die, folgt man Reckwitz, die Hegemonial-
stellung jener nach innen gerichteten Schriftkultur abzulösen beginnen und sich
zu einer Form des performativen Vergleichs, einer *beeing-looked-at-ness*[29] entwickeln. Durch die visuellen Medien kommt es zudem zu neuen Formen des
Konsums und der Werbung. Foto- oder videographische Abbildungen generieren

---

25   Euler 2000.
26   Kittler 1993b, S. 169ff.
27   Klinger 2018, S. 115.
28   Reckwitz 2012, S. 155f.
29   Reckwitz 2007, S. 100f.

Fixpunkte des Vergleichs, liefern konsumierbare Identitätsschablonen und im privaten Alltag etabliert sich durch dieselben Technologien eine Art produktiver Bekenntnis, für die das Abbild des Selbst den sichtbaren Beweis liefert. Jenes Abbild, das noch im Privaten auch gerne einer Bewertung preisgegeben wird – sei es durch sich selbst beim Auswählen der Fotographien und deren Konservierung beispielsweise in Fotoalben oder zur Kommentierung auf mal langen, mal kurzen Diaabenden. Zwar eröffnet dies bereits den Weg vom Individuum zum Singulum[30], doch noch scheint dieser visuellen Kultur etwas zu fehlen: Sie benötigt eine Basis.

Diese entwickelte sich nur leicht versetzt. Die Phase der *Digitalisierung* lässt sich mit Sicherheit auch auf mehrere Ursprünge zurückführen; ein, wenn nicht *der* entscheidende Moment war jedoch das Jahr 1889 als Herman Hollerith ein Lochkartensystem entwickelte, das nicht nur im Stande war Daten zu speichern, sondern sie auch mechanisch zu verarbeiten. Als dann Turing in seiner Dissertation sein theoretisches Maschinenmodell lieferte, war die bis heute gültige Grundlage moderner Datenverarbeitung geschaffen. Doch welche Folgen ergeben sich daraus für Subjektivierungsprozesse der Vernetzung? Wie nicht nur Friedrich Kittler[31] aufzeigte, läuft – bei aller Ambivalenz – Turings Modell, in Form der universellen Turing-Maschine, darauf hinaus, dass prinzipiell jede Maschine simuliert werden kann, denn sie „[...] brauchen nur mit der Beschreibung (dem Programm) einer beliebigen anderen Maschine gefüttert zu werden, um diese Maschine effektiv zu imitieren."[32] Dies beinhaltet dann auch das damit einhergehende Bild vom Menschen als simulierbarer Maschine – oder unberechenbarer, fehlerhafter *Wetware*[33] – wie es bis heute in der Diskussion um Künstliche Intelligenz deutlich wird. Weiter war mit Turings Modell nicht nur die Möglichkeit für einen universalen Standard gegeben, sondern in ihm die Grundlage des Computers geschaffen, die sich spätestens seit dem Aufkommen des Personal Computers als Vernetzung in Tiefe niederschlägt, der Gewöhnung der Menschen an den Computer und umgekehrt. Aber nicht nur die Mikroebene wird von dieser Entwicklung erfasst, auch und vor allem gesellschaftliche Organisationsprozesse konnten vollkommen neue Formen annehmen; angefangen bei der flächendeckenden Organisation des Verkehrswesens bis zur statistischen Auswertung des „besseren" Lebens – verbildlicht in Prognosen zur Lebenserwartung, Krebsrisiken oder, wie von Ulrich Beck[34] beschrieben, angewandt in Grenzwerten bei der Behandlung von Nahrungsmitteln, der Stadtplanung oder anderem. Das Individuum wurde so betrachtet zum statistischen Datum, auf das

---

30  Klinger 2018, S. 127ff.
31  Kittler 1993a, S. 227f.
32  Kittler 1993a, S. 227f.
33  Lovink 1994, S. 227.
34  Beck 1986, S. 85–92.

durch Technologie anders und neu eingewirkt werden konnte. Es wurde möglich, eine flexible Normalisierung voranzutreiben und Realitäten zu simulieren. Mit der Phase der Digitalisierung fand also jene Massenkultivierung ihre benötigte Grundlage. Damit unterwanderte eine zweite „Sprache" nach und nach den gesellschaftlichen Alltag. In Kittlers Worten war dies die wohl drastischste Folge: „Das uralte Monopol der Alltagssprachen, ihre eigene Metasprache zu sein und damit keinen Anderen des Anderen mehr zu haben, ist zusammengebrochen und einer neuen Hierarchie der Programmiersprachen gewichen."[35]

Doch noch waren die Computer nur an einzelne Menschen gebunden. Zwar tobte unter der Oberfläche bereits ein weiterer Kampf um Standards und Normen, die über das Mögliche entschieden, doch war darüber davon nichts zu erkennen. Die Phase der *Konnektierung* läutete schließlich eine Vernetzung in die Breite ein, wie sie sich im Internet materialisiert. Auch hier waren es zunächst Probleme der Soft- und Hardwarestandards, die gelöst werden mussten, um jenen Prozess der Konnektierung zu initiieren. Während es in der Entwicklung des Internets verhältnismäßig lange dauerte, bis es, wahrgenommen als WWW, Einzug in das Alltagsleben halten konnte, legte es doch eine der maßgeblichen Grundlagen für die heutige Welt. Mit ihm etablierten sich abermals neue Formen der Vernetzung; Computer konnten nun nicht mehr nur dazu genutzt werden, Daten in sie zu speisen, sondern das Internet brachte die Möglichkeit mit sich, diese auch zu verbreiten. Vor allem das Raum- und Zeitverhältnis wandelte sich dadurch, war es doch beinahe uneingeschränkt möglich, sich Informationen zu beschaffen oder sie zu verbreiten. Die Suche avancierte mit ihm und durch es, folgt man Mercedes Bunz[36], zu einer hegemonialen Technik der Wissensaneignung und der Hypertext lieferte als niemals endender Kommunikationsfluss ein von Menschen geschaffenes Strukturierungs- und Sortierungssystem dafür. Von Bedeutung bleibt jedoch vor allem die relativ späte Entdeckung des WWWs für kommerzielle Nutzung, die das anfangs doch sehr offene, aber vor allem textbasierte Netz stark – nicht nur in seiner Ästhetik – wandelte. Durch dezentrale, distribuierte Netzwerke, das Packetswitching und andere Entwicklungen war dann einer kommunikativen Dauervernetzung, wie wir sie heute gewohnt sind, die Grundlage geschaffen. Und die Werbeindustrie konnte neue Wege einschlagen, ihre Produkte in den Umlauf zu bringen – durch *cookies* individualisierter, treffsicherer und auf die digitale Datendoublette im Rechner zugeschnitten.

Die bislang letzte der Phasen, bei der es sich um eine Art doppelter Vernetzung handelt, lässt sich als *Hybridisierung* benennen. Diese Phase ist gekennzeichnet durch das Zusammenwachsen von off- und online sowie die damit

---

35    Kittler 1993a, S. 228.
36    Bunz 2011, S. 25f.

verbundenen Annähererungen von Menschen an die Technologie und umgekehrt. Versinnbildlicht in „Smarten Geräten" findet spätestens mit der Vorstellung des iPhones 2007 diese Phase ihren ersten Höhepunkt. Doch bereits davor war es abermals der Kampf um verschiedene Standards, diesmal vor allem des Mobilfunks, der die zugehörigen Grundlagen schaffen musste. Typisch für diese Phase ist das Mobilwerden der Technologie; versinnbildlicht darin, dass man nicht mehr ins Internet gehen muss, sondern es bereits in der Hosentasche mit sich trägt und auch darin, dass man nicht mehr Orte anruft, sondern konkrete Personen. Letzten Endes führten dann Flatrates und mobiles Internet zu neuen Formen des Zusammenwachsens von Medientechnologien und Subjekten. Die anstehende Umstrukturierung auf das 5G Netz und die damit einhergehenden Diskussionen deuten bereits die nächsten Entwicklungen – insbesondere in Form einer Intensivierung des Verhältnisses von Menschen und (digitaler) Medientechnologie – dieser Phase an.

Aus dieser knappen Darstellung lässt sich durch die jeweiligen Phasen die zunehmende Bedeutung von Daten für die Organisation des Alltags im Allgemeinen wie im Partikularen erkennen. Für Subjektivierung und die Genealogie eines verdateten Selbst sind jedoch zwei Besonderheiten hervorzuheben: einerseits, dass es spätestens seit der Massenkultivierung zur Etablierung einer vergleichenden, produktiven Bekenntniskultur kommt, die sich an der Oberfläche aus medialen (Selbst-)Repräsentationen speist und ihre Basis in statistischen Daten findet. Weitaus gravierender fällt jedoch andererseits die Konturierung der zugehörigen, gegenwärtigen Subjektivierungsform aus: Denn angerufen wird ein Subjekt, das aufgefordert ist, aktiv-eigenverantwortlicher Teil eines distribuierten, auf Optimierung und Wachstum ausgerichteten Netzwerks zu sein, und das sich diesem permanent-vernetzend und produktiv-unternehmerisch bekennen soll. Es steht damit einer neoliberalen Subjektivierungsform gegenüber, die nicht nur rein für das Internet, sondern auch im Alltag gilt und darauf abzielt, funktionale, aber notfalls austauschbare und damit konkurrierende Kräfte zu produzieren.

# 4 Im Netz der Daten

Im Folgenden stehen daher Strategien und Programme im Fokus, deren Ausführung vor allem auf der Grundlage von Daten vollzogen wird und die jene untersuchte Subjektivierungsform in ihrer gegenwärtigen Ausprägung maßgeblich mithervorbringen. Übergeordnet lassen sich typische Merkmale für die Gegenwart – als Organisationsform, Kulturform, Strukturform sowie Lebensform – in

Anlehnung an Dirk Baecker[37] charakterisieren. Wie bereits angedeutet sind Medientechnologien zentrale Organisationsform der Gegenwart und durchdringen wie bedingen die drei anderen genannten Formen. Weiteres Charakteristikum ist die die Gegenwartsgesellschaft bestimmende Komplexität. Sie wird ebenfalls durch Daten aller Art genauso hervorgebracht, wie diese notwendig sind, um sich in der Welt orientieren zu können. Die Strukturform ist die der Communities: „Die Gemeinschaften, denen man angehört, sind nicht mehr – und auch nicht weniger – als ebensolche Netze der Loyalität, mit denen man sich existentiell, traditionell, emotional und spontan und allem Anschein nach jenseits und vor aller kalkulierten Abschätzung des Eigeninteresses identifiziert."[38] Regierungsformen der Gegenwart, als Formen der Fremd- und Selbstführung, sind nicht mehr auf zentral agierende Akteure angewiesen, sondern vollziehen sich konstellativ, also netzwerkartig, in flexibilisierten *communities*. Als Resultat scheinen dann gegenwärtige Lebensformen von Arbeit geprägt sowohl im Öffentlichen wie auch im Privaten.[39]

Konkreter ergibt sich daraus eine Regierung des Netzwerks – und zwar in aller Doppeldeutigkeit eines Regierens und Regiertwerdens. Denn wie bereits angedeutet, lässt sich für Individuen der Gegenwart attestieren, dass diese metamorphische Umwelten erleben, die durch (technologisierte) Kultur Kontingenz, Komplexität und Individualisierung des Zusammenlebens organisieren. Ein Blick auf diese Verhältnisse gibt also für die gegenwärtige, global gewordene Welt basale Funktionsprinzipien preis, die ihr Fortbestehen organisieren wie auch sichern. Vier solcher Prinzipien, innerhalb derer Daten eine entscheidende Rolle spielen, lassen sich folgendermaßen konturieren:

*Algorithmen* können als Regierung einer instrumentellen Vernunft beschrieben werden. Dabei tritt die Doppeldeutigkeit klar zu Tage. Aus bildungstheoretischer Perspektive ist es jene Möglichkeit, sich diesen strukturierenden und sortierenden Vernünften nicht blind hinzugeben, sondern sie im Idealfall bewusst für „eigene" Zwecke nutzen zu können. Sie durchdringen den Alltag im Sichtbaren wie Unsichtbaren, problematisch ist jedoch jenes blinde Vertrauen, das sie zum Mythos im Verständnis Horkheimers und Adornos[40] emporhebt. In der Praxis zeigen sich Algorithmen mitunter am deutlichsten in der Verwendung von Suchmaschinen: Sie liefern auf komfortable Art und Weise Ergebnisse, doch wie diese zustande kommen, bleibt meist außerhalb des Verständnisses der durchschnittlichen User und Userinnen. Ganz im Gegenteil handelt es sich um wohlgehütete Firmengeheimnisse, deren Veröffentlichung das Aus bedeuten könnte. So werden tagtäglich Algorithmen genutzt, um sich Informationen zu

---

37    Baecker 2018.
38    Rose 2015, S. 84; vgl. 82–85.
39    Vgl. dazu auch den Beitrag von Schulz und Sevignani in diesem Band.
40    Horkheimer und Adorno 2012, S. 15; Bächle 2015, S. 27.

beschaffen; das Zustandekommen, der Rankingmechanismus, die über Cookies miterhobenen Daten oder damit zusammenhängende, seltsame Werbebotschaften werden billigend in Kauf genommen und auf Korrektheit wird vertraut. Wie einschneidend solches zur „Vertrautheit" gewordene Vertrauen sein kann, zeigt sich, wenn sichtbar wird, dass hier eine Vernunft arbeitet, die von Menschen vorgeschrieben wurde und so rekursiv auf diese einwirkt. Etwa dann, wenn festgestellt wird, dass jene gern genutzten Algorithmen in ihrer Ausführung zwar technisch korrekt operieren mögen, aber latent und durchaus tendenziös beispielsweise existente Stereotype, Klischees oder Vorurteile bestärken können.[41]

Eine weitere Form bildet das *Social Web*, das sich als Regierung des Persönlichen fassen lässt. In ihm werden jene spezifischen Merkmale zur Organisation und Funktion der Gegenwartsgesellschaft noch deutlicher. Denn Angebote des Social Webs befinden sich fast immer in der Beta Version, es sind nie fertige Angebote, die sich aus Daten ihrer Userinnen und User speisen. Gefordert werden meist biographische Selbstthematisierungen, die einem positiven *feedback* ausgesetzt werden sollen. Plattformeigene Algorithmen schaffen es dann noch differenziertere Datensubjekte zu produzieren, als dies außerhalb möglich wäre. Die so ausführbar gewordenen Werbemaßnahmen können dann treffsicherer agieren und letzten Endes etabliert sich so unter dem Primat einer Aufmerksamkeitsökonomie die Erhebung des Selbst zur Marke Ich, wie es zahlreiche Ratgeberliteratur aus dem Bereich Human Branding[42] – ein Begriff, der seine Ursprünge in der Viehzucht findet – vergegenwärtigt. Ähnlich problematisch erweist sich die Rolle der Expertinnen innerhalb des Social Webs. Was genuin auch Gewinn sein könnte, verläuft oftmals im Leeren oder unterliegt einer Deutungshoheit, die sich durch Interaktion auf den Plattformen legitimiert, wie es beispielsweise Versuche zeigen, Wikipediaartikel zu aktualisieren. Dennoch bleibt festzuhalten, dass das Social Web Potential beinhaltet für neue, andere Formen der Vernetzung und Interaktion – in Abhängigkeit der Nutzung.

*Smartphones* im Besonderen und „Smarte Medientechnologien" im Allgemeinen bilden als Regierung des Sammelns und der Gadgets die dritte Ausprägung. In ihnen manifestiert sich einerseits die Annäherung von Technologie an den Körper und andererseits wurden sie sowohl zum dauerhaft verfügbaren und mobilen Zugangsportal in das World Wide Web wie auch zur Biographiefestplatte, die all jene geforderten Selbstthematisierungen sammeln und verwalten kann. Sie ermöglichten erst jene kontinuierliche, mobile, dynamische Vernetzung, die das Subjekt sich als Singulum, als zentralen Knotenpunkt seiner oder ihrer Umwelt erleben lässt. Problematisch erweist sich in diesem Verhältnis

---

41  Vgl. bspw. Turner Lee 2018.
42  Vgl. bspw. Berndt 2017.

auch der Cloudspeicher, der Daten als auf dem Gerät wahrnehmbar macht, sie jedoch (oftmals praktischerweise) auf weit entfernten Servern speichert, in diesem Sinn also delokalisiert. Die negativen Folgen erheischen dann beispielsweise öffentliche Aufmerksamkeit, wenn private Accounts von Stars gehackt wurden. Ähnliche Fälle bei Kindern oder Jugendlichen dürften häufiger sein, bleiben aber meist wenig beachtet. Das Smartphone nimmt die ambivalente Rolle des Gadgets[43] ein, immer zwischen Nutzen und Spielerei zu schwanken – mit dem doppelten Potential, disziplinierende oder ästhetische-existentielle Subjektivierungsprozesse[44] zu befördern.

Die letzte Ausprägung bilden *Apps*. Jene Programme, die erst über einen App-Store installiert werden müssen und neben den personenbezogenen Daten den Speicher der Smartphones füllen. Interessant ist, dass ein bisher zentrales Identifikationsmerkmal des WWW, die E-Mailadresse, von der Telefonnummer abgelöst oder mindestens ergänzt wird, was wie damals beim Übergang vom Haus- zum Mobiltelefon für die Bindung an die Technologie in Form einer Persönlichwerdung spricht. Jene Apps sind im Allgemeinen angelegt für die Lösung von Alltagsproblemen oder zur Erleichterung desselben, gemäß Apples Werbespruch „There's an app for just about anything". Ein genauerer Blick zeigt dann, dass es sich um kulturelle Skripte handelt, innerhalb derer sich vier Formen ausmachen lassen:

- Apps der *Vernetzung* dienen der privaten und öffentlichen Kommunikation, attestieren aber gleichermaßen einen Zwang der Erreichbarkeit, des *Up-to-date*-Bleibens. Sie führen in das Problem einer suggerierten Anwesenheit, fördern jenes gegenseitige Bekennen, das Teilen des privaten Alltags, und münden oftmals in die Problematik der Datenspeicherung und Weitergabe.

- Apps der *Individualisierung und Norm(alis)ierung* arbeiten meist über visuelle Repräsentationen. Hier stellt die Alltagskultur über Bilder Normen zur Verfügung und die Subjekte können sich, orientiert daran, über entsprechende Apps selbst zur Norm erheben (um in Konkurrenzkampf einzutreten). Subjektiv als individuell Empfundenes wird dann Teil geforderter Normen, die eigene Präsentation ein Bekenntnis an ein Publikum, das zur Kommentierung wie Bewertung durch eine (teil-)anonyme Masse freigegeben wird, was trotz aller Individualität letzten Endes zu einer Orientierung an vom Durchschnitt als gut Bewertetem führt.[45]

---

43   Baudrillard 2015, S. 163.
44   Menke 2003, S. 285.
45   Mau 2017, S. 57.

- Auf körperliche Performance beziehen sich Apps für das Self-Tracking[46] aber auch Dating-Apps wie beispielsweise *tinder*. Die Vermessung des Selbst dient dann oftmals dazu, einen statistischen Standard zu erreichen und zu verbessern[47] – und folgt so häufig einem Wettbewerbsprinzip der Daueroptimierung. Für Dating Apps gilt ähnliches: Auch bei ihnen greift die Aufmerksamkeitsökonomie, sich selbst so zu verkaufen, dass auf einen Klick der Daumen der Betrachtenden nach rechts und nicht nach links rutscht.

- Damit einher geht auch die letzte Ausprägung, das Konsumieren: Es geht weniger um entdecken und erkunden, als darum, optimiert konsumieren zu können, wie es Einkaufs- oder Unterhaltungs-Apps mit Vorschlagsfunktion („Das könnte dir gefallen", „Andere Kunden kauften auch" oder „Weil Sie … gesehen haben") verdeutlichen.

Trotz oder gerade wegen dieser überspitzten und kritischen Perspektivierung bleibt in allen Punkten die Ambivalenz des Möglichen erhalten. Denn in ihrer Scharnierfunktion können Medientechnologien auch dafür genutzt werden, sich ihren immanenten Potenzialen der Kontrolle zu entziehen, sie eben *anders* zu nutzen. Um dies zu können und einen „kompetenten" Umgang zu fördern, bleibt die Pädagogik gefragt. Zu berücksichtigen bleibt, dass beim Vorangegangenen Adressierungen und Anrufungen, wie Subjekte sein sollen, in allgemeinerer Perspektive betrachtet wurden – dass der tatsächliche Umgang oftmals anders aussieht, dafür sind weitere und auch empirische Untersuchungen zu Subjektivierungsprozessen[48] gefordert und werden bereits unternommen. So kann ein weiterer Schritt auf dem offenen Weg zu einem besseren Umgang riskiert werden.

Zentral für all dies bleibt die Bedeutung einer kritischen Reflexionsfähigkeit, die nicht in Funktion aufgeht. Denn in einer Gegenwart, die zu großen Teilen von den Logiken einer wettbewerbsorientierten Datenökonomie bestimmt ist, bleibt der Versuch, sich den ihr immanenten und manchmal kaum sichtbaren Imperativen zu entziehen, mit dem Ziel eines guten – oder wenigstens besseren – Lebens vorderste Aufgabe. Um dem entgegenzukommen, braucht es weniger eine von außen kommende Anweisung zum „richtigen" Leben als vielmehr Bildung; und diese beinhaltet von Beginn an das Erkennen der selbsterfahrenen Widersprüche, deren Reflexion sowie das Arbeiten an ihnen – mit dem Ziel einer Emanzipation von ihnen.

---

46 Mämecke 2016, S. 109.
47 Mau 2017, S. 178ff.
48 Vgl. dazu auch den Beitrag von Ochs und Büttner in diesem Band.

# Literatur

Anders, Günther. 2010. *Die Antiquiertheit des Menschen*. BsR. München: Beck.

Bächle, Thomas Christian. 2015. *Mythos Algorithmus. Die Fabrikation des computerisierbaren Menschen*. Wiesbaden: VS.

Baecker, Dirk. 2018. *4.0 oder Die Lücke die der Rechner lässt*. Leipzig: Merve.

Baudrillard, Jean. 2015. *Die Konsumgesellschaft. Ihre Mythen, ihre Strukturen*. Wiesbaden: VS.

Beck, Ulrich. 1986. *Risikogesellschaft. Auf dem Weg in eine andere Moderne*. Frankfurt am Main: Suhrkamp

Berndt, Jon Christoph. 2017. *Die stärkste Marke sind Sie selbst! Schärfen Sie Ihr Profil mit Human Branding*. München: Kösel.

Bröckling, Ulrich. 2017. Nudging: Gesteigerte Tauglichkeit, vertiefte Unterwerfung. In *Gute Hirten führen sanft. Über Menschenregierungskünste*, Hrsg. Ulrich Bröckling, S. 175–196. Berlin: Suhrkamp.

Bröckling, Ulrich. 2018. Governmentality Studies. Gouvernementalität – die Regierung des Selbst und der anderen. In *Sozialpsychologie und Sozialtheorie. Band 1: Zugänge*, Hrsg. Oliver Decker, S. 31–45. Wiesbaden: VS.

Bröckling, U., und S. Krasmann. 2010. Ni méthode, ni approche. Zur Forschungsperspektive der Gouvernementalitätsstudien – mit einem Seitenblick auf Konvergenzen und Divergenzen zur Diskursforschung. In *Diskursanalyse meets Gouvernementalitätsforschung. Perspektiven auf das Verhältnis von Subjekt, Sprache, Macht und Wissen*, Hrsg. J. Angermüller und S. van Dyk, S. 23–42. Frankfurt am Main: Campus.

Bublitz, Hannelore. 2014. *Im Beichtstuhl der Medien*. Bielefeld: transcript.

Bunz, Mercedes. 2011. *Die stille Revolution. Wie Algorithmen Wissen, Arbeit, Öffentlichkeit und Politik verändern, ohne dabei viel Lärm zu machen*. Berlin: Suhrkamp.

Butler, Judith. 2017. *Psyche der Macht. Das Subjekt der Unterwerfung*. Frankfurt am Main: Suhrkamp.

Castells, Manuel. 2017. *Der Aufstieg der Netzwerksgesellschaft. Das Informationszeitalter. Wirtschaft, Gesellschaft, Kultur. Band 1*. Wiesbaden: Springer VS.

Euler, Peter. 2000. Veraltet die Bildung? Oder: kritische Bildungstheorie im vermeintlich „nachkritischen" Zeitalter! *Pädagogische Korrespondenz* 26: S. 5–27.

Foucault, Michel. 2005. Von anderen Räumen. In *Schriften in vier Bänden. Dits et Ecrits. Band IV. 1980–1988*, Hrsg. D. Defert und F. Ewald, S. 931–942. Frankfurt am Main: Suhrkamp.

Foucault, Michel. 2015. Die Gouvernementalität. In *Gouvernementalität der Gegenwart. Studien zur Ökonomisierung des Sozialen*, Hrsg. U. Bröckling, S. Krasmann und T. Lemke, S. 41–67. Frankfurt am Main: Suhrkamp.

Gruschka, Andreas. 2004. *Negative Pädagogik. Einführung in die Pädagogik mit kritischer Theorie*. Wetzlar: Büchse der Pandora.

Hartmann, Frank. 2006. *Globale Medienkultur. Technik, Geschichte, Theorien*. Wien: WUV.

Höhne, Thomas. 2003. *Pädagogik der Wissensgesellschaft*. Bielefeld: transcript.

Horkheimer, Max, und Theodor W. Adorno. 2012. *Dialektik der Aufklärung. Philosophische Fragmente*. Frankfurt am Main: Fischer.

Kittler, Friedrich. 1993a. Es gibt keine Software. In *Draculas Vermächtnis. Technische Schriften*, Hrsg. Friedrich Kittler, S. 225–242. Leipzig: Reclam.

Kittler, Friedrich. 1993b. Geschichte der Kommunikationsmedien. In *Raum und Verfahren. Interventionen*, Hrsg. J. Huber und A. Müller, S. 169–188. Basel: Stroemfeld.

Klinger, Cornelia. 2018. The Selfie – oder das Selbst in seinem Welt-Bild. In *Das überforderte Subjekt. Zeitdiagnosen einer beschleunigten Gesellschaft*, Hrsg. T. Fuchs, L. Iwer und S. Micali, S. 115–144. Berlin: Suhrkamp.

Lovink, Geert. 1994. Hardware, Wetware, Software. In *Computer als Medium*, Hrsg. N. Bolz, F. Kittler und C. Tholen, S. 223–230. München: Fink.

Luhmann, Niklas. 1998. *Die Gesellschaft der Gesellschaft*. Frankfurt am Main: Suhrkamp.

Mämecke, Torben. 2016. Die Statistik des Selbst – Zur Gouvernementalität der (Selbst)Verdatung. In *Lifelogging. Digitale Selbstvermessung und Lebensprotokollierung zwischen disruptiver Technologie und kulturellem Wandel*, Hrsg. Stefan Selke, S. 97–125. Wiesbaden: VS.

Mau, Steffen. 2017. *Das metrische Wir. Über die Quantifizierung des Sozialen*. Berlin: Suhrkamp.

Menke, Christoph. 2003. Zweierlei Übung. Zum Verhältnis von sozialer Disziplinierung und ästhetischer Existenz. In *Michel Foucault – Zwischenbilanz einer Rezeption. Frankfurter Foucault-Konferenz 2001*, Hrsg. A. Honneth und M. Saar, S. 283–299. Frankfurt am Main: Suhrkamp.

Reckwitz, Andreas. 2007. Die historische Transformation der Medien und die Geschichte des Subjekts. In *Medien der Gesellschaft – Gesellschaft der Medien*, Hrsg. Andreas Ziemann, S. 89–107. Konstanz: UVK.

Reckwitz, Andreas. 2012. *Das hybride Subjekt. Eine Theorie der Subjektkulturen von der bürgerlichen Moderne zur Postmoderne*. Weilerswist: Velbrück Wissenschaft.

Reckwitz, Andreas. 2016. Doing subjects. Die praxeologische Analyse von Subjektivierungsformen. In *Kreativität und soziale Praxis. Studien zur Sozial- und Gesellschaftstheorie*, Hrsg. Andreas Reckwitz, S. 67–81: transcript.

Ricken, N., R. Casale, und C. Thompson. 2019. Vorwort. In *Subjektivierung. Erziehungswissenschaftliche Theorieperspektiven*, Hrsg. N. Ricken, R. Casale und C. Thompson, S. 7–8. Weinheim: Juventa.

Rosa, Hartmut. 2012. *Beschleunigung. Die Veränderung der Zeitstrukturen in der Moderne*. Frankfurt am Main: Suhrkamp.

Rose, Nikolas. 2015. Tod des Sozialen? Eine Neubestimmung der Grenzen des Regierens. In Gouvernementalität der Gegenwart. Studien zur Ökonomisierung des Sozialen, Hrsg. U. Bröckling, S. Krasmann und T. Lemke, S. 72–109. Frankfurt am Main: Suhrkamp.

Saar, Martin. 2013. Analytik der Subjektivierung. Umrisse eines Theorieprogramms. In *Techniken der Subjektivierung*, Hrsg. A. Gelhard, T. Alkemeyer und N. Ricken, S. 17–27. Paderborn: W. Fink.

Schäfer, Alfred. 2019. Bildung und/als Subjektivierung. Annäherungen an ein schwieriges Verhältnis. In *Subjektivierung. Erziehungswissenschaftliche Theorieperspektiven*, Hrsg. N. Ricken, R. Casale und C. Thompson, S. 119–136. Weinheim: Juventa.

Spengler, Andreas. 2018. *Das Selbst im Netz. Zum Zusammenhang von Sozialisation, Subjekt, Medien und ihren Technologien*. Würzburg: Ergon.

Turner Lee, N. 2018. Detecting racial bias in algorithms and machine learning. *Journal of Information, Communication and Ethics in Society* 16 (3): S. 252–260.

Ziemann, Andreas. 2006. *Soziologie der Medien*. Bielefeld: transcript.

Zillien, Nicole. 2009. *Digitale Ungleichheit. Neue Technologien und alte Ungleichheiten in der Informations- und Wissensgesellschaft.* Wiesbaden: VS.

# Auf dem Weg in eine Diktatur der Wahrscheinlichkeit? Fragen nach der Verantwortung beim Einsatz von Prognosesoftware

*Marlis Prinzing[1]*

*Keywords: Algorithmus, Automatisierung, Verantwortung, Wahrscheinlichkeit, Hannah Arendt, Prognosesoftware*

## *Abstract*

Karrieren, Kredite, Gesundheitsmaßnahem, Verbrechensvorbeugung etc. – immer mehr Entscheidungen fallen anhand algorithmisch gesteuerter Mustererkennung in großen Datensätzen. Der Beitrag stellt automatisierte und menschliche Entscheidungsprozesse einander gegenüber, greift zurück auf Hannah Arendts Überlegungen zur Struktur menschlichen Entscheidens und erläutert am auch empirisch ausgeführten Beispiel von in der Polizeiarbeit eingesetzter Vorhersagesoftware: Automatisiertes Entscheiden in für eine demokratische Gesellschaft grundlegenden Kontexten muss in menschliches Abwägen eingebettet, transparent sowie durch eindeutig zugewiesene Verantwortungen fassbar und steuerbar sein.

## *Inhalt*

1  Einleitung: ..................................................................................... 270

2  Automatisierte Entscheidungsprozesse mit Prognoseoption .................... 270

3  Hannah Arendts Vorstellung von Räumen menschlicher Entscheidung als Gegenpol zu automatisiertem Entscheiden? ........................................ 273

4  Verantwortung, Sicherheit und Freiheit? ............................................ 276

5  Fazit: Digitale Aufklärung statt digitaler Diktatur .............................. 282

Literatur ........................................................................................... 282

---

1   Marlis Prinzing | Hochschule Macromedia Köln | marlis.prinzing@das-rote-sofa.de

© Springer Fachmedien Wiesbaden GmbH, ein Teil von Springer Nature 2019
C. Ochs et al. (Hrsg.), *Die Zukunft der Datenökonomie*, Medienkulturen im digitalen Zeitalter, https://doi.org/10.1007/978-3-658-27511-2_12

# 1  Einleitung

Automatisierte Prozesse können uns in eine Diktatur der Wahrscheinlichkeit führen. Immer mehr Entscheidungen fallen automatisiert. Dies umfasst auch weichenstellende Entscheidungen von hoher individueller, gesellschaftlicher und politischer Bedeutung und tangiert Werte und Normen. Viele so gefällte Entscheidungen zielen auf ein künftiges Verhalten, das wahrscheinlich ist, aber nicht sicher. Ein Höllenwerkzeug, eine Art Schlachtfeld mathematischer Gesellschaftszerstörung[2], ist automatisierte, algorithmisch gesteuerte Entscheidungsfindung nicht zwangsläufig. Sie kann uns helfen, in Datensätzen schneller eine Art Nadel im Heuhaufen zu finden, Netzeinträge zu durchforsten und vieles mehr. Aber sie kann auch Entscheidungen auslösen, die ungerecht sind, und verschleiern, auf welcher Grundlage hier Wissen generiert und Handlungen gerechtfertigt werden.

Dieser Beitrag thematisiert Verantwortung und Entscheidungsgerechtigkeit, aber auch Teilhabe, Selbstbestimmtheit und Unschuldsvermutung und damit unsere Gesellschaft fundamental betreffende Fragen. Dazu macht ein Rückgriff auf Hannah Arendts Überlegungen zur Struktur menschlichen Entscheidens Sinn: aus vielerlei Argumenten, die deliberativ und häufig in öffentlichem Beratschlagen ausgetauscht werden, entstehen oft neue Einschätzungen (Natalität). Menschliche Entscheidungsprozesse werden automatisierten gegenübergestellt: Der Beitrag reflektiert über notwendige Grenzen zwischen nützlichen und riskanten Spielarten algorithmischer Entscheidungsvorschläge. Zunächst ist zu definieren: Was kennzeichnet automatisierte Entscheidungsfindungsprozesse und warum wird auf den verbreiteten Begriff „Künstliche Intelligenz" in diesem Beitrag verzichtet? Welche zentralen Herausforderungen lassen sich am Einsatz algorithmisch gesteuerter Entscheidungen in der Polizeiarbeit illustrieren (Abschnitt 2)? Darauf folgt eine theoretische Einschätzung und Einordnung (Abschnitt 3). Dazu wird auf Hannah Arendts Analysen zum Prozess von menschlichem Entscheiden Bezug genommen. Danach wird auf der Basis eigener empirischer Befunde eine Kluft des Wissens und der Informiertheit belegt, die für fehlerhafte Anwendungen anfällig macht und zeigt, wie nötig praktische Handlungsempfehlungen sind und wie sie aussehen können (Abschnitt 4) sowie ein Fazit gezogen (Abschnitt 5).

## 2  Automatisierte Entscheidungsprozesse mit Prognoseoption

Programme, die große Datenmengen verarbeiten und auf dieser Grundlage die Wahrscheinlichkeit künftiger Ereignisse berechnen, kann man als Progno-

---

2  O'Neil 2016.

sesoftware bezeichnen. Algorithmen, also programmierte Such-, Sortier- und Kombinationsvorschriften, ermitteln in Datensätzen zum Beispiel unsere Vorlieben und folgern hieraus, wie wir als Konsumierende wohl künftig handeln, welche Filme wir ansehen und welche Schuhe wir kaufen werden. Sie „prophezeien" dies auf der Grundlage von Daten, die wir durch unser Verhalten in der Vergangenheit erzeugt haben. Aus vergleichbaren Datengrundlagen werden auch Wahrscheinlichkeiten von persönlich erheblich bedeutsamerer Reichweite errechnet wie z. B. Gesundheitsrisiken, Kreditrisiken und Kriminalitätsrisiken.

Jeder, der Daten mittels Smartphones, Aktivitäten in Sozialen Medien, am Computer, im Auto oder in der Freizeit erzeugt, liefert also Input und trägt aktiv mit an der Verantwortung für das Zustandekommen von solchen Datensätzen, in denen automatisiert ermittelt wird, wie wir uns wahrscheinlich in Zukunft verhalten.

Ein Algorithmus durchsucht diese Datensätze, gewichtet und verknüpft Daten und liefert im Ergebnis automatisiert Entscheidungsvorschläge, die Einzelne oder Institutionen zur Grundlage ihrer Entscheidungen oder ihres Handelns machen. Damit tragen Softwareentwickler, Tech-Intermediäre sowie Regierungen und andere Institutionen, die Prognosesoftware einsetzen als Ermöglicher von solchen automatisierten Entscheidungen ebenfalls mit an der Verantwortung, gerade auch dann, wenn diese Prozesse fehlerhaft sind oder ungerechte Befunde erzeugen.

Automatisierte Entscheidungsfindung wird oft als ein Beispiel für „Künstliche Intelligenz"-Technik angeführt. Dennoch vermeidet dieser Beitrag den KI-Begriff, um die Unterschiede erkennbar zu machen: Denn als KI werden zum einen konkrete, oft innovative Anwendungsoptionen diskutiert, also „schwache KI", und zum anderen „starke KI", die sich (dereinst vielleicht) verselbständigen oder eigenen Absichten folgen oder angeblich Menschen ersetzen kann.[3] Dieser Beitrag beschränkt sich zudem auf jene Art algorithmischer Entscheidungsfindungsfindungsprozesse, die individuelle Grundrechte, zentrale Normen und gesellschaftliches Miteinander tangieren. Von besonderem Interesse ist, unter welchen Bedingungen und in welchem Kontext solche Systeme eingesetzt werden, wie solche Prozesse entwickelt werden und wie sie gestaltet sein müssen, damit sie möglichst nicht ungerecht und benachteiligend wirken.

Denn Prognosen generierende Tools können Gemeinschaftsgefühl und Integration befördern, aber auch Spaltung: zwischen der Gruppe jener, die durch solche Software auf die Seite des „besseren Lebens" gelangen (also Gesundheitschancen oder Kreditchancen erhalten), und der Gruppe jener, die ins Fadenkreuz geraten. Die also z. B. wegen vorausberechneter Schwächen (bei Leberkrebs z. B. bezogen auf das Regenerationspotenzial ihrer Leber oder bei

---

3 Vgl. Prinzing 2018; Algorithm Watch 2019a.

einer Transplantation auch z. B. bezogen auf ihr finanzielles Potenzial, die lebenslang notwendigen Medikamente zu bezahlen) für eine Operation oder Therapie aus dem Raster fallen oder die sich für (noch) nicht begangene Verbrechen verantworten sollen.

Der Einsatz solcher Software in der Verbrechensvorbeugung und -bekämpfung durch die Polizei wird in diesem Beitrag als illustrierendes Beispiel verwendet. Denn dadurch wird das bislang geltende Prinzip auf den Kopf gestellt, wonach wir uns nur für das, was wir angestellt haben, verantworten müssen, nicht aber für etwas, was wir vielleicht nie wirklich tun werden. Zudem sind Normen wie Unschuldsvermutung und Selbstbestimmtheit betroffen, aber auch falsche Verdächtigung und Freizügigkeit. Solche Formen von Überwachung und Einschränkung werden systematisch mit „mehr Sicherheit" gerechtfertigt.

Hier zwei Beispiele für automatisierte Entscheidungsfindungsprozesse in der Polizeiarbeit, aus denen Vorhersagen abgeleitet werden: Am Berliner Südkreuz testeten Bahn, Bundesinnenministerium und Bundespolizei Systeme zur automatischen Gesichtserkennung. Die Bahn plante für Anfang 2019 zudem automatisierte Verhaltensanalysen: Wer lässt Gegenstände stehen, betritt verbotene Zonen, benimmt sich ungewöhnlich? Dieser Verhaltensscanner-Test wurde aber bis auf weiteres ausgesetzt mit der Begründung, das Geld fehle. In Mannheim hingegen wurde ein ähnlicher Pilotversuch – gegenwärtig noch ohne Gesichtserkennung – gestartet. Seit Dezember 2018 werden dort schlussendlich 76 Kameras auf zentralen Plätzen und Straßen in der Innenstadt installiert. Sie zeichnen auf, wie Menschen sich verhalten und bewegen.

Diese Beispiele werfen Grundfragen auf: Das Wissen um solche Scanner kann die Menschen unter Druck setzen, sich möglichst konform und unauffällig zu verhalten. Inwiefern ist das gesellschaftlich und grundrechtlich verantwortbar? Zumindest der Bevölkerung ist offenbar nicht klar, auf welche Bewegungen Algorithmen eingestellt sind und sie als „unnatürlich" oder „auffällig" einordnen. Zudem sind auch viele „unnatürliche" Bewegungen nicht rechtswidrig, und es fragt sich, inwiefern es legitim ist, Menschen auf diese Weise zu verunsichern. Ist lautes Lachen auffällig? Hüpfen? Wann ist die Schwelle überschritten, damit ein Polizist, der die automatisch ausgewählten Bilder ansieht, ein Interventionsteam losschickt? Anlasslose Massenüberwachung birgt stets statistische Risiken, durch die falsche Verdächtigungen entstehen. Inwiefern ist dies vertretbar?

Die Regionalmedien informierten, wo die Kameras installiert werden und dass an den überwachten Plätzen Hinweisschilder mit QR-Codes aufgestellt werden, über die man zusätzlich informiert wird. Eingesetzt werde ein lernendes System, das trainiert werde, „Rudelbildung" zu erkennen und daraufhin Alarm schlägt. Die Daten würden nach 72 Stunden gelöscht, wenn sie nicht als relevant bezogen auf eine mögliche Straftat eingestuft werden.[4] Das relativiert, beantwortet aber die Grundfragen nicht. Der Mannheimer Polizeipräsident erklärte zudem, diese Videoüberwachung mache personelle Kapazitäten frei und ermögliche der Polizei, an anderer Stelle mehr Präsenz als bislang zu zeigen.[5]

Dazu gehört in Deutschland – wie auch in Österreich – vor allem Präsenz, um Einbrüche zu verhindern. In beiden Länder werden mittels Prognose-Software Einbruch-Wahrscheinlichkeits-Landkarten erstellt. Wo laut dieser Karten am ehesten eingebrochen wird, wird öfter Streife gefahren. Viele Begleitstudien liefern auch hier bislang wenig überzeugende Erfolgszahlen, aber Hinweise, dass sich die Bewohner eines Gebiets durch mehr Streifenwagen oft nicht sicherer, sondern im Gegenteil verunsichert fühlen.[6]

In den USA und in der Schweiz hingegen sind bereits seit längerem gezielt Personen im Blick. In Chicago setzt die Polizei Menschen, für die eine automatisierte Auswertung ihrer Daten Muster ergibt wie „arbeitslos" und „kleinkriminell" und „bekannt mit einem Opfer eines Gewaltverbrechens" und „aus einem bestimmten Stadtteil" – auf eine „Heat"-Liste der „Gefährder". Polizisten suchen solche Personen persönlich auf, warnen sie und drohen ihnen, sie seien bereits unter Beobachtung. In der Schweiz wird in manchen Kantonen ähnlich vorgegangen. Aber das Bild, das der Algorithmus liefert, wird dort nicht sofort in polizeiliches Handeln umgesetzt, sondern erst, nachdem ein Experte weitere Erkundigungen im Umfeld des Betreffenden vorgenommen hat.[7] Auch hier sind die Erfolge wenig überzeugend. Darüber hinaus geht es aber um Grundsätzliches.

## 3 Hannah Arendts Vorstellung von Räumen menschlicher Entscheidung als Gegenpol zu automatisiertem Entscheiden?

Hannah Arendt beschrieb Räume, in denen Menschen sich trafen, um Entscheidungen zu entwickeln. Diese Entscheidungsprozesse folgten drei Prinzipien: Pluralität, Natalität, Urteilskraft. Das heißt, sie fußten auf einer Vielfalt und Vielzahl an Argumenten, auf der Fähigkeit der Beteiligten, aus dem gemeinsamen Gespräch heraus – deliberativ – etwas Neues zu entwickeln, und auf ihrer Fähigkeit der reflektierten Abwägung.[8]

---

4    Kaiser 2018.
5    Kaiser 2018
6    Gerstner 2017; Schweer 2015.
7    Grossenbacher 2018a und 2018b.
8    Arendt 1958; vgl. auch Canovan 1992.

Diese Prinzipien drohen uns zunehmend verloren zu gehen, wenn wir undifferenziert immer mehr Entscheidungsprozesse algorithmisiert und damit automatisiert aufgleisen. Solche Entscheidungsprozesse können nicht den „Arendt'schen Prinzipien" folgen und damit nur Hilfsprozesse sein für Entscheidungen, die Reflexion und Aufbruch zu Neuem umfassen. Eine verantwortungsbewusste Einschätzung, ob jemand, der straffällig geworden ist, auf Bewährung freikommt, kann demzufolge nie ausschließlich automatisiert getroffen werden. Denn die dafür heranziehbaren Daten beschreiben nur die Vergangenheit des Betroffenen und lassen außer Acht, ob er sich z. B. während der Haftzeit verändert hat. Es unterbleiben die empathische Reflexion und der Austausch der Argumente, die ein Urteil von solcher Tragweite tatsächlich tragfähig werden lässt bzw. verantwortbar macht, sowie die Offenheit für eine neue Sichtweise (repräsentiert im Prinzip der Natalität).

Wege, wie wir zu Wissen gelangen, sind klassische Themen der Philosophie und gerade in der digitalen Gesellschaft sehr bedeutsam. Digitale Technik befördert die Entwicklung von Algorithmen, die im „Wissensschatz" großer Datensätze Muster ermitteln, die die Grundlage für Entscheidungen von hoher sozialer oder politischer Bedeutung bilden. Sie ermöglicht aber auch, Wissen in hoher Geschwindigkeit und Reichweite zu einer manipulativen Desinformation zu verzerren. Auch der Zugang zu Wissen ist eine Frage der Gerechtigkeit und der Teilhabe an demokratischen Prozessen: Wir benötigen einen Wissens- beziehungsweise Informationszugang, um kompetent und mündig ein Parlament zu wählen und zu einem gemeinwohlorientierten gesellschaftlichen Miteinander beizutragen.

Daraus leitet sich ab, dass es nicht damit getan ist, sich mit der Art des Entscheidungsprozesses zu befassen: menschlich oder algorithmisch? Auch Forderungen nach Offenlegung von Algorithmen sind zu kurz gesprungen. Das wäre so, als müsste man den Bauplan eines Autos heranziehen, um zu wissen, wie es fährt oder welche Regeln die Straßenverkehrsordnung vorgibt. Meistens genügt einem Autofahrer (oder „Anwender"), die Verkehrsregeln zu kennen und zu wissen, wofür und wie man ein Auto (oder einen Algorithmus) einsetzt. Auf automatisierte Entscheidungsprozesse übertragen heißt das: Wir müssen also nicht den Code kennen, den Bauplan des Algorithmus. Entscheidend ist, dass wir Auskünfte erhalten, erstens, welcher Entscheidungs-Akteur zugange war und ob es sich um einen Algorithmus, also einen automatisierten Akteur handelte. Und zweitens auf welcher Datengrundlage dies geschah. Drittens müssen wir, wenn wir wollen, angehört werden und so die Chance erhalten, uns gegen Fehlentscheidungen oder lückenhafte Entscheidungsgrundlagen zu wehren.

Denn: die Qualität algorithmischer Entscheidungsprozesse hängt von drei Kriterien ab: 1. der Qualität der Daten, in denen Verhaltensmuster gesucht werden, anders gesagt: die Qualität des eingespeisten Wissens; 2. der Qualität der

Such- und Lernvorschrift (in Algorithmen kann man vieles reinschreiben) und 3. der Art des (professionellen) Umgangs mit solchen Mustererkennungsprozessen: Werden sie direkt umgesetzt oder kombiniert mit menschlichen Einschätzungen? Werden sie auf Limitationen hin untersucht? Und zwar auf die Limitationen der algorithmischen Entscheidungsfindungsstruktur: Dass also - wie oben beschrieben - nur in vorhandenen Daten und damit in bereits Geschehenem gesucht wird, Algorithmen also keine weiteren Einschätzungen und Rechtfertigungen vergleichbar in ihre Entscheidungsvorschläge einbeziehen können, wie Menschen dies vermögen, und damit für Vorhersagen allenfalls bedingt geeignet sind. Anders gesagt: Weil menschliche Entscheidungsprozesse mehr relevante Faktoren einschließen können, haben sie das Potenzial, gerechtere Urteile hervorzubringen. Aber dies geschieht nicht zwangsläufig.

Das liegt auch daran, dass manche Menschen in Entscheidungsfunktionen dazu neigen, der Qualität einer automatisiert erstellten Vorhersage mehr zu vertrauen und ihre eigene Verantwortung auf sie abwälzen.

Die Medienwissenschaftlerin danah boyd[9] führte in ihrer Analyse der Verantwortung in algorithmisierten Gesellschaften diesen Effekt aus. Dass algorithmische, datenbasierte Technologie „nicht notwendigerweise eine soziale Welt, in der viele von uns leben möchten" unterstütze, illustrierte sie ebenfalls am Beispiel polizeilicher Vorhersagesoftware, fokussierte aber diese andere Art menschlicher Mitwirkung: Ein Richter könne zwar den Befund beziehungsweise die automatisierte Entscheidung revidieren, ihr aber ebenso gut auch folgen, z. B. weil ihm das Widerstand innerhalb der Strafjustiz erspart. Solche „digitalen Verstärkungssysteme" seien häufig; Polizisten, Journalisten, Politiker und viele mehr trügen dazu bei, verschafften automatisierten Entscheidungen so noch mehr Gewicht und erzeugten eine neue Art von „Bürokratie", die Verantwortung verwässere und diffus auf das komplette System verteile. boyd zog einen Vergleich zu Adolf Eichmann, der eine tragende Rolle in der Tötungsmaschinerie des Holocaust hatte, vor Gericht aber erklärte, er habe bloß Befehle ausgeführt. Hannah Arendt fand dafür den Begriff der „Banalität des Bösen". Und sie verurteilte Eichmann auch dafür, dass er eben nicht selbst gedacht hatte.

Reichmann[10] überträgt Arendts Schriften über das Böse auf Algorithmen, indem er sie als Akteure beschreibt, die „gewissenhaft gewissenlos" stur die ihnen eingeschriebenen Regeln befolgen und zu keiner moralischen Orientierung fähig sind. Reichmann verweist wieder auf Arendt, wonach Moral nur im „Zwiegespräch" des Menschen mit sich selbst entstehen könne und ebenso der bewusste Regelbruch. Algorithmen seien zwar fähig, Aufgaben zu übernehmen,

---

9    boyd 2018; Übersetzung der Autorin.
10   Reichmann 2019; Zitate auf S. 136; vgl. auch Arendt 2007.

die früher meist Menschen ausgeführt haben. Aber Algorithmen könnten diese Aufgaben nicht auf ihren moralischen Gehalt hin überprüfen.

Algorithmen funktionieren nur. Sie liefern Musterprofile, die Wahrscheinlichkeiten beschreiben – keine Gewissheiten, kein gesichertes Wissen. Sie nützen oder sie schaden uns. Je nachdem, in welchem Handlungsfeld sie wirken, ob wir ihnen ausgeliefert werden und ob aus ihnen falsche Schlüsse gezogen werden, weil korrelierende Muster aus den Daten so interpretiert werden, als seien sie ein Kausalzusammenhang.

## 4    Verantwortung, Sicherheit und Freiheit?

### 4.1   *Studienbefund: Wissenslücken mit leicht verheerenden Folgen*

Welches Wissen, welche Diskurstiefe wird gegenwärtig bereitgestellt? Wo muss man ansetzen? Dazu hat eine eigene Studie 2018 zum einen sekundäranalytisch Fachliteratur ausgewertet und zum anderen die mediale Vermittlungsleistung durch die inhaltsanalytische Analyse von Hintergrundberichterstattung beschrieben. Die Befunde sollen eine Vorstellung davon vermitteln, wie die automatisierte Entscheidungsvorbereitung in der Polizeiarbeit, sprich der Einsatz von „Predictive Policing Tools", thematisiert wird.

Die sekundäranalytische Auswertung von Fachliteratur[11] ergibt eine fast einhellige Position. Erstens: Für die Polizei hat bereits die Mitteilung, dass man Vorhersagesoftware einsetze, hohen Wert, weil sie das Ansehen der Polizei in der Gesellschaft stärkt. Der Einsatz solcher Tools erwecke in großen Teilen des Publikums den Eindruck, man weise quantifizierbare Erfolge vor. Zweitens: Ein Großteil der Experten verknüpft die Einführung von „Predictive Policing-Tools" mit mehr Sicherheit, allerdings ohne diese Aussage zu belegen. Drittens: Die Fachautoren warnen aber auch: Wer die Vorteile solcher Tools nutzen will, müsse auch erkennbar deren Risiken eindämmen und die Verantwortung für Entscheidungen und Fehler klar zuweisen. Sie fordern dazu auf, nicht evidenzbasierte Annahmen dringend aufzugeben. Dazu gehören Behauptungen wie: Daten spiegelten die Wirklichkeit wider, Algorithmen seien neutral.[12]

Die Inhaltsanalyse von ausgewählter, überregionaler medialer Hintergrundberichterstattung in Deutschland über Prognosesoftware im Zeitraum von Oktober 2017 bis September 2018 (n=28) ergibt ein ähnliches Bild: Die Tools werden mit dem Aspekt „mehr Sicherheit" verknüpft – ebenso ohne Beleg.

---

11   Vgl. u. a. Bennett et al. 2016; Shapiro 2017; Gerstner 2017; Rolfes 2017; Knobloch 2018.
12   Vgl. u. a. Bennett et al. 2016; Shapiro 2017; Gerstner 2017; Gluba 2016; Schweer 2015; vgl. auch Kranzberg 1986: In den sogenannten Kranzberg'schen Gesetzen ist bereits formuliert, dass neue Techniken weder gut noch böse noch neutral sind.

Meist nicht thematisiert werden statistische Fehler oder die Bedeutung der Datenqualität. Dabei sind dies relevante Faktoren, ohne die ein kritischer Blick auf automatisierte Entscheidungen nicht möglich ist. Die journalistische Darstellung ist häufig undifferenziert, oft wird der Polizeistandpunkt übernommen. Eine Studie über die Qualität der Berichterstattung über KI-Technik ergibt einen ähnlichen Befund: Ein Großteil der Berichterstattung stützt sich auf Firmeninformationen und nicht auf weitere journalistische Recherche.[13]

Um die mögliche Wirkung von sachgerechter Aufklärung zu messen, wurde anschließend über ein Panelgroup-Setting mit 30 Studierenden ermittelt, wie ein Publikum reflektiert, das angibt, über „Predictive Policing" nichts oder nichts Genaues zu wissen und dann erstmals den Dokumentarfilm „Pre-Crime" ansah.[14] Der Film, der im Oktober 2017 ins Kino kam, thematisiert an Beispielen aus Chicago, London oder München, wie die Polizei bereits mit Big Data-Analysen arbeitet, um Verbrechen vorzubeugen. Ein zentraler Befund der Panelgroup-Befragung ist: Freiheit schlägt Sicherheit. Jeder Fünfte war nach dem Film bereit, für das Versprechen von mehr Sicherheit Freiheiten aufzugeben. Aber jeder zweite votierte für den Erhalt von Freiheit, unter anderem mit der Begründung, es sei ja gar nicht klar, dass man sicherer sei. Fast alle verlangten, dass die Verantwortung für die Folgen, also für Fehler durch den Einsatz solcher Software, klar zuzuweisen ist, und zwar bevor eine solche Software eingesetzt wird. Alle Befragten wiesen Journalistinnen und Journalisten die Hauptverantwortung dafür zu, dass über solche Werkzeuge informiert wird, wollten sie aber auch in der Rolle der Kritiker, Kontrolleure, Aufklärer und auch Frühwarner sehen. Bemerkenswert ist auch: Die Dokumentation „Pre-Crime" steigerte die erklärte Bereitschaft, sich mit Statistik zu befassen und mit dem, was Algorithmen leisten und was sie nicht können. Das müsse eine neue Fertigkeit werden, fanden zwei Drittel der Befragten.

## 4.2 Ansatzpunkte

### 4.2.1 Mathematik Literacy als Kulturtechnik

Die Studienbefunde illustrieren, dass in einer digitalen Gesellschaft Grundkenntnisse z. B. in Statistik und damit ein mathematisches Grundverständnis zu Kulturtechniken zählen sollten wie Lesen und Schreiben.[15] Gegenwärtig besteht darin ein Mangel – in der Gesellschaft, aber auch speziell im Journalismus sowie unter den Anwendern von Vorhersagesoftware. Eine systematische Qualifizierung und eine Aufklärung über die Bedeutung solchen Wissens ist nötig.

---

13  Brennan und Nielsen 2019.
14  Pre-Crime 2017.
15  Prinzing 2018.

Auch, aber nicht nur in der schulischen Bildung. Zu schaffen wäre z. B. eine Bundeszentrale für mathematische Bildung, die Grundlagenwissen über Algorithmen und Statistik vermittelt und diskutiert.

Ein Beispiel für gelungenen Informationsjournalismus zu einer statistischen Frage lieferte die Süddeutsche Zeitung im März 2019.[16] In einem Bericht wurde erläutert, warum anlasslose Massenüberwachung das Risiko birgt, eine große Anzahl von Menschen ohne Grund zu verdächtigen. Damit wurde die sachlich falsche Überschrift einer Pressemitteilung der Bundespolizei vom 11. Oktober 2018 korrigiert: „Projekt zur Gesichtserkennung erfolgreich." So überschrieb die Behörde das Ergebnis ihres am Berliner Bahnhof Südkreuz durchgeführten Pilotprojekts, bei dem Kameras Passanten filmten und die gespeicherten Bilder von Gesichtern automatisiert, also algorithmischen Mustern folgend, nach Verdächtigen auswerteten.[17] Die Trefferquote von rund 80 Prozent belege, dass das Projekt ein Erfolg sei.[18] Doch dies ist nicht einmal die halbe Wahrheit. Denn dahinter steckt rein rechnerisch auch der Befund, dass die allermeisten als verdächtig ausgegebenen Menschen in Wirklichkeit gar nicht verdächtig sind. Berechnet auf 1000 überwachte Personen können bei einer Trefferquote von 80 Prozent vier von fünf polizeilich gesuchten Personen zwar identifiziert werden. Nimmt man aber eine Fehlerquote von einem Prozent an, werden zudem zehn von 1000 falsch verdächtigt. Es werden also vierzehn Personen identifiziert, unter denen die vier Verdächtigen sind – die tatsächliche Erfolgsquote beträgt damit nur rund 30 Prozent.

Ähnlich verhält es sich immer, wenn anlasslos in einer sehr großen, unspezifischen Personengruppe gesucht wird. Denn da ist die Anzahl der Merkmalsträger – hier der Verdächtigen – im Verhältnis zur Zahl der Nichtverdächtigen sehr, sehr klein. Wenn also am Berliner Südkreuz alle Passanten erfasst werden, ist die Wahrscheinlichkeit für ein falsch positives Ergebnis (Person hat nichts getan, wird aber als verdächtig eingestuft) deutlich höher als die Wahrscheinlichkeit für einen echten Treffer (Person hat etwas getan und wird als verdächtig eingestuft). Dieser Zusammenhang wird in einem zentralen Satz der Wahrscheinlichkeit beschrieben, dem Satz von Bayes. Er besagt, dass ein Verhältnis zwischen der bedingten: Wahrscheinlichkeit zweier Ereignisse und der umgekehrten Form besteht.

Dieses Beispiel illustriert zudem, wie notwendig und ertragreich Mathematik Literacy als Instrument im journalistischen Handwerkskasten ist.

---

16   Endt und Wormer 2019.
17   Vgl. auch Abschnitt 2.
18   Bundespolizeipräsidium 2018.

## 4.2.2 Digitale Entwicklung als zentrale Institution, Verantwortung als Konzept

Automatisierte Entscheidungsprozesse mit bedeutsamen gesellschaftlichen Folgen erfordern menschliche Kontrolle und Verantwortungsübernahme, wenn sie gelingen und tragfähig sein sollen. Das legt die Gegenüberstellung zum Wesen menschlichen Entscheidens insbesondere über gesellschaftlich relevante Angelegenheiten im Arendt´schen Sinn nahe. Es erfordert Kompetenz beziehungsweise mathematische Literacy. Aber das erfordert auch ein klares Konzept, wem Verantwortung zuzuweisen ist. Wie überfällig hier ein systematisches Vorgehen ist, bestätigen sowohl die Befunde der in Abschnitt 4.1 vorgestellten kleinen Studie, also auch das in Abschnitt 4.2.1 erläuterte Beispiel des nicht erkannten statistischen Fehlers durch den Anwender. Debatin befasste sich mit den Handlungen und Handlungsfolgen sowie mit den Implikationen des Verantwortungsbegriffes. Er argumentiert, Verantwortung klar und eindeutig in Ethikkodizes festzulegen und zuzuweisen. Nur so sei vermeidbar, „dass die Verantwortung nach Belieben zwischen den Individuen und zwischen Individuen und Organisation hin- und hergeschoben wird". [19]

Genau hieran fehlt es zurzeit: In Deutschland riefen zwar Regierung und Parlament Kommissionen, Expertengruppen und Organisationen ins Leben, doch vieles überschneide sich oder laufe parallel, bemängelt Netzpolitikexperte Matthias Spielkamp; es fehlt ein erkennbar planmäßiges Vorgehen, es fehlt an Ideen, um den beträchtlichen Risiken effektiv zu begegnen. [20]

Und es fehlt eine zentrale Anlaufstelle:[21] Ein Digitalrat (nicht zu verwechseln mit der im Sommer 2018 eingesetzten gleichnamigen Beratungskommission der Bundesregierung) als zentrale und unabhängige Einrichtung für Fragen der digitalen Gesellschaft, zusammengesetzt aus Experten und Expertinnen sowie Vertretenden gesellschaftlicher Gruppen – mit TaskForces für aktuelle Fragen und mit einer Anlaufstelle für Beschwerden aus der Bevölkerung sowie für digitale Bildung. Ein so konzipierter Digitalrat müsste als ethischen Kompass einen Digitalkodex entwickeln, ähnlich dem Pressekodex und ebenfalls aufbauend auf Denkansätzen z. B. der Aufklärung. Und er müsste ein Konzept vorschlagen, das Handlungsverantwortung relevanten Gruppen zuweist: z. B. an die Privatwirtschaft für eine Strategie zur *Corporate Digital Responsibility*, an die Politik in ihrer gesetzgeberischen aber auch in ihrer Bildungs- und Forschungsverantwortung, ferner an die Informatik und an den Journalismus.

Informatiker müssten einer Art hippokratischem Eid (Konstruiere keinen Algorithmus, der zum Schaden von Menschen wirkt!) folgen oder einem kategorischen Imperativ (Konstruiere nur Algorithmen, die so „handeln", dass dies

---

19    Debatin 2016, S. 68.
20    Spielkamp 2019.
21    Prinzing 2019.

ein allgemeines Gesetz sein könnte!) und so eine Selbstverpflichtung leisten, die zudem ein Vertrauensangebot an die Zivilgesellschaft wäre. Die Informatik ist aber nicht allein in der Verantwortung, sondern auch die diversen Auftraggeber für den Bau oder Einsatz von Algorithmen sowie die Anwender.

Der Algorithmus selbst kann nach allgemeinem aktuellem Verständnis keine Verantwortung übernehmen: Folgen für Menschen verantworten stets Menschen, und eine Programmiervorschrift hat keinen Person-Status. Das heißt aber auch: Nur wenn weiterhin die Verantwortung eines Menschen an seine Freiheit zu entscheiden und zu handeln gebunden bleibt, kann er weiterhin für die Folgen dieser Entscheidungen verantwortlich gemacht werden. Diese Freiheit z. B. auch zu entscheiden, etwas zu unterlassen, entfällt, wenn wir Konsequenzen zu ertragen hätten für Dinge, die wir noch gar nicht getan haben, die aber aus Vorhersagen und aus automatisierten Prozessen errechnet und als Gewissheiten festgelegt wurden, ohne den betreffenden Personen Teilhabe zu ermöglichen.

ProPublica[22] manifestierte mit einer 2016 gestarteten Serie über Ungerechtigkeiten, die durch automatisierte Entscheidungen herbeigeführt wurden, einen Reload der Watchdog-, Kritik- und Beobachter-Funktion von Journalismus: Er muss sich neu und konsequent nicht nur auf menschliche, sondern auch auf automatisierte Entscheidungen beziehen. Diakopolous sortiert die Herausforderungen dieser Entscheidungen in vier Risikogruppen:

- Diskriminierung (Rasse, Geschlecht etc.) und Ungerechtigkeit,

- Fehler (in Kategorien, Programmierung etc.),

- Verstöße gegen gesetzliche oder soziale Normen, und

- vorsätzlicher oder unabsichtlicher Missbrauch von Algorithmen durch Personen

– und er illustriert das mit konkreten Beispielen.[23] Hinzu kommt: Journalismus ist doppelt in der Verantwortung – für eine über das Technikressort hinausreichende, verantwortungsorientierte und qualifizierte Querschnittsberichterstattung z. B. über Algorithmen, sowie als Anwender solcher Techniken auch für deren verantwortungsbewussten Einsatz.

Nichtregierungsorganisatoren leisten weitere wichtige Aufklärungsarbeit, die sich teils auch mit journalistischen Funktionen überschneidet. *Algorithm Watch* zeigte in einem Projekt zum Schufa Score, wie der „False Positive"-Effekt bei der Berechnung zur Kreditwürdigkeit negative Folgen für einzelne erzeugen kann: teure oder gar keine Kredite, Miet- oder Internetverträge.[24] Al-

22  ProPublica 2016f.
23  Diakopoulos 2018.
24  Algorithm Watch 2019b.

*gorithm Watch* recherchierte zudem einen Überblick über die Lage in EU-Mitgliedsstaaten: Wo wird automatisierte Entscheidungsfindung betrieben, wie verlaufen die politischen und wissenschaftlichen Debatten, wo setzen regulatorische und selbstregulatorische Überlegungen an?[25] Und die NGO recherchiert Modellbeispiele, um ihre Handlungsempfehlungen zu illustrieren. Zum Beispiel: *Algorithm Watch* schlägt für Deutschland ein Register vor, das Automatisierungsgrad, Teilhabe und Einfluss auf die Gesellschaft auflistet, um Ankerpunkte für Diskurs und Kontrolle zu erhalten, und nennt ein Anschauungsbeispiel („Automated Decision Task Force", New York); außerdem werden Beispiele aufgeführt, wie ein „Social Impact Statement" aussehen könnte oder ein Online-Weiterbildungskurs („Elements of Artificial Intelligence", Finnland) für die Bevölkerung.[26]

Es gibt noch weitere Ideen und Handlungsmöglichkeiten. Doch die Zeit drängt. Der Netzfreiheitsbericht der Nichtregierungsorganisation *Freedom House* warnt vor einer durch Desinformation, Überwachung und Propaganda vergifteten Digitalsphäre. Wachsende Digitaldiktaturen, die auch innerhalb von demokratischen politischen Systemen heranwachsen können, reißen durch ungezügeltes Datensammeln die Wände um unsere Privatsphäre ein. Regierungen, Unternehmen, Polizei etc. destabilisieren das Vertrauen in das Netz und in Institutionen.[27] Hinzu kommen diverse Folgen des massiven Datenhandels von Digitalkonzernen wie Google, Apple, Facebook und Amazon.

Die auf europäischer Ebene im Mai 2018 wirksam gewordene Datenschutzgrundverordnung (DSGVO) greift zu kurz, analysieren Wachter und Mittelstadt. Sie verlangen eine umfassendere rechtliche Kontrolle über Algorithmen sowie Transparenz-Pflicht. Die DSGVO müsse neben der Art, wie Daten erhoben werden, auch die „Interferenzen" regeln. Kombinierte Datensätze und daraus gezogene Rückschlüsse seien als personenbezogene Daten aufzufassen und zu regulieren. Werden über uns anhand algorithmisch erzeugter Muster automatisiert Entscheidungen getroffen, müssten wir davon erfahren und uns gegen ein fehlerhaftes Bild wehren dürfen. Wer automatisierte Entscheidungsprozesse einsetzt, müsse verpflichtet werden, offen zu legen, auf welcher Datenbasis die Muster entwickelt wurden, was daraus geschlossen wurde und wie sich der Prozess vor allem im Falle unerwünschter Schlüsse verbessern ließe.[28]

Internetexpertin Yvonne Hofstetter argumentiert, dass der unkontrollierte und sich ausbreitende Einsatz automatisierter Entscheidungssysteme Freiheitsrechte beschränke wie Menschenwürde, Privatheit und Selbstbestimmtheit. Damit entfalle die Basis der Demokratie. „Demokratie brauchen wir nicht mehr,

---

25　Spielkamp 2019.
26　Algorithm Watch 2019a.
27　Freedom House 2018.
28　Wachter und Mittelstadt 2018.

wenn wir nicht mehr als souveräne Menschen behandelt werden."[29] Weil und wenn Nutzer die Überwachung und das Profiling, also die Bewertung von Menschen hinnehmen, legitimieren sie all dies mindestens soziologisch und damit auch, dass der Schutz von Grundrechten etwa auf Privatsphäre mittelfristig zerfalle.

## 5    Fazit: Digitale Aufklärung statt digitaler Diktatur

Wir treiben auf eine digitale Diktatur zu. Doch jeder von uns kann dazu beitragen, dass wir Fahrt aufnehmen hin zu einer digitalen Aufklärung. Erstens indem wir selbst besser unterscheiden lernen, wo Algorithmen uns helfen und wo sie uns Wahrscheinlichkeiten ausliefern und schaden. Indem wir zweitens aufhorchen, wenn Regierungen und andere unser Handeln überwachen, und indem wir drittens Auskunft einfordern über Datenwahrsagereien, die unsere Lebenschancen mitbestimmen, und über die Grundlagen, auf denen sie beruhen. Viertens, indem wir vom Journalismus verlangen, dass er seine Aufgaben erfüllt und auch bezogen auf digitale Technik und ihre Folgen unter anderem seiner Wachhund-Funktion als Garant demokratischer Gesellschaften nachkommt. Fünftens, indem wir einen Kant´schen Kernsatz zur Aufklärung – „Habe Mut, Dich Deines Verstands zu bedienen" – in die digitale Gesellschaft übertragen. Und schließlich sechstens, indem wir in der Tradition von Hannah Arendt den existenzsichernden Wert des gemeinsamen Überlegens schätzen und ihm genügend Raum erhalten.

## Literatur

Algorithm Watch. 2019a. Atlas der Automatisierung. Automatisierte Entscheidungen und Teilhabe in Deutschland. https://atlas.algorithmwatch.org/. Zugegriffen: 13. Juni 2019.

Algorithm Watch. 2019b. Projekt Open Schufa. https://algorithmwatch.org/project/openschufa/. Zugegriffen: 13. Juni 2019.

Arendt, Hannah. 2007. *Über das Böse: Eine Vorlesung zu Fragen der Ethik.* München/Zürich: Piper [Erstveröffentlichung 1965].

Arendt, Hannah 1958. *The Human Condition.* Chicago: University of Chicago Press.

Bennett Moses, L., und J. Chan. 2016. Algorithmic prediction in policing: assumptions, evaluation, and accountability. *Policing and Society* 28 (7): S. 1–17.

Brennan, S., und R. K. Nielsen. 2019. An Industry-Led Debate How UK Media Cover Artificial Intelligence. https://reutersinstitute.politics.ox.ac.uk/sites/default/files/2018-12/Brennen_UK _Media_Coverage_of_AI_FINAL.pdf. Zugegriffen: 13. Juni 2019.

---

29    Zitiert in Hosp 2018.

boyd, danah. 2018. How algorithmic world can be undermined. https://re-publica.com/en/session/opening-keynote-how-algorithmic-world-can-be-undermined. Zuge-griffen: 13. Juni 20019.

Bundespolizeipräsidium. 2018. Abschlussbericht des Bundespolizeipräsidiums zur biometrischen Gesichtserkennung (Erprobung von Systemen zur intelligenten Videoanalyse), 11.10.2018. https://www.bundespolizei.de/Web/DE/04Aktuelles/01Meldungen/2018/10/181011_abschluss bericht_gesichtserkennung_down.pdf. Zugegriffen: 7. Februar 2019.

Canovan, Margaret. 1992. *Hannah Arendt. A Reinterpretation of Her Political Thought*. Cambridge: Cambridge University Press.

Debatin, Bernhard. 2016. Verantwortung. Grundbegriffe der Medienethik. *Communicatio Socialis* 1: S. 68–73.

Diakopoulos, Nick. 2018. The Algorithms Beat. http://www.nickdiakopoulos.com/wp-content/uploads/2018/04/Diakopoulos-The-Algorithms-Beat-DDJ-Handbook-Preprint.pdf. Zugegriffen: 13. Februar 2019.

Endt, Christian, Wormer, Vanessa. 2019. Das Problem mit dem Falsch-Positiven. https://projekte.sueddeutsche.de/artikel/digital/falsch-positive-machen-prognose-algorithmen-zum-problem-e716375/. Zugegriffen: 7. Februar 2019.

Freedom House. 2018. Freedom on the net. The Rise of Digital Authoritarianism. https://freedomhouse.org/report/freedom-net/freedom-net-2018. Zugegriffen 4. Februar 2019.

Gerstner, Dominik. 2017. Predictive Policing als Instrument zur Prävention von Wohnungsdiebstahl. Evaluationsergebnisse zum baden-württembergischen Pilotprojekt P4. *Forschung aktuell 50*, Hrsg. Max Planck Institut für ausländisches und internationales Strafrecht.

Gluba, A. 2016. Mehr offene Fragen als Antworten: was für eine Bewertung des Nutzens von Predictive Policing noch zu klären ist. *Die Polizei* 107 (2): S. 53–57.

Grossenbacher, Timo. 2018a. Schweizweit sind über 3000 Personen als Gefährder registriert. https://www.srf.ch/news/schweiz/aufruestung-bei-der-polizei-schweizweit-sind-ueber-3000-personen-als-gefaehrder-registriert Zugegriffen: 7. Februar 2019.

Grossenbacher, Timo. 2018b. „Predictive Policing" – Polizei-Software verdächtigt zwei von drei Personen falsch. https://www.srf.ch/news/schweiz/predictive-policing-polizei-software-ver daechtigt-zwei-von-drei-personen-falsch Zugegriffen: 7. Februar 2019.

Hosp, Karo. 2018. Big Data. Ist unsere Demokratie gefährdet? Interview mit Yvonne Hofstetter. In *Ultimo Spezial* zum Thema „Wahlen und Demokratie", Hrsg. Akzente Salzburg – Initiativen für junge Leute, S. 44–46. Salzburg März 2018.

Kaiser, Olivia. 2018. Das sind die Fakten zur Videobeobachtung. https://www.rnz.de/nach richten/mannheim_artikel,-mannheim-das-sind-die-fakten-zur-videoueberwachung-arid,39 2680.html. Zugegriffen: 3. Februar 2019.

Knobloch, Tobias. 2018. *Vor die Lage kommen: Predictive Policing in Deutschland. Chancen und Gefahren datenanalytischer Prognosetechnik und Empfehlungen für den Einsatz in der Polizeiarbeit*. Berlin/Gütersloh: Stiftung Neue Verantwortung und Bertelsmann Stiftung.

Kranzberg, M. 1986. Technology and History: ‚Kranzberg`s Laws'. *Technology and Culture* 27 (3): S. 544–560.

O Neil, Cathy. 2016. *Weapons of Math Destruction: How Big Data Increases Inequality and Threatens Democracy*. New York: Crown.

Pre-Crime. Deutschland 2017. Regie: Matthias Heeder und Monika Hielscher. *DVD* SchröderMedia 2018.

Prinzing, Marlis. 2019. Entblößt im Glashaus oder auf Kurs in eine selbstbestimmte Zukunft? Von der Notwendigkeit einer systematischen ethischen Vermessung des Privaten als Basis digitaler Aufklärung – ein Essay. In *Intimisierung des Öffentlichen. Zur multiplen Privatisierung des Öffentlichen in der digitalen Ära*, Hrsg. P. Ettinger, M. Eisenegger, M. Prinzing und R. Blum, S. 289–305. Wiesbaden: Springer VS.

Prinzing, Marlis. 2018. Versöhnt Euch mit der Zahl. In: *Schweizer Journalist* 10/11.

Pro Publica. 2016. Machine Bias https://www.propublica.org/series/machine-bias. Zugegriffen: 13. Juni 2019.

Reichmann, Werner. 2019. Die Banalität des Algorithmus. In *Maschinenethik: Normative Grenzen autonomer Systeme*, Hrsg. M. Rath, F. Krotz und M. Karmasin, S. 135–153. Wiesbaden: Springer VS.

Rolfes, Manfred. 2017. Predictive Policing: Beobachtungen und Reflexionen zur Einführung und Etablierung einer vorhersagenden Polizeiarbeit. In *Geoinformation & Visualisierung: Pionier und Wegbereiter eines neuen Verständnisses von Kartographie und Geoinformatik: Festschrift anlässlich der Emeritierung von Herrn Prof. Dr. Hartmut Asche im März 2017*, Hrsg. P. Jordan, F. Pietruska, J. Siemer, M. Rolfes, E. Borg, B. Fichtelmann, R. Jaumann, A. Naß und M. Bamberg, S. 51–76. Potsdam: Universitätsverlag Potsdam.

Schweer, T. 2015. „Vor dem Täter am Tatort" – Musterbasierte Tatortvorhersagen am Beispiel des Wohnungseinbruchs. In: *Die Kriminalpolizei* 1: S. 13–16.

Shapiro, Aaron (2017). Reform predictive policing. In: *Nature 541*: S. 458–460. https://www.nature.com/polopoly_fs/1.21338!/menu/main/topColumns/topLeftColumn/pdf/541458a.pdf. Zugegriffen: 4. Februar 2019.

Spielkamp, Matthias, Hrsg. 2019. Automating Society.Taking Stock of Automated Decision-Making in the EU. https://www.bertelsmann-stiftung.de/fileadmin/files/BSt/Publikationen/Graue Publikationen/001-148_AW_EU-ADMreport_2801_2.pdf. Zugegriffen: 13. Juni 2019.

Wachter, S., B. Mittelstadt, und C. Russell. 2018. Counterfactual Explanations without Opening the Black box: Automated Decisions and the GDPR. *Harvard Journal of Law & Technology* 31 (2): S. 842–887.

Wachter, S., und B. Mittelstadt. 2018. A Right to Reasonable Inferences: Re-Thinking Data Protection Law in the Age of Big Data and AI. *Columbia Business Law Review* 2. https://papers.ssrn.com/sol3/papers.cfm?abstract_id=3248829. Zugegriffen: 4. Februar 2019.

# Dynamische und personalisierte Preise zwischen Vertragsfreiheit und Willkür

*Peter Rott[1]*

*Keywords: Dynamische Preise, Personalisierte Preise, Vertragsfreiheit, Unlauterkeit, Willkürverbot*

*Abstract*

Dieser Beitrag betrachtet dynamische und personalisierte Preise aus der Perspektive des Verbrauchers, der sich mit derartigen Preissetzungsstrategien konfrontiert sieht. Er fragt nach den ökonomischen und psychologischen Wirkungen dynamischer und personalisierter Preise und nach möglichen Gegenstrategien einzelner Verbraucher und diskutiert – vor dem Hintergrund der gefundenen Ergebnisse – rechtliche Möglichkeiten, die Verwendung dynamischer und personalisierter Preise einzudämmen oder zumindest transparent zu machen.

*Inhalt*

1 Einführung .................................................................................................. 286
2 Dynamische und personalisierte Preise ................................................... 286
3 Auswirkungen auf Verbraucher ............................................................... 288
4 Gegenstrategien......................................................................................... 289
5 Rechtliche Konsequenzen ........................................................................ 292
6 Zusammenfassung in Thesen ................................................................... 302
Literatur......................................................................................................... 303

---

1    Prof. Dr. Peter Rott | Universität Kassel | rott@uni-kassel.de. Der Beitrag ist eine modifizierte und gekürzte Fassung von Rott 2019.

# 1  Einführung

Dynamic Pricing beschreibt das Phänomen, dass Unternehmer Preise auf der Zeitachse ändern. Die Preise sind aber für alle Kunden zu einem bestimmten Zeitpunkt gleich. Personalised Pricing bedeutet, dass Waren und Dienstleistungen unterschiedlichen Kunden zum selben Zeitpunkt zu unterschiedlichen Preisen angeboten werden.

Hintergrund derartiger Preissetzungsstrategien ist natürlich der Versuch, die Zahlungsbereitschaft der Kunden optimal auszunutzen. Ob dies gelingen kann, ist in der ökonomischen Literatur durchaus umstritten;[2] diese Frage ist aber nicht Gegenstand des vorliegenden Beitrags. Dieser Beitrag nimmt die Perspektive des Verbrauchers ein, der sich mit derartigen Preissetzungsstrategien konfrontiert sieht. Er fragt nach den ökonomischen und psychologischen Wirkungen dynamischer und personalisierter Preise, nach möglichen Gegenstrategien einzelner Verbraucher und – vor dem Hintergrund der gefundenen Ergebnisse – nach rechtlichen Möglichkeiten, die Verwendung dynamischer und personalisierter Preise einzudämmen oder zumindest transparent zu machen. Nicht Gegenstand des Beitrags ist die vorgelagerte datenschutzrechtliche Problematik der Sammlung und Weitergabe persönlicher Daten.

# 2  Dynamische und personalisierte Preise

Dynamische Preise und auch personalisierte Preise sind nicht grundlegend neu, sie können aber durch die Digitalisierung eine neue Dimension erreichen.

## 2.1  *Dynamische Preise*

Unternehmer haben Preise stets an geänderte Umstände angepasst. Solche Umstände waren und sind z. B. geänderte Kosten aufgrund der Änderung der Bezugspreise oder der Löhne der Arbeitnehmer, unterschiedliche Nachfrage über das Jahr hinweg bei Saisonware wie Bademoden oder Wintermänteln, zu bestimmten Stoßzeiten, etwa in Bezug auf Kraftstoff zu Ferienbeginn, oder über die Lebenszeit eines Produkts, typischerweise mit einem Abverkauf bei Produktwechsel oder zum Ablauf der Haltbarkeit, oder auch sich ändernde Wettbewerbsbedingungen.[3]

Der Einfluss der Digitalisierung auf die Dynamisierung von Preisen ist gradueller Natur. Der Digitalisierung werden zunächst eine bessere Vorhersehbarkeit des Nachfrageverhaltens und eine schnellere Erfassung geänderter Wett-

---

2    Dazu Tillmann und Vogt 2018, S. 448 m.w.N.
3    Zander-Hayat et al. 2016, S. 404.

bewerbsbedingungen, etwa durch Auswertung im Internet verfügbarer Preisvergleichsportale, zugeschrieben. Daneben erlaubt sie die Automatisierung der Reaktion und damit schnellere Reaktionszeiten, was gleichzeitig eine häufigere Anpassung der Preise erlaubt.[4]

Tankstellen stehen auch insoweit wieder mit an der Spitze der Entwicklung, diese hat aber längst andere Waren und Dienstleistungen erfasst. Im Internet wurden bei einzelnen Produkten Preisänderungen bis zu 240 % innerhalb weniger Stunden festgestellt.[5] Auch Supermärkte denken über die Einführung elektronischer Preisschilder nach, mittels derer sie Preise über den Tag hinweg variieren könnten,[6] scheuen aber derzeit noch davor zurück.[7]

Mit Blick auf die Abschöpfung der Kaufkraft erlauben dynamische Preise freilich nur eine grobe Kategorisierung, weil nur die aggregierten Präferenzen der Kunden berücksichtigt werden können.

## 2.2 Personalisierte Preise

Eine punktgenauere Abschöpfung der Kaufkraft ermöglicht die Personalisierung von Preisen. In der Vergangenheit wurde die persönliche Zahlungsbereitschaft aus Faktoren wie der Benutzung bestimmter Endgeräte, vor allem aber aus der Kauf- und Suchgeschichte des Verbrauchers abgeleitet. Die zunehmende Sammlung und der Handel mit Daten bieten hier immer mehr Möglichkeiten.[8]

Personalisierte Preise sind in unserer Gesellschaft nicht oder nicht mehr verankert. Auch wenn Preisverhandlungen zulässig und gerade bei wichtigen Kaufentscheidungen, etwa dem Grundstückskauf oder auch dem Kauf eines Kfz, durchaus üblich sind, erfolgen doch die regelmäßigen Alltagsgeschäfte auf der Basis vom Verkäufer festgesetzter, allgemeingültiger Preise. Das gilt möglicherweise in besonderem Maße für Deutschland, wo über mehr als 60 Jahre lang das im Jahre 2001 aufgehobene Rabattgesetz für gleiche Preise für alle gesorgt hat. Üblich und akzeptiert sind lediglich Rabatte für besondere Bevölkerungsgruppen wie Senioren, Studierende oder Empfänger von ALG II oder Sozialhilfe.[9]

Eine Ausnahme besteht mittlerweile im Kreditrecht, wo der angebotene Zinssatz häufig aufgrund einer (in den §§ 505a ff. BGB vorgeschriebenen) Kreditwürdigkeitsprüfung risikobasiert bestimmt wird. Eine wesentliche Rolle spielen dabei Auskunfteien wie die Schufa, die Verbrauchern anhand einer Vielzahl von Daten und Kriterien einen Scorewert zuordnen und diesen als Dienstleis-

---

4  Wenglorz 2016, S. 958; Schlechner 2017; Paal 2019, S. 44.
5  Marktwächter Digitale Welt 2018, S. 13ff.; Remmel 2016; Hofmann 2017, S. 1075.
6  Tietjen und Flöter 2017, S. 546.
7  Vgl. infra, 3.1.
8  Vgl. auch Ebers 2018, S. 423f.; Rott 2015, m.w.N.
9  Vgl. Tillmann und Vogt 2018, S. 448.

tung an Banken und andere Kreditgeber übermitteln. Auch andere Unternehmer, z. B. Vermieter, Energieversorger und Telekommunikationsdienstleister, nehmen diese Dienstleistung schon lange in Anspruch, allerdings bislang eher, um zu entscheiden, ob mit dem jeweiligen Kunden überhaupt ein Vertrag geschlossen werden soll.[10] Es steht aber zu vermuten, dass der Schufa-Scorewert auch bei der Personalisierung von Preisen eine Rolle spielen wird, weshalb er im Folgenden mitthematisiert wird.

# 3    Auswirkungen auf Verbraucher

## 3.1    *Ungleichheit und Diskriminierung*

Die Dynamisierung und Personalisierung der Preise kann positive Auswirkungen auf einzelne Verbraucher haben. Dynamisierung impliziert, dass es Zeiten gibt, zu denen Waren und Dienstleistungen günstiger sind als zu anderen Zeiten und damit auch günstiger als der Durchschnittspreis. Personalisierung impliziert, dass einzelne Verbraucher günstigere Konditionen erhalten als der Durchschnitt. Letzterer wird sogar teilweise ein distributiver Effekt zugunsten einkommensschwacher Verbraucher nachgesagt, bei denen weniger Kaufkraft abgeschöpft werden kann.[11] Dies ist allerdings zweifelhaft, geht es doch den Anbietern nicht um die gerechtere Verteilung der Erwerbskosten, sondern um die Erzielung höherer Gewinne.

Umgekehrt werden natürlich viele Verbraucher ungünstigere Konditionen erhalten. Liegt der Hintergrund für diese ungünstigeren Konditionen in bestimmten persönlichen Merkmalen wie dem Geschlecht, der Religionszugehörigkeit oder der sexuellen Orientierung, so ist in der Personalisierung der Preise zugleich eine Diskriminierung zu sehen.[12]

Studien haben ergeben, dass Verbraucher sowohl dynamische Preise – jenseits des oben erwähnten Bekannten und Üblichen – als auch personalisierte Preise als unfair empfinden, und dies selbst dann, wenn sie individuell davon profitieren.[13] Dies ist auch der Grund dafür, dass derartige Möglichkeiten bisher von Supermärkten noch nicht genutzt werden und dass einzelne Internetanbieter entsprechende Praktiken eingestellt haben, nachdem sie in der Öffentlichkeit bekannt geworden und mit Empörung aufgenommen worden sind.[14]

---

10    Dazu Beckhusen 2005.
11    Vgl. Obergfell 2017, S. 294; Tietjen und Flöter 2017, S. 548; Genth 2016, S. 863.
12    Dazu infra, 5.1.2.
13    Reinartz et al. 2017, S. 10ff.; Schwaiger und Hufnagel 2018, S. 13ff.
14    So etwa das Reiseportal Orbitz; dazu Hannak et al. 2014, S. 1.

## 3.2 *Intransparenz und Ohnmacht*

Primär führen sowohl die Dynamisierung als auch die Personalisierung von Preisen aber zu Preisintransparenz.

Schon durch ständige Preisänderungen, zumal wenn sie so drastisch ausfallen, wie das bei einigen Produkten im Internet zu beobachten ist, verliert der Verbraucher das Gefühl für den „richtigen" oder „angemessenen" Preis.[15] Das kann nicht nur dazu führen, dass er im Einzelfall einen unnötig hohen Preis bezahlt, sondern vor allem Verunsicherung darüber erzeugen, ob der im fraglichen Moment aufgerufene Preis gerade hoch oder niedrig ist. Die Verbraucherzentrale Nordrhein-Westfalen hat deshalb die Einführung einer Regelung gefordert, nach der der Unternehmer verpflichtet sein soll, stets die Preisänderungen der letzten 72 Stunden anzugeben.[16]

Noch größer ist diese Verunsicherung, wenn der Verbraucher weiß oder befürchten muss, dass er einen personalisierten Preis entrichtet, aber nicht weiß, wie dieser Preis sich zu den Preisen verhält, die andere Verbraucher zahlen müssen, und welche Kriterien bei der Preisfindung angewendet werden. Dies ist ein Problem, das bisher vor allem im Zusammenhang mit den Scorewerten der Schufa und anderer Auskunfteien relevant geworden ist.[17]

Am schlimmsten erscheint die gefühlte Willkür, der der Verbraucher sich in einem solchen Fall ausgesetzt sieht, wenn er keine Möglichkeit hat, sich das Zustandekommen des Preises erklären zu lassen, weil dieses in einem automatisierten und womöglich selbstlernenden Verfahren geschieht.[18] Selbst wenn der Verbraucher dann, etwa in einer Bank, einen menschlichen „Entscheider" sprechen kann, besteht eine hohe Wahrscheinlichkeit, dass dieser wiederum auf einen in einem automatisierten Verfahren ermittelten Scorewert verweist,[19] dessen Zustandekommen aber eben für den Verbraucher und womöglich auch für den menschlichen Entscheider selbst nicht nachvollziehbar ist.

# 4 Gegenstrategien

## 4.1 *Preisvergleich*

Die offensichtliche Gegenstrategie in Bezug auf dynamische Preise besteht darin, die Preisentwicklung zu beobachten und zu kaufen, wenn die Preise niedrig sind. Diese Strategie wurde schon in analogen Zeiten genutzt, etwa durch

---

15 Vgl. Kenning und Pohst 2016, S. 873; Remmel 2016, S. 875f.
16 Verbraucherzentrale Nordrhein-Westfalen 2017, S. 4.
17 Vgl. infra, 5.3.1.
18 Vgl. auch Reinartz 2017, S. 14; Tillmann und Vogt 2018, S. 448.
19 Vgl. etwa LG Berlin, 1.11.2011, 6 O 479/10, Zeitschrift für Datenschutz 2012, 74.

Nutzung des Sommer- oder Winterschlussverkaufs. Sie wird auch klar vom Gesetzgeber favorisiert. In Bezug auf Zahlungskonten formuliert Erwägungsgrund (22) der Zahlungskonten-Richtlinie 2014/92/EG:[20]

> „Unabhängige Vergleichswebsites sind ein wirksames Instrument, das es Verbrauchern ermöglicht, sich an einem Ort über die jeweiligen Vorteile verschiedener Zahlungskontoangebote zu informieren. Diese Websites können sowohl dem Bedarf an klaren und knappen Informationen als auch dem Bedarf an vollständigen und umfassenden Informationen gerecht werden, da die Nutzer — sofern für sie von Interesse — auch detailliertere Informationen abrufen können. Sie sollten eine möglichst breite Angebotspalette enthalten, um einen repräsentativen Überblick zu geben und gleichzeitig einen wesentlichen Teil des Marktes abzudecken. Sie können ferner dazu beitragen, die Kosten der Informationsbeschaffung zu reduzieren, da die Verbraucher die Informationen nicht separat bei den Zahlungsdienstleistern einholen müssen."

Heutzutage stehen Preisvergleichs-Apps für bestimmte Produkte, insbesondere Kraftstoff, aber auch generelle Preisvergleichsportale zur Verfügung. Diese erlauben allerdings häufig nur eine Momentaufnahme über die verfügbaren Preise, sie treffen keine Aussage darüber, wie sich die Preise der nachgefragten Produkte in der Vergangenheit entwickelt haben. Und selbst für eine zutreffende Momentaufnahme ist erforderlich, dass die Preise ständig aktualisiert werden.[21] Zudem besteht bei hochdynamischen Preisen die Gefahr, dass diese sich schon wieder geändert haben, bis der Verkaufspunkt (etwa eine Tankstelle) erreicht oder der Buchungsvorgang abgeschlossen ist.

Vereinzelt finden sich mittlerweile Preisbeobachtungstools, die den Preisverlauf für ein Produkt anzeigen. Bei idealo.de etwa lässt sich der niedrigste Preis bis zu einem Jahr zurückverfolgen.[22] Zudem kann man über einen „Preiswecker" seinen Wunschpreis eingeben und wird entsprechend informiert, wenn dieser von einem Anbieter erreicht wird.

Völlig unklar bleibt, wie Preisvergleichsportale oder -Apps mit personalisierten Preisen umgehen sollen, da sie diese ja nicht unabhängig vom jeweiligen Interessenten abfragen können. Nicht zu vernachlässigen ist daneben das Prob-

---

20   ABl. 2014, L 257/214.
21   Vgl. etwa Erwägungsgrund (23) der Zahlungskonten-Richtlinie 2014/92/EU: „Die Mitgliedstaaten sollten festlegen können, wie oft Vergleichswebsites ihre dem Verbraucher zur Verfügung gestellten Informationen zu überprüfen und zu aktualisieren haben, wobei berücksichtigt werden sollte, wie häufig die Zahlungsdienstleister allgemein ihre Entgeltinformation aktualisieren."
22   Vgl. etwa idealo.de, https://www.idealo.de/magazin/2017/03/08/neu-auf-idealo-de-bessere-suchfilter-uebersichtliche-preisentwicklung-und-feedback-button.

lem, dass Preisvergleichsportale nicht immer das vollständige Angebot zeigen[23] und sich beim Ranking von Angeboten teilweise von sachfremden Erwägungen wie der erzielbaren Provision leiten lassen.

### 4.2 Verwirrung und Manipulation

Clevere Verbraucher können versuchen, die Personalisierung von Preisen zu sabotieren, indem etwa mehrere Personen unterschiedlichen Alters und mit unterschiedlichen Interessen und unterschiedlicher Kaufkraft dasselbe Equipment nutzen. Eine andere Möglichkeit besteht in absichtlich sinnfreien Suchen im Internet oder in der Nutzung mehrerer Accounts.[24] Immer bessere selbstlernende Algorithmen mögen allerdings in der Lage sein, derartige Versuche zu enttarnen. Im Übrigen kosten solche Versuche den Verbraucher viel Zeit, während „auf der anderen Seite" automatisierte Prozesse stattfinden. Die Waffenungleichheit liegt auf der Hand.

Ein weiteres Problem besteht darin, dass der Verbraucher die Wirkungsweise der verwendeten Algorithmen kennen müsste, um die Ergebnisse zu manipulieren. Dies ist einer der Gründe, warum Algorithmen geheim gehalten werden.[25]

### 4.3 Vermeidung

Damit bleibt der Versuch, zumindest solche Unternehmer zu meiden, die dynamische und/oder personalisierte Preise verwenden. Diese Strategie setzt freilich voraus, dass diese Unternehmer durch Eigeninformation oder durch Information von dritter Seite identifizierbar sind. Beides ist üblicherweise nicht der Fall, im Gegenteil versuchen Unternehmer, solche Strategien wegen deren mangelnder Akzeptanz vor dem Verbraucher zu verbergen (sog. *fencing*).[26] Es bleibt die geringe und durchaus mühsame Möglichkeit,[27] dynamische und personalisierte Preise selbst zu entdecken, etwa durch parallele Suchen nach bestimmten Artikeln auf unterschiedlichen Endgeräten. Dass ein solches Vorgehen den Zeitaufwand und damit die Suchkosten massiv erhöht, liegt auf der Hand.

Angesichts der dargestellten Schwierigkeiten bleibt als radikale Strategie, weder das Internet zu nutzen noch an Kundenbindungssystemen teilzunehmen und auch die Zahlung mit Kreditkarten zu vermeiden. Damit einher geht freilich

---

23   Vgl. nur BGH, 27.4.2017, I ZR 55/16, Verbraucher und Recht 2018, S. 68.
24   Vgl. die von Hannak et al. 2014 verwendete Methodik.
25   Vgl. etwa Wäßler 2014, S. 846, und Taeger 2016, S. 73, jeweils in Bezug auf von der Schufa ermittelte Scorewerte.
26   Vgl. Zhang und Bell 2012.
27   Vgl. Hannak et al. 2014, S. 3ff; Schleusener 2016, S. 870.

der Verzicht auf Zugang zu wesentlichen Informationsquellen wie auch zu einem erheblichen Teil des sozialen Lebens vieler Menschen. Wenig hilfreich ist auch der Gedanke, Cookies abzulehnen. Dies ist zwar rechtlich möglich, allerdings funktionieren dann die meisten Webseiten und insbesondere die Suchmaschinen nicht.

### 4.4 Zusammenfassung

Verbraucher können der Dynamisierung und der Personalisierung von Preisen allenfalls mit enormem Aufwand etwas entgegensetzen, was zugleich ihre Suchkosten immens erhöht. Selbst die Möglichkeiten, durch Preisvergleiche und Verwirrungs- und Vermeidungsstrategien entweder Unternehmer zu meiden, die solche Strategien anwenden, oder diese für sich zu nutzen, sind beschränkt, weil die entsprechenden Strategien regelmäßig nicht offengelegt werden und die dahinterstehende Logik für den Verbraucher nicht erkennbar ist. Was bleibt, ist das höchst unangenehme Gefühl, der Willkür von Unternehmern oder, noch schlimmer, von Algorithmen ausgesetzt zu sein.

## 5 Rechtliche Konsequenzen

### 5.1 Ungleichheit und Diskriminierung

#### 5.1.1 Vertragsrecht

Preistransparenz ist ein wesentliches Element insbesondere des vorvertraglichen Verbraucherschutzes. Sie findet sich in zahlreichen Vorschriften des EU-Verbraucherrechts, etwa in Art. 6 (1) (e) der Verbraucherrechte-Richtlinie 2011/83/EU,[28] im effektiven Jahreszins der Art. 5 (1) (g) und 19 der Verbraucherkredit-Richtlinie 2008/48/EG[29] und der Art. 13 (1) (g) und 17 der Immobilienkredit-Richtlinie 2014/17/EU[30] sowie natürlich in der Preisangaben-Richtlinie 98/7/EG.[31]

Mit dem Vertragsrecht scheinen dynamische und personalisierte Preise dennoch ohne weiteres vereinbar, denn die Vorschriften der Preisangabenverordnung (PAngV), die die Preisangaben-Richtlinie umsetzt, sowie diejenigen über die vorvertragliche Information beziehen sich nur auf den einzelnen Vertrag. Für diesen ist der Preis aber auch dann zutreffend und transparent angege-

28 ABl. 2011, L 304/64.
29 ABl. 2008, L 133/66.
30 ABl. 2014, L 60/34.
31 ABl. 1998, L 101/17.

ben, wenn er sich vom Preis der Ware zu einem anderen Zeitpunkt oder für andere Kunden unterscheidet.[32]

Im Übrigen gestattet das grundlegende und in Deutschland sogar grundrechtlich verankerte Prinzip der Vertragsfreiheit es jedem und jeder, im Rahmen der Gesetze Verträge zu selbst gewählten Konditionen zu schließen oder auch den Vertragsschluss mit einzelnen Personen zu verweigern.

In Bezug auf dynamische Preise formulierte der BGH schon 2003, der Gewerbetreibende sei in seiner Preisgestaltung grundsätzlich frei. Er könne seine allgemein angekündigten Preise zu jedem ihm sinnvoll erscheinenden Zeitpunkt nach Belieben erhöhen oder senken, sofern nicht Preisvorschriften entgegenstehen oder unlautere Begleitumstände, wie beispielsweise das systematische Herauf- und Heruntersetzen von Preisen zur Verschleierung von „Mondpreisen" (Preisschaukelei), gegeben seien.[33]

Personalisierte Preise hat der BGH schon im Jahre 1958 abgesegnet. Einem Unternehmen stehe es im Rahmen einer marktwirtschaftlich orientierten Wirtschaftsordnung grundsätzlich frei, seine Preisgestaltung in eigener Verantwortung vorzunehmen. Es sei ihm daher auch unbenommen, von seinen von ihm üblicherweise geforderten Preisen bestimmten Kunden gegenüber abzugehen und einzelnen Kunden Sonderpreise zu gewähren.[34]

Das sieht wohl auch der EU-Gesetzgeber so. Im noch laufenden Gesetzgebungsverfahren für eine Richtlinie zur besseren Durchsetzung und Modernisierung der EU-Verbraucherschutzvorschriften liegt mittlerweile eine Einigung im Trilog zwischen der Kommission, dem Rat und dem Europäischen Parlament vor.[35] In Erwägungsgrund 45 des Texts findet sich die Aussage, personalisierte Preise und dynamische Preise seien zulässig. Allerdings wird für personalisierte Preise eine vorvertragliche Informationspflicht eingeführt, wonach der Unternehmer darüber informieren muss, wenn der Preis, den er dem Verbraucher zeigt, auf der Basis einer automatisierten Entscheidung personalisiert ist.

Für (lediglich) dynamische Preise soll dies nach Erwägungsgrund 45 ausdrücklich nicht gelten. Eine Ausnahme gilt allenfalls dann unter dem Gesichtspunkt einer vorvertraglichen Pflichtverletzung, wenn dem Vertragspartner vermittelt wird, der Unternehmer wende derartige Praktiken nicht an.

## 5.1.2 Antidiskriminierungsrecht

Eine Grenze ist dort erreicht, wo bei Massengeschäften oder bei Geschäften, bei denen das Ansehen der Person nach der Art des Schuldverhältnisses eine nach-

---

32    Vgl. auch Tillmann und Vogt 2018, S. 452.
33    BGH, 13.3.2003, I ZR 212/00, Neue Juristische Wochenschrift 2003, S. 2096.
34    BGH, 18.4.1958, I ZR 158/56 Gewerblicher Rechtsschutz und Urheberrecht 1958, S. 487.
35    Dok. PE-CONS No/YY - 2018/0090(COD).

rangige Bedeutung hat, unter Verstoß gegen § 19 AGG eine Benachteiligung aus Gründen der Rasse oder wegen der ethnischen Herkunft, wegen des Geschlechts, der Religion, einer Behinderung, des Alters oder der sexuellen Identität erfolgt. Das gilt selbstverständlich auch, wenn die Diskriminierung darin besteht, dass die genannten Merkmale in einem Algorithmus verborgen sind.[36]

Problematisch ist allerdings die Nachweisbarkeit eines Verstoßes.[37] Diese setzt zunächst voraus, dass die Preisdifferenzierung erkennbar ist. Darüber hinaus muss sich nachweisen lassen, dass die Preisdifferenzierung eine Benachteiligung i. S. d. § 19 AGG darstellt, also auf einem der dort genannten Merkmale beruht. Zwar sieht § 22 AGG eine Beweislastumkehr zugunsten des potentiellen Opfers vor, allerdings muss dieses Indizien beweisen, die eine Benachteiligung wegen eines in § 1 AGG genannten Grundes vermuten lassen. Ein diesbezüglicher Auskunftsanspruch gegen den Unternehmer darüber, ob andere Kunden andere Preise zahlen[38] oder wie sich der eigene Preis ändern würde, wenn man z. B. dem anderen Geschlecht angehören würde,[39] ist nicht gegeben.

Gänzlich ausgenommen vom Diskriminierungsverbot des § 19 AGG ist allerdings nach Ansicht der deutschen Rechtsprechung das Verhältnis eines Verbrauchers zu Auskunfteien wie der Schufa, weil § 19 AGG nur das unmittelbare Rechtsverhältnis zu potentiellen Vertragspartnern erfasse.[40] Damit ist es Verbrauchern nicht möglich, nach § 19 AGG unmittelbar und mit präventiver Wirkung einen Scorewert unter dem Gesichtspunkt der Diskriminierung anzugreifen, der sich in einer Vielzahl personalisierter Preise von Unternehmern, die ihn verwenden, auswirken kann.

## 5.1.3 Lauterkeitsrecht

Im Übrigen suchte eine immer stärkere Ansicht in der Literatur die Lösung jedenfalls in Bezug auf personalisierte Preise im Lauterkeitsrecht und dort insbesondere im Verbot irreführender Unterlassung. Nach § 5a Abs. 2 UWG, der Art. 7 (1) und (2) der Richtlinie 2005/29/EG über unlautere Geschäftspraktiken im binnenmarktinternen Geschäftsverkehr zwischen Unternehmen und Verbrauchern umsetzt, handelt unlauter, 1. wer im konkreten Fall unter Berücksichtigung aller Umstände dem Verbraucher eine wesentliche Information vorenthält, die der Verbraucher je nach den Umständen benötigt, um eine informierte geschäftliche Entscheidung zu treffen, und 2. deren Vorenthalten geeignet ist, den Verbraucher zu einer geschäftlichen Entscheidung zu veranlassen, die er andern-

---

36  Genth 2016, S. 866; SVRV 2018, S. 135ff.
37  Ebenso SVRV 2016, S. 70.
38  Dazu Thüsing 2018, Rn. 6ff.
39  Dazu OLG München, 12.3.2014, 15 U 2395/13, Zeitschrift für Datenschutz 2014, S. 570, 573.
40  ibid., S. 572.

falls nicht getroffen hätte. Zusätzlich muss die fragliche Geschäftspraxis den Erfordernissen der beruflichen Sorgfalt widersprechen.[41]

Maßgeblich dafür, wann eine Information „wesentlich" i. S. d. § 5a Abs. 2 UWG ist, ist nach einem Urteil des EuGH in Bezug auf einen Preisvergleich, ob der Verbraucher die Information benötigt, um die Entscheidung, die betreffenden Waren in den Geschäften des Werbenden statt in den Konkurrenzgeschäften zu erwerben, informiert zu treffen und sich nicht veranlasst zu sehen, eine Kaufentscheidung zu treffen, die er ansonsten nicht getroffen hätte.[42] Dabei spielt auch der sozio-kulturelle Hintergrund der Verbraucher eine Rolle.[43]

Der BGH verwendet die Formel, eine Information sei wesentlich, wenn ihre Angabe unter Berücksichtigung der beiderseitigen Interessen vom Unternehmer erwartet werden könne und ihr für die vom Verbraucher zu treffende geschäftliche Entscheidung erhebliches Gewicht zukomme.[44] In Bezug auf ein Preisvergleichsportal etwa fand der BGH die Information wesentlich, dass der Preisvergleich nur solche Anbieter erfasst, die sich gegenüber dem Anbieter des Vergleichsportals für den Fall eines Vertragsabschlusses zur Zahlung einer Provision verpflichtet haben.[45]

Dazu, ob die Information über die Personalisierung von Preisen wesentlich i. S. d. § 5a Abs. 2 UWG ist, liegt noch keine Rechtsprechung vor. Dafür spricht allerdings die oben skizzierte allgemeine Ablehnung der Personalisierung von Preisen. Allein die Tatsache, dass Anbieter in der Vergangenheit derlei Praktiken unmittelbar nach deren Entdeckung aufgegeben haben, macht deutlich, dass deren Verwendung für den Verbraucher so kaufentscheidend ist, dass die diesbezügliche Information als wesentlich anzusehen ist.[46]

Kein Gegenargument ist, dass die Information über die Personalisierung von Preisen für den Unternehmer nicht zumutbar sei, weil sich die Kunden daraufhin abwenden würden. Im Gegenteil belegt gerade diese (antizipierte) Reaktion die Wesentlichkeit der Information.

Falls die oben erwähnte Informationspflicht über die Anzeige eines personalisierten Preises wie dargestellt eingeführt wird, erledigt sich die beschriebene Diskussion, denn ein Verstoß gegen eine EU-rechtliche Informationspflicht stellt nach Art. 7 (5) der Richtlinie 2005/29/EG stets eine irreführende Unterlassung dar.

---

41  Grundlegend EuGH, 19.12.2013, Rs. C-281/12 – Trento Sviluppo, ECLI:EU:C:2013:859.
42  EuGH, 8.2.2017, Rs. C-562/15 - Carrefour Hypermarchés, ECLI:EU:C:2017:95, Rn. 35.
43  Vgl. Wilhelmsson 2006, S. 152.
44  Grundlegend BGH, 16.5.2012, I ZR 74/11, Neue Juristische Wochenschrift 2013, S. 314.
45  BGH, 27.4.2017, I ZR 55/16, Verbraucher und Recht 2018, S. 68.
46  Ebenso Zander-Hayat et al. 2016, S. 407f; Obergfell 2017, S. 298; Tilmann und Vogt 2018, S. 452f.

Ein verbleibendes Problem speziell im deutschen Recht liegt bislang darin, dass für den Fall eines Verstoßes gegen die lauterkeitsrechtlichen Vorschriften des UWG keine individuellen Ansprüche des Verbrauchers vorgesehen sind, sondern nur kollektive Rechtsdurchsetzung, insbesondere durch Verbraucherorganisationen, stattfindet. Dies wird sich allerdings auch bei Annahme der Richtlinie zur besseren Durchsetzung und Modernisierung der EU-Verbraucherschutzvorschriften ändern, die in einem neuen Art. 11a der Richtlinie 2005/29/EG Individualansprüche der von unlauteren Geschäftspraktiken betroffenen Verbraucher vorsieht.[47]

## 5.2 *Intransparenz*

Gegen die Intransparenz in Bezug auf den „richtigen" Preis, die mit dynamischen und personalisierten Preisen einhergehen kann, scheint das Recht wenig Handhabe zu bieten.

Gesetzliche Vorschriften zur Offenlegung des Zustandekommens oder zur Änderung von Preisen existieren nicht und werden auch mit der Richtlinie zur besseren Durchsetzung und Modernisierung der EU-Verbraucherschutzvorschriften nicht eingeführt. Allein im Bereich Kraftstoffe besteht die Pflicht, der Markttransparenzstelle für Kraftstoffe (§ 47k GWB) Preisänderungen in Echtzeit zu melden, dies allerdings mit dem Ziel, kartellrechtliche Verstöße aufzudecken. Ein Verbot etwa täglicher Preisschwankungen, wie es Österreich für bestimmte Zeiträume eingeführt hat, existiert aber auch hier nicht.[48]

Preisänderungen sieht der BGH lauterkeitsrechtlich erst als problematisch an, wenn beispielsweise das systematische Herauf- und Heruntersetzen von Preisen zur Verschleierung von „Mondpreisen" (Preisschaukelei) gegeben ist.[49] Ein Verstoß gegen das Lauterkeitsrecht wäre auch denkbar, wenn Supermärkte über den Tag hinweg ohne erkennbaren Grund die Preise für einzelne Artikel herauf- und für andere herabsetzen, so dass der Verbraucher nicht nur das Gefühl für den angemessenen Preis verliert, sondern auch aus Zeitgründen gezwungen ist, einen Teil der notwendigen Einkäufe zu teuer zu tätigen.

## 5.3 *Willkür*

### 5.3.1 Datenschutzrecht

Das Gefühl, sich der Willkür automatisierter Entscheidungen auszusetzen, adressiert primär das Datenschutzrecht, nämlich einerseits in einem Verbot

---

47    Dazu auch Augenhofer 2019, S. 7f.
48    Dazu Knauff 2012.
49    BGH, 13.3.2003, I ZR 212/00, Neue Juristische Wochenschrift 2003, S. 2096.

automatisierter Entscheidungen, andererseits in einer gewissen Qualitätskontrolle und einem Auskunftsrecht beim Scoring.

*Verbot automatisierter Entscheidungen*

Nach Art. 22 der Datenschutzgrundverordnung (EU) 2016/679[50] (DSGVO) hat die „betroffene Person" das Recht, nicht einer ausschließlich auf einer automatisierten Verarbeitung – einschließlich Profiling – beruhenden Entscheidung unterworfen zu werden, die ihr gegenüber rechtliche Wirkung entfaltet oder sie in ähnlicher Weise erheblich beeinträchtigt. Ziel dieser Vorschrift ist es, die Menschenwürde und die Grundrechte des Betroffenen zu schützen: Die Ausübung von Grundrechten soll nicht der Entscheidung durch einen Algorithmus unterworfen werden, vielmehr sollen nur Menschen Entscheidungen mit rechtlicher Wirkung treffen dürfen.[51]

Die Anwendbarkeit dieser Vorschrift in Bezug auf personalisierte Preise ist allerdings unklar. Zum ersten bezieht sie sich nur auf Entscheidungen, die dem Betroffenen gegenüber rechtliche Wirkung entfaltet oder ihn in ähnlicher Weise erheblich beeinträchtigt. Rechtliche Wirkung entfaltet zwar ein Vertragsangebot i. S. d. § 145 BGB;[52] dieses ist aber rechtstechnisch in der Regel weder in einer Preisauszeichnung im Internet noch im Laden zu sehen. Diese stellen vielmehr Aufforderungen zur Abgabe eines Angebots (durch den Verbraucher) dar.[53] Zum Teil wird allerdings angenommen, dass personalisierte Preise den Betroffenen in ähnlicher Weise erheblich beeinträchtigen, weil ihm nur die Möglichkeit bleibt, selbst ein Vertragsangebot zu den automatisiert vorgegebenen Konditionen zu unterbreiten.[54]

Noch weiter entfernt von einer unmittelbaren rechtlichen Wirkung oder einer Beeinträchtigung in ähnlicher Weise ist die Ermittlung eines Scorewerts durch eine Auskunftei. Die rechtliche Wirkung oder eine Beeinträchtigung entfaltet ein solcher Wert erst, wenn er von einem Unternehmer verwendet wird. Hier wird es darauf ankommen, ob der Unternehmer eine eigene, neue Entscheidung trifft oder schlicht die (automatisiert erstellte) Wertung des Algorithmus, mit dem der Scorewert berechnet wurde, umsetzt.[55] In letzterem Fall zieht sich die externe automatisierte Entscheidung durch, was nach dem Sinn und Zweck des Art. 22 DSGVO mit einer eigenen automatisierten Entscheidung gleichzusetzen ist.[56]

---

50  ABl. 2016, L 119/1.
51  Vgl. Scholz 2018, Rn. 3.
52  Vgl. Scholz 2018, Rn. 34.
53  Vgl. zum Selbstbedienungsladen BGH, 4.5.2011, VIII ZR 171/10, Neue Juristische Wochenschrift 2011, S. 2871.
54  Vgl. Scholz 2018, Rn. 36.
55  Vgl. Scholz 2018, Rn. 29; Helfrich 2018, Rn. 43f.
56  Vgl. Scholz 2018, Rn. 29. A.A. Taeger 2016, S. 74f; Martini 2018, Rn. 24.

Art. 22 (2) DSGVO enthält darüber hinaus Ausnahmetatbestände, bei deren Vorliegen automatisierte Entscheidungen zulässig sind, darunter neben der Einwilligung des Betroffenen den Fall, dass die automatisierte Entscheidung für den Abschluss oder die Erfüllung eines Vertrags zwischen der betroffenen Person und dem Verantwortlichen erforderlich ist. Bei der Annahme der Erforderlichkeit ist die Kommentarliteratur recht großzügig; diese sei stets gegeben, wenn es beim Abschluss des Vertrags auf die Zahlungsfähigkeit des Vertragspartners ankommt.[57] Letzteres ist wohl immer dann der Fall, wenn der Verbraucher nicht vorleistet. Das Verbot automatisierter Entscheidungen kann danach bereits durch die Möglichkeit der Zahlung auf Rechnung ausgehebelt werden.

*Qualität von Scoringwerten*

An der Qualität von Scoringwerten setzt § 31 BDSG n.F. an. Dessen Vorgängernorm, § 28b BDSG a.F., war im Jahre 2009 eingeführt worden, um zum Teil unzureichenden Scoring-Praktiken[58] zu begegnen.[59] § 31 BDSG n.F. gestattet Scoring nur, wenn die zur Berechnung des Wahrscheinlichkeitswerts genutzten Daten unter Zugrundelegung eines wissenschaftlich anerkannten mathematisch-statistischen Verfahrens nachweisbar für die Berechnung der Wahrscheinlichkeit des bestimmten Verhaltens erheblich sind und verbietet daher willkürliches Vorgehen. Allerdings dient die Vorschrift, wie der Titel „Schutz des Wirtschaftsverkehrs bei Scoring und Bonitätsauskünften" deutlich benennt, primär dem Schutz des Wirtschaftsverkehrs.

Eine ähnliche, aber schwächere und vor allem nicht bindende Erwähnung findet sich in Erwägungsgrund 71 der DSGVO. Danach sollte der für die Verarbeitung Verantwortliche u. a. geeignete mathematische oder statistische Verfahren für das Profiling verwenden, um der betroffenen Person gegenüber eine faire und transparente Verarbeitung zu gewährleisten. Ob die strengere deutsche Regelung angesichts des Vollharmonisierungscharakters der DSGVO noch haltbar ist, ist umstritten.[60] Ohnehin wurden daran, dass die für die Kontrolle der Einhaltung der Vorgaben des § 31 BDSG zuständigen Datenschutzbehörden dieser Aufgabe nachgekommen sind, mit Blick auf fehlende Ressourcen zum Teil Zweifel geäußert.[61] Mit der zunehmenden Verbreitung algorithmusgestützter Verfahren dürfte das Problem nicht geringer werden, zumal wenn diese auch noch selbstlernend sind, so dass sie sich schon kurz nach einer Überprüfung wieder geändert haben können.

---

57  Vgl. Scholz 2018, Rn. 43.
58  Vgl. etwa OLG Frankfurt, 7.4.2015, 24 U 82/14, Neue Juristische Online-Zeitschrift 2015, S. 1913. Vgl. auch Domurath/Neubeck 2018, S. 23ff.
59  Ausf. Metz 2009; id. 2012.
60  Dagegen Ehmann 2018, Rn. 17ff.
61  Vgl. insb. Weichert 2014, S. 170.

*Auskunftsrecht*

Zum Schutz des Verbrauchers vor unrichtigen Score-Werten hatte der Gesetzgeber ebenfalls 2009 in § 34 BDSG a.f. einen Auskunftsanspruch eingeführt. Nach § 34b Abs. 2 BDSG a.f. hatte die für die Entscheidung verantwortliche Stelle dem Betroffenen auf Verlangen Auskunft zu erteilen u. a. über die zur Berechnung der Wahrscheinlichkeitswerte genutzten Datenarten und über das Zustandekommen und die Bedeutung der Wahrscheinlichkeitswerte einzelfallbezogen und nachvollziehbar in allgemein verständlicher Form.

Dies führte in der Folge zu lebhaften Diskussionen darüber, ob der Verbraucher auch Auskunft zu Vergleichsgruppen und zur Gewichtung der in den Scorewert eingeflossenen Merkmale verlangen kann. Letzteres wurde sowohl von der Schufa als auch vom BGH mit Blick auf den Schutz von Geschäftsgeheimnissen abgelehnt.[62] Damit kann der Verbraucher nicht herausfinden, was der verwendete Algorithmus mit seinen Daten macht.[63] Die Verfassungsbeschwerde der vor dem BGH unterlegenen Klägerin ist noch immer anhängig.[64]

In der Zwischenzeit wurde § 34 BDSG aufgehoben, weil die DSGVO das Auskunftsrecht des Verbrauchers in den Art. 13 bis 15 anspricht. Nach Art. 13 (2) (f) DSGVO muss der Verantwortliche bei der Erhebung von personenbezogenen Daten bei der betroffenen Person Informationen über das das Bestehen einer automatisierten Entscheidungsfindung einschließlich Profiling gemäß Art. 22 (1) und (4) DSGVO und — zumindest in diesen Fällen — aussagekräftige Informationen über die involvierte Logik sowie die Tragweite und die angestrebten Auswirkungen einer derartigen Verarbeitung für die betroffene Person zur Verfügung stellen. Dasselbe gilt nach Art. 14 (2) (g) DSGVO in Fällen, in denen die Daten von Dritten erlangt wurden. Schließlich hat der Betroffene nach Art. 15 (1) (h) einen entsprechenden Auskunftsanspruch.

Wenig überraschend hat sich auch hier eine Diskussion darüber entzündet, was der Begriff der „involvierten Logik" bedeutet. Während diejenigen, die schon die BGH-Entscheidung zur Schufa kritisierten, auch hier vertreten, dass die involvierte Logik die Gewichtung der Faktoren einschließe[65] und sogar die Offenlegung der Score-Formel erfordern könne,[66] halten diejenigen, die das Urteil des BGH begrüßten, den Auskunftsanspruch nach der DSGVO für noch schwächer als den nach § 34 BDSG a. F.[67]

---

62   BGH, 28.1.2014, VI ZR 156/13, Neue Juristische Wochenschrift 2014, S. 1235.
63   Vgl. auch Weichert 2014, S. 169.
64   Az. 1 BvR 756/14.
65   So Dix 2018, Rn. 16.
66   So Dix 2018, Rn. 16; Roßnagel et al. 2015, S. 458; a.A. Paal und Hennemann 2018, Rn. 31.
67   So Taeger 2016, S. 75.

## 5.3.2 Verfassungskonforme Auslegung des Privatrechts

Jenseits des wohl unzureichenden Schutzes durch das Datenschutzrecht stellt sich die Frage, ob das Privatrecht gegenüber einem allgemeinen Willkürverbot offen ist.

Bislang wurde Willkür vor allem im Öffentlichen Recht diskutiert und dort im Zusammenhang mit der Menschenwürde, dem Rechtsstaatsprinzip und dem Gleichheitsgrundsatz. Eine Ausprägung des Schutzes vor willkürlicher Behandlung ist die Pflicht staatlicher Stellen zur Begründung ihrer Entscheidungen. In zahlreichen Entscheidungen verwies das Bundesverfassungsgericht auf das verfassungsrechtliche Prinzip, dass derjenige, der von der Entscheidung einer Behörde betroffen ist, das Recht auf eine Begründung habe, damit er seine Rechte verteidigen könne.[68]

Das Recht, keinen willkürlichen Entscheidungen ausgesetzt zu sein, impliziert, dass der Betroffene die Möglichkeit erhält, die Gründe für die Entscheidung zu verstehen und zu überprüfen. Die Kontrolle durch (auch unabhängige) Dritte reicht dafür nicht aus, weil der Betroffene gezwungen wäre, sich auf deren Bewertung der Entscheidung zu verlassen, ohne diese Bewertung überprüfen und angreifen zu können. Zur Illustration sei die jüngste Rechtsprechung zur Bestimmung der Gebiete, in denen die sog. Mietpreisbremse gelten soll, angeführt. Hier sieht § 556d Abs. 2 Satz 5 BGB eine Begründungspflicht vor. Die hessische Regierung hatte darauf verwiesen, dass es eine Begründung für die Bestimmungen der Hessischen Mietenbegrenzungsverordnung vom 17.11.2015 gebe, auch wenn diese nicht veröffentlicht worden sei. Das LG Frankfurt verwarf dieses Argument und entschied, dass im Falle einer unveröffentlichten Begründung der Vermieter nicht wissen könne, ob überhaupt eine Begründung existiere und, falls ja, ob sie den gesetzlichen Anforderungen genüge.[69]

Verständlichkeit bedeutet, dass der Betroffene die Begründung verstehen kann. Daher müssen Begründungen in einer Sprache gegeben werden, die ein Laie verstehen kann.[70] Offensichtlich würde der Verweis auf einen Score-Wert dazu nicht ausreichen.

Angesichts der enormen Macht, die private Akteure gewonnen habe, lässt sich daran denken, diese Grundsätze in geeigneten Fallgestaltungen ins Privatrecht zu übertragen, mit der Folge, dass die Vertragsfreiheit durch ein Willkürverbot beschränkt würde. Tatsächlich wurden entsprechende Diskussionen mit Blick auf die mächtigen Akteure der digitalen Welt wie z. B. Facebook durch

---

68   Vgl. statt vieler BVerfG, 16.1.1957, 1 BvR 253/56, Entscheidungen des Bundesverfassungsgerichts 6, S. 32, 44.
69   LG Frankfurt, 27.3.2018, 2-11 S 183/17, BeckRS 2018, 4544.
70   Vgl. Tiedemann 2018, Rn. 4.

eine Entscheidung des Bundesverfassungsgerichts vom April 2018 wieder angefacht.[71]

In der Entscheidung des Bundesverfassungsgerichts ging es um ein bundesweites Stadionverbot. Das Gericht verneinte zwar eine generelle Pflicht Privater, alle Personen gleich zu behandeln, nahm aber eine mittelbare Drittwirkung des Gleichheitsgrundsatzes des Art. 3 GG bei Veranstaltungen an, die aufgrund eigener Entscheidung der Veranstalter einem großen Publikum ohne Ansehen der Person geöffnet werden und der für die Betroffenen in erheblichem Umfang über die Teilnahme am gesellschaftlichen Leben entscheiden. In einer solchen Situation dürften auch Private andere nicht willkürlich vom Zugang ausschließen, sondern müssten objektive Gründe angeben, die einen Ausschluss rechtfertigen. Dies drückt sich nach der Auffassung des Bundesverfassungsgerichts in prozeduralen Anforderungen aus. Im konkreten Fall verlangte das Bundesverfassungsgericht die Anhörung des betroffenen Fußballfans (die nicht erfolgt war). Darüber hinaus müsse dem Betroffenen eine Begründung gegeben werden, damit er seine Rechte verteidigen könne.[72]

Zweifellos haben auch einige Akteure der digitalen Welt einen derartigen Einfluss auf den Zugang zu Gütern und Dienstleistungen. Sie sind deshalb nicht nur ins Visier der Kartellbehörden geraten,[73] sondern auch Gegenstand zivilgerichtlicher Verfahren geworden. Im Nachgang zu der beschriebenen Entscheidung des Verfassungsgerichts verboten Zivilgerichte Facebook, willkürlich Nachrichten zu löschen, die die Gerichte als von der Meinungsfreiheit des Art. 5 GG gedeckt ansahen, und Nutzerkonten zu sperren, die solche Nachrichten enthielten.[74]

Die Logik dieser Entscheidungen scheint auch auf die Score-Werte der Schufa anwendbar. Schufa dominiert den deutschen Markt für Bonitätsauskünfte mit einem Marktanteil von 80 bis 100 % in einigen Bereichen wie dem Kreditwesen.[75] Schufa-Scores werden von Unternehmern aller Branchen genutzt, um über einen Vertragsschluss und dessen Konditionen zu entscheiden. Der Schufa-Score ist damit von höchster Relevanz für den Marktzugang des Einzelnen.[76] Das wiederum bedeutet, dass er nicht willkürlich ermittelt werden dürfte und dass die Schufa dem Einzelnen nachvollziehbare Gründe für das erzielte Ergeb-

---

71 Vgl. Paal und Hennemann 2018, S. 547; Müller-Riemenschneider und Specht 2018; Peukert 2018, S. 575. Vorausschauend bereits Ladeur 2001.
72 Vgl. BVerfG, 11.4.2018, 1 BvR 3080/09, Neue Juristische Wochenschrift 2018, S. 1667ff.
73 Ausf. Paal 2019.
74 Vgl. LG Frankfurt, 14.5.2018, 2-03 O 182/18, MultiMedia und Recht 2018, S. 545; LG Berlin, 9.9.2018, 27 O 355/18, Zeitschrift für Urheber- und Medienrecht – Rechtsprechungsdienst 2019, S. 67. Krit. Beurskens (2018), S. 3419.
75 Vgl. wikipedia, https://de.wikipedia.org/wiki/Schufa.
76 Vgl. Weichert 2014, S. 169.

nis geben müsste, wofür die Angabe der in den Score eingegangenen Daten nicht ausreichen würde. Dasselbe würde schließlich gelten, wenn etwa Amazon für die auf seinem Marktplatz operierenden Unternehmen einen Zahlungsbereitschafts-Score für einzelne Verbraucher ermitteln würde, der dann in personalisierte Preise eingehen würde, denn über den Amazon-Marktplatz geht schon fast die Hälfte des deutschen Online-Handels,[77] mit steigender Tendenz.

Sollten schließlich selbst die Anbieter nicht mehr in der Lage sein, einen Scorewert zu verstehen und zu begründen, weil dieser auf einem selbstlernenden Algorithmus beruht, dürfte dieser nach dieser Logik nicht mehr verwendet werden.

# 6    Zusammenfassung in Thesen

Erfolgversprechende Strategien gegen dynamische und personalisierte Preise stehen dem Verbraucher nicht zur Verfügung. Beide laufen der tief verwurzelten Erwartung zuwider, dass Preise einigermaßen stabil sind und sich nur aus nachvollziehbaren Gründen ändern sowie, dass Preise für alle gleich sind. Information über eine Personalisierung von Preisen ist daher „wesentlich" i. S. d. § 5a Abs. 2 UWG, die Verankerung einer entsprechenden Informationspflicht auf EU-Ebene steht bevor. Wenn der Unternehmer aber über solche Strategien informiert, haben Verbraucher die Möglichkeit, ihnen auszuweichen, indem sie anderswo kaufen. Möglicherweise lässt sich auch eine unübliche Dynamisierung von Preisen noch als unlauter begreifen, wenn sie der Verwirrung der Kunden dienen soll.

Diskriminierende Preisgestaltung ist offensichtlich verboten, aber schwer zu entdecken. Hier können nur erweiterte Auskunftsrechte für Verbraucher helfen.

Kann der Verbraucher nicht ausweichen, weil der Unternehmer oder ein hinter ihm stehender Plattformbetreiber oder eine Auskunftei wie die Schufa eine marktbeherrschende Stellung haben, sollten diese wie staatliche Stellen an das aus der Verfassung fließende Willkürverbot gebunden sein. Dieses verlangt die nachvollziehbare Begründung von Entscheidungen, zu denen auch die Preisgestaltung gegenüber dem einzelnen Verbraucher zu zählen ist, und diese Begründung kann nicht lediglich im Verweis auf einen Scorewert bestehen.

---

77    Heide et al. 2018.

# Literatur

Augenhofer, Susanne (2019): Die Reform des Verbraucherrechts durch den „New Deal" – ein Schritt zu einer effektiven Rechtsdurchsetzung? In: Europäische Zeitschrift für Wirtschaftsrecht, 30, 5-13.

Beckhusen, Michael (2005): Das Scoring-Verfahren der SCHUFA im Wirkungsbereich des Datenschutzrechts. In: Zeitschrift für Bank- und Kapitalmarktrecht, 5, 335-344.

Beurskens, Michael (2018): "Hate-Speech" zwischen Löschungsrecht und Veröffentlichungspflicht. In: Neue Juristische Wochenschrift, 71, 3418-3420.

Dix, Alexander (2018): DSGVO Art. 13 Informationspflicht bei Erhebung von personenbezogenen Daten bei der betroffenen Person. In: Datenschutzrecht, Hrsg. Spiros Simitis, Gerrit Hornung und Indra Spiecker gen. Döhmann. Baden-Baden: Nomos.

Domurath, Irina; Neubeck, Irene (2018): Verbraucher-Scoring aus Sicht des Datenschutzrechts. Berlin: SVRV.

Ebers, Martin (2018): Beeinflussung und Manipulation von Kunden durch Behavioral Microtargeting. In: MultiMedia und Recht, 21, 423-428.

Ehmann, Eugen (2018): Anhang 2 zu Artikel 6 Datenverarbeitung bei Verbraucherkrediten, Scoring und Bonitätsauskünften. In: Datenschutzrecht, Hrsg. Spiros Simitis, Gerrit Hornung und Indra Spiecker gen. Döhmann. Baden-Baden:: Nomos.

Genth, Stefan (2016): Dynamische Preise: ein Gewinn für Handel und Verbraucher. In: Wirtschaftsdienst, 96, 863-868.

Hannak, Aniko et al. (2014): Measuring Price Discrimination and Steering on E-commerce Web Sites, http://conferences.sigcomm.org/imc/2014/papers/p305.pdf.

Heide, Dana et al. (2018): So mächtig ist Amazon in Deutschland, Handelsblatt vom 6.11.2018, https://www.handelsblatt.com/unternehmen/handel-konsumgueter/e-commerce-so-maechtig-ist-amazon-in-deutschland/23578310.html?ticket=ST-1157345-Bro7JflcPS7eWVrzAbDa-ap1.

Helfrich, Marcus (2018): DSVGO Automatisierte Entscheidungen im Einzelfall einschließlich Profiling. In: Europäische Datenschutzgrundverordnung, 2. Aufl., Hrsg. Gernot Sydow . Baden-Baden: Nomos

Hofmann, Franz (2016): Der maßgeschneiderte Preis. In: Wettbewerb in Recht und Praxis, 62, 1074-1081.

Kenning, Peter; Pohst, Maximilian (2016): Die verbraucherwissenschaftliche Perspektive: von der Customer Confusion zur Price Confusion? In: Wirtschaftsdienst, 96, 871-874.

Knauff, Matthias (2012): Staatliche Benzinpreiskontrolle. In: Neue Juristische Wochenschrift, 65, 2408-2413.

Ladeur, Karl-Heinz (2001): Ausschluss von Teilnehmern an Diskussionsforen im Internet - Absicherung von Kommunikationsfreiheit durch „netzwerk gerechtes" Privatrecht. In MultiMedia und Recht, 4, 787-792.

Marktwächter Digitale Welt (2018): Dynamische Preisdifferenzierung im deutschen Online-Handel, https://www.marktwaechter.de/sites/default/files/marktwaechter-untersuchung-dynamische-preisdifferenzierung.pdf.

Martini, Mario (2018): DS-GVO Art. 22 Automatisierte Entscheidungen im Einzelfall einschließlich Profiling. In: DS-GVO – BDSG, 2. Aufl., Hrsg. Boris P. Paal und Daniel A. Pauly. München: CH Beck.

Metz, Rainer (2009): Scoring: Licht im Tunnel. In: Verbraucher und Recht, 24, 403-408.

Metz, Rainer (2012): Scoring: New Legislation in Germany. In: Journal of Consumer Policy, 35, 297-305.

Müller-Riemenschneider, Severin; Specht, Louisa (2018): Anmerkung. In: MultiMedia und Recht, 21, 547-548.

Obergfell, Eva-Inés (2017): Personalisierte Preise im Lebensmittelhandel - Vertragsfreiheit oder Kundenbetrug? In: Zeitschrift für Lebensmittelrecht, 44, 290-301.

Paal, Boris P. (2019): Missbrauchstatbestand und Algorithmic Pricing. In: Gewerblicher Rechtsschutz und Urheberrecht, 121, 43-53.

Paal, Boris P.; Hennemann, Moritz (2017): Meinungsvielfalt im Internet. In: Zeitschrift für Rechtspolitik, 50, 76-79.

Paal, Boris P.; Hennemann, Moritz (2018): DS-GVO Art. 13 Informationspflicht bei Erhebung von personenbezogenen Daten bei der betroffenen Person. In: DS-GVO – BDSG, 2. Aufl., Hrsg. Boris P. Paal und Daniel A. Pauly. München: CH Beck..

Peukert, Alexander (2018): Gewährleistung der Meinungs- und Informationsfreiheit in sozialen Netzwerken. In MultiMedia und Recht, 21, 572-578.

Reinartz, Werner et al (2017): Preisdifferenzierung und –dispersion im Handel.

Remmel, Johannes (2016): Die verbraucherpolitische Perspektive: aktuelle Entwicklungen im Online-Handel. In: Wirtschaftsdienst, 96, 875-877.

Roßnagel, Alexander; Nebel, Maxi; Richter, Philipp (2015): Was bleibt vom Europäischen Datenschutzrecht? - Überlegungen zum Ratsentwurf der DS-GVO. In: Zeitschrift für Datenschutz, 5, 455-460.

Rott, Peter (2015): Der „Durchschnittsverbraucher" – ein Auslaufmodell angesichts personalisierten Marketings? In: Verbraucher und Recht, 30, 163-167.

Rott, Peter (2019): A Consumer Perspective on Algorithms. In: The Transformation of Economic Law, Hrsg. Lucila de Almeida et al., S. 43–63. Oxford: Hart Publishing.

Sachverständigen Rat für Verbraucherfragen (SVRV) (2016): Verbraucherrecht 2.0 – Verbraucher in der digitalen Welt.

Sachverständigen Rat für Verbraucherfragen (SVRV) (2018): Verbrauchergerechtes Scoring. Berlin: SVRV.

Schlechner, Sam (2017): Why Do Gas Station Prices Constantly Change? Blame the Algorithm. In: Wall Street Journal vom 8.5.2017, https://www.wsj.com/articles/why-do-gas-station-prices-constantly-change-blame-the-algorithm-1494262674.

Schleusener, Michael (2016): Dynamisch und personalisiert: Wie entwickelt sich die Preissetzung im Online-Handel? In: Wirtschaftsdienst, 96, 868-871.

Scholz, Philip (2018): DSVGO Art. 22 Automatisierte Entscheidungen im Einzelfall einschließlich Profiling. In: Datenschutzrecht, Hrsg. Spiros Simitis, Gerrit Hornung und Indra Spiecker gen. Döhmann. Baden-Baden:: Nomos.

Schwaiger, Manfred; Hufnagel, Gerrit (2018): Handel und elektronische Bezahlsysteme http://www.abida.de/sites/default/files/Gutachten_Handel_Bezahlsysteme.pdf.

Taeger, Jürgen (2016): Scoring in Deutschland nach der EU-Datenschutzgrundverordnung. In: Zeitschrift für Rechtspolitik, 49, 72-75.

Thüsing, Gregor (2018): AGG § 22 Beweislast. In: Münchener Kommentar zum Bürgerlichen Gesetzbuch, Bd. 1, 8. Aufl., Hrsg. Claudia Schubert. München: CH Beck.

Tiedemann, Paul (2018): VwVfG § 39 Begründung des Verwaltungsakts. In: BeckOK VwVfG, 41. Aufl., Hrsg. Johann Bader und Michael Ronellenfitsch. München: CH Beck.

Tietjen, Daniel; Flöter, Benedikt F. (2017): Dynamische und personalisierte Preise: Welche lauterkeitsrechtlichen Schranken gelten für Unternehmen? In: Praxis im Immaterialgüter- und Wettbewerbsrecht (GRUR-Prax), 9, 546-548.

Tillmann, Tristan Julian; Vogt, Verena (2018): Personalisierte Preise im Big-Data-Zeitalter. In: Verbraucher und Recht, 33, 447-455.

Verbraucherzentrale Nordrhein-Westfalen (2017): Verbraucherproblemen wirksam begegnen – Weichen      richtig      stellen,      https://www.verbraucherzentrale.nrw/sites/default/files/migration_files/media247515A.pdf.

Wäßle, Florian (2014): BGH stärkt die Rechte der Auskunfteien erneut. In: Betriebs-Berater, 69, 846.

Weichert, Thilo (2014): Scoring in Zeiten von Big Data. In: Zeitschrift für Rechtspolitik, 47, 168-171.

Wenglorz, Georg W. (2016): Dynamischer Preis: Ein Fall für die Preisangabenverordnung? In: Marktkommunikation zwischen Geistigem Eigentum und Verbraucherschutz – Festschrift für Karl-Heinz Fezer zum 70. Geburtstag, Hrsg. Wolfgang Büscher et al., 957-966. München: CH Beck.

Wilhelmsson, Thomas (2006): Misleading practices. In: European Fair Trading Law, Hrsg. Geraint Howells, Hans-W. Micklitz und Thomas Wilhelmsson, 123-165. Aldershot: Ashgate.

Zander-Hayat, Helga; Reisch, Lucia A.; Steffen, Christine (2016): Personalisierte Preise – Eine verbraucherpolitische Einordnung. In: Verbraucher und Recht, 31, 403-409.

Zhang, Michael; Bell, Peter (2012): Price Fencing in the Practice of Revenue Management: An Overview and Taxonomy. In: Journal of Revenue and Pricing Management, 11 (2), S. 146–159.

Kapitel 5

Gestaltung der Datenökonomie

# Kritische Theorie des Lifeloggings als Prüfstein möglicher Gestaltungsperspektiven der Datenökonomie?

*Peter Schulz und Sebastian Sevignani[1]*

*Keywords: digitaler Kapitalismus, kritische Theorie, Datenökonomie, Datendouble, Lifelogging*

*Abstract: Lifelogging (LL) ist eine prototypische Form der Lebensführung unter Bedingungen des digitalen und flexiblen Kapitalismus und kann mit Hilfe einer integrativen kritischen Theorie analysiert werden. Zunächst deuten wir die Erzeugung von Datendoubles in der individuellen Interaktion mit der digitalen LL-Technik als Verdinglichung. Dann verknüpfen wir die durch LL-Technik ermöglichte extensive und intensive Überwachung gesellschaftlicher Praxen mit der Produktion gesellschaftlicher Ungleichheit durch Ausbeutung. In einem dritten Schritt vermitteln wir die individuellen Motivationslagen zum LL mit einem Begriff gesellschaftlich erzeugter 'falscher' Bedürfnisse, bevor wir in einem letzten Schritt die intersubjektive Ambivalenz des LL zwischen Autonomiegewinn und Entfremdungserfahrung diskutieren. Abschließend skizzieren wir vor dem Hintergrund unserer kritischen Analyse des LL, in welche Richtung aus unserer Sicht eine Gestaltung und Transformation der Datenökonomie in Angriff genommen werden sollte.*

## Inhalt

1  Einführung und Anliegen: Der Zirkel einer kritischen Theorie des Lifeloggings .. 310

2  Datendouble und Verdinglichung ........................................................................ 312

3  Überwachung und Ausbeutung ............................................................................ 314

4  Partizipation und falsche Bedürfnisse ................................................................. 318

5  Autonomiegewinn und Entfremdung ................................................................... 320

6  Schluss: Gestaltungsperspektiven für die Datenökonomie ................................. 323

Literatur ...................................................................................................................... 324

1    Peter Schulz | Friedrich-Schiller-Universität Jena | schulz.peter@uni-jena.de
     Sebastian Sevignani | Friedrich-Schiller-Universität Jena | sebastian.sevignani@uni-jena.de

© Springer Fachmedien Wiesbaden GmbH, ein Teil von Springer Nature 2019
C. Ochs et al. (Hrsg.), *Die Zukunft der Datenökonomie*, Medienkulturen im digitalen Zeitalter, https://doi.org/10.1007/978-3-658-27511-2_14

# 1 Einführung und Anliegen: Der Zirkel einer integrativen kritischen Theorie des Lifeloggings

Im folgenden Text geht es um Lifelogging (LL), darunter verstehen wir alle Praktiken, bei denen Akteure Aspekte ihres eigenen Lebens quantifiziert erfassen, damit diese von Medien- und Kommunikationstechniken digital verarbeitet[2] und ihnen visuell aufbereitet zur Verfügung gestellt werden. Dem Subjekt tritt so ein Datendouble gegenüber, das eine neue Form der Selbsterkenntnis und Selbstbezugnahme ermöglicht und nahelegt.[3] Das Phänomen ist soziologisch relevant, weil es sich hierbei aus unserer Sicht um eine prototypische Lebensweise im digitalen Kapitalismus handelt.

Das bekannteste Beispiel für das Phänomen des (LL) ist der digitale Schrittzähler. Durch ein mit Sensoren ausgestattetes technisches Gerät werden Körperbewegungen erfasst und Schritte gezählt, so kann die in einem bestimmten Zeitraum zurückgelegte Distanz berechnet werden. Beim digitalen Schrittzähler handelt es sich vorwiegend um eine individuelle Anwendung. Wir untersuchen LL aber nicht nur in diesem engen Sinn. Als prototypische Lebensweise im digitalen Kapitalismus beziehen wir in unsere Analyse auch weitere Anwendung mit ein, die seltener im Kontext des LL verhandelt wird: Die Nutzung sozialer Medien verstehen wir als eine Art ‚öffentlichen Schrittzähler'. Der Kern der Nutzung von Facebook liegt, obwohl sich die Anwendung vielfältig weiterentwickelt hat, in der Veröffentlichung und im Teilen von „Tagebucheinträgen", also von Informationen über Alltagsaktivitäten, wie Lesen, dem Besuch von Veranstaltungen usw. Beide genannten Anwendungen werden von vielen Menschen häufig genutzt und lassen sich auch integrieren. Beispielsweise wird auf Facebook veröffentlicht, welche Strecken mit digitalen Schrittzählern zurückgelegt wurden, es wird über Trainingsfortschritte berichtet und so im jeweiligen sozialen Netzwerk Anschlusskommunikation generiert.

---

2    Selke 2014.
3    Duttweiler und Passoth 2016.

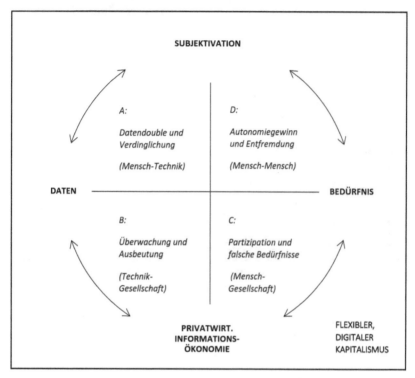

Abb. 1:   Der Zirkel einer integrativen kritischen Theorie des Lifeloggings

Unser Anliegen ist es, Einseitigkeiten bisheriger Forschung zu LL zu überwinden, indem wir verschiedene Aspekte des Phänomens in eine kritische Gesellschaftstheorie einbetten. Die so gewonnene Heuristik nennen wir den Zirkel einer integrativen kritischen Theorie des LL (Abbildung 1). Bisherige kritische Forschung zu LL legte den Fokus vor allem auf Mensch-Technik-Interaktionen (A, B), also einerseits Studien zur Frage der Auswirkungen von LL-Praktiken auf die Nutzer_innen, andererseits auf das Verhältnis zwischen Nutzungsverhalten und ökonomischen Verwertungsinteressen. Demgegenüber wurden Fragen, die das Verhältnis zwischen individuellen und gesellschaftlichen Gründen für LL-Praxen in den Blick nehmen (C), als auch das spezifische Selbstverhältnis beim LL (D) weniger untersucht.

Eine integrative kritische Theorie des LL sollte also einerseits zu diesen Fragenkomplexen Auskunft geben, andererseits sollte sie aber auch eine Verbindung zwischen den oftmals getrennt behandelten individuellen, technischen und gesellschaftlichen Dimensionen des LL deutlich machen. Diese Integration kann gelingen, wenn einzelne Aspekte des LL im Zusammenhang mit den Strukturen und Logiken eines flexiblen, digitalen Kapitalismus gestellt werden. Dessen Konturen – Verdinglichung, Ausbeutungsverhältnis, Entfremdung, ‚falsche' Bedürfnisstruktur – werden sich im nun folgenden Durchgang durch den Zirkel abzeichnen.

Wir gehen dabei jeweils in einem Dreischritt aus Phänomen-Beschreibung, dessen kritischer Deutung und beispielhafter Veranschaulichung vor. Zunächst deuten wir die Erzeugung von Datendoubles in der individuellen Interaktion mit der digitalen LL-Technik als Verdinglichung. Dann verknüpfen wir die durch LL-Technik ermöglichte extensive und intensive Überwachung gesellschaftlicher Praxen mit der Produktion gesellschaftlicher Ungleichheit durch Ausbeutung. In einem dritten Schritt vermitteln wir die individuellen Motivationslagen zum LL mit einem Begriff gesellschaftlich erzeugter ‚falscher' Bedürfnisse, bevor wir in einem letzten Schritt des Zirkels die intersubjektive Ambivalenz des LL zwischen Autonomiegewinn und Entfremdungserfahrung diskutieren. Abschließend skizzieren wir vor dem Hintergrund unserer kritischen Analyse des LL, in welche Richtung aus unserer Sicht eine Gestaltung und Transformation der Datenökonomie in Angriff genommen werden sollte.

## 2 Datendouble und Verdinglichung

Wie schon einleitend bemerkt, verstehen wir unter LL solche Praktiken, in deren Rahmen Akteure Aspekte ihres eigenen Lebens mittels digitaler Techniken quantifiziert erfassen und so diese es aufbereiten, dass es ihnen als Repräsentation dieses Lebens gegenübertritt. Im ersten Quadranten (A) des von uns vorgeschlagenen Zirkels zur integrativen, kritischen Analyse von LL wird entsprechend dieser Bestimmung die Brücke geschlagen zwischen dem Selbst und seiner Repräsentation in Daten. Hierzu sind zwei Schritte notwendig, zum einen die Operationalisierung des Selbst in quantifizierbare Teilaspekte, zum anderen seine datenförmige Vergegenständlichung, aus denen unter Bedingungen des flexiblen, digitalen Kapitalismus die Diagnose der (Selbst-)Verdinglichung resultiert.

Wie Stefan Selke betont, tritt das Selbst einem zunächst als Einheit gegenüber, während im LL diese „ganzheitliche (...) Sicht"[4] auf das Selbst durch die Repräsentation des Selbst in quantifizierte, voneinander distinkt unterschiedene Einzelaspekte ersetzt wird; eine Zerlegung des Selbst findet statt, damit LL erfolgen kann. Dazu werden diese Einzelaspekte durch Messung vergegenständ-

---

4    Selke 2014, S. 214.

licht, ihre Informatisierung objektiviert sie gegenüber dem Selbst und macht sie so für ihre Verarbeitung überhaupt erst handhabbar.[5] Durch diese Vergegenständlichung wird das Selbst somit erst der intersubjektiven Kommunikation, aber auch der reflexiven Bezugnahme durch die Nutzer_innen zugänglich – und insofern ist sie auch nicht erst durch die Möglichkeit der digitalen Verarbeitung aufgetreten, sondern nur in eine neue, digitale Form gekommen, während sie zuvor bereits etwa in Form des Tagebuchs oder von Kalorienverbrauchstabellen praktiziert wurde.[6] Die digitale Form erlaubt es hingegen, dass diese Vergegenständlichungen automatisch verarbeitet werden, um den Nutzer_innen der LL-Techniken als ‚data double' weitgehend aufbereitet und – häufig visualisiert – in scheinbar ganzheitlicher Form gegenübertreten.[7] Der Prozess und die Maßstäbe ihrer Aufbereitung bleiben aber für die Nutzer_innen unsichtbar. Bei Facebook beispielsweise werden den Nutzer_innen zu Jubiläen (der Nutzung oder von ‚Freundschaften') kleine Animationsfilme angeboten, in denen die Zahl der Likes, Shares sowie hochgeladenen Bilder verarbeitet wird, um die Nutzungsgeschichte zu erzählen. Andere Aspekte der Nutzung, wie private Kommunikation – oder, im Falle von ‚Freundschaft', die Interaktion außerhalb der Plattform – bleiben unsichtbar. Die Quantität der durch Facebook präsentierten Zahlen und Bilder suggeriert dabei eine Reflexion auf die Bedeutung der Beziehung. Bei Apps, die körperbezogene Daten loggen – wie dem Schrittzähler – gibt es häufig visuelle Aufbereitungen in Form von Graphen und orientierenden Farben (rot-gelb-grün). Jede Visualisierung hat so ihre eingelassene Normativität.

Diese Zerlegung des Selbst, seine Vergegenständlichung und der Umstand, dass den Menschen diese vergegenständlichten Teilaspekte als sein scheinbares Ganzes gegenübertreten, findet sich als kritische Diagnose schon lange vor dem Auftauchen digitaler LL-Techniken in einer ganz anderen Sphäre: Georg Lukács beschreibt in seinem bekannten Verdinglichungsaufsatz die Situation der Lohnarbeiter_innen vor knapp hundert Jahren, in der mit „der modernen ‚psychologischen' Zerlegung des Arbeitsprozesses (Taylor-System) (…) diese rationelle Mechanisierung bis in die ‚Seele' des Arbeiters hinein[ragt]: selbst seine psychologischen Eigenschaften werden von seiner Gesamtpersönlichkeit abgetrennt, ihr gegenüber objektiviert, um in rationelle Spezialsysteme eingefügt und hier auf den kalkulatorischen Begriff gebracht werden zu können"[8]. Dies mündet für ihn ein ein falsches und passivierendes Selbstverständnis der Arbeiter_innen. An diese Theorie knüpft Theodor W. Adorno an, der unter Verdinglichung die durch die Verhältnisse bedingte Trennung zwischen Subjekt und Ob-

---

5    Sevignani 2019a.
6    Schmechel 2016.
7    Duttweiler und Passoth 2016.
8    Lukács 1967, S. 99.

jekt versteht: In der kapitalistischen Wirtschaft sind laut Adorno[9] die Arbeiten-
den gezwungen, sich selbst als Ware und damit als Ding zu verstehen, weil sie
sich selbst immer schon als solche gegenübertreten. Dies gilt sowohl auf dem
Arbeitsmarkt, auf dem sie ihre leiblichen Eigenschaften als Arbeitskraft verkaufen, als auch in der Arbeit, wo sie als eingekaufte ‚lebendige Arbeit' als Teil des
Kapitals fungieren[10], während alle die Eigenschaften, die für den Arbeitsprozess
nicht nützlich sind, ausgeschlossen und unterdrückt sind.

LL-Praktiken finden allerdings weitgehend in der Freizeit, also scheinbar
dem Gegenteil der von Lukács analysierten Arbeit, statt. Aber schon vor der
postfordistischen Entgrenzung von Arbeit und Freizeit hatten Arbeiter_innen
anhand von Lohnarbeit und Stundenlohn gelernt, dass ihre Zeit ‚etwas wert' ist
und die Freizeit der Teil ihres Lebens ist, innerhalb dessen sie selbst über diesen
Wert verfügen[11]; entsprechend nutzten sie diese Zeit effektiv. Mit der zunehmenden Entgrenzung von Freizeit und Arbeit gerät der Mensch in der Spätmo-
derne zunehmend unter Druck und die Verdinglichung der Lohnarbeit dehnt sich
tendenziell auf das ganze Leben aus, und mit ihr die Anforderungen an die Subjekte, sich prospektiv ‚fit' für zukünftige Arbeitsmarktanforderungen zu halten.
Die Selbsterfassung und -optimierung, die dem LL zugrunde liegt, bietet die
Möglichkeit zu versuchen, sich dieser ausgedehnten Verdinglichung nicht blind
auszuliefern, sondern sie aktiv zu gestalten, um so die eigene Autonomie gegenüber den verdinglichenden Verhältnissen teilweise zurückzugewinnen.[12]

LL ist also ein selbst verdinglichender Versuch, auf die entgrenzten und
prekären gesellschaftlichen Verhältnisse zu reagieren und eigene Kontrolle über
sich und die erlebte Verdinglichung zurückzuerlangen, ohne diese Verhältnisse
selbst dabei in Frage zu stellen.

# 3    Überwachung und Ausbeutung

LL ist dabei Bestandteil einer wachsenden Datenökonomie. Daten wurden als
das neue Öl bezeichnet, die als produktive Ressource neben Arbeit und Kapital
treten solle.[13] Dieses ‚Daten-Öl' muss gefördert werden. Deshalb basieren die
Geschäftsmodelle der Datenökonomie (meist) auf Überwachung, so dass von
einem Überwachungskapitalismus[14] oder dem Aufstieg einer überwachungsba-

---

9    Adorno folgt, ebenso wie Lukács, hierin Karl Marx' Theorie zum Warenfetischismus sowie
     seiner Analyse des Austauschprozesses auf dem Markt.
10   Siehe dazu ausführlicher Schulz 2016, S. 46–56.
11   Deutschmann 1983, S. 331.
12   Schulz 2016, S. 57–61.
13   World Economic Forum 2011.
14   Zuboff 2018.

sierten Kulturproduktion[15] gesprochen werden kann. Nutzer_innen und deren Tätigkeiten werden identifiziert, sortiert und vergleichend ausgewertet.[16] Ziel und Maßstäbe der Überwachung werden durch die überwiegend kommerziellen Unternehmen gesetzt und variieren je nach Geschäftsmodell. Beim heute bei vielen digitalen Diensten dominanten Werbemodell wird die Überwachung am deutlichsten, weil deren Ergebnisse den Nutzer_innen als Kaufangebote zurückgespiegelt werden. Aber auch die anderen Geschäftsmodelle, wenn z. B. für die Nutzung eines Dienstes gezahlt werden muss oder der Verkauf weiterer Leistungen an die Nutzung gekoppelt wird, basieren auf, für die Nutzer_innen möglicherweise weniger sichtbarer, Überwachung, denn letztere ermöglicht auch das für soziale Medien charakteristische Vernetzen.

Unser Vorschlag besteht nun darin, das mit LL verbundene Phänomen der Überwachung von Nutzer_innen-Daten mit dem kritischen Theorem der Ausbeutung zu deuten.[17] Mit dieser Deutung geht eine Orientierung auf soziale Verhältnisse hin einher, die strukturell konfliktreich sind, wobei zwischen den Konfliktparteien eine gegenseitige Angewiesenheit ausgemacht werden kann und die Benachteiligten bzw. Ausgebeuteten als aktiv Handelnde hervortreten. Ausbeutungsbeziehungen haben drei Merkmale[18]:

- Es besteht eine Ausschlussbeziehung zwischen sozialen Gruppen, die sich auf produktive Ressourcen bzw. Produktionsmittel bezieht,

- dies ermöglicht die Aneignung von Arbeitsprodukten durch die Ausbeutenden

- die dann zu einer gegenläufigen Wohlstandsgenerierung zwischen den beteiligten Parteien führt. Gleichwohl sind diese in der Ausbeutungsbeziehung miteinander verbunden

Kurz: In Ausbeutungsverhältnissen sind die Reichen reich, weil die Armen arm sind. Wie kann aber der Ausbeutungsbegriff auf das Phänomen des LL angewendet werden?

Es muss zunächst deutlich gemacht werden, dass die Nutzung digitaler Dienste als (ausbeutbare) Arbeit verstanden werden kann. Zunächst gilt es daher, ein zu enges, auf Lohnarbeit, Mühsal, und Fremdbestimmung zentriertes Arbeitsverständnis des Alltagsverstandes zu erweitern und deutlich zu machen, dass Arbeit eine Grundkategorie des Sozialen darstellt und nicht nur den Bereich einer spezifischen gesellschaftlichen Sphäre. Das wird gerade im digitalen Zeitalter unmittelbar einsichtig, wenn eine strikte Trennung von Produktions- und

---

15    Turow 2005.
16    Gandy 1993.
17    Andrejevic 2012.
18    Wright 1997, S. 9–17.

Konsumptionssphäre, von Arbeit und Freizeit fraglich wird und diese zeitlich, sowie örtlich zusammenfallen können. Der populäre Begriff des Prosumers und der digitalen Prosumption[19] sollen genau dies bezeichnen.

Diese Intuition, die Nutzung digitaler Dienste als eine Form von Arbeit bzw. produktiver Tätigkeit zu begreifen, kann mit der an Marx anknüpfenden Theorie der Informatisierung weiter ausgearbeitet werden.[20] Das System der menschlichen Produktivkräfte besteht aus den tätigen Subjekten, die mit Arbeitsmitteln an Gegenständen arbeiten. Dabei formen sich die Subjekte selbst, sie bilden sich und die äußere Natur um. Sie vergegenständlichen ihre Kompetenzen und Fähigkeiten, die sie in früheren Tätigkeiten gewonnen haben, in Arbeitsprodukten und eignen sich diese in erneuten Tätigkeitsprozessen (wieder) an. In jeder dieser Tätigkeiten werden kognitive Fähigkeiten gebraucht, die das Produkt bereits im Kopf vorwegnehmen.

In der Gestalt von Informationen und dann in maschinell und durch Computer verarbeitbaren Daten findet dieses ‚Vorwegnehmen im Kopf' eine eigenständige materielle Gestalt. Zur Veranschaulichung ein Beispiel: Daten, das sind einfach elektronische Impulse oder schlichte Zahlen; sie werden zu Informationen, wenn sie eine Bedeutung für etwas erlangen. Die Zahl 37,9 wird zur Information, wenn sie z. B. auf einer Temperaturskala abgetragen wird, die nur bis zur Zahl 45 reicht, denn dann gilt 37,9 als eine hohe Temperatur. Informationen werden zu Wissen, wenn ihre Bedeutung in spezifischen Situationen mit Erfahrungen verknüpft wird. Hohe Temperatur zeigt dann als Fieber eine bestimmte Krankheit des menschlichen Körpers an. Der Prozess der Informatisierung geht den umgekehrten Weg: Informationen werden aus Wissenskonstellationen und Erfahrungskontexten herausgelöst, um so zu Informationen reduziertes Wissen und Erfahrung zwischen den Menschen zu teilen. Digitalisierung bedeutet im Vergleich zum umfassenderen Prozess der Informatisierung eine weitere Reduzierung, ein stärkeres Ablösen von Erfahrungen in Form von Daten, denen der Kontext fehlt. Menschliche Erfahrungen können so erstens schnell geteilt werden. Zweitens können sie auf informationeller Ebene modifiziert und mit anderen in Form von Daten und Informationen vorliegenden Wissensbeständen kombiniert und integriert werden – und zwar unter Umgehung einer erneuten aneignenden Rückbeziehung auf die sich (zwischenzeitlich) verändernde Erfahrungswelt. Informationen und Daten sind vergegenständlichte kognitive Fähigkeiten der Menschen und damit auch Arbeitsprodukte, nur eben nicht direkt greifbar.

Analog zum erweiterten Arbeitsverständnis ist es naheliegend, den Begriff der Produktionsmittel ebenfalls zu erweitern. Raymond Williams[21] hat entspre-

---

19    Toffler 1984; Ritzer 2015.
20    Boes und Kämpf 2012; Sevignani 2019c.
21    Williams 2005.

chend vorgeschlagen, Kommunikationsmittel als Produktionsmittel zu verstehen. Diese umfassen Informationen (bzw. formalisierten Daten) als Arbeitsgegenstände und Medien als sozio-technische Arrangements, in denen diese durch die menschliche Arbeitskraft und ihr Wissen verändert, kombiniert und bearbeitet werden können. Digitales Arbeiten bedeutet demnach Kommunikationsmittel einzusetzen und Informationen zu produzieren, die dann zu Daten formalisiert werden.

Vor diesem Hintergrund kann nun veranschaulicht werden, warum die Nutzung überwachungsbasierter, kommerzieller LL-Dienste gemäß der oben eingeführten Charakteristika (a: Ausschluss von den produktiven Ressourcen; b: Aneignung; c: gegenläufige Wohlstandsgenerierung) eine Ausbeutungsbeziehung 2.0 etabliert: Das Privateigentum an den LL-Diensten, wie etwa Facebook, stellt sicher, dass die Nutzer_innen von den profitgenerierenden Bedingungen abgeschnitten sind. Diese bestehen in der Art und Reichweite der Verfügung über Kommunikation und Medien (z. B. in Gestalt eines Serverparks, der zentralisierte Soziale Medien erst ermöglicht) und über Ressourcen der Aufmerksamkeit und Reichweite, die soziale Medien erst interessant machen. Sind diese Ressourcen so einseitig verteilt und wollen die Nutzer_innen nicht den sozialen und kommunikativen Untergang in einer digital vernetzten Welt riskieren, besteht ein sozialer Zwang tatsächlich eines der verfügbaren und beliebten sozialen Medien zu benutzen (a). Der Reichtum der Eigentümer_innen von LL-Diensten ist abhängig von den datengenerierenden Tätigkeiten der Nutzer_innen; sie werden von den Eigentümer_innen angeeignet (b). Die Nutzer_innen profitieren insgesamt weniger, ihr Nutzen der Dienste ist ein kategorial anderer und wiegt die aktiv mit produzierte Geld- und Kommunikationsmacht der Eigentümer_innen nicht auf (c).

Überwachungsbasierte LL-Geschäftsmodelle werden in dem Maß profitabler, wie die Nutzer_innen quantitativ mehr verwertbare Daten preisgeben oder qualitativ wertvollere Informationen generieren. Aufgrund der Verfügung über die Kommunikationsmittel beeinflussen soziale Medien die Nutzungsaktivitäten stark. Die Tatsache, dass es im informationellen Kapitalismus regelmäßig zu Konflikten um die Privatheit kommt, ist aus dieser Sicht eine Reaktion auf die Ausbeutungsbeziehung[22]. (Klassen-)Kämpfe gegen Ausbeutung könnten sich dieser Analyse entsprechend heute auch in Kämpfen für Datenschutz, Privatheit und gegen Überwachung zeigen.

---

22 Sevignani 2017a.

## 4    Partizipation und falsche Bedürfnisse

Ausgangspunkt des nächsten Schritts im Zirkel einer integrativen kritischen Theorie des LL ist die Beobachtung, dass bei LL-Nutzer_innen die Teilnahme an der privatwirtschaftlichen Datenökonomie freiwillig erfolgt. Die Zustimmung zu den jeweiligen Nutzungsbestimmungen bzw. das Eingehen eines ‚Privatsphärevertrages‘ hat zwei Seiten: LL erfüllt auf subjektiver Ebene eine Vielzahl von Bedürfnissen, wie z. B. Selbsterkenntnis, Anerkennung, Zugehörigkeit, Vergleich, soziale Distinktion usw. Wichtig ist hier nur, dass die Nutzer_innen handeln, um ihre Bedürfnisse zu befriedigen und nicht, weil sie gezwungen werden. Auf der anderen Seite ‚wirbt‘ die Informationsökonomie um die Teilnahme der Nutzer_innen, indem sie Befriedigung oben genannter Bedürfnisse verspricht und sie ‚erleichtert‘ auch die Teilnahme, wenn sie eine Allgegenwärtigkeit von smart devices, in der Kleidung, im Handy oder in der Uhr als vorinstallierte Anwendung herstellt; wenn sie die Synchronisation über Cloud-Anwendungen und gemeinsame Interfaces ermöglicht.

Wir schlagen vor, dieses Verhältnis von Gesellschaft und motivationaler Struktur der Menschen mit dem etwas aus der (soziologischen) Mode gekommenen Begriff der ‚falschen‘ Bedürfnisse zu fassen. Für Herbert Marcuse[23] reproduzieren falsche Bedürfnisse Unterdrückung, z. B. in der Form von Ausbeutungsverhältnissen. Wichtig ist es hier festzuhalten, dass es bereits bei dieser klassischen Konzeption um eine funktionale Bestimmung geht und nicht um den Erhalt einer Natürlichkeit von ‚wahren‘ (Grund-)Bedürfnissen, die gegen eine Künstlichkeit von Bedürfnissen ausgespielt wird. Im Gegenteil, eine kritische Theorie operiert gerade mit der Annahme, dass sich menschliche Bedürfnisse entwickeln und verfeinern können und sollen[24], etwa in der digitalen Arbeit[25].

Allerdings muss das Theorem der falschen Bedürfnisse aus unserer Sicht subjektwissenschaftlich reformuliert werden.[26] D. h. bei den ‚falschen‘ Bedürfnissen nach LL geht es nicht um die Manipulation der Bedürftigen, vielmehr bleibt ihre subjektive Handlungsfähigkeit auch unter Bedingungen der kapitalistischen Datenökonomie erhalten. Mit Klaus Holzkamp[27] fassen wir deshalb Handlungsfähigkeit als erstes menschliches Lebensbedürfnis. Handlungsfähig zu sein bedeutet, die „gesamtgesellschaftlich vermittelte Verfügung über die eigenen Lebensbedingungen"[28] zu haben. Wichtig ist, dass in dieser Perspektive die subjektive Handlungsfähigkeit immer mit der Handlungsfähigkeit Anderer

23    Marcuse 1967, S. 25.
24    Oberthür und Schulz 2016; Sevignani 2017a.
25    Sevignani 2019b.
26    Sevignani 2019b.
27    Holzkamp 1983, S. 243.
28    Holzkamp 1983, S. 239.

verbunden ist. Unter antagonistischen Bedingungen, wie wir sie im Kapitalismus vorfinden und wie sie z. B. durch Ausbeutungsverhältnisse in der Datenökonomie (vgl. Abschnitt 3) reproduziert werden, besteht für das Subjekt die grundsätzliche doppelte Möglichkeit, handlungsfähig entweder in restriktiver oder verallgemeinerter Form zu realisieren. Im zweiten Fall kann im Zusammenschluss mit Anderen, von denen die eigene Bedürfnisbefriedigung notwendig abhängt, die Bedingungen der Bedürfnisbefriedigung erweitert werden. Hier ist die Marxsche egalitär-perfektionistische Perspektive enthalten, wonach „die freie Entwicklung eines jeden die Bedingung für die freie Entwicklung aller ist"[29]. Im restriktiven Fall aber erreicht man Handlungsfähigkeit dadurch, dass man sich mit den bestehenden, antagonistischen Bedingungen, arrangiert – ein Bündnis mit der Herrschaft eingeht. Diese Option ist allerdings widersprüchlich, d. h. sie untergräbt Handlungsfähigkeit und menschliche Entwicklung letztlich: „Indem man jedoch die eigene Position zu Lasten anderer abzusichern sucht, untergräbt man zugleich die Möglichkeit des gemeinsamen Widerstands gegen Verhältnisse, die diese entfremdeten Beziehungen und selbstentmächtigenden Verhaltensweisen aufnötigen"[30].

Die restriktive Form der Handlungsfähigkeit ist prekär, weil sie den für Menschen notwendigen Zusammenschluss mit Anderen einschränkt und daher damit rechnen muss, dass sie von Mächtigen oder Herrschenden wieder entzogen wird; sie ist in der Folge subjektiv mit offener oder verdrängter Angst und Selbstfeindschaft verbunden.[31] Damit geht es in subjektwissenschaftlicher Perspektive nicht mehr darum, dass bestimmte Bedürfnisse ‚falsch' sind, sondern es geht um die Art und Weise, wie Bedürfnisse befriedigt werden, die entweder verallgemeinerungsfähig oder restriktiv sein kann. Allerdings formt die (restriktive) Befriedigung wiederum das zugrundeliegende Bedürfnis (restriktiv um). ‚Falsch', weil für das Subjekt mit Unsicherheit und Angst verbunden, wird also die Form der Dynamik zwischen Bedürfnis und Befriedigung.

Wie lässt sich dieser reformulierte Begriff der falschen Bedürfnisse auf LL anwenden? Zunächst produziert die Bedürfnisbefriedigung mittels LL im digitalen Kapitalismus Ungleichheiten und Unterdrückung, sie ist in Ausbeutungsverhältnisse eingebunden. Das Angebot der Datenökonomie konkretisiert Handlungsfähigkeit und die Bedürfnisse der Lifelogger_innen und lenkt sie in restriktive Bahnen. Hierzu zwei Beispiele: Eine Facebook-Nutzerin ist in trauriger Gemütsverfassung und sucht Trost und Anerkennung im sozialen Netzwerk, indem sie eine Beschreibung ihrer Lage postet. Ein durch die Eigentümer_innen-Interessen gestalteter Facebook-Algorithmus entscheidet, dass dieses Posting nicht relevant sichtbar auf den Seiten anderer befreundeter Nut-

---

29    Marx 1968, S. 482.
30    Osterkamp 2003, S. 182.
31    Holzkamp 1983, S. 376ff.

zer_innen erscheint, weil die traurige Stimmung der Nutzerin für werbezwecke nicht relevant gemacht werden kann[32]. Die Sichtbarkeit und damit die Möglichkeit der Anerkennung der eigenen Gefühlslage wird so entzogen, die Kontrolle über meine Bedürfnisbefriedigung, so zeigte sich, war prekär. Die Nutzung von Facebook wird als eine restriktive Bedürfnisbefriedigung deutlich. In einem alternativen Szenario wird ein digitaler Schrittzähler aufgrund des Bedürfnisses ‚gesund' zu leben genutzt. 10.000 Schritte am Tag sind gesund, so zeigt es die LL-App an. Aufgrund von Profitdruck, weil der LL-Dienst nun zu einem börsennotierten Unternehmen gehört, entscheidet das Management, dass mehr und bessere Daten generiert werden müssen. Dies führt dazu, dass plötzlich 12.000 statt 10.000 Schritte von der App als ‚gesund' empfohlen werden. Der Nutzer erreicht diese möglicherweise nicht und muss somit nach den neu gesetzten Standards ‚ungesund' leben. Auch hier ist die Kontrolle über die eigene Bedürfnisbefriedigung prekär. Nutzer_innen leiden nun daran, unter der Schwelle des ‚Gesunden' zu bleiben oder entwickeln neue Bedürfnisse, die ihre Nutzung in Einklang mit den neuen Gesundheitsstandards setzt.

## 5    Autonomiegewinn und Entfremdung

Die angesprochene Annahme, dass sich menschliche Bedürfnisse entwickeln können und dies in Bezug zu ihrer – technisch ermöglichten – Befriedigung steht, bildet die Grundlage zur Beantwortung der Frage, inwiefern LL-Phänomene auch zur Ausbildung eines neuen Selbstverständnisses der Nutzer_innen führen. Wir gehen dabei davon aus, dass nicht zwischen ‚natürlichen' Grundbedürfnissen und ‚künstlichen' Bedürfnissen dahingehend zu unterscheiden ist, dass erstere sich nicht ebenso modifizieren. Dem Menschen ist stattdessen „Künstlichkeit natürlich"[33], und zwar insofern, als dass sich alle seine Bedürfnisse transformieren: „Hunger ist Hunger, aber Hunger, der sich durch gekochtes, mit Gabeln und Messer gegeßnes Fleisch befriedigt, ist ein andrer Hunger als der rohes Fleisch mit Hilfe von Hand, Nagel und Zahn verschlingt."[34]

Menschliche Bedürfnisse wurden seit jeher durch technische Hilfsmittel befriedigt und die Form der technischen Befriedigung hatte seit jeher Auswirkungen auf die Veränderung der Bedürfnisse.[35] Dass also LL-Techniken eine Auswirkung auf die Bedürfnisse der Menschen haben, die sie nutzen, ist zu-

---

32    Dambeck 2014; Kramer et al. 2014.
33    Dahmer 1973, S. 172.
34    Marx 1953, S. 13.
35    Oberthür und Schulz 2016, S. 165–171.

nächst noch keine kritische Feststellung und es wird nötig zu betrachten, welche Bedürfnisse sie wie (re-)formieren.

Im Zentrum für eine kritische Theorie des LL steht dabei das Bedürfnis nach Handlungsfähigkeit (siehe Abschnitt 4): Wie dargestellt, befriedigen LL-Anwendungen das Bedürfnis nach Handlungsfähigkeit in restriktiver Form, insofern die Bedingungen für die Bedürfnisbefriedigung nicht unter der Kontrolle der Nutzer_innen sind, sondern ihnen heteronom gegenüberstehen. Autonomie – von uns gefasst als verallgemeinerte Handlungsfähigkeit – meint dagegen, über die Bedingungen der Möglichkeit der Befriedigung des Bedürfnisses nach Handlungsfähigkeit und damit über die konkrete Form, in dem es einem gegenübertritt, mit entscheiden zu können. Autonomie ist, unter der Bedingung, dass die technischen Mittel zur Bedürfnisbefriedigung arbeitsteilig funktionieren und sozial sind, nur als kollektive Autonomie vorstellbar. Diese Autonomie bedarf einer gewissen Fähigkeit, die eigene Realität zu beeinflussen. Im spätmodernen, flexiblen Kapitalismus wird diese Fähigkeit weiter verunsichert. In der kapitalistischen Lohnarbeit wird immer schon ein Teil des eigenen Lebens heteronom geführt und die Freizeit zur Sphäre der Autonomierealisation – freilich in beschädigter Weise, da eine derart halbierte Autonomie sich auch in ihrer Form wandelt.[36] Im spätmodernen Kapitalismus erleben die Subjekte nun einerseits eine Prekarisierung und Flexibilisierung ihrer Lebensbedingungen[37] sowie die Entgrenzung von Lohnarbeit und Freizeit, so dass das Refugium der (beschädigten) Autonomie zunehmend unter Druck gerät.

LL-Praktiken können, so unsere These, als Versuch verstanden werden, diese Bedrohung der (Rest-)Autonomie durch eine Rückzugsbewegung zu kontrollieren. Im Sinne des Mantras der Quantified-Self-Bewegung, „to reclaim some of this power"[38], bieten LL-Praktiken die Möglichkeit, zumindest über Teile des eigenen Lebens Kontrolle zu beanspruchen, etwa über den Körper und die eigene Fitness im Falle des Schrittzählers oder aber bei Facebook über die Weise, wie man in sozialen Beziehungen wahrgenommen wird. LL ist also ein Rückzug der Ansprüche auf Handlungsfähigkeit von der Welt auf das eigene Selbst[39] und unterbreitet ein Angebot, das Bedürfnis nach Handlungsfähigkeit, das durch flexibilisierte und prekarisierte Arbeitsverhältnisse unter Druck geraten ist, zumindest dort noch zu befriedigen.

Zugleich gewinnt mit der Befriedigung durch LL die Handlungsfähigkeit eine bestimmte Gestalt. Anstatt sie im Sinne verallgemeinerter Handlungsfähigkeit als kollektive Gestaltung der Möglichkeitsbedingungen der eigenen Handlungsfähigkeit zu erleben und zu begreifen, bieten LL-Techniken individualisie-

---

36     Adorno 2003.
37     Holst 2012.
38     Wolf 2010.
39     Schulz 2018.

rende Befriedigungsformen. Ihr struktureller Bezug auf ein individualisiertes Selbst – sei es das Selbst, dass im ‚data double' der Schrittzähler-App in erreichten Leistungswerten und -graphen der eigenen körperlichen Anstrengung erscheint oder dasjenige, das bei Facebook für seine präsentierten, gelingenden Lebensvollzüge soziale Anerkennung in Form von Likes erwirbt – vertieft die Selbstwahrnehmung als vereinzeltes, individualisiertes Selbst, das durch eigene, individuelle Aktivität seine Handlungsfähigkeit realisieren kann und muss. Diese Form der Bedürfnisbefriedigung führt dazu, dass der Mensch sich als – erfolgreiches oder scheiterndes – vereinzeltes Individuum erlebt und begreifen kann, während aufgrund der privatwirtschaftlichen Struktur der LL-Dienste (siehe Abschnitt 3) die Möglichkeit kollektiver Gestaltung der Bedingungen der Handlungsfähigkeit unsichtbar wird.

Hier gelangt der Zirkel wieder an seinen Anfang, die Form der Bedürfnisbefriedigung schlägt zurück auf das Selbstverständnis der Subjekte, auf ihre Vorstellungen von sich selbst und ihren Bedürfnissen. Ähnlich zu Marcuses Vorstellung des Verhältnisses von falschen Bedürfnissen und ‚Eindimensionalität'[40], also der Tendenz, sich keine andere Welt als die bestehende vorzustellen, und die vom britischen Kulturtheoretiker Mark Fisher als ‚Kapitalistischer Realismus'[41] aktualisiert wurde, bestätigt die Befriedigung des Bedürfnisses nach Handlungsfähigkeit in Form des LL also seinen eigenen Ausschluss von verallgemeinerter Handlungsfähigkeit und damit der Möglichkeiten kollektiver Gestaltung noch als Idee. Als solche führt sie zu Subjekten, die den gesellschaftlichen Verhältnissen passiv gegenüberstehen, ein Phänomen, das auch schon Lukács mit seinem Konzept der Verdinglichung verband, wenn er analysierte, dass Verdinglichung mit einer „*kontemplativen* Haltung"[42] gegenüber der Gesellschaft und dem eigenem Leben einhergehe, in denen die Subjekte sich letztlich bei ihren Tätigkeiten beobachten, anstatt sie selbst zu gestalten – so, wie sie heute anhand ihres ‚data doubles' in der Schrittzähler-App oder bei Facebook ablesen, wie gesund sie leben oder sozial beliebt sie sind. Derart – eindimensional – vom möglichen Anderen abgeschnitten und – kontemplativ – passiv gegenüber den aktuellen Praktiken und dem eigenen Leben sind die Nutzer_innen von ihrer Autonomie letztlich entfremdet, wenn sie sie durch LL-Praktiken versuchen zu realisieren.

---

40   Marcuse 1967.
41   Fisher 2013.
42   Lukács 1967, S. 100.

# 6 Schluss: Gestaltungsperspektiven für die Datenökonomie

Neben dieser pessimistisch anmutenden Diagnose der gegenwärtigen Realität von LL als gesellschaftlicher Zusammenhang von subjektivem Selbstverständnis, technischer Struktur, ökonomischer Einbettung und gesellschaftlichem Rahmen bietet unser Vorschlag für eine integrierte kritische Theorie des LL durchaus auch Perspektiven auf ein mögliches anderes Verhältnis von LL-Techniken, Nutzungsverhalten, den dafür nötigen Infrastrukturen und ihrer gesellschaftlichen Bedingungen. Der vorgeschlagene Zirkel kann somit auch als Prüfstein dafür dienen, Gestaltungsperspektiven für eine Datenökonomie zu beurteilen – und soll keinesfalls als Argument für eine Perspektive digitaler Abstinenz verstanden werden.

Das Ziel einer solchen Gestaltung müsste aus kritischer Perspektive die verallgemeinerte Bedürfnisbefriedigung im hier entfalteten Sinne sein. Sie findet dann statt, wenn zur Befriedigung unterschiedlicher Bedürfnisse auch die Verfügung über die Bedingungen der Bedürfnisbefriedigung hinzukommt. Diese kann es nur kollektiv, im Zusammenschluss mit anderen geben. Für LL bedeutet dies etwa, dass die Nutzung solcher Dienste nicht durch die Verfügung anderer über die Rahmenbedingungen der Nutzung bestimmt werden soll. Denn dies lässt entweder die Befriedigungen durch LL prekär und unsicher zurück, oder die Bedürfnisse der Nutzung entwickeln sich fremdbestimmt in dem Sinne, dass gewollt wird, was angeboten wird.

In Bezug auf die technische Gestalt und individuelle Nutzung (A) bedarf es daher einer *reflektierten Vergegenständlichung*: Die digitale Medienkompetenz der Nutzer_innen müsste flankiert werden durch eine technisch-visuelle Aufbereitung der Nutzer_innendaten, die die Nicht-Identität von Selbst und ‚data double' sowie den Weg der Bearbeitung der Daten und der dabei erfolgenden Erzeugung von Wissen erfahrbar macht, anstatt sie wie derzeit zu verschleiern. So wäre die Grundlage gegeben, sich selbst produktiv-aneignend zu den Daten zu verhalten und gegebenenfalls über die Form der Datenerhebung, -verarbeitung und -aufbereitung mitzubestimmen. Im Rahmen einer privatwirtschaftlichen Informationsökonomie (B) ist eine solche reflektierte Befriedigung der Bedürfnisse nicht möglich, da sie den Verwertungsinteressen im digitalen Überwachungskapitalismus widerspricht. Es bedürfte daher einer auf *kollektivem oder Sozialeigentum* beruhenden Organisationsform der Informationsökonomie, die den Entzug der Befriedigungsmittel durch andere verunmöglicht und die Bestimung der Rahmenbedingungen der Datenverarbeitung durch die Nutzer_innen ermöglicht. So könnte die Bedürfnisbefriedigung produktiv werden, d. h. zu der Befriedigung unterschiedlicher Bedürfnisse träte auch die Verfügung über die Bedingungen der Bedürfnisbefriedigung hinzu. Die Infrastrukturen des LL müssten (C) ergänzt werden durch Möglichkeiten der kollektiven und demokratischen Verhandlung über die Art und Weise der Befriedigung der Bedürfnisse. Unter der Bedingung der dynamischen Natur der Bedürfnisse, die sich in ihrer Befriedigung verändern, bedürfe es hierfür eines *demokratischen Experimentalismus* und dafür geeigneter, auch technischer wie sozialer, Infrastrukturen, wie sie sich in Versuchen der *liquid democracy* andeuteten. Auf gesamtgesellschaftlicher Ebene (D) würde dies bedeuten, den Anspruch zu erheben, Autonomie als gesellschaftliches Projekt ohne seine Aufspaltung auf bestimmte Lebensbereiche, die den Rückzug der Autonomierealisation auf das vereinzelte Selbst bedingen, zu verwirklichen. In der Entwicklungsrichtung dieser Demokratisierung aller gesellschaftlichen Teilbereiche stünde die Verwirklichung der Autonomie als *konkrete Freiheit*, in der die Menschen ihre Lebensbedingungen gemeinsam gestalten, und darin die kontemplative Haltung der Verdinglichung gegenüber selbständig und alternativlos erscheinenden gesellschaftlichen Verhältnissen verlassen würden.

## Literatur

Adorno, Theodor W. 2003. Aberglaube aus zweiter Hand. In *Band 8, Gesammelte Schriften*, S. 147–176. Frankfurt am Main: Suhrkamp.

Andrejevic, Mark. 2012. Exploitation in the Data Mine. In *Internet and Surveillance: The Challenges of Web 2.0 and Social Media*, Hrsg. C. Fuchs, K. Boersma, A. Albrechtslund und M. Sandoval, S. 71–88. New York: Routledge.

Boes, A., und T. Kämpf. 2012. Informatisierung als Produktivkraft: Der informatisierte Produktionsmodus als Basis einer neuen Phase des Kapitalismus. In *Kapitalismustheorie und Arbeit: Neue Ansätze Soziologischer Kritik*, Hrsg. K. Dörre, D. Sauer und V. Wittke, S. 316–335. Frankfurt am Main: Campus.

Dahmer, Helmut. 1973. *Libido und Gesellschaft. Studien über Freud und die Freudsche Linke*. Frankfurt am Main: Suhrkamp.

Dambeck, H. 2014. Manipulierte Timeline: Facebook kann auf Gefühle seiner Nutzer einwirken. http://www.spiegel.de/netzwelt/web/facebook-steuert-ueber-manipulierte-timeline-emotionen-seiner-nutzer-a-973132.html. Zugegriffen: 13. Juni 2019.

Deutschmann, Christoph. 1983. Naturbeherrschung und Arbeitsgesellschaft. In *Adorno-Konferenz 1983*, Hrsg. L. von Friedeburg und J. Habermas, S. 327–337. Frankfurt am Main: Suhrkamp.

Duttweiler, S., und J.-H. Passoth. 2016. Self-Tracking als Optimierungsprojekt? In *Leben nach Zahlen. Self-Tracking als Optimierungsprojekt?*, Hrsg. S. Duttweiler, R. Gugutzer, J.-H. Passoth und J.Strübing, S. 9–42. Bielefeld: transcript.

Gandy, Oscar H. 1993. *The Panoptic Sort: A Political Economy of Personal Information*. Boulder: Westview Press.

Holst, Hajo. 2012. Die Konjunktur der Flexibilität – Zu den Temporalstrukturen im Gegenwartskapitalismus. In *Kapitalismustheorie und Arbeit. Neue Ansätze soziologischer Kritik*, Hrsg. K. Dörre, D. Sauer und V. Wittke, S. 222–239. New York/Frankfurt am Main: Campus.

Holzkamp, Klaus. 1983. *Grundlegung der Psychologie*. Frankfurt am Main: Campus.

Kramer, A. D. I., J. E. Guillory, und J. T. Hancock. 2014. Experimental Evidence of Massive-Scale Emotional Contagion through Social Networks. Proceedings of the National Academy of Sciences 111 (24): S. 8788–8790.

Lukács, Georg. 1967. Die Verdinglichung und das Bewusstsein des Proletariats. In *Geschichte und Klassenbewusstseins*, S. 94–228. Amsterdam: de Munter.

Marcuse, Herbert. 1967. *Der eindimensionale Mensch*. Neuwied: Luchterhand.

Marx, Karl. 1953. *Grundrisse der Kritik der politischen Ökonomie*. Berlin: Dietz.

———.1968. Ökonomisch-Philosophische Manuskripte aus dem Jahre 1844. In *Marx-Engels-Werke, Ergänzungsband 1*, S. 465–588. Berlin: Dietz.

Osterkamp, Ute. 2003. Kritische Psychologie als Wissenschaft der Ent-Unterwerfung. *Journal für Psychologie* 11 (2): S. 176–93.

Oberthür, J., und P. Schulz. 2016. Nach dem Maschinensturm. Überlegungen zu einer Erweiterung von Technologiekritik in der Postwachstumsdebatte. In *Wachstum – Krise und Kritik. Die Grenzen der kapitalistisch-industriellen Lebensweise*, Hrsg. AK Postwachstum, S. 159–176. New York/Frankfurt am Main: Campus.

Ritzer, G. 2015. The „New" World of Prosumption: Evolution, „Return of the Same", or Revolution?. *Sociological Forum* 30 (1): S. 1–17.

Schmechel, Corinna. 2016. Kalorienzählen oder tracken? Wie Quantified Self feminisierte Körperpraxen zu Männlichkeitsperfomanzen transformiert. In *Lifelogging. Digitale Selbstvermessung und Lebensprotokollierung zwischen disruptiver Technologie und kulturellem Wandel*, Hrsg. Stefan Selke, S. 171–192. Wiesbaden: Springer VS.

Schulz, Peter. 2016. Lifelogging – Projekt der Befreiung oder Quelle der Verdinglichung? In *Lifelogging. Digitale Selbstvermessung und Lebensprotokollierung zwischen disruptiver Technologie und kulturellem Wandel*, Hrsg. Stefan Selke, S. 45–64. Wiesbaden: Springer VS.

———. 2018. Rückzug auf den eigenen Körper. Gesundheits- und Fitnesslifelogging als Versuch der Autonomierealisierung. *Psychosozial* 41 (2): S. 57–66.

Selke, Stefan. 2014. *Lifelogging. Wie die digitale Selbstvermessung unsere Gesellschaft verändert*. Berlin: Econ.

Sevignani, Sebastian. 2017a. Bedürfnisentwicklung und Resonanz: Vorbereitende Überlegungen zu einer kritischen Theorie der Bedürfnisse. In *Resonanzen und Dissonanzen: Hartmut Rosas Kritische Theorie in der Diskussion*, Hrsg. P. Schulz und C. H. Peters, S. 177–194. Bielefeld: transcript.

———. 2017b. Privatheit, Entfremdung und die Vermarktung persönlicher Daten. *Forschungsjournal Soziale Bewegungen* 30 (2): S. 170–179.

———. 2019a. Historisch-Materialistische Medien- und Kommunikationstheorie 2.0. Maske und Kothurn. *Internationale Beiträge zur Theater-, Film- und Medienwissenschaft* 64 (1/2): S. 59–88.

———. 2019b. The development of informational needs and prospects of a need-based critique of digital capitalism. *Annual Review of Critical Psychology* 14: im Erscheinen.

———. 2019c. Digtale Arbeit und Prosumption im Kapitalismus. In *Marx und die Roboter: Vernetzte Produktion, Künstliche Intelligenz und Lebendige Arbeit*, Hrsg. F. Butollo und S. Nuss, im Erscheinen. Berlin: Dietz.

Toffler, Alvin. 1984. *The Third Wave: The Classic Study of Tomorrow*. New York: Bantam.

Turow, Joseph. 2005. Audience Construction and Culture Production: Marketing Surveillance in the Digital Age. *Annals of the American Academy of Political and Social Science* 597: S. 103–121.

Williams, Raymond. 2005. Means of Communication as Means of Production. In *Culture and Materialism*, S. 50–63. London: Verso.

Wolf, Gary 2010. The Data-Driven Life. https://www.nytimes.com/2010/05/02/magazine/02self-measurement-t.html. Zugegriffen: 13. Juni 2019.

World Economic Forum. 2011. „Personal data: The emergence of a new asset class". http://www3.weforum.org/docs/WEF_ITTC_PersonalDataNewAsset_Report_2011.pdf. Zugegriffen am 13. Juni 2019.

Wright, Erik Olin. 1997. *Class Counts: Comparative Studies in Class Analysis*. Cambridge: Cambridge University Press.

Zuboff, Shoshana. 2018. *Das Zeitalter des Überwachungskapitalismus*. Frankfurt am Main: Campus.

# Jenseits der puren Datenökonomie - Social-Media-Plattformen besser designen

*Thilo Hagendorff[1]*

*Keywords: Social Media, Design, Medienwirkungen, Abhängigkeit, Benutzeroberflächen, Captology, Datenökonomie*

## Abstract

Social-Media-Plattformen sind für die Vermittlung von personalisierten Werbeanzeigen an die eigenen Nutzer optimiert. Um dies zu gewährleisten, treffen sie eine Reihe spezifischer Entscheidungen bezüglich der Ausgestaltung der Benutzeroberflächen. Diese Entscheidungen jedoch gehen einher mit der Entstehung einer Vielzahl negativer Medienwirkungen, welche von der starken Verbreitung von Fake-News über die Erzeugung von suchtartiger Mediennutzung bis hin zur Entstehung von Kommunikationsstress reichen. Um diese und andere Medienwirkungen einzudämmen, können wiederum gezielte Veränderungen am Design der Plattformen vorgenommen werden. Welcher Art diese Designveränderungen sind, soll im folgenden Aufsatz genauer beschrieben werden.

## Inhalt

1 Einführung ............................................................................. 328

2 Interaktionsmaximierung .................................................... 329

3 Besseres Design ................................................................... 334

4 Fazit ...................................................................................... 339

Literatur ................................................................................... 340

---

1    Thilo Hagendorff | Universität Tübingen | thilo.hagendorff@uni-tuebingen.de

© Springer Fachmedien Wiesbaden GmbH, ein Teil von Springer Nature 2019
C. Ochs et al. (Hrsg.), *Die Zukunft der Datenökonomie*, Medienkulturen im digitalen Zeitalter, https://doi.org/10.1007/978-3-658-27511-2_15

# 1    Einführung

Die einschlägigen, milliardenfach genutzten Social-Media-Plattformen wie Facebook, Twitter, Google und Co. sind die Produkte von Unternehmen, welche in verschiedenen *Mission Statements* ihre obersten Unternehmensziele festgehalten haben.[2] Facebooks Motto lautet: „To give people the power to share and make the world more open and connected." Bei Twitter heißt es: "To give everyone the power to create and share ideas and information instantly, without barriers." Google schreibt: "To organize the world's information and make it universally accessible and useful." Andere *Mission Statements* verwandter Unternehmen klingen ähnlich. Dabei ist auffällig, dass alle Unternehmen im Grunde prosoziale Ziele angeben, welche vermeintlich orientierungsgebend sind bei organisationsinternen Entscheidungen. Tatsächlich aber sind es nicht primär prosoziale Ziele, welche die Unternehmen verfolgen, sondern ökonomische. Daher ist es eigentlich falsch, Facebook Inc., YouTube LLC, Snap Inc. und andere Firmen als Social-Media-Unternehmen zu bezeichnen. Vielmehr wäre es zutreffend, von Werbefirmen zu sprechen. Schließlich umfasst die Kerntätigkeit der Unternehmen in der Tat die möglichst präzise Ausgabe von personalisierter Onlinewerbung auf den Endgeräten der Nutzer.

Hierbei unterliegen alle einschlägigen Plattformen derselben datenökonomischen Dynamik: Die Unternehmen, welche die Plattformen anbieten, erhalten von werbetreibenden Drittunternehmen dann Geld, wenn Plattformnutzer mit Werbung interagieren, sie also anschauen, anklicken oder antippen. Das bedeutet, dass die Plattformunternehmen ein Interesse daran haben, dass die Wahrscheinlichkeit des Werbemittelkontakts auf Seiten der Nutzer maximiert wird. Dies lässt sich wiederum darüber realisieren, dass die Zahl der generellen Interaktionen mit der jeweils eigenen Plattform maximiert wird. Gleichermaßen soll die Zeit, welche Nutzer auf den jeweiligen Plattformen verbringen, ebenfalls maximiert werden. Diese Zeit- oder Interaktionsmaximierung lässt sich wiederum darüber am ehesten erlangen, dass eine gewisse Abhängigkeit der Nutzer von den jeweiligen Plattformen erzielt wird. Um eine solche Abhängigkeitsbeziehung zu den eigenen Plattformen zu etablieren, utilisieren die Betreiber Erkenntnisse aus der psychologischen Forschung sowie der Captology, kurz für „Computer Aided Persuasive Technology". Einschlägige Werke, in welchen Grundprinzipien der Persuasion, technischen Verhaltenssteuerung oder Abhängigkeitserzeugung formuliert werden, sind etwa B.G. Foggs „Persuasive Technology"[3], Nir Eyals „Hooked"[4], Cialdinis „Influence"[5] oder auch Thaler und

---

2    Bresciani ohne Jahresangabe.
3    Fogg 2003.
4    Eyal 2014.
5    Cialdini 1984.

Sunsteins „Nudge".[6] Verschiedene Erkenntnisse aus den genannten Büchern, welche letztlich Zusammenfassungen diverser Einzelstudien sind, werden gezielt genutzt, um spezifische Designentscheidungen hinsichtlich der Ausgestaltung der Benutzeroberflächen der Plattformen zu treffen. Schließlich beeinflusst die Gestaltung von Benutzeroberflächen in signifikantem Ausmaß das Nutzerverhalten. Dieses soll so manipuliert werden, dass es zu besagter Interaktionsmaximierung kommt.

Im ersten Teil des Aufsatzes soll im Detail beschrieben werden, mit welchen Mitteln jene zum Zweck der Perfektionierung des Social-Media-Geschäftsmodells eingesetzte Interaktionsmaximierung arbeitet. Ein Fokus wird dabei darauf liegen, weitere Medienwirkungen zu beschreiben, welche jene der Interaktionsmaximierung flankieren. Dazu zählen nämlich insbesondere solche Medienwirkungen, welche als durchaus problematisch und sozial unerwünscht zu bezeichnen sind. Anschließend sollen im zweiten Teil des Aufsatzes Ideen für ein verbessertes Design von Social-Media-Plattformen skizziert werden, mittels dessen jene unerwünschten Medienwirkungen entweder komplett oder zumindest graduell verhindert werden können. Die vorgeschlagenen Designveränderungen modifizieren oder restringieren dabei zwar nicht den grundlegenden Funktionsumfang der verschiedenen Plattformen. Dennoch widersprechen sie der optimierten Datenökonomie, wie sie Facebook und andere etabliert haben. Im dritten und letzten Teil des Aufsatzes soll schließlich die Frage beantwortet werden, inwiefern eine Abänderung der etablierten Geschäftsmodelle zum Zweck der Verhinderung unerwünschter oder problematischer Medienwirkungen notwendig ist. Schließlich sind jene Medienwirkungen von so weitreichendem Charakter – man denke nur an die problematische Rolle, welche einzelne Social-Media-Plattformen bei verschiedenen demokratischen Wahlen eingenommen haben –, dass eine Veränderung des Geschäftsmodells der einschlägigen Social-Media- beziehungsweise IT-Werbeunternehmen eine gewisse gesellschaftspolitische Dringlichkeit oder gar Notwendigkeit besitzt.

## 2 Interaktionsmaximierung

Im Wesentlichen wird eine Interaktionsmaximierung auf Seiten der Nutzer digitaler sozialer Netzwerke darüber erreicht, dass ein Abhängigkeitsverhältnis erzeugt wird. Alle der im Folgenden beschriebenen Mechanismen zielen mehr oder minder auf eine solche Erzeugung von Abhängigkeit ab. Sind die Plattformen anfangs ein „nice-to-have", so verwandeln sie sich rasch in ein „must-have", auf welches nicht mehr verzichtet werden kann. Dass die allermeisten

---

6    Thaler und Sunstein 2008.

Menschen in modernen Informationsgesellschaften eine mehr oder minder umfangreiche Abhängigkeit von ihrem Smartphone sowie den damit verbundenen
Applikationen ausgebildet haben, kann man durch anekdotische Evidenz verdeutlichen, etwa durch die Beobachtung von Menschenansammlungen an Bahn-
höfen. Es ist jedoch ebenfalls durch verschiedenste wissenschaftliche Studien
gut belegt, dass Smartphones abhängig machen können und dass viele Menschen eine Tendenz zu oder eine faktisch suchtartige Nutzung ihres Smartphones aufweisen.[7] Ferner kann gezeigt werden, dass die bloße Präsenz von Smartphones die Fähigkeit, sich auf andere Dinge zu konzentrieren, einschränkt[8] oder
dass Menschen, welche von ihrem Smartphone getrennt sind, in Aufregung und
sogar leichte Angstzustände versetzt werden, sofern sie nicht in üblicher Weise
auf Smartphone-Benachrichtigungen reagieren können.[9] An dieser Stelle taucht
nun die Frage auf, mit welchen Mitteln diese weitreichenden Abhängigkeitsbe-
ziehungen etabliert wurden.

Um hier eine Antwort zu finden, lohnt sich der Rückblick auf die Forschungen der behavioristischen Lernpsychologie von B. F. Skinner. Dieser fand
anhand von Tierversuchen heraus, dass Abhängigkeit gezielt hervorgerufen
werden kann, indem auf eine bestimmte Aktion – etwa das Drücken eines Knop-
fes – eine Reaktion in Form einer zufälligen Belohnung folgt. Das Element der
Zufälligkeit sorgt dafür, dass die Aktion immer wieder durchgeführt wird –
immer in der Hoffnung auf eine Belohnung. Würde die Belohnung nie oder auf
jede Aktion folgen, würde dies kein suchtartiges Verhalten auslösen. Die Erkenntnisse von Skinner finden sich nicht nur im Design von Glücksspielautoma-
ten wieder, sondern gleichermaßen im Design von „sozialen" Smartphone-Apps.
Diese sind so gestaltet, dass in Folge verschiedener Benutzeraktionen – etwa das
pull-to-refresh in Feeds oder das Anwählen roter Punkte an Icons[10] – eine zufällige Belohnung erfolgt, also etwa eine neue Freundschaftsanfrage, eine neue
Nachricht oder ein neuer interessanter Post. Eine Folge der somit entstehenden
Abhängigkeit oder Sucht ist freilich die zeitlich immer weiter ausgedehnte Nutzung der Plattformen, was wiederum in einem verringerten Wohlbefinden sowie
einem Gefühl von Einsamkeit resultiert.[11] Im Kontext einer diesbezüglich einschlägigen Studie von Brian Primack und Kollegen bleibt allerdings anzumerken, dass unklar ist, ob tatsächlich ein Kausalzusammenhang zwischen Social-
Media-Nutzung und dem Gefühl von Einsamkeit besteht oder ob nicht doch
umgekehrt einsame Menschen eher dazu neigen, digitale soziale Netzwerke zu
nutzen.

---

7    de-Sola et al. 2017; Lopez-Fernandez et al. 2014.
8    Ward et al. 2017.
9    Clayton et al. 2015.
10   Herrman 2018.
11   Primack et al. 2017; Kross et al. 2013.

Eine weitere Methode zur Interaktionsmaximierung besteht schlicht darin, durch Benachrichtigungen, welche in Form von Tönen, Anzeigen, Blinklichtern oder Vibrationen ausgegeben werden, die Aufmerksamkeit von Nutzern ständig auf das Smartphone beziehungsweise darauf laufende Applikationen zu lenken. Als problematisch ist dabei zu erachten, dass Benachrichtigungen standardmäßig aktiviert sind. Häufig werden selbst triviale Ereignisse wie etwa die Information über aufgespielte Updates über Benachrichtigungen ausgegeben oder Ereignisse werden von redundanten Mehrfachbenachrichtigungen begleitet. Freilich können Nutzer in den Einstellungen der mobilen Betriebssysteme oder der betroffenen Apps Benachrichtigungen deaktivieren oder spezifizieren, allerdings wird der bei der Installation oder Auslieferung festgelegte Standardzustand der Einstellungen häufig nicht verändert. So führt die Vielzahl der qua Benachrichtigungen erfolgenden „Aufmerksamkeitsfänge" im Endeffekt dazu, dass eine ständige Interaktion mit dem Smartphone erfolgt, was wiederum im Interesse der Werbeunternehmen liegt. Forschungen zu den in diesem Kontext relevanten Medienwirkungen zeigen jedoch wenig Gutes. Die ständige Ablenkung führt unter anderem dazu, dass aufgenommene Informationen zwar im Kurzzeitgedächtnis gespeichert werden, nicht jedoch ins Langzeitgedächtnis gelangen. Ferner kommt es zu allgemeinen Konzentrationsschwächen.[12]

Der Interaktionsmaximierung dient ebenfalls die Methode des Nudgings.[13] Diese kommt etwa dann zum Einsatz, wenn auf Videoplattformen wie Netflix oder YouTube am Ende eines Videos nach kurzer Zeit automatisiert ein weiteres Video abgespielt wird. So gibt es kein „natürliches" Ende der Plattformnutzung, sondern einen theoretisch endlos fortgesetzten Medienkonsum. Eine ähnliche „Endlosigkeit" findet sich auch bei den Feeds von Facebook, Twitter und diversen anderen Plattformen. Das Herabscrollen durch die verschiedenen Posts ist hier theoretisch „endlos", es gibt also keinen klaren Punkt, an welchem die Programme an die Nutzer vermitteln würden, dass es nicht mehr „weiter geht". Dieser Effekt wird gerne mit Untersuchung von Brian Wansink und Kollegen verglichen[14], in welcher die Wissenschaftler Probanden aus einem Suppenteller essen ließen, welcher sich allerdings unbemerkt selbst wiederbefüllte – wobei die Probanden dies nicht zur Kenntnis nahmen und 73 % mehr Suppe aßen, als Probanden aus der Vergleichsgruppe ohne sich selbstständig wiederbefüllende Suppenteller. Die „endlos" herunterscrollbaren Feeds von digitalen sozialen Netzwerken gleichen solchen modifizierten Suppenschalen, aus denen die Mediennutzer unbewusst „übergroße" Mengen an Inhalten konsumieren. Lediglich Instagram wagt hier einen konterkarierenden Vorstoß, indem die Plattform nach einer gewissen Scrolldauer die Meldung „You're All Caught Up" an die Nutzer

---

12    Carr 2010.
13    Thaler und Sunstein 2008.
14    Wansink et al. 2005.

gibt. Eine weitere Form des Nudgings besteht ferner darin, dass die Benutzer-
oberfläche von Facebook, Twitter und vielen anderen Anbietern so gestaltet ist,
dass das bloße Verfassen eines Posts oder Tweets gleichzeitig damit verbunden
ist, den Feed zu sehen beziehungsweise von diesem abgelenkt zu werden. So
werden die Nutzer, auch wenn sie eigentlich nur einen kurzen Text „absetzen"
wollen, gleichzeitig dazu „gestupst", durch den Feed zu scrollen, welcher wiederum Werbung enthält.

    Ebenfalls zum Zweck der Interaktionsmaximierung wird das Reziprozitäts-
prinzip ausgenutzt. Dieses besagt, dass das Empfangen eines Gefallens von
einer anderen Person einen gewissen Druck auslöst, einen weiteren Gefallen an
den Geber zurückzugeben, sodass eine Art Ausgleich stattfindet. Das Reziprozi-
tätsprinzip ist fest in der menschlichen Psyche verankert und findet sich ebenfalls bei Tieren.[15] Digitale soziale Netzwerke, darunter insbesondere Messenger-
Dienste, nutzen dieses Prinzip aus. Indem etwa über die Einfärbung von Haken
bei WhatsApp und anderen Messengern signalisiert wird, dass der Empfänger
die gesendete Nachricht gelesen hat, empfindet der Empfänger nun seinerseits
einen gewissen Druck, den „Gefallen" zurückzuzahlen und ebenfalls etwas zu
schreiben – wobei hinzukommt, dass der Empfänger weiß, dass der Sender
weiß, dass er diesen Druck empfindet, weshalb die bloße Antwortzeit bei Messengern sozial interpretiert werden kann.[16] Je mehr Zeit zwischen dem Absen-
den einer Nachricht und der Antwort darauf vergeht, desto unruhiger wird der
Sender, ob mit dem Empfänger „alles stimmt". Dieser erwartet wiederum, dass
der Sender so denkt, weshalb Nachrichten erst gar nicht im Messenger angesehen oder nur unter Zuschaltung des „Flugzeugmodus" gelesen werden, sodass
ein Upload des Gelesen-Status nicht erfolgen kann. Auf die Spitze getrieben
wird die Ausnutzung des Reziprozitätsprinzips von den „Streaks" bei Snapchat.
Hierbei wird, sofern nur innerhalb von 24 Stunden „Snaps" verschickt werden,
ein Flammen-Emoji neben dem Account-Namen aktiviert, kombiniert mit einer
Zahl, welche signalisiert, seit wie vielen Tagen der Streak bereits aufrechterhalten wird. Je höher diese Zahl steigt, desto eher fühlen sich die Kommunikati-
onspartner freilich verpflichtet, konstant Snaps zu schicken, damit der Streak
nicht erlischt. So wird bereits mit simpelsten Mitteln das Ziel der Maximierung
von Interaktionen und der Bindung von Nutzern an die eigene App erreicht.

    Demselben Zweck dient die Personalisierung von Feeds, wie sie bei Y-
ouTube, Facebook, Twitter und vielen weiteren Plattformen etabliert ist. Mit
Inhalten, welche im Interessensgebiet einer Person liegen, interagiert diese mit
höherer Wahrscheinlichkeit, als mit Inhalten, welche dieses Kriterium nicht
erfüllen. Problematisiert wurde die Personalisierung durch Überlegungen zu

---

15    Rutte und Taborsky 2007.
16    Hartmann 2004.

möglichen Filterblasen- oder Echokammer-Effekten.[17] Diese verhindern, so zumindest die Theorie, dass die unwissend in der Personalisierungsblase gefangenen Personen nicht mehr die Möglichkeit zur Weltbildkorrektur haben, da alle Posts, welche algorithmisch für sie ausgewählt werden, bereits inhaltlich so „gefärbt" sind, dass sie mit den Einstellungen, ideologischen Ansichten und Interessen der empfangenden Person übereinstimmen. Dieser Effekt der „Autopropaganda", dessen Stärke jedoch umstritten ist, wird flankiert von einer Tendenz, durch Personalisierungsalgorithmen vom Mainstream hin zu Extremen getrieben zu werden.[18] So leitet beispielsweise die YouTube-Autoplay-Funktion Nutzer von eher „harmlosen" Videos automatisiert weiter zu „extremeren" Videos. Auf eine Rede eines konservativen Politikers beispielsweise folgt ein Video der Waffenlobby, auf welches wiederum ein Video mit rassistischen Inhalten folgt, welches zu einem Video leitet, in welchem etwa der Holocaust geleugnet wird. Obgleich dieses Beispiel konstruiert ist, so ist die Dynamik doch diese, dass eine Tendenz zu radikalen, extremen Inhalten besteht. Dies erklärt sich daraus, dass diese zu einer verstärkten Interaktion in Form von Likes oder Dislikes, Shares oder Kommentaren anregen.[19] Dies ist zwar für die Datenökonomie der Plattformen förderlich, gesellschaftspolitisch betrachtet jedoch äußerst problematisch.

Eine größere theoretische Rahmung diverser Methoden, welche zur Interaktionsmaximierung angewendet werden, kann unter Rückgriff auf Kahnemans Begriff des „System 1" erfolgen.[20] Kahneman zufolge gibt es zwei verschiedene „Modi" des Denkens, nämlich einen schnellen, impulsiven, emotionalen Modus – das System 1 – sowie einen langsamen, rationalen, willentlichen, anstrengenden Modus – das System 2. Entscheidend ist nun, dass das impulsiv agierende System 1 fehlerhaft beziehungsweise anfällig für kognitive Verzerrungen ist. Zu diesen kognitiven Verzerrungen zählen Effekte wie etwa der Bestätigungsfehler, der Mitläufer-Effekt, die Verfügbarkeitsheuristik, Stereotypisierungen und vieles mehr. Alle diese Effekte bewirken, dass die Aufnahme und Verarbeitung von Informationen auf verzerrte, fehlerhafte, selektive oder irrationale Art und Weise erfolgt.

Dies hat in der Gesamtschau eine mehr oder minder starke Diskursverrohung bewirkt, welche gewissermaßen als „Nebenwirkung" der Norm der Interaktionsmaximierung auftritt. Wie erklärt sich dies? Benutzeroberflächen in quasi allen einschlägigen digitalen sozialen Netzwerken sind so gestaltet, dass sämtliche Interaktionsmöglichkeiten darauf ausgelegt sind, System-2-Kognitionen zu umgehen. Kommentieren, Posten, Sharen, Reacten, Retweeten, Snaps oder

---

17    Pariser 2011; Flaxman et al. 2016; Epstein und Robertson 2015.
18    Tufekci 2018.
19    Tufekci 2018.
20    Kahneman 2012; Tversky und Kahneman 1974.

Messenges versenden et cetera – alles das kann impulsiv, schnell, emotional und mühelos geschehen. Digitale soziale Netzwerke fördern auf diese Weise und gewissermaßen unter dem Diktat der Norm der Interaktionsmaximierung eine Form der affektiven Mediennutzung, welche dazu führt, dass die Diskurse der medialen Öffentlichkeiten digitaler sozialer Netzwerke mehr und mehr an Differenzierungsreichtum, Qualität, Sachlichkeit und Richtigkeit verlieren. Posts wirken bei den Nutzern jeweils als Trigger, auf welche eine impulsive System-1-Reaktion erfolgt, welche ohne jegliche Hürden oder Verzögerungen in Aktionen wie Kommentieren, Teilen, Liken et cetera umgesetzt werden kann. Dies fördert zwar eine erhöhte Interaktionsdichte, verhindert jedoch umgekehrt, dass ein tieferes, rationales Verständnis beziehungsweise eine Reflexion gesehener Inhalte sowie daraufhin erfolgender Reaktionen erfolgt.

# 3  Besseres Design

Ein besseres Design von digitalen sozialen Netzwerken würde nicht per se eine Interaktionsmaximierung anstreben, sondern eine Interaktionsreduzierung – welche in der Folge auch Auswirkungen auf die Art der Diskursführung in digitalen sozialen Netzwerken haben kann. Interaktionskaskaden könnten verlangsamt werden, sodass System-1- mit System-2-Reaktionen angereichert würden. Eine praktische Umsetzung dieses Vorschlags findet sich etwa auf der norwegischen Technologie-Webseite NRKbeta.[21] Hier müssen die Nutzer, bevor sie einen Artikel kommentieren dürfen, zuerst ein Quiz mit Fragen über den Artikelinhalt korrekt lösen. Dieser Schritt verhindert, dass Nutzer im Affekt oder impulsiv Kommentare schreiben. Vielmehr werden gezielt System-2-Kognitionen angeregt, womit im Endeffekt nicht nur Gelegenheitstrolle abgewehrt, sondern auch differenzierte und sachlich informierte Diskurse angeregt werden. Das Prinzip, welches hinter dieser Designentscheidung liegt, könnte nun auf andere Bereiche in den „Ökosystemen" digitaler sozialer Netzwerke ausgeweitet werden. Die Interaktionsreduktion, welche durch das Anbringen verschiedener „Hürden" im Design der Plattformen erreicht werden könnte, hätte zur Folge, dass die impulsive Mediennutzung mit all ihren Nebeneffekten wie Hate-Speech, Persönlichkeitsrechtsverletzungen oder generell streitkulturell ungezügelten Konflikten durch eine Art der Mediennutzung ersetzt würde, welche eher geprägt ist von einer sachlichen, weniger emotionalen, stärker an Verständnis und Rationalität orientierten Kommunikation. So wäre etwa denkbar, dass durch Techniken wie das *Natural Language Understanding* in automatisierter Form eine in Ansätzen semantische Auswertung von geschriebenem Text oder hoch-

---

21   https://nrkbeta.no/.

geladenen Bildern stattfindet, sodass auf hasserfüllte, volksverhetzende oder generell ehr- und persönlichkeitsrechtsverletzende Äußerungen durch erscheinende Meldungen reagiert werden kann, in denen Nutzer kritisch auf die eigens produzierten Inhalte hingewiesen werden. Der in Form von kleinen Meldungen oder Pop-Ups erfolgende Hinweis, dass bestimmte Inhalte andere Menschen verletzen können, ja überhaupt, dass sich hinter dem jeweils adressierten Profil reale, verletzbare Personen befinden, würde freilich nicht dafür sorgen, dass grundsätzlich eine gewaltfreie Form der Kommunikation bei digitalen sozialen Netzwerken etabliert würde. Auch müsste das Design derartiger Meldungen an sich gut durchdacht werden, um etwa Gewöhnungseffekte zu reduzieren. Dennoch ist davon auszugehen, dass bereits eine solche Maßnahme zu einer gewissen Reduktion eines rein affektiven Mediennutzungsverhaltens führen würde.

Eine weitere Maßnahme, welche zwar nicht der abhängigkeitsinduzierenden Norm der Interaktionsmaximierung entgegenwirken würde, aber ebenfalls zu einer gewissen Eindämmung aggressiver Konflikte in den Kommentarspalten digitaler sozialer Netzwerke führen würde, könnte darin bestehen, dass überall dort, wo öffentlich Inhalte kommentiert werden können, über einen entsprechenden Button die Möglichkeit angeboten würde, auch privat zu kommunizieren.[22] Dies würde dazu führen, dass Konflikte nicht per se in einer Art öffentlichen „Arena" ausgeführt werden, in welcher die Wahrscheinlichkeit, dass einzelne Sprecher von ihren jeweiligen Standpunkten auch zurücktreten, sollte es überlegene Argumente geben, maximal gering ist. Kontexte öffentlicher Kommunikation werden gegenüber einem privaten Austausch ohne weiteres „Publikum" viel stärker als Bereiche gesehen, in denen man sich behaupten muss und in denen man im Konfliktfall keine „Schwäche" zeigen darf. In der direkten Kommunikation untereinander besteht dagegen eine etwas höhere Wahrscheinlichkeit, dass Sprecher in einen verständigungsorientierten, kompromissbereiten Kommunikationsmodus wechseln. In öffentlich ausgetragenen „Kommunikationsduellen" ist ferner der „Dunning-Kruger-Effekt"[23] nicht zu vernachlässigen, welcher besagt, dass Menschen, welche in einem bestimmten Themengebiet eher inkompetent sind, dennoch sehr starke Meinungen vertreten und Kompetenz vorgeben. Menschen jedoch, welche mehr Wissen auf einem Themengebiet haben, äußern sich eher selten und sind unsicher, da sie über die Komplexität jenes Themengebiets Bescheid wissen. Tatsächliche Experten jedoch, deren Kompetenz ihnen zu einer sicheren Meinung verhilft, sind statistisch gesehen so selten, dass sie nicht in ausreichendem Maße korrigierend in Diskussionen eingreifen können.

---

22  Rose-Stockwell 2018.
23  Kruger und Dunning 1999.

Neben der beschriebenen technischen Förderung von System-2-Interaktionen durch „Hürden", welche Formen affektiver Mediennutzung gewissermaßen „in den Weg gestellt" werden, können ferner Designveränderungen vorgenommen werden, welche zwar unabhängig von Ansätzen zur Vermeidung einer Diskursverrohung auf digitalen sozialen Netzwerken stehen, welche aber einer möglicherweise existierenden Abhängigkeits- oder gar Suchtbeziehung zu digitalen sozialen Netzwerken entgegenwirken. Hierbei geraten insbesondere die Vorschläge aus der Time-Well-Spent-Bewegung in den Fokus.[24] Im Kern steht hier die bewusstere Techniknutzung, welche beispielsweise durch ein gezieltes Zeitmanagement möglich wird. Möglich wäre dies etwa über Meldungen oder Dashboards, wie sie für Facebook eingeführt werden[25], in denen angezeigt wird, wie lange bestimmte Apps bereits genutzt worden sind oder in denen Nutzer festlegen können, wie viel Zeit sie mit einer App verbringen wollen, bis sie darauf aufmerksam gemacht werden, dass bereits eine bestimmte Zeit abgelaufen ist. Produktivitätsapps wie beispielsweise „Forest", „RescueTime" oder das für Apple entwickelte „Moment" erfüllen genau diese Funktion bereits – und erweitern sie in manchen Fällen ferner um Gamification-Elemente, welche einen weiteren Anreiz für Nutzer bieten, sich eine bewusstere, zeitreduzierte Verwendung von digitalen sozialen Netzwerken oder anderen Anwendungen, welche die Funktionsweise des neurobiologischen Belohnungssystems „ausbeuten", anzugewöhnen. Eine weitere Produktivitätsapp lautet „Feedless". Diese entfernt den Feed aus der Standardbenutzeroberfläche von Facebook oder Instagram. Auf diesem Weg wird ein spezifisches Nudging verhindert, welches dafür sorgt, dass man in den Apps der genannten Plattformen nichts posten kann, ohne auch den potentiell ablenkenden Feed zu sehen. Hierbei muss allerdings einschränkend angemerkt werden, dass es sich bei den genannten Produktivitätsapps wiederum in Teilen um Anwendungen handelt, welche Anleihen aus dem Bereich des „affektive computing" nehmen, was allerdings der hier vertretenen Idee einer rationaleren, weniger durch Handlungsimpulse geleiteten Mediennutzung entgegensteht.

Um einer Abhängigkeit erzeugenden Konditionierung im Rahmen digitaler sozialer Netzwerke entgegenzuwirken, kann ferner die Option, dass Benachrichtigungen nach der Installation einer App standardmäßig aktiviert sind, so verändert werden, dass Notifications immer einen bewussten Opt-In benötigen. Auf diese Weise könnte nicht nur verhindert werden, dass redundante Mehrfachbenachrichtigungen aktiviert werden. Ebenfalls würde es möglich, Benachrichtigungen so einzustellen, dass sie nur genutzt werden, wenn sich für den Nutzer wirklich relevante Ereignisse ereignen. Freilich ist bereits bei aktuellen mobilen

---

24    Bowles 2018.
25    Nguyen 2018.

Betriebssystemen eine manuelle (De-)Aktivierung der Benachrichtigungen möglich. Allerdings ist hier, wie beschrieben, das Problem dies, dass der Standardzustand der aktivierten Benachrichtigungen in der Regel nicht von den Nutzern verändert wird.

In eine ähnliche Kerbe wie die nutzerseitig erfolgende Einwilligung für Benachrichtigungen schlägt der Vorschlag, Icons von Anwendungen, welche potentiell Abhängigkeit erzeugen oder im Verdacht stehen, dies zu tun, schwieriger zugänglich zu machen. Das Ziel dieser Maßnahme besteht ebenfalls darin, die impulsive Mediennutzung einzuschränken. Legen sich die meisten Smartphone-Nutzer die Icons von digitalen sozialen Netzwerken schlicht auf den Homescreen, sodass diese möglichst einfach erreicht werden können, würde eine Designveränderung daran ansetzen, die Icons stärker zu verbergen oder schwieriger zugänglich zu machen, etwa indem sie im Menü „versteckt" oder nur durch Tastatureingabe gestartet werden können.

Ein weiterer Vorschlag zur Verbesserung des Designs von digitalen sozialen Netzwerken besteht darin, die zahlreichen Metriken, welche vermessen, wie viele Likes, Kommentare, Shares, Retweets etc. unter Posts, Kommentaren oder Seiten bestehen, zu entfernen. Die Vermessung der sozialen Interaktionen auf sämtlichen einschlägigen Social-Media-Plattformen hat zur Konsequenz, dass ein starkes Konkurrenzdenken, Wettbewerbsstress, Vergleichszwang, Neid oder Anerkennungsgier die Intentionen und Wahrnehmungen der Mediennutzer prägt. Software wie etwa der „Demetricator" für Twitter oder Facebook von Benjamin Grosser entfernen die Metriken, sodass zwar erkannt werden kann, dass ein Post etwa Likes, Kommentare oder Shares hat, allerdings ist nicht einsehbar, wie viele es jeweils sind. Die Folge des Einsatzes jener „Demetrikatoren" ist, dass die genannten Phänomene wie etwa der ständige Vergleichszwang, das Kaufen von Followern oder der krampfhafte Kampf um Likes signifikant reduziert oder gänzlich eingedämmt werden könnte.

Neben den vorgeschlagenen Maßnahmen zur Designveränderung bleibt schließlich noch, nach Veränderungspotentialen zu suchen, um den beiden wohl am intensivsten diskutierten Phänomenen im Kontext von digitalen sozialen Netzwerken entgegen zu wirken – Fake-News und Filterblasen. Auch hier können Veränderungen in den Benutzeroberflächen der einschlägigen Plattformen zu einer signifikanten Abschwächung der negativen Folgewirkungen beitragen. Das Problem der Filterblasen und der damit möglicherweise verbundenen Radikalisierung oder Polarisierung resultiert, wie oben beschrieben, aus der Personalisierung der Feeds, welche wiederum durch einen firmenseitig gesetzten Algorithmus zur Bemessung der Relevanz von Inhalten determiniert wird. Social-Media-Plattformen sind demnach Push-Medien, welche den Nutzern zwar einen freien Spielraum lassen, welchen Profilen oder Pages sie folgen wollen. Anschließend aber „pushen" sie in erster Linie Inhalte zu den Nutzern, wobei über

Algorithmen unternehmensseitig entschieden wird, welche Inhalte verbreitet werden und welche nicht. Besser wäre, digitale soziale Netzwerke verstärkt zu Pull-Medien zu machen, welche vergleichbar sind mit anderen Pull-Medien wie beispielsweise Internetbrowsern, in denen sich die Mediennutzer ohne Vorgaben selbst entscheiden, welche Inhalte sie beziehen möchten. Um Social-Media-Plattformen in diese Richtung weiterzuentwickeln, bedürfte es der Erstellung eines Optionsmenüs, über welches der Standardalgorithmus zur Sortierung von Inhalten nutzerseitig verändert werden könnte. Nutzern würde so die Möglichkeit gegeben, etwa zu entscheiden, wie viele Inhalte sie mengenmäßig sehen wollen, wie wichtig ihnen die Aktualität der Inhalte ist, inwiefern zwischen verschiedenen Typen an „Freunden" unterschieden werden soll, ob eher unterhaltende oder anspruchsvolle Inhalte präferiert werden sowie ob eher Ein- oder Vielseitigkeit bei politischen Inhalten präferiert wird. Freilich besteht auch hier bereits jetzt die Funktion, bestimmte Inhalte zu verbergen, Accounts zu (de-) abonnieren, gezielte Benachrichtigungen über Aktivitäten, welche man nicht verpassen will, zu erhalten und einiges weitere. Dennoch würde ein explizites Einstellungsmenü und eine stärkere Aufklärung über die zur Anwendung kommenden Filterkriterien eine deutliche Designverbesserung bedeuten. Denn schließlich würde der beschriebene Vorschlag auch deutlich zur Abschwächung bestehender Filterblasen-Effekte beitragen können. Tatsächlich hat dagegen die intuitive Idee, wie Filterblasen-Effekte abgeschwächt oder vermieden werden können – nämlich durch die Einspielung von Inhalten der jeweiligen politischen „Gegenseite" in die Feeds der Nutzer –, in erster Linie die Wirkung, dass die Polarisierung noch stärker wird.[26]

Ganz ähnlich verhält es sich mit Fake-News. Auch hier besteht die intuitive Problemlösung darin, Fake-News als ebensolche zu markieren und ihre Rezeption dadurch so zu beeinflussen, dass den übermittelten Informationen kein Glaube mehr geschenkt wird. Tatsächlich führt jedoch ein solcher Schritt in der Praxis dazu, dass Fake-News erst recht geglaubt werden.[27] Davon unabhängig besteht ein weiteres Problem darin, dass es unmöglich ist, alle kursierenden Falschnachrichten als solche zu identifizieren und, sollten sie über digitale soziale Netzwerke geteilt werden, mit einer entsprechenden Kennzeichnung zu versehen. Das bedeutet wiederum, dass Fake-News, welche keinem Faktencheck unterzogen werden und „unmarkiert" weiterverbreitet werden, umso eher für seriöse Nachrichten gehalten werden – schließlich gehen Nutzer ja davon aus, dass Fake-News generell als solche markiert sind.[28] Demnach bestände eine wirklich praktikable Lösung ohne unerwünschte Nebeneffekte darin, auf Social-Media-Plattformen geteilte Nachrichtenartikel mit „related stories" anzurei-

---

26    Bail et al. 2018.
27    Kaplan et al. 2016; Nyhan und Reifler 2010.
28    Pennycook und Rand 2017.

chern, also mit Verweisen auf jeweils thematisch verwandte Nachrichtenartikel.[29] Ein geteilter Artikel beispielsweise der *Flat Earth Society* könnte demnach mit der „related story" des Wikipedia-Artikels über die Erde versehen werden. So würde nicht gesagt, dass die Flat Earth Society sachlich falsche Behauptungen trifft – was die entsprechenden *Backfire*- oder Bumerang-Effekte bei den Nutzern auslösen würde. Stattdessen würde den Nutzern die Möglichkeit gegeben, durch eine Pluralität an Informationen selbst zu entscheiden, was sie für überzeugender halten. Auch hier würde dies nicht grundsätzlich verhindern, dass Fake-News als wahre Nachrichten rezipiert würden. Dennoch würde das Problem der negativen Medienwirkungen von Falschnachrichten vermindert.

## 4 Fazit

Digitale soziale Netzwerke wie Facebook, YouTube, Twitter und viele andere sind, auch wenn dies selten so gesehen wird, in erster Linie Produkte, welche Werbeunternehmen dienen. Personalisierte Onlinewerbung ist derjenige Faktor, um welchen sich die Geschäftsmodelle der an die Plattformen angegliederten Unternehmen primär drehen. Die Designentscheidungen sowie die auf diesen aufbauenden Medienwirkungen sind das Resultat von Geschäftsmodellen, in denen das primäre Ziel darin besteht, Mediennutzer mit den für sie relevantesten Werbeanzeigen in Kontakt zu bringen.

> It's advertising that incentivizes platforms to monetize our attention. It's advertising that incentivizes platforms to reward sensationalist content that drives engagement. It's advertising that incentivizes platforms to package our data to sell to third parties. Advertising is the root of the problem. Addictive design is just one of the results.[30]

Die oben beschriebenen Designveränderungen widersprechen nun den „perfektionierten" Datenökonomien der Plattformen. Solange ihr bisheriges Geschäftsmodell gleichbleibt und den Unternehmen keine allzu signifikanten Reputationseinbußen und Nutzerabwanderungen drohen, werden Designentscheidungen weiterhin mit dem Zweck der Interaktionsmaximierung getroffen. Alles, was der Interaktionsreduzierung dient und im zweiten Teil des Aufsatzes als besseres Design beschrieben wurde, wird vermieden werden. Als „besser" jedoch wäre ein in die oben gewiesene Richtung verändertes Design zu bezeichnen, weil eine Veränderung von Medienwirkungen stattfinden würde. Die Medienwirkungen, welche aus Smartphone-Abhängigkeit, ständigem Aufmerksamkeitsfang, Nudging, Reziprozitätsdruck, Personalisierung und einem generellen

---

29    Bode und Vraga 2015.
30    Stolzoff 2018.

System-1-Fokus heraus resultieren, reichen von einem verringerten Wohlbefinden über bloße Zeitverschwendung bis hin zu schwindender Konzentrationsfähigkeit, Verhaltensmanipulationen, Kommunikationsstress, Meinungspolarisierung oder der massiven Verbreitung von Fake-News und Hate-Speech.[31] Alle diese Medienwirkungen könnten nicht per se vermieden, aber erheblich eingedämmt oder verringert werden, würden die benannten Plattformen ihre Benutzeroberflächen anpassen. Da dies, wie beschrieben, den Prinzipien der etablierten Geschäftsmodelle widerspricht, werden die Unternehmen nicht oder nur in Ausnahmefällen selbst aktiv. Das bedeutet in der Theorie, dass Designveränderungen eine Veränderung der Geschäftsmodelle voraussetzen.

Hier stehen unterschiedliche Vorschläge im Raum. Neben der möglichen Verstaatlichung der Plattformen besteht die Idee der Finanzierung aus Steuergeldern, das plattformseitige Mining von Kryptowährungen auf den Endgeräten der Nutzer oder auch die unmittelbare Finanzierung aus monetären Nutzerbeiträgen. Alle diese Vorschläge haben spezifische Vor- und Nachteile. Dabei dürfte der letztgenannte Vorschlag vermutlich noch der angemessenste sein. Schließlich zahlen die Nutzer immer. Bislang „zahlen" sie mit ihrem individuellen Wohlbefinden, mit ihren Daten und den damit verbundenen Privatheitsverletzungen, mit der Erosion gesellschaftlicher Werte, mit dem Schwinden politischer Sicherheit etc. Anstelle dessen könnten die Nutzer auch direkt mit Geld zahlen – was dann aber bedeuten würde, dass Designveränderungen vorgenommen werden müssten, die Plattformen ausschließlich datensparsam agieren würden und digitale soziale Netzwerke einen geringeren Einfluss auf die Erosion von demokratischen Werten und Strukturen hätten.

## Literatur

Bail, C., L. Argyle, T. Brown, J. Bumpuss, H. Chen, M. B. Fallin Hunzaker, J. Lee, M. Mann, F. Merhout, und A. Volfovsky. 2018. Exposure to Opposing Views Can Increase Political Polarization. Evidence from a Large-Scale Field Experiment on Social Media. *SocArXiv*: S. 1–61.

Bode, L., und E. K. Vraga. 2015. In Related News, That Was Wrong. The Correction of Misinformation Through Related Stories Functionality in Social Media. *J Commun* 65 (4): S. 619–638.

Bowles, Nellie. 2018. Early Facebook and Google Employees Form Coalition to Fight What They Built. https://www.nytimes.com/2018/02/04/technology/early-facebook-google-employees-fight-tech.html?rref=collection%2Fsectioncollection%2Ftechnology. Zugegriffen: 21. November 2018.

Brady, W. J., J. A. Wills, J. T. Jost, J. A. Tucker, und J. J. van Bavel. 2017. Emotion shapes the diffusion of moralized content in social networks. *Proceedings of the National Academy of Sciences of the United States of America* 114 (28): S. 7313–7318.

---

31    Primack et al. 2017; Kross et al. 2013; Brady et al. 2017; Vosoughi et al. 2018.

Bresciani, Alessio. Ohne Jahresangabe. 51 Mission Statement Examples from the World's Best Companies. https://www.alessiobresciani.com/foresight-strategy/51-mission-statement-exam ples-from-the-worlds-best-companies/. Zugegriffen: 06. November 2018.

Carr, Nicholas. 2010. *The Shallows. What the Internet Is Doing to Our Brains.* New York: W. W. Norton & Company.

Cialdini, Robert B. 1984. *Influence. The Psychology of Persuation.* New York: HarperCollins Publishers.

Clayton, R. B., G. Leshner, und A. Almond. 2015. The Extended iSelf. The Impact of iPhone Separation on Cognition, Emotion, and Physiology. *Journal of Computer-Mediated Communication* 20 (2): S. 119–135.

de-Sola, J., H. Talledo, F. Rodríguez de Fonseca, und G. Rubio. 2017. Prevalence of problematic cell phone use in an adult population in Spain as assessed by the Mobile Phone Problem Use Scale (MPPUS). *PloS one* 12 (8): S. 1–17.

Epstein, R., und R. E. Robertson. 2015. The search engine manipulation effect (SEME) and its possible impact on the outcomes of elections. *Proceedings of the National Academy of Sciences* 112 (33): S. 4512–4521.

Eyal, Nir, und Ryan Hoover. 2014. *Hooked. How to build Habit-Forming Products.* Princeton, NJ: Princeton University Press.

Flaxman, S., S Goel, und J. M. Rao. 2016. Filter Bubbles, Echo Chambers, and Online News Consumption. *PUBOPQ* 80: S. 298–320.

Fogg, B. J. 2003. *Persuasive Technology. Using Computers to Change What We Think and do.* San Francisco, California: Morgan Kaufmann Publishers.

Hartmann, Tilo. 2004. Computervermittelte Kommunikation. In *Lehrbuch der Medienpsychologie,* Hrsg. R. Mangold, P. Vorderer, und G. Bente, S. 673–693. Göttingen: Hogrefe-Verlag.

Herrman, John. 2018. How Tiny Red Dots Took Over Your Life (New York Times). https://www.nytimes.com/2018/02/27/magazine/red-dots-badge-phones-notification.html?emc =edit_tnt_20180227&nlid=77840529&tntemail0=y. Zugegriffen: 13. März 2018.

Kahneman, Daniel. 2012. *Schnelles Denken, Langsames Denken.* München: Siedler Verlag.

Kaplan, J. T., S. I. Gimbel, und S. Harris. 2016. Neural correlates of maintaining one's political beliefs in the face of counterevidence. *Scientific reports* 6: S. 1–11.

Kross, E., P. Verduyn, E. Demiralp, J. Park, D. S. Lee, und N. Lin. 2013. Facebook use predicts declines in subjective well-being in young adults. *PloS one* 8 (8): S. 1–6.

Kruger, J., und D. Dunning. 1999. Unskilled and Unaware of It. How Difficulties in Recognizing One's Own Incompetence Lead to Inflated Self-Assessments. *Journal of personality and social psychology* 77 (6): S. 1121–1134.

Lopez-Fernandez, O., L. Honrubia-Serrano, M. Freixa-Blanxart, und W. Gibson. 2014. Prevalence of problematic mobile phone use in British adolescents. *Cyberpsychology, behavior and social networking* 17 (2): S. 91–98.

Nguyen, Nicole. 2018. Instagram And Facebook Are Launching New Tools To Limit Social Media Time (BuzzFeed). https://www.buzzfeednews.com/article/nicolenguyen/instagram-facebook-addiction-time-well-spent. Zugegriffen: 21. November 2018.

Nyhan, B., und J. Reifler. 2010. When Corrections Fail. The Persistence of Political Misperceptions. *Political Behavior* 32 (2): S. 303–330.

Pariser, Eli. 2011. *The Filter Bubble. What the Internet Is Hiding from You.* New York: The Penguin Press.

Pennycook, G., und D. G. Rand. 2017. The Implied Truth Effect. Attaching Warnings to a Subset of Fake News Stories Increases Perceived Accuracy of Stories Without Warnings. *SSRN Journal*: S. 1–45.

Primack, B. A., A. Shensa, J. E. Sidani, E. O. Whaite, L. yi Lin, und D. Rosen. 2017. Social Media Use and Perceived Social Isolation Among Young Adults in the U.S. *American Journal of Preventive Medicine* 53 (1): 1–8.

Rose-Stockwell, Tobias. 2018. How to Design Better Social Media (Medium). https://medium.com/s/story/how-to-fix-what-social-media-has-broken-cb0b2737128. Zugegriffen: 16. Mai 2018.

Rutte, C., und M. Taborsky. 2007. Generalized reciprocity in rats. *PLoS Biology* 5 (7): S. 1421–1425.

Stolzoff, Simone. 2018. Technology's „Time Well Spent" movement has lost its meaning. https://qz.com/1347231/technologys-time-well-spent-movement-has-lost-its-meaning/. Zugegriffen: 08. Dezember 2018.

Thaler, Richard H., und Cass R. Sunstein. 2008. *Nudge. Improving Decisions About Health, Wealth, and Happiness.* New Haven: Yale University Press.

Tufekci, Z. 2018. YouTube, the Great Radicalizer. https://www.nytimes.com/2018/03/10/opinion/sunday/youtube-politics-radical.html. Zugegriffen: 19. März 2018.

Tversky, A., und D. Kahneman. 1974. Judgment under Uncertainty. Heuristics and Biases. *Science* 185 (4157): S. 1124–1131.

Vosoughi, S., D. Roy, und S. Aral. 2018. The spread of true and false news online. *Science* 359 (6380): S. 1146–1151.

Wansink, B., J. E. Painter, und J. North. 2005. Bottomless bowls. Why visual cues of portion size may influence intake. *Obesity research* 13 (1): S. 93–100.

Ward, A. F., K. Duke, A. Gneezy, und M. W. Bos. 2017. Brain Drain. The Mere Presence of One's Own Smartphone Reduces Available Cognitive Capacity. *Journal of the Association for Consumer Research* 2 (2): S. 140–154.

# Spannende Gestaltungsperspektiven durch offene Verwaltungsdaten

*Jörn von Lucke[1]*

*Keywords: Datenökonomie, Open Data, offene Daten, Open Government Data, Verwaltungsdaten, Datenraum, urbaner Datenraum, Open Government*

## Abstract

Ausgehend von den Potenzialen offener Daten (Open Data) und offener Verwaltungsdaten (Open Government Data) in der Datenökonomie werden deren Gestaltungsperspektiven für eine Geschäftsfeldentwicklung und Wertschöpfung aus staatlicher Sicht sowie für eine Verbesserung des Gemeinwohls dargestellt. Dies führt Staat und Gesellschaft sowohl zu urbanen Datenräumen als auch zu einem offenen Regierungs- und Verwaltungshandeln (Open Government).

## Inhalt

1  Gemeinwohl in der Datenökonomie ................................................................. 344

2  Offene Daten (Open Data) ............................................................................... 346

3  Offene Verwaltungsdaten (Open Government Data) ......................................... 346

4  Geschäftsfeldentwicklung und Wertschöpfung ................................................ 350

5  Gestaltungsperspektiven ................................................................................. 353

6  Gemeinwohl in urbanen und regionalen Datenräumen .................................... 356

7  Offenes Regierungs- und Verwaltungshandeln ................................................ 358

Literatur .............................................................................................................. 363

1 Jörn von Lucke | Zeppelin Universität Friedrichshafen | joern.vonlucke@zu.de

# 1  Gemeinwohl in der Datenökonomie

In den kommenden Jahren wird die digitale Transformation Wirtschaft, Wissenschaft, Kultur und Gesellschaft nachhaltig verändern. Aus dem Internet der Systeme (World Wide Web), dem Internet der Menschen (Social Media), dem Internet der Daten (Big & Open Data), dem Internet der Dinge (Internet of Things) und dem Internet der Dienste (Internet of Services) eröffnen sich vollkommen neuartige Gestaltungsmöglichkeiten, Geschäftsfelder und Produktivitätsreserven.[2] Mit einer konsequenten Digitalisierung von Industrie, Wirtschaft und Verwaltung können sich Staaten an die Spitze dieser digitalen Entwicklung in Richtung von Offenheit und vernetzter Intelligenz setzen. Damit bietet sich eine historisch seltene Chance für Staaten, ihre Ökonomie, ihre Unternehmen und ihre Bürger zur Verbesserung von Lebensbedingungen und Spielräumen.

Daten spielen in der Datenökonomie eine besondere Rolle. Bei ihnen handelt es sich um logisch gruppierte Informationseinheiten, oft bestehend aus Buchstaben, Zahlen oder Symbolen, die zwischen IT-Systemen übertragen, in IT-Systemen gespeichert und zur Daten- und Informationsverarbeitung verwendet werden. Zum Umgang mit der Ressource „Daten" bedient man sich Datenbanksystemen und des Datenmanagements. Durch eine Verknüpfung von Daten mit einer Bedeutung entstehen Informationen. Erst durch eine Vernetzung von Informationen mit Kontext, Erfahrungen und Erwartungen entsteht Wissen.[3] Daten, Informationen und Wissen besitzen eine besonders hohe Relevanz für Entscheidungen aller Art in Wirtschaft, Politik und Verwaltung.

In den vergangenen Jahren hat die Datenökonomie, also die Daten verarbeitende und Daten nutzende Wirtschaft, im Kontext der Digitalisierung stark an Bedeutung gewonnen. Die Anzahl von Datenlieferanten und Datennutzern stieg ebenso wie der Bedarf an Datendiensten, -experten und -produkten. Die Datenwirtschaft hat erhebliche Auswirkungen auf die Industrie, den Finanzsektor, das verarbeitende Gewerbe, den Dienstleistungssektor und den öffentlichen Sektor. Durch die Verwendung von datenbezogenen Technologien wie dem Internet der Daten (Big Data, Open Data) und dem Internet der Dinge (Internet of Things, IoT) eröffnen sich neuartige Optionen. Der Wert des Datenmarkts für datenbasierte Produkte und Dienstleistungen wird laut der europäischen Datenmarktstudie 2017 in der EU-28 auf mehr als 60 Milliarden Euro geschätzt. Der Studie zufolge werden die Gesamtauswirkungen der Datenwirtschaft bis 2020 106 Milliarden EUR und damit 4,0 Prozent des BIP ausmachen.[4]

---

2     von Lucke 2015, S. 11–24.
3     North 1998, S. 41–43.
4     IDC & Open Evidence 2017.

Wie sieht es aber mit dem Gemeinwohl in der Datenwirtschaft und dem von ihr erschlossenen Datenraum (Data Space) aus? In welcher Form kann das Wohl der Gemeinschaft aus diesen Datenbeständen im öffentlichen Interesse konkretisiert werden? Mit dem urbanen Datenraum haben 2018 die Fraunhofer-Institute FOKUS, IAIS und IML ein methodisches Konzept und praktisches Konstrukt für ein nahtloses digitales Gebilde vorgestellt, das die Entwicklung neuartiger und auf Daten beruhender Produkte und Dienstleistungen im Kontext von Städten, Regionen und Staaten ermöglicht.[5] Mit der mit verhältnismäßig geringen Kosten verbundenen Bereitstellung von frei verfügbaren Daten innerhalb eines urbanen Datenraums, die Heinrich Reinermann 1986 bereits als „Datenallmende"[6] bezeichnete, und dem expliziten Recht, diese Daten nicht nur zu nutzen, sondern auch weiterzuverarbeiten und weiterzuverbreiten, kann der öffentliche Sektor nicht nur zum Gemeinwohl beitragen, sondern auch die eigenen Innovationsprozesse noch nachhaltiger öffnen und beschleunigen. Die zentrale Frage dieses Beitrages lautet: Welche Potenziale und Gestaltungsperspektiven eröffnen offene Daten und offene Verwaltungsdaten? Schließlich verfügen Softwareentwickler über Möglichkeiten auf Basis dieser Daten eigene Angebote, Schnittstellen, Anwendungen (Apps) und Werkzeuge zu entwickeln oder zu verbessern, ohne dass sie dazu von der Verwaltung beauftragt werden müssen. Zum Teil stellen Bürger, Studenten, Forscher und Unternehmen ihre Ergebnisse als Open Source Software kostenlos zur Verfügung. Teilweise werden von den vielfach in ihrer Freizeit tätigen Entwicklern ganz neuartige Aufbereitungen, Visualisierungen oder kollaborative Angebote realisiert, an die auf Seiten der öffentlichen Verwaltung bisher nicht gedacht wurde. Zugleich birgt der Ansatz ein großes Potenzial für soziale Innovationen und die wirtschaftliche Entwicklung, ohne dass es heute bereits absehbar ist, welche Schätze eigentlich in den Datenbeständen der öffentlichen Verwaltung stecken und zu welchen Innovationen, Prozess- und Wertschöpfungsketten, Informationsangeboten, Produkten und Dienstleistungen sie animieren.[7]

Allerdings hat kaum ein Land einen so ausgereiften Datenschutz wie die Bundesrepublik Deutschland. Dies resultiert aus den historischen Erfahrungen des Dritten Reichs (1933-1945) und der DDR (1949-1990) sowie der Auseinandersetzung mit deren tödlichen Folgen (seit 1945). Beim Umgang mit personenbezogenen Daten müssen die Speicherung und die Nutzung verantwortungsvoll erfolgen. Es besteht ein breiter Konsens, dass Deutschland nicht zur Heimat des gläsernen Bürgers werden soll. Vielmehr muss es eine Aufgabe des Staates bleiben, die Bürgerinnen und Bürger und damit auch ihre Daten zu schützen. Nicht jeder Datensatz kann daher geöffnet und frei zugänglich gemacht werden. Viel-

---

5    Fraunhofer-Institute FOKUS, IAIS & IML 2018.
6    Reinermann 1986, S. 9.
7    IG Collaboratory 2010, S. 50 & 57; von Lucke 2012, S. 235–236.

mehr muss selektiert werden. In Zeiten zunehmender digitaler Bedrohungen müssen zudem Schutzmaßnahmen vorhanden sein und funktionieren, so dass digitale Zugänge, offene Daten und offene Verwaltungsdaten nicht zum Einfallstor für die Feinde der offenen Gesellschaft werden und diese zerstören.[8]

## 2 Offene Daten (Open Data)

Zu den offenen Daten (Open Data) werden sämtliche Datenbestände gezählt, die im Interesse der Allgemeinheit und somit der Gesellschaft ohne jedwede Einschränkung zur freien Nutzung, zur Weiterverbreitung und zur freien Weiterverwendung frei zugänglich gemacht werden.[9] Hierzu gehören etwa Geodaten, Daten zu Politik, Verwaltung und Medien, Veröffentlichungen und Forschungsergebnisse, insbesondere solche der Lebenswissenschaften und der Medizin, aber auch vielfältige nutzergenerierte Inhalte. Bürger, Vereine, Verbände, Unternehmen, Verwaltungen, Hochschulen, Forschungsinstitute, Zeitungen und Rundfunksender produzieren offene Beiträge, die auch andere aufgreifen können.[10]

Eine Vernetzung offener Daten über das Internet oder andere Datennetzwerke eröffnet die Möglichkeit, diese aus ihrer sektoriellen Isoliertheit zu befreien, über bisherige Domänen- und Organisationsgrenzen hinweg zu verknüpfen und auch komplexe Sachverhalte im Lichte neuer Fakten zu prüfen. Erkenntnisse lassen sich visualisieren, woraus sich wiederum Mehrwerte ergeben und weitere neue Erkenntnisse einstellen können.[11]

Falls solche Daten komplexe Sachverhalte berühren und ein Potenzial zur Verletzung von Persönlichkeitsrechten oder Geschäftsgeheimnissen in sich tragen, gilt es klare Anforderungen an einen angemessenen Umgang zu formulieren, damit ihre Nutzung wirklich positive und nicht negative Wirkungen verursacht.[12]

## 3 Offene Verwaltungsdaten (Open Government Data)

Offene Verwaltungsdaten (Open Government Data) sind jene Datenbestände des öffentlichen Sektors, die von Staat und Verwaltung im Interesse der Allgemeinheit ohne jedwede Einschränkung zur freien Nutzung, zur Weiterverbrei-

---

8    von Lucke 2017, S. 43.
9    von Lucke und Geiger 2010, S. 3.
10   von Lucke 2014: 220.
11   von Lucke und Geiger 2010: S. 3.
12   von Lucke und Kooperation OGD D-A-CH-LI 2015, S. 2.

tung und zur freien Weiterverwendung frei zugänglich gemacht werden dürfen.[13] Sie sind nur ein Teil des Gesamtdatenbestandes des öffentlichen Sektors und schließen explizit all jene Bestände aus, deren Veröffentlichungen untersagt sind, etwa bei Geheimhaltungspflichten, bei personenbezogenen Daten sowie bei Betriebs- und Geschäftsgeheimnissen. Werden die ausgewählten offenen Datenbestände strukturiert und maschinenlesbar von den zuständigen Behörden proaktiv bereitgestellt, lassen sie sich mit reduziertem Aufwand und von mehreren Nutzern gleichzeitig automatisiert durchsehen, durchsuchen, filtern, aufbereiten, überwachen und weiterverarbeiten.[14]

Konkret geht es hier im engeren Sinne um Datenbestände wie etwa statistische Daten, Geodaten, Umwelt- und Wetterdaten und Haushaltsdaten und im weiteren Sinne auch um aufbereitete Informationsbeiträge wie etwa Statistiken, Karten, Materialien der Parlamente, Ministerien und Behörden, Gesetze, Verordnungen, Satzungen und richterliche Entscheidungen.[15]

In den zehn Prinzipien zu offenen Regierungsinformationen[16] wurden die zentralen Anforderungen an diese besondere Form der Offenheit von Verwaltungsdaten festgehalten: Bei den von Regierung und Verwaltung veröffentlichten Datensätzen wird Vollständigkeit erwartet. Die von Regierung und Verwaltung bereitgestellten Datensätze sollten Primärquellen sein und der Öffentlichkeit innerhalb eines angemessenen Zeitraums zur Verfügung stehen (zeitliche Nähe). Ein leichter Zugang soll sie so zugänglich wie möglich machen. Eine Speicherung der Daten und Informationen in etablierten und zugleich leicht maschinenlesbaren Dateiformaten wäre wünschenswert (Maschinenlesbarkeit). Ein diskriminierungsfreier Zugang bedeutet einen Zugriff auf die Daten für jedermann und zu jeder Zeit, ohne sich identifizieren oder eine Rechtfertigung für das Handeln abgeben zu müssen (Diskriminierungsfreiheit). Die Forderung nach der Nutzung gemeinsam entwickelter offener Standards bezieht sich auf die Verwendung kostenlos verfügbarer Formate, durch die ohne Nutzung einer Software-Lizenz auf die Daten zugegriffen werden kann. Maximale Offenheit bedeutet, dass öffentliche Daten und Informationen klar als Werk des öffentlichen Sektors auszuweisen sind und dass sie ohne Nutzungsbeschränkungen gemeinfrei verfügbar gemacht und dies in einer Lizenz (Lizenzierung) hinterlegt wird. Daten und Informationen sollen über lange Zeit hinweg zu finden und daher in Archiven dauerhaft online verfügbar bleiben (Dauerhaftigkeit). Beim Zugriff auf öffentlich verfügbare Daten und Informationen sollten die Kosten so

---

13   von Lucke und Geiger 2010: S. 6.
14   von Lucke und Kooperation OGD D-A-CH-LI 2015, S. 2–3.
15   von Lucke und Geiger 2010; G8 2013, S. 6; von Lucke 2014, S. 221.
16   Sunlight Foundation 2010.

minimal wie möglich sein. Bei einer elektronischen Bereitstellung gehen diese wegen des Nullgrenzkostenprinzips sogar gegen Null (Nutzungskosten).[17]

Für Staat und Verwaltung in der Bundesrepublik Deutschland bedeutet dies einen grundlegenden Paradigmenwechsel. Diese Prinzipien entsprechen nicht den tradierten bundesrepublikanischen Gepflogenheiten im Umgang mit Datenbeständen des öffentlichen Sektors. Das IG Collaboratory verwies bereits 2010 darauf, dass es zur erfolgreichen Bewältigung dieser Herausforderungen eines dreifachen Paradigmenwechsels in Staat und Verwaltung hin zu einer neuen öffentlichen und offenen politischen und administrativen Kultur bedarf: Das erste Paradigma betrifft das Konzept von Öffentlichkeit und Geheimhaltung in Bezug auf Daten. Bisher galt alles als geheim, was nicht ausdrücklich als öffentlich gekennzeichnet ist. Das neue Paradigma macht alles öffentlich, was nicht ausdrücklich als geheim gekennzeichnet ist. Das zweite Paradigma betrifft den Umfang, die Art und den Zeitpunkt der Veröffentlichung von Daten. Bisher wurden Umfang und Zeitpunkt von Veröffentlichungen von den einzelnen Behörden selbst bestimmt. Oft erfolgt eine Akteneinsicht erst nach einer Anfrage, etwa auf Grundlage des Informationsfreiheitsgesetzes des Bundes oder, falls vorhanden, des Landes. Das neue Paradigma setzt darauf, dass alle Daten, die keinen berechtigten Datenschutz- oder Sicherheitsbeschränkungen unterliegen, proaktiv, im vollen Umfang und zeitnah veröffentlicht werden. Das dritte Paradigma betrifft die Nutzungsrechte an den veröffentlichten Daten. Nach dem tradierten Paradigma sind veröffentlichte Daten für den privaten Gebrauch zur Einsicht freigegeben, aber alle weitergehenden Nutzungsrechte blieben vorbehalten und werden nur von Fall zu Fall gewährt. Das neue Paradigma geht auch hier einen anderen Weg. Die veröffentlichten Daten sind grundsätzlich von jedermann für jegliche, auch kommerzielle Zwecke, ohne Einschränkungen kostenfrei nutzbar. Das umfasst ausdrücklich auch das Recht der Weiterverarbeitung und Weiterverbreitung der Daten durch Dritte.[18]

Ein solcher von der Open Data-Bewegung initiierter Paradigmenwechsel bedeutet in der Tat einen grundlegenden Kulturwandel für Staat und Verwaltung. Statt des Arkanprinzips mit den bisher geltenden Geheimhaltungsgrundsätzen sollen Offenheit und Transparenz gelebt und die demokratischen Kontrollrechte der Bürger gestärkt werden. Werden Daten, Informationen und Wissen für jedermann verfügbar gemacht, forciert dies den gesellschaftlichen Übergang hin zu einer Wissensgesellschaft. Aus diesen Gründen beauftragte das Bundesinnenministerium zunächst nur eine Studie mit Handlungsempfehlungen[19] und dann mit dem IT-Planungsrat die Entwicklung eines föderalen Prototyps für

---

17   Opendata Network e.V. 2010; von Lucke und Geiger 2010, S. 4–5.
18   IG Collaboratory 2010, S. 54–55.
19   Klessmann et al. 2012.

einen Datenkatalog.[20] Nach einem zweijährigen Probebetrieb wurde das verwaltungsebenenübergreifende Datenportal 2015 in den Regelbetrieb überführt und der Freien und Hansestadt Hamburg übertragen. Dennoch dauerte es in der Bundesrepublik Deutschland bis Juli 2017, ehe sich der Gesetzgeber entschloss, einen entsprechenden Passus dauerhaft im E-Government Gesetz des Bundes zu verankern. Freiwillige Verpflichtungen, etwa der Nationale Aktionsplan der Bundesregierung zur Umsetzung der Open Data Charta der G8,[21] zeigten auf Bundesebene nicht die gewollten Veränderungen. Auch auf Landesebene gehen die Gesetzgeber eher zögerlich an die Verabschiedung von Gesetzen mit Verpflichtungen zur Öffnung von Verwaltungsdaten.

Dabei eröffnen sich durch eine Öffnung der Verwaltungsdaten ganz neue Innovationsimpulse für den öffentlichen Sektor, von denen Staat, Verwaltung, Bürger und Wirtschaft profitieren könnten. Zu denken ist etwa an die Entwicklung neuer Fahrplan-Apps, Pegelmelder, Karten- und Navigationsdienste. Der Verwaltung fehlen einerseits eigene Kapazitäten für die Entwicklung neuer Dienste, Apps und Angebote. Andererseits erheben und bewahren Behörden vielfältigste Datenbestände zur Erfüllung öffentlicher Aufgaben. Entwickler könnten auf Basis dieser Bestände neuartige Umsetzungen realisieren, an die bisher nicht zu denken war. Lassen sich mit Hilfe von frei zugänglichen und offenen Datenbeständen öffentliche Aufgaben sogar effizienter und effektiver als bisher erfüllen, wären dies wichtige Gründe, verstärkt auf offene Daten zur Aufgabenerfüllung zu setzen. Beispielsweise würden offene Daten zu Zuständigkeiten im öffentlichen Sektor helfen, die relevanten Stellen, Apps, Dienste und Formulare zu bestimmen. Eine solche gemeinsame Basisinfrastruktur fehlt derzeit noch, obwohl sie gerade für höherwertige Anwendungen wie Zuständigkeitsfinder, Prozessketten, Dienstleistungszentren, einheitliche Ansprechpartner und den Portalverbund unerlässlich ist. Die Verknüpfung von Fachdaten mit aktuellen Geodaten kann in den zuständigen Fachbereichen zu neuen Erkenntnissen führen, auf die rasch reagiert werden könnte.[22]

Ohne gesetzliche Verpflichtungen bleibt es eine freiwillige Aufgabe der jeweils zuständigen Behörden und Gebietskörperschaften, die eigenen Datenbestände zu sichten, geeignete Datensätze elektronisch zu erschließen und über Datenkataloge zu erfassen. Bund, Länder und Kommunen sind hier in Deutschland mit unterschiedlichen Geschwindigkeiten unterwegs. Dies ist mit echten Herausforderungen verbunden. Zudem sind 2007 mit der INSPIRE-Richtlinie der Europäischen Union durch die weitgehende Freigabe bestehende und bewährte Geschäftsmodelle des öffentlichen Sektors in Frage gestellt worden,

---

20    Govdata.de: http://www.govdata.de.
21    BMI 2014.
22    von Lucke 2012, S. 234–236.

ohne dass politisch überzeugende Alternativen zur bisherigen Gebührenfinanzierung bestehen.

## 4 Geschäftsfeldentwicklung und Wertschöpfung

Offene Datenbestände (Open Data), große Datenbestände (Big Data) und von Sensoren generierte Datenbestände (Smart Data) bergen durch ihren Umfang und ihre Vielfalt erhebliche Potenziale für Geschäftsfeldentwicklung und Wertschöpfung. Studien sehen gerade in der Verknüpfung dieser drei Ansätze große Potenziale zur zusätzlichen Steigerung des jährlichen Wirtschaftswachstums, etwa in der Europäischen Union bis 2020 um bis zu 206 Milliarden EUR.[23] Diese Perspektiven haben mittlerweile viele Unternehmen in aller Welt motiviert, sich mit Open Data, Big Data und Smart Data auseinander zu setzen, um Projekte anzugehen, Aufträge anzunehmen, Umsätze zu generieren und Gewinne zu erwirtschaften.[24]

Die größte Herausforderung für die öffentliche Verwaltung ist jedoch die Geschäftsfeldentwicklung um offene Datenbestände aus staatlicher Sicht (Open Data Business Development). Gemeinsam mit Wirtschaft, Wissenschaft, Künstlern und Bevölkerung gilt es das wirtschaftliche, gesellschaftliche, politische und kulturelle Potenzial offener Daten prosperierend zu erschließen und zu großen und intelligent vernetzten Datenbeständen zu entwickeln. Bisher unbekannte Zusammenhänge und Sachverhalte können zum öffentlichen Diskurs anregen und zu neuartigen Lösungsansätzen animieren. Zugleich bewegen sie Politik und Verwaltung, über die Möglichkeiten einer offenen Gesundheits-, Bildungs- und Kulturpolitik nachzudenken, in denen Transparenz, Bürgerbeteiligung und Zusammenarbeit einen hohen Stellenwert haben werden. Hierzu eignen sich auch koordinierende Stellen mit angeschlossenen Inkubatoren nach dem Vorbild des Open Data Instituts,[25] die über offene Treffen zur gemeinsamen Marktentwicklung einladen sowie Existenzgründer und Sozialunternehmer professionell beim Aufbau ihrer Open Data-Geschäftsmodelle begleiten. Aus diesen Treffen können festere Strukturen, regionale Netzwerke und Forschungsverbünde entstehen, die zur Datenmarktentwicklung und regionalen Problemlösung beitragen. Eine gezielte staatliche Förderung von Start-Ups und Sozialunternehmern um verwaltungsnahe Datenbestände und Apps wäre überall dort wünschenswert, wo öffentliche Aufgaben durch diese effizienter und effektiver als auf die herkömmliche Art und Weise wahrgenommen werden können. Parallel

---

23 Warsaw Institute for Economic Studies 2014.
24 Turk 2018.
25 The Open Data Institute: http://theodi.org.

ist eine enge Zusammenarbeit mit der Wirtschaftsförderung anzustreben, denn diese verfügt über die Mentoren, Erfahrungen und Netzwerke zur erfolgreichen Existenzgründung. Geschäftsfeldentwicklung bedeutet auch, den praktischen Nutzen und die Potenziale vorhandener Datenbestände aufzuzeigen sowie neue Formate der Zusammenarbeit zu entwickeln und zu etablieren. Die digitale Ausgründungsszene profitiert von der frühzeitigen Kenntnis möglicher Entwicklungspfade, wenn es ihr so vor allen anderen Akteuren gelingt, passende Produkte und Dienstleistungen zu entwickeln, die relevanten neuen Märkte frühzeitig zu besetzen und sich so Marktvorteile zu sichern. Eine Übernahme von privat entwickelten Apps und großen offenen Datenbeständen durch staatliche Stellen käme ordnungspolitisch aber nur dort in Betracht, wo dies die Angebotsvielfalt und die kulturelle Vielfalt sichert.[26]

Die für Open Data in Deutschland, Österreich, der Schweiz und Liechtenstein verantwortlichen Akteure verfolgen ehrgeizige Ziele. Für den Aufbau einer gelebten, tragfähigen Open Data Kultur haben sie 2013-15 alle erforderlichen Maßnahmen zusammengetragen. Die verwaltungsintern wirksamen Maßnahmen zum Aufbau einer Open Data-Kultur umfassen die Errichtung einer gemeinsamen Wissensbasis, die Ansprache verwaltungsinterner Akteure, den fachlichen Austausch, Auszeichnungen, Regulierungsvorgaben und interne Weiterbildungsmaßnahmen. Zu den über die Verwaltung hinaus wirkenden Maßnahmen zählen überzeugende Argumente, verlässliche Garantien zur Verfügbarkeit und Qualität der bereitgestellten Datenbestände, eine offene und transparente Kommunikation, eine Sensibilisierung von Politik und Medien, ein Marketing, die direkte Ansprache relevanter Zielgruppen mit Aus- und Weiterbildungsangeboten, eine aufgabenadäquate Finanz- und Personalausstattung, Forschungs- und Förderprogramme, eine Standardisierung, eine Geschäftsfeldentwicklung um offene Daten sowie die Durchführung von Veranstaltungen und ambitionierten Ideen- und Umsetzungswettbewerben.[27]

Offene Daten und offene Verwaltungsdaten benötigen ein interdisziplinäres wissenschaftliches Fundament. Beiträge der Verwaltungs-, Wirtschafts-, Medieninformatik und Informatik, des öffentlichen Rechts, der Verwaltungswissenschaft und der Politikwissenschaft in Kombination mit empirischen Sozialwissenschaften, Statistik und Datenwissenschaften (Data Science) sowie den jeweiligen Fachwissenschaften unterstreichen ganz vielfältige Herangehensweisen. Mit sich im wettbewerblichen Umfeld durchsetzenden Forschungsprogrammen auf nationaler und europäischer Ebene (Big Data, Open Data und Smart Data als zentrale Themen für die kommenden fünf Jahre) sowie gezielten Forschungsaufträgen können fundierte wissenschaftliche Erkenntnisse generiert

---

26   von Lucke und Kooperation OGD D-A-CH-LI 2015, S. 11.
27   von Lucke und Kooperation OGD D-A-CH-LI 2015, S. 1–11.

und wissenschaftlicher Nachwuchs systematisch aufgebaut werden. Netzwerke und Kooperationsverbünde zu bestimmten Themenstellungen lassen sich so aufbauen. Ergänzend ist es sinnvoll, bei der Vergabe wissenschaftlicher Arbeiten die Forschungseinrichtungen und Universitäten zur Veröffentlichung von Forschungsergebnissen in Form von offenen Forschungsdaten (Open Research Data) und offenen Forschungsberichten (Open Access) zu verpflichten.[28]

Mit öffentlichen Veranstaltungen wie Open Data Tagen, Barcamps, Konferenzen, Kreativitätsworkshops, Open Spaces und World Cafés lassen sich weitere öffentlichkeitswirksame Akzente setzen. Themen- und datensatzorientierte Entwicklertage (Hackathons) eignen sich zur agilen Entwicklung von Prototypen, denn hier setzen sich Entwickler, Designer und Informatiker mit Interessierten und Fachleuten aus der Verwaltung zur gemeinsamen Programmierung zusammen. Dies dient auch der Bewusstseinsschaffung. Mapping-Parties tragen dazu bei, dass Gruppen bisher unzureichend erschlossene Regionen gemeinsam für offene Kartenbestände geobasiert erfassen. Veranstaltungen sind auch ein guter Auftakt und Abschluss von Ideen- und Umsetzungswettbewerben, die zu einer zielgerichteten Nutzung offener Datenbestände animieren sollen. Open Data-Wettbewerbe und App-Wettbewerbe auf Basis offener Datenbestände tragen dazu bei, dass sich Menschen mit den vorhandenen Datenbeständen und ihren Nutzungsmöglichkeiten auseinandersetzen. Solche Wettbewerbe können lokal, regional, national und auf europäischer Ebene durchgeführt werden. Sie dürfen aber nicht zu reinen Schauveranstaltungen verkommen, auf denen sich Würdenträger mit der Innovationskraft der prämierten Sieger schmücken wollen, ihnen außer einem Händedruck aber nichts zu bieten haben. Viel wichtiger ist es, Entwickler zukunftsfähiger Prototypen gemeinsam mit der öffentlichen Wirtschaftsförderung so professionell zu begleiten, dass sich diese mit hochwertigen Innovationen dauerhaft am Markt positionieren, Arbeitsplätze schaffen und engagierte Steuerzahler werden. Ein solcher Ansatz wird bei der britischen Geovation Challenge[29] verfolgt. Die britische Vermessungsverwaltung stellt gezielt offene Geodaten bereit und fordert dazu auf, Lösungsvorschläge zu gesellschaftlich relevanten Fragestellungen zu entwickeln: Wie kann sich Großbritannien selbst ernähren? Wie können wir das Transportwesen in Großbritannien verbessern? Bei diesen Innovationswettbewerben wird zunächst auf einem Workshop gemeinsam das Potenzial erarbeitet. Die vielversprechendsten Vorschläge werden dann zu einem Barcamp eingeladen, wo sie ihre Vorschläge einer Expertenjury vorstellen. Die Gewinner erhalten eine Startkapitalförderung und Betreuung durch die Wirtschaftsförderung. Für Ideenwettbewerbe generell

---

28    von Lucke und Kooperation OGD D-A-CH-LI 2015, S. 10.
29    Geovation Challenge: https://www.geovation.org.uk.

gibt es mittlerweile zahlreiche digitale Werkzeuge und Dienste, die in The Open Societal Innovation Toolbox[30] zusammengefasst sind.[31]

# 5 Gestaltungsperspektiven

Vielversprechende Perspektiven für eine künftige Gestaltung von Staat und Verwaltung durch die Möglichkeiten offener Daten und offener Verwaltungsdaten lassen sich an Hand von Prototypen, Apps und Diensten beispielhaft aufzeigen.

In Deutschland wurde das Informationsfreiheitsgesetz des Bundes 2005 zu einem Zeitpunkt eingeführt, als es in der öffentlichen Verwaltung flächendeckend noch keine elektronischen Aktensysteme gab. Bürgeranfragen nach Daten und Informationsbeständen der Bundesverwaltung gab es zunächst eher spärlich. Deren Beantwortung erzeugte wegen manueller Recherchen in papierbasierten Akten in der Verwaltung zusätzliche Arbeit und deswegen Verärgerung. Oft zog sich die Beantwortung länger hin. 2011 stellten dann Stefan Wehrmeyer und die Open Knowledge Foundation auf Basis einer vorhandenen Open Source Software das Portal „Frag den Staat"[32] vor, um Bürgern die Erstellung von Anfragen zu vereinfachen. Zugleich publiziert das Portal die Ergebnisse über das Internet offen und transparent. Seitdem haben Anfragen nach dem Informationsfreiheitsgesetz signifikant zugenommen und sich mehr als vervierfacht, selbst wenn nicht jede Anfrage beantwortet wird.[33]

In der Freien und Hansestadt Hamburg ist 2012 das Hamburgische Transparenzgesetz (HmbTG) in Kraft getreten. Es ersetzte das geltende Hamburgische Informationsfreiheitsgesetz und stellt einen weiteren bedeutsamen Paradigmenwechsel für die Verwaltung dar. Das HmbTG regelt nicht nur, dass weiterhin Anträge auf Informationen gestellt werden können, sondern verpflichtet die Verwaltung zusätzlich, eine Vielzahl von Dokumenten und Daten kostenfrei über das seit Oktober 2014 bereitgestellte Transparenzportal[34] online zur Verfügung zu stellen. Vergleichbare Transparenzgesetze und -portale gibt es derzeit in der Bundesrepublik auch in der Freien Hansestadt Bremen[35] und in Rheinland-Pfalz.[36] Über diese Portale und deren Datenkataloge lassen sich offene Daten in

---

30    The Open Societal Innovation Toolbox: http://www.tosit.org.
31    von Lucke und Kooperation OGD D-A-CH-LI 2015, S. 11.
32    Frag den Staat: https://fragdenstaat.de.
33    Semsrott 2016.
34    Hamburger Transparenzportal: http://transparenz.hamburg.de.
35    Bremer Informationsregister: https://www.transparenz.bremen.de.
36    Rheinland-Pfälzer Transparenz-Plattform: https://tpp.rlp.de.

unterschiedlichen Formaten abrufen, nutzen und weiterverwerten. Dies wird auch genutzt. Gerade die Verknüpfung von Fachdaten mit Geodaten besitzt eine hohe Relevanz. 60 bis 80 Prozent aller Entscheidungen im öffentlichen Sektor weisen einen Raumbezug auf.[37] Mit der INSPIRE-Richtlinie sind 2007 die rechtlichen Grundlagen für eine Öffnung und Verknüpfung in ganz Europa geschaffen worden. Mittlerweile verfügt die Bundesrepublik dank der Kooperation von Bund, Ländern und Kommunen über eine Geodateninfrastruktur Deutschland,[38] in die die landesweiten Geodateninfrastrukturen eingebunden sind. Die Bundesländer stellen ausgewählte Geodaten als offene Daten zum Abruf zur Verfügung. Mit der OpenStreetMap[39] und der OpenTopoMap[40] haben zivilgesellschaftliche Akteure parallel zu den staatlichen Aktivitäten weltweite Geodateninfrastrukturen in Form von Datenallmenden geschaffen, die dank offener Lizenzen frei verwendet werden können. Diese Infrastruktur wird in vielen offenen Projekten, etwa von der OpenRailwaymap[41] und der OpenCycleMap,[42] gerne als Geodatenbasis genutzt, da ihre Lizenzen eine Weiterverwertung zu akzeptablen Bedingungen problemlos zulässt. Auch einige private Anbieter wie etwa ESRI[43] und Google[44] stellen ausgewählte Geodatenbestände mit freien Lizenzen zur privaten Nutzung bereit, setzen aber auf kostenpflichtige Zusatz- und Mehrwertdienste für kommerzielle Nutzer.

Die österreichische Verwaltungsgrundkarte[45] zeigt, wie einfach eine Grundkarte von der Republik Österreich, basierend auf den Geodaten der Länder und deren Partnern, frei verfügbar und performant realisiert und wie dabei zwischen öffentlichen Geodaten und offenen Geodaten gewechselt werden kann. Die Karte deckt das gesamte österreichische Staatsgebiet homogen und flächendeckend ab und wird im 2-Monats-Rhythmus vollautomatisch auf Basis der bei den Partnern vorliegenden originären Geodaten aktualisiert. Die basemap.at ist gemäß der Open Government Data Österreich Lizenz CC-BY 3.0 AT sowohl für private als auch kommerzielle Zwecke frei sowie entgeltfrei nutzbar. Dies wird reichlich genutzt. Allerdings muss auf die „Datenquelle: basemap.at" bzw. „Grundkarte: basemap.at" hingewiesen werden, wobei „basemap.at" als Link auf http://www.basemap.at auszuführen ist.[46]

---

37   Coopers & Lybrand 1996.
38   GDI-DE: http://www.geoportal.de/DE/GDI-DE/gdi-de.htm.
39   Open Street Map: https://www.openstreetmap.org.
40   Open Topo Map: https://opentopomap.org.
41   OpenRailwaymap: https://www.openrailwaymap.org.
42   OpenCycleMap: https://www.opencyclemap.org.
43   ESRI Map: https://maps.esri.com.
44   Google Maps: https://maps.google.de.
45   Basemap.at: https://www.basemap.at.
46   Basemap.at 2019.

Mittlerweile gibt es zahlreiche Apps und Webangebote, die offene Daten und offene Geodaten nutzen und verwerten. Die 2010 initiierte Wheelmap.org[47] ist ein besonders hervorzuhebender kartenbasierter Dienst zum Suchen, Finden und Markieren rollstuhlgerechter Orte. Mit einem einfachen Ampelsystem werden öffentlich zugängliche Orte entsprechend ihrer Rollstuhlgerechtigkeit mit Grün, Gelb oder Rot markiert. Da das Kartenmaterial der Wheelmap von der OpenStreetMap stammt und ein Zugang mittlerweile in mehr als 20 Sprachen möglich ist, kann es weltweit zur Verbesserung der Situation von Menschen in Rollstühlen eingesetzt werden und so zur nachhaltigen Verbesserung ihres Lebensumfelds beitragen.

GEEO & GEEO Pro[48] sind zwei aufeinander aufbauende Plattformen, die stark zur Transparenz im japanischen Immobilienmarkt beitragen. Auf Basis offener Datenbestände sowie japanischer Geodaten, der OpenStreetMap, Googles Kartendienst oder Luftbildern visualisieren sie die erzielten Verkaufspreise für Grundstücke und Immobilien sowie statistische Daten in Japan. Eine geobasierte Visualisierung statistischer Datenbestände in Verbindung mit Folgenabschätzungen durch den demographischen Wandel bietet die japanische Plattform My City Forecast.[49] Sie zeigt für alle japanischen Städte verständlich und kartenbasiert auf, wie es derzeit in den einzelnen Stadtteilen und Blocks um die infrastrukturellen Daseinsvorsorge bestellt ist und mit welchen Veränderungen auf Grund des demographischen Wandels von 2015 bis 2040 zu rechnen sei.

Darüber hinaus gibt es zahlreiche weitere innovative Ansätze der Datenwissenschaften, wie mit Hilfe von Analysen und Visualisierungen substantielle Effizienzvorteile in Forschung, Produktentwicklung und Erschließung neuer Märkte realisiert werden können, die über klassische Innovationsstrategien nicht zu erreichen sind. Gelingt es in enger Zusammenarbeit mit Partnern, Entwicklern und Nutzern offene Daten nutzbringend zu verwerten und zu veredeln, lassen sich neue Arbeitsplätze, zusätzliche Steuereinahmen und Forschungsaufträge generieren. Aber es geht nicht nur um die Bereitstellung von offenen Daten über Schulen, Verkehr und Gesundheit durch die Administration. Relativ rasch stellt sich die eigentliche Frage, wie eine offene Schulpolitik, eine offene Verkehrspolitik und eine offene Gesundheitspolitik in einer zunehmend komplexer werdenden Lebenswelt auf Basis offener Datenbestände zu gestalten sind: Wie verändern sich Lehrinhalte durch offene Daten? Wie verändern sich Lernprozesse durch offene Bildungsplattformen und offene Lehrinhalte? Wie verändern sich Schulen und Lehrangebote durch offene und vertrauenswürdige Lehrqualitätsdaten? Wie können wir die offensichtlichen Verkehrsprobleme einer Region rasch beseitigen? Wie können wir mit Open Data Menschenleben

47    Wheelmap.org: https://www.wheelmap.org.
48    GEEO & GEEO Pro: https://geeo.otani.co.
49    My City Forecast: https://mycityforecast.net.

retten? Beispielsweise liegt das Potenzial offener Gesundheitsdaten nicht in der Publikation von Morbiditätsdaten und Krankenhausstatistiken, sondern in deren Nutzung zur Verbesserung des Versorgungs- und Nachsorgeniveaus, zur Entwicklung neuer Therapien und zur Rettung von Menschenleben.

## 6  Gemeinwohl in urbanen und regionalen Datenräumen

Kommunen tragen in vielerlei Hinsicht dazu bei, dass Wertschöpfungsprozesse der Datenwirtschaft stattfinden können. Viele der so genannten verhaltensgenerierten Daten werden durch Bürger auf der bestehenden kommunalen Infrastruktur erhoben.[50] Bereits heute verfügen Kommunen über enorme Datenbestände, die meist in Datensilos lagern und kaum effizient genutzt werden. Smarte Objekte im öffentlichen Raum wie mit Sensorik ausgestattete Laternen, Umweltmessstationen und Anlagen zur Verkehrssteuerung werden es Städten künftig ermöglichen, mit smarten Daten in neue Sphären der Datenquantität und -qualität vorzudringen. Die kostengünstige wie effektive Nutzung dieser smarten Daten und smarten Objekte in urbanen und regionalen Datenräumen ist für Gemeinden, Städte, Regionen und Metropolen in vielerlei Vorhaben hochinteressant. Die Europäische Union sieht darin eine Konkretisierung des digitalen Binnenmarktes und fördert die Umsetzung entsprechender Vorhaben.

Mit der Bezeichnung „urbaner Datenraum" wird ein digitaler Raum umschrieben, der alle relevanten Daten für den kommunalen Politik-, Verwaltungs- und Wirtschaftsraum enthält, plus aller Metadaten, um diese Daten auffindbar und umgehend nutzbar zu machen. Für Kommunen ist es wichtig, sich aktiv an der Entwicklung und individuellen Ausgestaltung ihrer urbanen Datenräume zu beteiligen, um die eigene kommunale Wirtschaft und die Selbstverwaltung zu stärken, das Gemeinwohl zu fördern und die Lebensqualität der Bürger zu verbessern (Cuno 2018: 4). Dieser digitale Raum wird durch unterschiedliche Dimensionen aufgespannt: Erstens eine institutionelle/personelle Dimension durch ein Netzwerk von Akteuren. Zweitens eine technische Dimension im Sinne einer Dateninfrastruktur, mittels derer Daten dezentral zwischen den Akteuren sicher ausgetauscht sowie miteinander verknüpft werden können. Drittens eine juristische Dimension mit Regeln in einem klaren Rechtsrahmen, innerhalb dessen sowohl der Anspruch auf Datensicherheit als auch auf Datensouveränität für alle Teilnehmer gelten sollte.[51] Das Konzept wurde 2018 von mehreren Fraunhofer-Instituten aus dem Industrial Data Space abgeleitet[52] und muss in den kommen-

---

50  Cuno 2018, S. 5.
51  Fraunhofer-Institute FOKUS, IAIS & IML 2018, S. 14 & 30.
52  Fraunhofer-Institute FOKUS, IAIS & IML 2018.

den Jahren in Projekten wie etwa der Zukunftskommune@bw und der Zukunftsstadt Ulm 2030 konkretisiert und realisiert werden.

Inhaltlich besteht dieser Datenraum aus frei verfügbaren urbanen Daten, kommerziell verfügbaren urbanen Daten und internen urbanen Daten. Frei verfügbare urbane Daten, häufig in Open-Data-Formaten mit entsprechender Lizenzierung, setzen auf einen nichtkommerziellen freien Zugang, nicht zwingend aber die Erlaubnis zur (nicht-)kommerziellen Weiterverwendung dieser Daten. Die kommerziell verfügbaren urbanen Daten sind in der Regel aggregierte anonymisierte Datenbestände, von privaten oder öffentlichen Akteuren, von deren Nutzung alle nicht Zahlenden ausgeschlossen werden. Die internen urbanen Daten werden durch einen exklusiven Zugang definiert. Sie sind zum Funktionieren der Gebietskörperschaften erforderlich. Der Zugang ist vor allem Stadt, Land und Bund sowie deren nachgeordneten Organisationen und Unternehmen vorbehalten.[53]

Ein solcher Datenraum überwindet die heutigen Probleme der Datensilos, indem er den Weg hin zu innovativen Diensten ermöglicht und gleichzeitig den Datenschutz für personenbezogene Daten und Datensicherheit gewährleistet. Dabei wird nicht auf eine zentrale Datenbank gesetzt, die alle gespeicherten Daten enthält. Vielmehr ist der Datenraum zentral zugänglich und zentral koordiniert, wird aber verteilt realisiert und verwaltet, etwa an den Standorten der Datenbereitstellung. Der integrierte und systematische Zugriff erlaubt Simulationen, Visualisierungen und Prognosen, welche über Apps, Tools und Dashboards nahezu in Echtzeit ausgegeben werden können.[54] Am Beispiel von Mobilitätsdaten lässt sich zugleich aber zeigen, dass noch zahlreiche Fragen zur Eigentumsordnung und zur Nutzung nicht trivial und vor allem noch nicht geklärt sind.[55]

Offene Daten und insbesondere offene Verwaltungsdaten können das Gemeinwohl fördern, indem sie zu einer datengetriebenen Verwaltungsmodernisierung beitragen. Beispielsweise sind offene Sammlungen der Verwaltungsleistungen ein wertvolles Mittel, um Aufgaben des öffentlichen Sektors sowie die Aufgabenerfüllung durch Behörden und Unternehmen transparent zu erfassen. Ein Cockpit für eine systematische Aufgabenkritik kann auf einer solchen Sammlung aufgesetzt und mit laufend generierten Kennzahlen versorgt werden. Offene Haushaltsdaten zeigen auf, in welcher Höhe finanzielle Mittel oder Budgets zur Erledigung dieser öffentlichen Aufgaben bereitgestellt werden. Ein Kontraktmanagement kann durch offene Verträge und offene Vertragsdaten ergänzt werden. Beschaffungsentscheidungen lassen sich nach der Vergabe über offene Vergabedaten nachvollziehen. Die Doppik bietet weitere Datenbestände

53    Fraunhofer-Institute FOKUS, IAIS & IML 2018, S. 36.
54    Cuno 2018, S. 5–6.
55    Bundesministerium für Verkehr und digitale Infrastruktur 2017.

und Berichtsmöglichkeiten, die auch ein Controlling des Verwaltungshandelns, die Evaluierung von Leistung und Kosten sowie Behördenvergleiche („Benchmarking") zulassen. Dezernenten, Abteilungsleiter, Staatssekretäre und Minister könnten all diese Datenbestände in daten- und faktenbasierte Führungsinformationssysteme einbinden lassen. Prinzipiell kann den Bürgern wie bei Texas Transparency[56] der Zugang zu diesen Systemen auch über das Internet zugänglich gemacht werden.

Vor allem sollte die systematische Öffnung von Regierungs- und Verwaltungsdaten vorangetrieben und durch neue Förderkonzepte auch die datengetriebene Innovation stimuliert werden. Ein Ziel muss der Aufbau nationaler oder europäischer Datenökosysteme sein, also eine Verknüpfung urbaner Datenräume, was zu mehr Transparenz, besserem Regierungshandeln und intensiverer Zusammenarbeit beiträgt.[57] Städte profitieren von ihren Open Data-Entwicklern an Universitäten und Forschungseinrichtungen sowie in Inkubatoren, Gründerzentren und Unternehmen. 2012 wurde in London das Open Data Institute gezielt gegründet, damit sich um dessen Inkubator möglichst erfolgversprechende Open Data Start-Ups ansiedeln. Mit dem Aufbau weiterer Open Data Cluster um vielversprechende Datenbestände und einer Stärkung der Datenwissenschaften kann die Attraktivität von Städten und Regionen erhöht werden. Gründer finden dann den fachlichen Austausch, die erforderliche Infrastruktur und die wirtschaftlichen Potenziale. Auch Hochschulen und Universitäten profitieren von einer frühzeitigen Kenntnis und der organisationsinternen Nutzung offener Daten. Offene Forschungsdaten, der freie Zugang zu wissenschaftlichen Publikationen (Open Access), offene Bildungsangebote (OER) und offene Datenlabore sind wichtige Schritte auf dem Weg zu einer offenen Wissenschaftsinfrastruktur.

# 7 Offenes Regierungs- und Verwaltungshandeln

Für eine Öffnung zahlreicher Datenbestände sprechen Forderungen nach mehr Transparenz, mehr Bürgerorientierung, mehr Wirtschaftsförderung, mehr Teilhabe, intensiverer Zusammenarbeit, einer Stärkung gemeinschaftlicher Belange und mehr Innovation im öffentlichen Sektor. Eine durch frei zugängliches Wissen, Informationen und Daten wohlinformierte Öffentlichkeit stärkt die Zivilgesellschaft insgesamt und fördert das Gemeinwohl.[58] All dies führt zu einem „offenen Regierungs- und Verwaltungshandeln"[59] mit einer Vielzahl an Konzepten, für die sich international der Sammelbegriff „Open Government" einge-

56   Texas Transparency: https://comptroller.texas.gov/transparency.
57   von Lucke 2017, S. 43.
58   von Lucke 2010, S. 15 und von Lucke und Geiger 2010, S. 10–16.
59   BLA 2012.

bürgert hat: Transparenz, Partizipation, Kollaboration, Innovation, Öffnung, Offenheit, offene Staatskunst, frei verfügbare Daten, freies Wissen, offene Standards und Schnittstellen, Interoperabilität sowie quelloffene Software prägen diesen kulturellen Wandel, der durch ein neues partnerschaftliches Verhältnis zum Bürger gekennzeichnet und mit dem neues Vertrauen aufgebaut werden soll.[60] Die behutsame Öffnung von Staat und Verwaltung gegenüber der Bevölkerung und der Wirtschaft verfügt über eine lange etablierte Tradition in Europa, die vor allem von den skandinavischen Ländern geprägt wurde. So waren es vor allem die Skandinavier, die Themen wie Offenheit, Transparenz und Informationsfreiheit über die Europäische Union in das deutsche Recht und das deutsche Rechts- und Verwaltungsverständnis gebracht haben. Diese Themen werden bereits seit 1766 in Skandinavien gelebt und eigenständig geprägt.[61]

Für die tradierte kontinentaleuropäische Verwaltung bedeutet diese technisch und organisatorisch eher geringfügige Erweiterung ihrer Publikations- und Auskunftspflichten, dass sie und ihre Ergebnisse in einem bisher nicht dagewesenen Maße aus unterschiedlichen Perspektiven von der Öffentlichkeit wahrgenommen, kommentiert, kontrolliert und belehrt werden. Sie muss damit rechnen, dass sich ihre Mitarbeiter durch diese Transparenz, durch (bewusste) Fehlinterpretationen und denkbare kontroverse Diskussionen in der Öffentlichkeit überwacht vorkommen.[62] Diese Trends und Veränderungen lassen sich an einem sechsstufigen Politikzyklus[63] verständlich darstellen (Abbildung 1). Ausgangslage ist ein Problem, für das die Politik diverse Lösungen erarbeitet und auf die politische Agenda setzt. Zum Abschluss der Debatten und öffentlichen Meinungsbildung trifft der Gesetzgeber dann eine Entscheidung zum anzugehenden Lösungsweg. Erst danach spielt die öffentliche Verwaltung ihre zentrale Rolle. Sie bekommt den Auftrag, die gefundene Lösung wirtschaftlich und sparsam zu implementieren. Im Anschluss wird die Umsetzung von vielen überwacht, bewertet und evaluiert, verbunden mit der Hoffnung, das Problem so gelöst zu haben.[64]

---

60  von Lucke 2010, S. II & 2–6; von Lucke 2012, S. 229–230.
61  Grønbech-Jensen 1997, S. 185–199.
62  von Lucke 2012, S. 235.
63  In grober Anlehnung an Laswell 1956.
64  von Lucke 2016, S. 70–75.

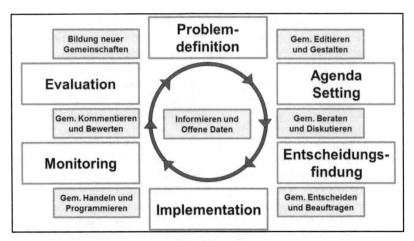

Abb. 1: Open Government Trends und der sechsstufige Politikzyklus (Quelle: von Lucke 2016:70)

Ein offenes Regierungs- und Verwaltungshandeln verändert diesen Kreislauf. Offene Daten sorgen über das Internet für eine neuartige Transparenz. Jederzeit können sich Politiker, Journalisten, Aktivisten und Bürger mit ihnen ein eigenes Bild zum aktuellen Stand machen. Mit Hilfe moderner Informations- und Kommunikationstechnologien lassen sich heute um jedes Problem (räumlich verteilte) Gemeinschaften bilden, etwa auf Basis gesellschaftlicher Netzwerke (Social Networks) wie Facebook, Twitter und Co. Diese cloudbasierten Dienste helfen Menschen, sich zu organisieren. Über das Internet kann eine Gruppe auch andere informieren. So können Personen, Gruppen und Institutionen über das Internet und auf Basis offener Daten sehr transparent über den Status eines Anliegens oder den Zustand eines Objektes zu jedem Zeitpunkt innerhalb dieses Kreislaufs informieren. Mit Werkzeugen zur offenen Textverarbeitung können nun Menschen in großen Gruppen gemeinsam Texte schreiben, diese editieren und korrigieren. Andere Werkzeuge ermöglichen es, in großen Gruppen Objekte und Artefakte gemeinsam zu gestalten und zu designen. Weitere Dienste ermöglichen es in großen Gruppen über Vorhaben zu diskutieren und eine offenere Form der Diskussion und Meinungsbildung zu pflegen. Technisch können große Gruppen so sogar zu Entscheidungen kommen. Weitere Potenziale ergeben sich bei der Umsetzung aus dem gemeinsamen Handeln und der gemeinsamen Programmierung in großen Gruppen. Über das Internet lässt sich jedes Handeln und damit auch jedes Verwaltungshandeln in Bewertungsplattformen gemeinsam kommentieren und bewerten. Behörden müssen in demokratischen Rechtsstaaten diesem Legitimationsdruck standhalten. Schließlich sind sie auf gesetzlicher

Grundlage im Auftrag der Bevölkerung tätig, finanziert durch Steuern und Gebühren. Staat und Verwaltung tun also gut daran, sich frühzeitig auf diese Änderungen vorzubereiten und nach passenden Antworten sowie eigenen Lösungsvorschlägen zu suchen.[65]

All dies führt auch zu Veränderungen in den politischen Programmen: Im Rahmen einer offenen Außenpolitik gilt es zu prüfen, wo sich mit Offenheit, Transparenz, Bürgerbeteiligung und Zusammenarbeit in der Diplomatie Gestaltungsfenster öffnen, um diese effizienter und effektiver wahrzunehmen. Eine offene Entwicklungspolitik zielt darauf ab, durch Transparenz und Rechenschaftslegung die Effizienz und Wirksamkeit der Entwicklungszusammenarbeit zu erhöhen und Korruption zu bekämpfen. Eine offene Justiz setzt auf eine Öffnung von Justizdaten und Registern. Bei parlamentarischer Offenheit und Transparenz setzen Parlamente auf eine elektronische Unterstützung des gesamten Gesetzgebungsprozesses. Instrumente wie Abgeordnetenregister und Lobbyregister schaffen zusätzliche Transparenz über die beteiligten Akteure. Eine offene Energiepolitik trägt dazu bei, die Herausforderungen der Energiewende im Dialog mit allen beteiligten Akteuren zu meistern. Eine offene Gesundheitspolitik greift Ansätze einer Offenheit zur Rettung von Menschenleben und zur Verbesserung der medizinischen Versorgung auf. Schüler profitieren von einer offenen Bildungspolitik. In Ergänzung zum Frontalunterricht erhalten sie zusätzlich einen freien Zugang zu offenen Bildungsressourcen (OER: Lehrbücher, Lehrfilme, Lernplattformen). Bundesweit sollte eine IT-gestützte offene Bildungsinfrastruktur auf Basis freier Software, offener Standards, Schnittstellen und Inhalte bereitstehen. Mit Open Science öffnen die Wissenschaften ihre Wissensbestände und Methoden. Offene Mobilität bedeutet eine Öffnung der Verkehrs- und Transportpolitik in Richtung Digitalisierung, Vernetzung und Intermodalität. Eine Öffnung der Innenpolitik setzt auf Verwaltungsmodernisierung, Interoperabilität und offene Innovation sowie auf mehr Vertrauen, Sicherheit und Schutz durch Offenheit. Eine offene Sicherheits- und Verteidigungspolitik profitiert von der militärischen Zusammenarbeit mit anderen Staaten, ohne die eigenen nationalen Sicherheitsinteressen zu gefährden. Eine Öffnung von Haushaltsdaten und –verfahren ermöglicht Haushaltstransparenz, globale Vergleichbarkeit und transnationale Lernprozesse. Eine offene Vergabe macht Ausschreibungen und Finanzströme nachvollziehbar. Im Rahmen einer offenen Wirtschaftspolitik gilt es Lösungen zu finden, wie in offenen digitalen Strukturen stabile offene Märkte geschaffen, entwickelt und erschlossen werden und wie sich ein Regulierungsrahmen zur Digitalisierung setzen lässt. Eine offene Gesellschaftspolitik soll mit Transparenz und neuen Formen der Zusammenarbeit zur Verbesserung der Situation bestimmter gesellschaftlicher Gruppen beitragen.

---

65    von Lucke 2016, 70–75; von Lucke 2012, S. 235.

Bei einer offenen Ernährungs- und Landwirtschaftspolitik geht es um transparente Herstellungsprozesse von Nahrungsmitteln und die frühzeitige Involvierung von Konsumenten in Herstellungsbereiche. Eine Öffnung der Klima- und Umweltpolitik trägt dazu bei, die Bevölkerung sehr viel besser über Luftverschmutzung und Lärmbelastung zu informieren und sie direkter in Lösungs- und Gestaltungsprozesse einzubinden. Ein Ziel einer offenen Kulturpolitik ist die Öffnung und Wiederverwendbarkeit von Kulturdaten, um diese der Allgemeinheit, der Wissenschaft, der Wirtschaft und den Kreativen für Innovationen, für neue Werke und für Artefakte sowie zur freien Nutzung zur Verfügung zu stellen. Mit Blick auf die nächsten Entwicklungsstufen Smart Government und den Einsatz von künstlicher Intelligenz wird eine Diskussion um transparente künstliche Intelligenz und Algorithmenkontrolle gefordert.[66]

Im Rahmen der Erstellung des ersten Nationalen Aktionsplans der Bundesregierung zur Open Government Partnership haben Vertreter der Zivilgesellschaft die aus ihrer Sicht relevanten 10 übergreifenden Handlungs- und die 20 ressortgebundenen Themenfelder, die in ihrer Fülle komplex und anspruchsvoll sind, in einer Grafik (Abbildung 2) zusammengefasst.[67]

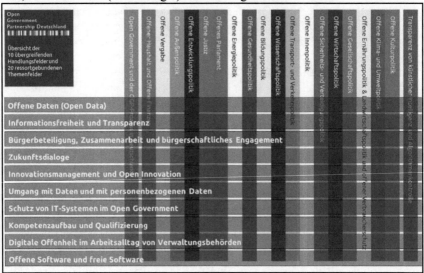

Abb. 2: OGPDE-Matrix (Quelle: von Lucke 2017: 43)

Christian Geiger hat in seiner Dissertation zu „Open Government - Leitbild 2.0" die mit einem offenen Regierungs- und Verwaltungshandeln verbundenen Ver-

---

66    von Lucke 2017, S. 44.
67    von Lucke 2017; von Lucke 2018.

änderungen sehr ausführlich dargestellt.[68] Ergänzend zeigen Bernhard Krabina und Brigitte Lutz[69] in ihrem, in Zusammenarbeit mit der Stadt Wien erarbeiteten, Vorgehensmodell 3.0 für die Implementierung von Open Government-Initiativen nicht nur Wege zur Erschließung von offenen Datenbeständen auf, sondern erklären, wie diese für Transparenz, Partizipation und Zusammenarbeit verwendet werden können. Genau darin liegt der eigentliche Wert von offenen Daten für den Staat, die Gesellschaft und das Gemeinwohl.

Somit eröffnen sich aus offenen Daten und offenen Verwaltungsdaten zahlreiche Potenziale und Gestaltungsperspektiven für Staat und Verwaltung, die weit über die bloße Bereitstellung von Geodaten, Umwelt-, Wetter- und Haushaltsdaten hinausgehen. Gerade durch die strukturierte und maschinenlesbare Bereitstellung von Datenbeständen können wichtige Impulse für Innovationen, Modernisierung und neue Lösungsansätze gesetzt werden. Ein simples Erschließen und Verwalten von Verwaltungsdaten wird langfristig nicht mehr ausreichen. In den kommenden Jahren geht es um das Gestalten eines offenen Regierungs- und Verwaltungshandelns.

## Literatur

Basemap.at. 2019. *Willkommen bei basemap.at – der Verwaltungsgrundkarte von Österreich.* Wien: Stadt Wien und österreichische Länder bzw. Ämter der Landesregierung.

BLA. 2012. *Offenes Regierungs- und Verwaltungshandeln (Open Government) – Eckpunkte zur Förderung von Transparenz, Teilhabe und Zusammenarbeit.* Berlin: Bund-Länder-Arbeitsgruppe zur Förderung des Open Government, IT Planungsrat.

BMI. 2014. *Nationaler Aktionsplan der Bundesregierung zur Umsetzung der Open Data Charta der G8.* Berlin: Bundesministerium des Innern.

BMVI. 2017. *„Eigentumsordnung" für Mobilitätsdaten? Eine Studie aus technischer, ökonomischer und rechtlicher Perspektive.* Berlin: Bundesministerium für Verkehr und digitale Infrastruktur.

Coopers & Lybrand. 1996. *Economic aspects of the collection, dissemination and integration of government's geospatial information.* Southampton: Ordnance Survey.

Cuno, S. 2018. Datenbasierte Geschäftsmodelle auf kommunaler Ebene für mehr Arbeits- und Lebensqualität. *AWV-Informationen* 64 (6): S. 4–7.

Fraunhofer-Institute FOKUS, IAIS & IML. 2018. *Urbane Datenräume – Möglichkeiten von Datenaustausch und Zusammenarbeit im urbanen Raum.* Berlin: Fraunhofer FOKUS.

G8. 2013. *G8 Open Data Charter and Technical Annex.* London und Enniskillen: Cabinet Office.

Geiger, Christian. 2018. *Open.Government - Staat.Leitbild.2.0 - Vom politischen, wirtschaftlichen und gesellschaftlichen Veränderungsprozess durch Open Government in Deutschland.* Berlin: ePubli GmbH.

Grønbech-Jensen, C. 1997. The Scandinavian tradition of open government and the European Union: problems of compatibility? *Journal of European Public Policy* 5 (1): S. 185–199.

---

68   Geiger 2018.
69   Krabina und Lutz 2016.

IDC und Open Evidence. 2017. European Data Market – Final Report SMART 2013/0063.

IG Collaboratory. 2010. *Offene Staatskunst - Bessere Politik durch Open Government? Abschlussbericht.* Berlin: IG Collaboratory.

Klessmann, Jens, Philipp Denker, Ina Schieferdecker, und Sönke E. Schulz. 2012. *Open Government Data Deutschland - Eine Studie zu Open Government in Deutschland im Auftrag des Bundesministerium des Innern.* Berlin: Bundesministerium des Innern.

Krabina, Bernhard, und Brigitte Lutz. 2016. *Open-Government-Vorgehensmodell – Umsetzung von Open Government Version 3.0.* Wien: KDZ.

von Lucke, Jörn. 2010. *Open Government – Öffnung von Staat und Verwaltung.* Friedrichshafen: Zeppelin University.

von Lucke, Jörn. 2012. Innovationsschübe durch eine Öffnung von Staat und Verwaltung, frei zugängliche Daten, Datenportale und Umsetzungswettbewerbe. In *E-Government – Zwischen Partizipation und Kooperation,* Hrsg. W. Eixelsberger und J. Stember, S. 229–241. Wien/ New York: Springer.

von Lucke, Jörn. 2014. Nationale Open Data-Infrastruktur. In *IT-Governance in Staat und Kommunen,* Hrsg. Andreas Engel, S. 219–236. Berlin: Edition sigma.

von Lucke, Jörn. 2015. *Smart Government - Wie uns die intelligente Vernetzung zum Leitbild „Verwaltung 4.0" und einem smarten Regierungs- und Verwaltungshandeln führt.* Friedrichshafen: The Open Government Institute.

von Lucke, Jörn. 2016. Potenziale von Open Government – Gedanken zur Zukunft der Information. In *Die Zukunft von Medien, Kommunikation und Information – 28. Bremer Universitäts-Gespräche,* Hrsg. Wolfgang-Ritter-Stiftung, Universität Bremen und unifreunde e.V., S.65–82. Bremen: Universität Bremen.

von Lucke, Jörn. 2017. Open Government in Deutschland. *Innovative Verwaltung* 39 (9): S. 42–44.

von Lucke, Jörn. 2018. Open Government in the OGPDE Matrix. In *Proceedings of the International Conference EGOV-CeDEM-ePart 2018,* S. 221–228. Krems: Edition Donau-Universität Krems.

von Lucke, Jörn, und Christian Geiger. 2010. *Open Government Data - Frei verfügbare Daten des öffentlichen Sektors.* Friedrichshafen: Deutsche Telekom Institute for Connected Cities.

von Lucke, Jörn, Kooperation OGD D-A-CH-LI. 2015. Maßnahmen für den Aufbau einer Open Data-Kultur. https://www.data.gv.at/wp-content/uploads/2015/05/JvL-170210-TXT-OpenGov ernmentDataKultur-V4.pdf. Zugegriffen: 25. März 2019.

Opendata Network e.V. 2010. *10 Prinzipien offener Regierungsinformationen.* Berlin: Opendata Network e.V.

North, Klaus. 1998. *Wissensorientierte Unternehmensführung – Wertschöpfung durch Wissen.* Wiesbaden: Gabler Verlag.

Reinermann, Heinrich. 1986. *Beitrag des Seminars „Informationssysteme für den Bürger und für die Verwaltungsführung" zur International Design Competition for an Advanced Information City: Campus City Kawasaki.* Speyerer Arbeitshefte, 75, Speyer: Hochschule für Verwaltungswissenschaft Speyer.

Semsrott, Arne. 2016. *Neuer IFG-Rekord: 10.000 Anfragen an Bundesministerien. FragdenStaat.de.* Berlin: Open Knowledge Foundation e.V.

Sunlight Foundation. 2010. *Ten Principles for Opening Up Government Information.* Washington DC: Sunlight Foundation.

Turk, Matt. 2018. Great Power, Great Responsibility: The 2018 Big Data & AI Landscape. http://mattturck.com/bigdata2018/. Zugegriffen: 25. März 2019.

Warsaw Institute for Economic Studies. 2014. *Big and open data in Europe – A growth engine or a missed opportunity?* Warschau: Warsaw Institute for Economic Studies.